GuojiZhengfu
KuaijiYicong

国际政府会计译丛
KUAIJI YICONG

陈工孟 主编

# 美国联邦政府
# 财务会计概念与准则公告


美国联邦会计准则顾问委员会／编
香港理工大学中国会计与金融研究中心／组织翻译
陈工孟　张琦　姜海／译


GUOJIZHENGFU
KUAIJI YICONG


人民出版社

策划编辑:李春生
责任编辑:欧阳日辉
装帧设计:肖　辉

**图书在版编目(CIP)数据**

美国联邦政府财务会计概念与准则公告/美国联邦会计准则顾问委员会编.
-北京:人 民 出 版 社,2004.1
(国际政府会计译丛)
ISBN 7-01-004151-2

Ⅰ.美…　Ⅱ.①美… ②陈… ③张… ④姜…　Ⅲ.①预算会计-会计制度-汇编-美国 ②预算会计-会计报表-汇编-美国　Ⅳ.F810.6

中国版本图书馆 CIP 数据核字(2004)第 115940 号

**美国联邦政府财务会计概念与准则公告**

MEIGUO LIANBANG ZHENGFU CAIWU KUAIJI GAINIAN YU ZHUNZE GONGGAO

美国联邦会计准则顾问委员会　编
陈工孟　张琦　姜海　译

人民出版社 出版发行
(100706　北京朝阳门内大街 166 号)

北京新魏印刷厂印刷　新华书店经销

2004 年 1 月第 1 版　2004 年 1 月北京第 1 次印刷
开本:787 毫米×960 毫米 1/16　印张:37.25
字数:645 千字　印数:1-2,000 册

ISBN 7-01-004151-2　定价:118.00 元

邮购地址 100706　北京朝阳门内大街 166 号
人民东方图书销售中心　电话 (010)65250042　65289539

# 译者说明

自1992年新西兰率先在政府会计中全面实施权责发生制并取得成效以来，已有包括澳大利亚、英国、加拿大、美国等二十几个经合组织国家和马来西亚、斐济、蒙古等一些非经合组织国家，在不同范围、不同层次的政府机构中全部或局部引进了权责发生制基础。由于权责发生制在公共管理中的显著作用，政府预算与会计权责发生制改革已成为各国财政管理制度改革的重点，权责发生制在强化政府会计的会计责任、增加政府财政的透明度、提高政府机构效率、减少财政支出，以及提高财政信息的准确性方面发挥了积极的作用。

2000年12月，财政部预算司与香港理工大学中国会计与金融研究中心联合组成"中国政府预算与会计权责发生制研究课题组"。经过两年多的努力，课题组在介绍和引进国外政府预算与会计权责发生制改革的成功经验方面做了很多工作。2001年10月，第一批三本政府预算与会计译著由中国财政经济出版社出版，在学术界和实务界都引起了较好的反响。此后，课题组又先后组织了几十位专家学者进行第二套译丛的翻译工作。本次出版的六本译著内容广泛，形式多样，既有深入介绍美国联邦和地方政府会计准则的汇编，又有具体指导政府会计运作框架与实务操作的指南，还有深入浅出的政府会计方面的教科书。本套丛书自成相对完整的系列，既可以作为政府预算与会计研究方面的工具书和重要参考书，又可以作为实务培训工作的教材。

我们希望丛书的出版，能够有助于读者了解美英等国在政府预算与会计领域改革的思路与方向，汲取宝贵经验，为我国政府预算与会计权责发生制的改革提供一些有益的启示。由于时间关系，丛书中难免存在错误之处，敬请指正。

最后需要说明的是，陈海清、陈志军、邓畅、钟洪亮、张璇、邵建军等也参与了本套丛书之一《美国联邦政府财务会计概念与准则公告》中部分章节的翻译及审校工作，在此深表感谢！

《国际政府会计译丛》编译委员会

2003年10月

# 前　言

这一卷是作为全套两卷准则汇编（CODIFICATION）的第一卷。它包括了最近被作为美国政府会计的概念与准则公告的原始文献。这一卷具体包括自1997年2月28日公布的以下文件：

——联邦财务会计概念公告第一和第二号

——联邦财务会计准则公告第一至第八号①

## 公告的由来

这两卷公告中的概念和准则是在财政部、管理与预算办公室和美国会计总署的共同努力下产生的。这三个中央机构，作为共同的发起人，于1990年组建了联邦会计准则顾问委员会（FASAB）。联邦会计准则顾问委员会是为考虑和推荐会计准则和原则而组建②。它的发起人将最终决定所采用的准则和原则。

准则汇编只包括经所有发起人一致同意的原则和准则。联邦会计准则顾问委员会将公布的准则作为联邦报告主体会计的广泛基础。预计联邦会计准则顾问委员会将继续就一些具体的专题制定准则。当新的准则及解释公告被采用后，将更新准则汇编。

## 准则汇编的目的

联邦会计概念和准则汇编包括两卷，在公告中还包括了相关索引。这两卷是为满足原始公告（第一卷）和准则公告（第二卷，主题按字母排列）的使用者的需要而设计的，这两卷是对准则和解释公告的权威指南。

---

①　联邦财务会计准则第8号公告，《补充经管责任报告》，已经被委员会的发起人批准，但要在国会的45天复核期之后才可以实施。在本卷出版时，复核尚未完成。为方便读者和日后对联邦财务会计准则第8号公告的理解和使用，在此也包括了联邦财务会计准则第8号公告。当复核完成后，联邦登记署会发布通知，联邦财务会计准则第8号公告即开始实施。

②　有关联邦会计准则顾问委员会的角色的深入描述，请参见联邦财务会计概念第1号公告《联邦财务报告目标》第23—29段。

**第一卷**

第一卷《联邦财务会计概念与准则——原始公告》是由联邦会计准则顾问委员会制定，并经联邦会计准则顾问委员会的发起人——财政部长、管理与预算办公室署长及美国总审计长同意采用的文件汇编，文件一旦被采用，它就分别被作为联邦财务会计概念公告（SFFAC 或概念）或是联邦财务会计准则公告（SFFAS 或准则）。

这一卷所表达的纯粹是概念问题，这些概念并不构成联邦财务会计准则，但它们描述了联邦会计准则顾问委员会在为联邦政府考虑及推荐会计准则时所用到的概念框架。这些概念对联邦财务报告的其他相关者，如编制者、审计师等具有重要的指导意义。

这一卷摘录了已经以单个公告形式出版的部分官方准则以及包含在附注里的解释文件，它没有重新打印概述或引言和背景材料，因为这些部分对于应用准则或理解委员会的结论并不重要。每一个准则都包括了“结论的基础”，因为它起到解释准则具体规定的作用。

原来附在各单独准则之后的词汇汇编也被重新编入一个统一的词汇汇编中，这个汇编作为这一卷的最后一个附录。

**第二卷**

这部分的第二卷，《联邦财务会计准则用户指南》，是准则的正文部分。第二卷的准则根据其题目以字母顺序编排，并把所有与该题目相关的资料都放于同一部分，而且还尽可能对来自联邦财务会计准则和原先的征求意见稿的说明材料进行了整合。

## 适用性

联邦会计准则顾问委员会的使命是推荐使用会计概念及准则，使联邦机构的财务报告能提供与其财务活动及与美国政府和其组织机构的运行成果相关的、可靠的、可理解的信息。而且，准则应能有助于会计系统和内部控制的改善，这些改善有助于为用户提供有关政府已经经济地、高效率地、有效地执行其职能，并遵守有关的法律和规定的合理保证。因此，联邦会计准则顾问委员会认为美国政府报告主体在建立系统、维护日常财务记录以及应用准则编制通用目的的财务报告中都应该考虑联邦财务会计概念及准则，这种观点与 1996 年的“联邦财务管理改革法案”中的要求是一致的，该法案提出“每一个机构都应该实施和维持符合联邦财务管理系统、适用的联邦会计准则以及交易体系的美国政府标准总账要求的财务管理系统。”①

准则在联邦政府组织机构的具体适用性，在联邦财务会计概念第2号公告《主体与表述》的产生过程中做了考虑。联邦财务会计概念第2号公告列举了应包括在联邦报告主体机构范围的标准及为一些由于法律或政策规定需根据其他会计准则而不是联邦公认会计准则来编制财务报表的联邦报告主体机构提供了如下指引。例如，有些机构被要求采用由财务会计准则委员会或立法部门制定的会计准则。这些机构应一直采用这些由法律或政策所规定的会计准则来编制其财务报告。然而，如果这些机构是某个报告主体的一部分，那么就需要注意因采用不同会计准则而产生的差别。如果这些差别是重要的，那么包括该机构的汇总财务报告就应采用联邦公认会计准则来进行编制，在这种情况下，这些机构要提供额外的披露或提供符合联邦公认会计准则要求的不同尺度。

对不重要的项目这些标准并不需要使用。

## 联邦公认会计原则体系

一般公认会计原则② 体系决定了全美国政府报告主体所适用的公认会计准则的构成。管理与预算办公室在公告“政府机构财务报告的格式与内容”中公布了这种体系。这一公告列出了一个主体在寻求会计及报告指引时应遵守的优先次序。

1996年，在财政部、管理与预算办公室和美国会计总署的共同努力下，涵盖了联邦政府大部分交易的公认会计准则颁布了。然而，有些机构的交易活动在这些准则里可能并未涉及。在这种情况下，这些机构就应把这种体系看做为联邦政府准则提供了一种来源。除了3个准则在1998年的财政年度才生效之外，很多构成联邦一般公认会计原则的准则就已经生效了。1998年财政年度开始，以下体系决定了适用于美国政府报告主体的一般公认会计原则。③

1. 经管理与预算办公室署长、总审计长和财政部长一致同意的以及由管理与预算办公室和美国会计总署公布的单个准则；

---

① 标题8——见1996年Sec.803 (a)《联邦财务管理改善法》。

② “会计原则”是那些在特定时期内定义公认会计实务时所需的习惯做法、规则和程序。

③ 该层次刊登在1996年10月16日的管理与预算办公室97—01公告中。

2. 由管理与预算办公室根据其制定的名为“财务会计原则与准则”的A—134号公告所规定的程序而公布的与联邦财务会计准则公告有关的解释公告；

3. 包含在财务报告的报告期间仍然有效的管理与预算办公室的“格式和内容公告”中的要求；

4. 由权威准则制定机构以及其他权威来源所制定的会计原则：（a）这一体系的前三部分的其他指南中缺少的，和（b）如果这些准则的使用有助于提高财务报表的信息质量时。

上述体系可以经管理与预算办公室批准后在1998年的财政年度之前实施。在上述体系生效之前，美国政府的报告主体仍需继续遵守为《会计的其他广泛基础》（OCBOA）制定的体系，其体系如下①：

1. 由联合财务管理改善计划主管同意并公布的单个准则；

2. 包含在管理与预算办公室在1992年10月22日颁布的93—02号公告中的有关格式和内容及以后颁布的公告的要求；

3. 包含在机构会计政策、程序手册及/或与1991年3月29日相关会计指引中的会计准则，只要这些准则在实务中被普遍使用。

4. 由权威准则制定机构以及其他权威来源所制定的会计原则：（a）这一体系的前三部分的其他指南中缺少的，和（b）如果这些准则的使用有助于提高财务报表的信息质量时。

## 解释公告的来源

管理与预算办公室的A—134公告中为寻求及提供与准则有关的解释公告及其他建议的政策进行了规定。解释公告是对某一小方面进行解释的文件，它通常会对原始意思提供解释、附加定义、或提供其他属于现有联邦财务会计准则公告的相关指南。人们通常可以要求管理与预算办公室的联邦财务管理办公室或联邦会计准则顾问委员会的执行主席提供有关的解释公告。

管理与预算办公室和联邦会计准则顾问委员会通常会以技术协助的方式对要求提供指引的机构进行回应，但有时它们可能会采用解释公告的方式来进行回应。在这种情况下，联邦会计准则顾问委员会的职员需要向委员会成员提供书面询问函的复印件。联邦会计准则顾问委员会的职员将先查阅相关的文献，

① 该层次刊登在1993年11月16日的管理与预算办公室94—01公告中。

并咨询专家意见后写出联邦财务会计准则解释公告的草案。联邦会计准则顾问委员会会对该解释公告的草案进行公开听证。在大多数人同意并经三位主管部门（美国会计总署、管理与预算办公室、财政部）的代表批准及签署后，该解释公告将由美国会计总署和管理与预算办公室发布。

## 准则汇编的组织结构

**第一卷**列示了上述的原始公告全文，每一个公告都作为单独的一章予以列示，在每个公告的开头都列出了该公告的颁布日期及生效日期。然后，列示了第一卷中相关章节及第二卷的索引、与该公告相关的内容都作了索引，并列出了所有与这些公告有关的解释公告。

有时候，这些公告可能会受到后来所颁布的公告的影响，而这些公告也有可能会影响到以前已经颁布的某些公告。受到影响的段落已经被作了索引，并指出了其变化。在这些公告的正文中，因受其他公告的影响而被删除的条款被打上了星号，而内容有所变更的条款则被划上了双下划线。被划上双下划线的句子仍保持原文形式，并未加以改动。画双下划线的目的是要提醒读者注意这些句子已经被修改或受到后来颁布的公告的影响。

每一个公告都有内容提要，内容提要之后是标明了相关段落及页码的目录。需要注意的是，尽管省略了一些段落，但余下的这些段落的序号都是其在原始的单个公告中的序号，任何省略了的段落都在目录中列示。

第一卷还包括以下附录：

附录 A：主题索引

附录 B：准则的生效日期

附录 C：解释公告汇编

附录 D：尚未论述的主题

附录 E：合并词汇表

**第二卷**的内容在此时尚在制定中，其内容将按主题的首字母顺序进行排序，主题将是具体的财务报告项目，每一个主题都将用一个字母加数字进行编号（如 P10 代表退休金“Pension”），数字的选择考虑了未来主题的增加，每个部分里的段落都被连续编号，以下是建议的编号形式：

100—599 段：准则及潜在的附注披露

600—699 段：管理与预算办公室公布的解释公告

700—799 段：非正式的讨论及举例

在第100—599段中将提供源文件索引，指出材料的来源。这种索引在每段或举例之后用括号标示，如索引［联邦财务会计准则公告7，第81段］是指：联邦财务会计准则第7号公告，《收入及其他财务资源的会计核算》的第81段。为提供更多有关来源的信息，在非正式段落里，来源索引会以脚注的形式出现。

第二卷有以下附录

——主题索引

——联邦会计准则顾问委员会的活动及未来的项目

——尚未涉及的主题

——合并词汇表

# 目　录

# 联邦财务会计概念公告

# 联邦财务会计概念第1号公告（SFFAC NO.1）
## ——联邦财务报告的目标

### 基本情况

颁布日：1993年9月2日

参考第Ⅰ卷：目标为所有准则提供了框架，因此，所有的联邦财务会计准则公告都在其解释部分中阐述其目标。

参考第Ⅱ卷：

解释公告：

影　　响：不影响其他准则

所受影响：没有受到其他准则的影响

### 概述

这个文件是有关联邦政府财务报告目标的概念性公告，它集中论述了这些报告的使用、报告使用者的需求及报告的目标，这些目标旨在指导委员会制定会计准则，以使联邦政府所报告的财务信息更能（1）反映其受托责任；（2）提供有用的信息；（3）有助于财务信息的内部使用者改善对政府的管理。除为委员会制定准则指明方向外，这些目标也为与联邦财务报告相关的其他人士提供了有用的指引。例如，目标在制定会计政策、设计报告及财务报告的附注及文字说明方面都非常有用。

这些目标反映了联邦政府的工作环境。它们也考虑了现在及潜在的联邦财务信息的使用者所表达的需要。它们为评价现有的联邦政府所采用的财务报告系统，以及为考虑新会计准则如何在成本效益原则的基础上加强受托责任和提高决策效率提供了一个框架。

联邦财务报告的4个目标如下：

预算的真实性——联邦财务报告应该帮助政府履行其相关职责。即公开说明通过征税及其他方式所获取的资金是如何加以运用的，并说明根据确立了政府特定财政年度内的预算的拨款法及相关法律法规的有关规定所发生的支出事项。联邦财务报告所提供的信息应有助于使用者决定：

· 预算的资源是如何取得及使用的，并且它们的取得和使用是否符合法律的规定；

· 预算资源的状况；

· 有关预算资源使用的信息与项目运营成本的信息是如何相互关联的，以及有关预算资源状况的信息与有关资产和负债的其他会计信息是否一致。

运营绩效——联邦财务报告应有助于报告使用者评价报告主体的服务努力程度、成本及取得的成果，取得这些成果所采用的融资渠道，以及主体对其资产和负债的管理。联邦财务报告提供的信息应有助于使用者决定：

· 完成特定项目和活动所发生的成本耗费及这些成本耗费的构成和变化；

· 与联邦项目有关的工作努力程度及工作完成程度及随着时间的推移它们所发生的变化，以及它们与成本耗费的关系；

· 政府管理其资产和负债的效果和效率。

经管责任——联邦财务报告应有助于报告使用者评价政府的运作及一定时期的投资对国家的影响，以及政府和国家的财务状况已经或在将来发生如何的变化。联邦财务报告提供的信息应有助于报告使用者决定是否：

· 政府的财务状况在一定时期内发生了变化，是改善还是恶化；

· 未来的预算资源足以维持公共服务及能偿还即将到期的债务；

· 政府的运作对国家现在和未来的福利都作出贡献。

系统和控制——联邦财务报告能帮助报告使用者评价财务管理及内部会计和管理控制足以确保：

· 交易都按照预算、财务法规及其他要求执行，与授权的目的一致，遵守联邦会计准则进行会计处理；

· 资产得到正确保护以防止舞弊、浪费及滥用；

· 提供足够的绩效计量信息。

# 目 录



注：第 1—20 段省略。

# 第一章 联邦财务报告和联邦会计准则顾问委员会的作用

21．联邦政府的财务报告为制定政策、项目活动、评价绩效及其他目的提供信息。另外，编制及审计财务报告的程序能为准确记录和报告交易、采用前后一致的交易定义来描述交易等方面提供更大保证，从而能加强政府的整体责任结构。因此，联邦财务报告有助于政府尽责地以经济的、高效的以及有效的方式来进行项目管理，并对公众负责。

22．会计及会计系统使财务报告获得了支持，使其编制成为可能。“财务报告”可以定义为以货币形式对一个主体的交易和事项及其经济后果进行记录、报告及解释的过程。在联邦政府的报告中也会包括有关提供服务的努力程度及政府运营绩效的非财务信息。例如，政府耗用的资源投入，政府所提供的服务及产出，政府项目的结果及其影响以及这些因素之间的关系①。

## 联邦会计准则顾问委员会在联邦会计与财务报告中的作用

23．联邦会计准则顾问委员会的任务是……在考虑委员会的监管团体、执行机构以及其他联邦财务信息使用者对财务及预算信息的需要② 之后［为联邦政府］推荐会计准则。

联邦会计准则顾问委员会及其资助者认为对联邦财务报告目标的描述既要考虑报告的内部及外部使用者的需要，还要考虑他们所作出的决策。这表明联邦会计准则顾问委员会所发挥的作用与财务会计准则委员会及政府会计准则委员会

① 除非文件中特别指明，本文中的“政府”既包括作为一个整体的全国政府，也包括它的组成部分，例如各机构部门和各个项目。

② 来自联邦会计准则顾问委员会任务公告，由管理与预算办公室署长、总审计长和财政部长在1991年予以批准。

的作用不同。财务会计准则委员会为美国的私营主体制定财务报告准则。政府会计准则委员会为州及地方政府制定财务报告准则。

24．这些委员会的目的主要是为财务报告的外部使用者编制通用目的财务报告制定准则。这是因为这些外部使用者对其可以获得的信息的性质的控制能力是有限的。财务会计准则委员会和政府会计准则委员会不需要过多考虑经理人员的信息要求，因为这些人在理论上被假定为能够获得他们所需要的、对他们所管理的主体的财务状况、运营及财务环境能够产生影响的财务交易及事项方面的信息。

25． 另一方面，联邦会计准则顾问委员会则同时考虑了内部及外部使用者的信息需求。其中一部分原因是因为相对于联邦政府组织来说，内部使用者与外部使用者在很多方面的差别并不似其他组织那样明显。在理论上官员们能随时获得信息，但实际上，情况却并非如此。导致这种问题的原因有：政府的规模及复杂程度；相对于在大型行政部门实施信息系统所要求的时间而言，高级行政官员流动过快；联邦政府权力的分散等。

26． 联邦会计准则顾问委员会对内部及外部报告使用者两方面都加以考虑，是多方面因素的结果。联邦会计准则顾问委员会的成立是为管理与预算办公室、财政部（总统的代表机构）及美国会计总署（国会的代表机构）提供有关联邦机构及项目的会计准则的建议，其目的是提高这些机构及项目的财政报告实务。

27． 委员会的发起者们都有独立为政府制定会计政策的法定权力。美国政府权力的分散意味着拥有独立权力的不同政策制定者发现通过某一种机制来协调它们的会计政策制定活动将是大有裨益的。委员会及其公开审议的程序也为众多参与者提供了一个考虑及发现如何改善联邦会计及财务报告的新途径。

28． 正如在联邦政府中对内部和外部报告使用者进行传统区别的作用不大一样，某些财务报告的传统分类方式也是不相关的。报告主要有特定目的的报告及通用目的的报告两种形式。正如在大多数机构中一样，在联邦政府中，内部财务报告是为特定目的设计的。内部财务报告有助于经理人员计划、实施及协调他们的活动，并有助于他们对项目的经济性、效率和效果作出评价。

29. 联邦的外部财务报告多数也是为特定目的而设计的，但也有一些是为一般目的而设计的。也就是说，它试图满足许多直接获得信息的能力受到限制的不同使用者的共同需要。这种报告就是通常所说的通用目的的财务报告。[①]

## 财务报告的局限性

30. 财务会计准则委员会和政府会计准则委员会主要考虑通用目的的财务报告，这是由他们的章程决定的，而且这也是他们存在的原因。尽管如此，这些委员会也承认通用目的的财务报告并非提供某一会计主体财务信息的惟一信息来源。在很多情况下，通用目的的财务报告的使用者还要通过其他来源来满足他们的信息需要。这种情况对于联邦政府来说也是存在的。

31. 虽然某些信息是由通用目的的财务报告提供，但其他信息，可能只能由该类报告以外的其他财务报告来提供或由这些其他财务报告来提供更为恰当。其他信息也可能通过非财务报告或通过除社会其他部门（联邦政府及它的组成机构）以外的财务报告提供（如经济报告）。

32. 为满足各种类型使用者的信息需求，财务和非财务信息的合并报告是必要的。通常，对政府的有关信息与国家其他社会部门的有关信息进行合并报告对于评价过去的政府活动及计划将来的政府活动都是必要的。例如，有关参加职业教育课程后获得工作的人员数目的信息对于评价政府过去用

---

① 在州及地方政府会计中，"通用目的的财务报告（GPFS）"一词有很具体的含义。政府会计准则委员会所公布的准则中对这种报告的格式及内容都作了具体的规定。在本文中，"通用目的的财务报告"一词的含义更加广泛，它指各种类型的联邦财务报告。

于培训上的支出及评价未来类似支出的计划都是非常重要的。

33． 在通用目的财务报告的性质上也存在类似问题，这是因为有些人认为在理论上没有现实的或潜在的报告使用者能够单独地确定他们对这类报告的要求。不过，联邦会计准则顾问委员会在成立之时就已经很好地考虑这类报告的相关问题。

34． 特定目的的财务报告是报送给国会、行政长官和联邦会计准则顾问委员会所代表的其他团体的，联邦会计必须要能满足编制特定目的的财务报告的需要。事实上，大部分的联邦财务报告都是特定目的的报告。而且，委员会也注意到如果把能反映预算的真实性、运营绩效、受托责任和对联邦活动的控制能力的各类报告都包括在传统的“通用目的”报告的范围中的话，传统的“通用目的”财务报告将能满足更大范围的各类使用者的更多目的的需要。

## 改进的方法

35． 联邦会计准则顾问委员会承认制定及实施那些能实现上述目标的准则将要一段相当长的时间，这是因为建立信息收集系统及通过试验备选方法来获得经验都需要时间。

36． 联邦会计准则顾问委员会希望在向外部报告的通用目的财务报告上能够实现其中的部分目标。当然，联邦会计准则顾问委员会也承认一些来自财务报告以外的信息，以及一些联邦会计准则顾问委员会很少或不能产生影响的信息对于实现这些目标来说也是非常重要的。

37． 在制定具体准则时，联邦会计准则顾问委员会将考虑财务信息使用者的需要、信息的有用性与制定及提供这些信息所需要的成本之间的关系，以及与其他信息来源相比会计准则满足这些需要的能力。

## 有关联邦财务报告的背景信息

38． 当被要求对联邦财务报告或联邦会计加以描述时，不同的人可能会谈到不同的内容，对此可举例说明。

39. 当**经济学家**被问及这个问题时，他很有可能指的是有关一个国家和社会整体的报告，在这类财务报告当中最重要的是“国民收入与产出账户（NIPA）”，它衡量一个国家为实现现在的产出水平而发生的总支出。当然，联邦政府的支出构成了经济中总支出的重要部分。国民收入与产出账户最早是在私人组织中使用，后来在20世纪30年代得到美国商务部的采用，直到20世纪40年代才作为一个核算系统出现。

40. 国民收入与产出账户反映了在一个会计期间（例如一年）内发生的经济交易。这种方法通过一套账户来进行反映，这套账户综合了整个经济中属于各单独交易者——工人、商人、消费者及其他个人——的个人账户，而不管他们是否编制正式的会计报告。

41. 国民收入与产出账户为政策制定者、项目未来活动的人们以及需要对过去活动的效果进行评价的个人提供了重要的信息。国家政府认为国民收入与产出账户是经济报告的基本组成部分。基于这个原因，联合国开发了“国民账户体系（SNA）”，国民账户体系是分析如经济增长率、通货膨胀率和生产率等关键决策领域的一个广泛的、综合的、便于国际比较的统计基础。

42. 本准则所指的并非直接对全社会的经济活动进行核算的账户，本准则主要侧重于反映作为社会经济中一个合法的、有组织的主体的政府的预算真实性、运营绩效和政府受托责任等事项的会计系统和财务报告。然而，对于报告政府的绩效及受托责任的某些方面来说，有关全社会的经济信息和其他信息是很重要的。因此，联邦会计准则顾问委员会可能会考虑是否将这些财务信息包括在某些财务报告中，例如包括在以美国政府作为一个整体的通用目的财务报告中。

43. 当一位华尔街的**金融分析师**被问及什么是联邦财务报告时，他可能会想到“每日基金报表”和“美国政府收入和支出基金月报表”。一些金融分析师通过定期地分析这些基金报表来评价对银行储备现金流量的影响及政府借债的需求大小。由于政府可以征税及发行货币，所以把钱借给政府可以被看做是无风险的。政府征税的能力大小取决于政府征税的意愿及经济的承受能力。

44． 然而，从长期来看，借款人对某些因素如未来的通货膨胀率、美元与其他货币相比的相对价值等的预期会对美国的借款成本产生影响。而政府所报告的或预计的赤字、现阶段的通货膨胀率及其他因素又会对这些预期产生影响。

45． 当一些制定或执行美国预算的人士被问及什么是“联邦会计模型”时，**他们可能会想到预算会计系统**。这个系统是用来保证从经费拨出到经费最后被支出使用的预算执行过程各个环节的正常运行。国会和执行预算的机构采用这种系统来对预算进行“打分”以及评价联邦财务活动整体对经济的影响，这种系统也被用于对政府的运行进行更细致的规划和控制。当然，参加预算的人们也需要从预算会计系统之外的其他信息来源获取信息，如项目评价和绩效计量等。

46． 尽管联邦会计准则顾问委员会没有为预算或预算的概念推荐准则，但联邦会计准则顾问委员会的部分职责就是推荐有助于为预算的编制提供相关、可靠财务信息的会计原则。而且，有关预算执行的信息对于评价预算的真实性是必不可少的。

47． **为联邦政府工作的会计师，对政府项目进行审计的人员或参加政府会计课程学习的学生**可能很容易首先想到联邦政府中的“所有者权益”账户和根据这些账户的部分信息所编制的报告。这些账户是用来记录那些不包括在预算账户中的资产和负债。这些报告被认为是根据某一套会计准则的要求来对“财务状况”和“经营成果”予以反映。联邦会计准则顾问委员会对这些账户及主要根据这些账户所反映的信息而编制的报告更为关注。

48． 由于1990年《首席财务长官法案》的颁布，人们对联邦会计和财务报告的各个方面都更加关注。这个法案通过要求（1）全新的财务组织结构；（2）增强了的系统和（3）经审计后的财务报告来改善财务管理。然而，联邦会计准则顾问委员会的关注并不仅限于《首席财务长官法案》中提出的有关报告的各项要求。

# 第二章 联邦会计和财务报告环境

49．财务报告是大部分组织管理和控制的重要而基本的工具。对于联邦政府来说，财务报告特别重要，这是因为政府特有的基本性质和职责以及联邦政府的运行所受到的外部限制比其他主体要少得多。联邦会计和财务报告既受联邦政府独特的特点和环境的影响，同时又反映了这些特点与环境，具体说明如下：

## 最高统治权[①]

50．与国家中其他主体相比，联邦政府非常独特，因为它是美国公民行使统治权力的工具。通过法律、法规和税法所赋予的权力，联邦政府能对国家经济和社会许多方面进行最终控制。国家中的其他所有主体，包括公共主体和私有主体，都在由国家政府所建立的法律制度、监督制度和责任制度下运作。联邦政府只对它的公民负责。政治上它对选民负责，没有更高级的机构有权力要求政府对其负责。

## 权力的分离

51．由于考虑到国家政府的权力可能会被滥用，政府的创立者在设计政府时就确定了权力分离作为政府的特征。政府

① “最高统治权”一词，经常被法学家和政治学家谈论，在这里用是其广泛而普遍的意思。它表明（1）在内政上，人民在一个民主国家的决策过程中是最终的（间接）监督者或拥有最终的权力，和（2）在外政上一个国家是自治的或独立主权的。正如在这方面的一位专家指出的，内政和外政上的最高统治权都表明不存在一个更高等级的机构。在狭义上，最高统治权是一种制定或更改法律的权力，是一种由个人所组成的集体所行使的权力以及在复杂的关系系统中运行的制度。参见“最高统治权”，W.J.StankiewicZ，《新大不列颠百科全书》，第15版（1976年）第（1）卷，309—313页。

的每一部门——立法部门、行政部门和司法部门——都互相监督和互相制约。然而，这种权力的分离却使各部门的责任变得模糊，以致减少了各自应负的责任。例如，立法部门和行政部门间相互关联的职能，使得在划分各自应对已采用的政策所负的责任时变得很困难。

## 政府的联邦系统

52．政府的联邦系统——包括联邦、州和地方一级的政府——也使准确地描述政府对许多项目的责任变得困难。相对于州政府的职责来说，联邦政府的职责已经逐步地扩展了。联邦政府已经在诸如收入的再分配、教育和卫生保健等方面履行它的职责。然而，对相关运营的直接联邦控制并没有随之而来。系统中三个级别的政府的职责和财务资源都已经混合起来，这使得公民们并不清楚到底谁在负责，到哪里要求改善绩效以及谁该为不好的结果受到责备。

## 日常防卫和总体福利的职责

53．联邦政府的独特之处在于它对国家的日常防卫及总体福利负有持续的责任。因此，在很多情况下，政府财务状况不可避免地要成为被次要考虑的事情。例如，为保护重要的国家利益不受侵害，国家可能会与别国发生军事冲突，尽管这样做事实上会使早已存在的大额赤字进一步恶化（同样地，政府最大的资源是一个国家的经济，虽然它不属于政府所有，但政府却能对它征收税金）。

54．而且，维护国家总体福利是一个包括了多个目标的更广泛的职责。对成功的衡量不存在单一的方法（如“投资报酬率”或“每股收益率”）。这些目标通常不能以可计量的形式进行准确定义，而且它们有时还是相互矛盾的，因此，相关的绩效评价方法通常是非财务的。例如，很多联邦贷款项目都有两个矛盾的目标：（1）作为一名财政上谨慎的贷款人进行运营和（2）向高风险的经营贷款者提供信用。

## 征税、借款及发行货币的权力

55. 正如上面所说，联邦政府具有获取财务资源以及融资的独特权力。它有权征税、借款及发行货币。这种权力使政府拥有了美国的财富——一笔巨大却有限的财富。

56. 宪法并没有规定联邦政府要获得足够的收入来应付支出。法律对美国政府的债务规模作出了限制，但这种限制通常会被国会和总统所放宽。联邦政府通过负债进行融资的能力并不受资本市场对其信用的评价所限制。然而，与以前相比，现在美国政府债务的成本限制了可行的财政政策和货币政策的范围。

57. 通过联邦储备，联邦政府也有权力发行货币并控制货币的供给①，这确保贷款人至少在名义上能得到还款。当政府的债务很大时，政府可能会发行更多货币，从而导致通货膨胀。

## 各利益集团的影响

58. 由于政府项目的规模和性质，个人很难评价和影响联邦政府的政策和活动。通常，人们必须组织起来才能实施影响。受共同因素或兴趣影响的人们被组织成一个小团体相对比较容易，但他们会发现自己很难产生大的影响。大的团体可能很有影响力，但如果它的成员有共同但分散的利益的话，要把他们组织起来是很困难的，而一旦组织起来，各利益集团就会试图保护它们自己的利益。

59. 因此，大部分被选出或被任命的联邦官员，以及他们要对之负责的集团主要关注的是有关个别的政府项目、职责或活动的信息，他们不大关注有关政府整体的信息，对诸如个别部门等有关政府中间层次的报告关注得更少。

## 政治系统对私人市场

60. 联邦政府并不受竞争市场中有关私人商品、服务和资

① 联邦储备委员会是作为一个大型的独立主体运作的，但是，它还是一个根据宪法规定而成立的政府机构。

本的规律的约束。通常，政府和公民之间的交易并非买卖双方自愿的交易行为。纳税人向政府提供资源的行为是非自愿的，因为政府通常根据纳税人的消费、财富或收入情况而不是根据纳税人想要的特定政府服务的数量来征税。即使收取使用费时，这些费用通常也不代表市场的出清价格——在私人商品市场中，供给等于消费时的价格。

61. 因此，公众在选择他们要付费的公共服务时很少有发言权。由于有关提供何种公共服务的决策是通过政治程序而作出的集体决策，所以具有强政治影响力的受益者能迫使弱政治影响力的非受益者承担该利益的成本。

62. 另外，由于大部分的政府收入不是通过个别的、自愿的交换性交易得来，而且不存在私人市场直接计量政府产出的价值，因此，通过政府项目而增加的社会福利的价值不能采用传统的衡量净收入的方法进行评价。同时，由于不存在竞争性市场，这也限制了对政府所提供的服务的数量和质量作评价。然而，有关公共服务的数量、质量和价值的决策是通过政治程序作出的集体决策。

## 资产

63. 政府经常在资产上作大量投资，包括公共产业资产投资和大量能产生增长的投资（如教育、研究和开发等）。

64. 和私人部门一样，政府也期望资产带来的收益能超过其成本。在私人部门里，对收益的描述相对直接：收益通常用现金流入来计量。除非预期现金流的价值超过购置成本，否则，取得的物品不能作为资产。

65. 在政府部门里，这条规定并不经常成立。预期收益通常不是指现金流入而是指资产所提供的服务。有时，这些服务是提供给政府自己的（如政府办公大楼或停车场），但更多的时候，这些服务是向公众提供的（如教育和研究、开发等）。

## 对新闻媒体的责任

66. 联邦政府受新闻媒体的监督，而且联邦政府应该鼓励这种监督。由于政府的权力最终来自于人民，以及政府缺少外部的约束，因此政府有特殊的责任向其人民和纳税人披露其活动的信息。

### 预算的重要性

67. 预算是受到最广泛承认及使用最广的联邦政府的财务报告。当不存在上述外部约束时，它主要起到替代外部约束的作用。它是为达成共同目标以及在各竞争项目间优先分配资源而进行的政治过程中使用的一种工具。它提供了一个控制支出的系统，并且它为评价政府的财政政策对经济的影响提供了必要的信息。财务报告中预算的作用将在第 7 章中的“财务报告与预算的关系”一节中深入讨论。

### 特殊控制机制的需要

68. 由于缺少上述的外部约束，政府因而需要一套特殊的控制机制。现在已经存在一些机制了。其中，最重要的机制当然是：通过定期选举而施加的政治约束和责任、权力的分离及其他宪法的约束和责任，如联邦体系和言论自由。

69. 会计和财务报告也属于特殊的控制机制。预算责任会计主要用于在预算账户层次上控制政府活动，而已审计的财务报告能为报告使用者提供会计系统能提供一致的和可靠的数据的保证。

70. 然而，普遍认同的是财务报告还有改进的需要，这是因为事实上单纯的财务信息并不能满足决策的需要。例如，通常必须综合有关成本耗费的财务信息和与运营有关的非财务信息，才能为评价政府项目的效率和效果提供一个基础。

## 第三章 受托责任和报告使用者的信息需求——政府财务报告的基础

71. 可以说“受托责任”及其推论——“决策有用性”构成了政府会计和财务报告的两大根本价值。它们为联邦财务报告的目标提供了基础。因为一个民主政府要对其真实性、绩效和受托责任负责，因此政府必须提供有助于评价其受托责任的有用信息。同样地，因为一个民主政府有责任以经济、高效率及有效果的方式运作，这是公民及他们选出的官员对政府的要求，因此，自然也能得出上面的结论。特别地，那些参与制定、选择和实施政府政策和项目的人也需要有用的信息以便他们能计划、控制和执行政府的职能。

72．受托责任的论断需要明确的首先是政府该向谁负责，其次是需要什么样的信息才能维持和反映受托责任。因此，本章首先讨论受托责任的概念，然后，明确联邦财务报告的四大用户团体。最后，将从一些信息需要的举例中得出结论，这些结论已在联邦财务报告中部分地得以反映。

## 受托责任

73．我们要对几种不同的受托责任进行区别，一条给定的信息可以不同的方式与受托责任的判定相关。例如，有专家指出公众的受托责任有五个层次或类型：

- 第一层次是政策责任——继续或抛弃某政策的选择（价值）；
- 第二层次是项目责任——确立及实现目标（结果）；
- 第三层次是绩效责任——有效率地运作（效率性和经济性）；
- 第四层次是过程责任——在执行需要的活动时采用足够的过程、程序或方法（计划、分配和管理）；
- 第五层次是廉洁、守法的责任——按照批准的预算和/或批准的项目使用资金（符合性）①。

74．在民主社会里，被任命和被选出的官员分别对其上司

① J. D. Stewart 的《信息在公众的受托责任中的角色》和 Tony Hopwood 和 Cyril R. Tompkins 的《公共部门会计中的问题》（Oxford，Great Britain：Philip Allan，1984）第14—15页，政府会计准则委员会在其《服务成果及完成报告中的基本观点》中也进行了引用（1992年12月）。

和对选民们负有上述每一层次的受托责任。会计和财务报告可以帮助被选出的或被任命的官员维持及反映他们的受托责任。上述的最后一种受托责任，即“廉洁、守法”的责任可能是一种最通常通过会计来向公众进行反映的受托责任。然而，会计职业界很早就认识到会计能够并且应该为实现和反映某些类型的受托责任作出贡献，例如：

- 对财务资源的责任；
- 遵守或坚持法律要求和行政政策的责任；
- 以高效、经济方式运营的责任；
- 对政府项目和活动的结果的责任，在其完成情况、效益及效果中反映①。

## 联邦财务报告的使用者

75. 委员会认为联邦政府财务信息的使用者可以分为四大类：公民、国会、行政官员和项目经理人员。

### 公民

76. 这一团体包括了个别的公民(不考虑他们是否纳税人、选民或服务接收者)。公民包括一般的新闻媒体及更专业的使用者,如商业杂志;公众利益和其他拥护团体;州和地方的立法者和行政官员;以及来自公司、学术界和其他地方的分析家。

77. 公民对联邦政府的许多方面都感兴趣。他们关心不同的项目，某一职务的候选人，政府提供的服务，以及由他们选出和任命的代理人的财政责任。公民接受政府服务并为之付费，因此他们关心这些服务的产出和结果以及政府提供这些服务的效率。公民关心他们的家人，特别是关心他们的孩子、孙子将要继承的财务负担。作为个人，公民通常只有有限的时间和能力来分析有关他们政府的报告，他们需要和依

---

① 美国会计协会（1970—1971）的《适用于公共部门的会计概念委员会报告》的第80—81页，政府会计准则委员会在其《服务成果及完成报告中的基本观点》中也进行了引用（1992年12月）。

赖政府正以经济的、高效的和有效的方式运作的保证。由于为各利益集团和新闻媒介工作的分析家是公民的组成部分，并具有代表性，因此他们需要更多有关政府活动的信息。

78. 公民通过议题讨论、投票以及通过书面告知他们的代理人有关他们收到的服务的数量和质量的情况来表达他们在政府中的利益。在某些情况下，公民可能决定是否及何时使用政府所提供的服务和产品。他们可能会资助政治运动，表明支持或反对应对过去或将来的政府活动负责的人，甚至亲自参政。

**国会**

79. 这一团体包括被选出的国会议员和他们的雇员，包括国会预算局（CBO）和美国会计总署的雇员。国会关心广泛的政策、优先考虑的事情及实现这些优先事情的项目，它决定开征什么税项，什么基金可以使用以及为何目的而使用。因此，国会关心项目如何融资及如何执行两个方面。

80. 国会和行政机关一起参与有关描述政府意图的基本决策。这些决策包括通过公众所要求的法律,在各竞争项目之间分配资源,以及制定能影响国家经济和社会生活各个方面的政策。对这些决策的成本和效益进行评价,以及考虑政府总的财务要求可能对经济的影响都会影响到这些决策的制定。

81. 国会还参与对政府项目的监督。它还评价行政部门的管理绩效及项目的效率和效果。

**行政长官**

82. 这一团体包括总统及他的代理人，如项目代理机构的主管以及在其领导下并对其进行协助的副主管，部门、行政机关、服务部门和代理部门的主管，以及管理与预算办公室和财政部等中央机构的官员。

83. 与国会一样，行政长官也关心政府的目标、目的和政策。行政长官关注那些能实现总统的和国会的目标并且能实行他们的政策的战略性计划和项目。特别地，他们能从每一个部门的角度来关注预算，因为预算是为实现目标和实施政策而需要的资源的来源。当然，行政长官还直接关注项目的管理，即关注实际提供的服务以及提供过程的效率和效果。

84. 行政长官通常会提出立法的建议，推荐项目所需的资金水平，并制定融资和增加收入的策略。他们帮助选择提供服务的方法。他们决定项目的经理人员是否应对交托给他们的资源负责以及决定项目的运行是否有效率和有效果。行政长官还会对总统和国会提供信息以使他们能对项目的运作进行监督控制。

### 项目经理人员

85. 这一团体包括管理政府项目的个人。他们关心的事情包括经营计划、项目的运行情况和预算的执行情况。

86. 项目经理人员协助项目的设计以及以选定的方法来组织服务的供应。他们根据具体项目计划中所列的对资金、人员、设备和存货的需要来对项目的预算提出建议。

87. 项目经理人员为他们的项目制定运营程序，并在国会赋予的有限的支出授权范围内对项目实行管理。他们可以选择、监督和评价工作人员。他们还要确保项目所需的存货和设备是以经济的方式取得，并得到充足的维护，以及被有效率地使用。项目经理人员需要向行政长官和国会提供信息以使他们能够对项目的运作进行监督控制。

## 联邦财务报告使用者的需要

88. 这些团体对财务信息的要求是多种多样的，但这些要求大致可以分成以下四类。

### 预算的真实性

89. 所有的用户团体都需要有关预算的信息。对于公民来说，有关预算执行的信息为他们提供了保证，即保证他们选出或委任的代理人已经完成了他们最基本的受托责任，即按照法律规定获取和使用资金。

90． 对于总统的经济小组和国会的预算委员会来说，来自总预算（如总的预算授权、总的收入和总支出）的信息，是制定财政政策（包括政府的融资需要）所必需的。这些官员需要知道以前年度“实际”的数据已经按照同样的预算编制的原则进行了正确的记录。

91． 为避免违反“反赤字法案”和“储备控制法案”的规定，项目经理人员需要有关他们所管理的项目所产生的义务的信息。他们需要定期获得有关预算资源状态的信息，即资源被使用或剩下可用的程度。同时，他们还要知道在重新调整项目时预算资源是否会被用于其他目的。

**运营绩效**

92． 公民需要获得那些对他们有影响的项目的有关信息。例如，老兵们要了解新医院的情况，而国防工人需要有关合同签定余额（和取消金额）的信息。退休人员和正在为退休作计划的人们，以及他们在国会中的代表都需要知道社会保障管理部门能向公众提供可靠的服务。

93． 国会和行政长官需要有关各项目之间可比较的成本信息（如把“工作技术项目”中单位学生的成本与其他职业培训项目中单位学生的成本进行比较）。为确保比较是有效的，必须对成本进行相似的定义和计量。

94． 当然，为确保各项目之间比较的有效性，还需要有关项目效果的信息。需要有关产出（如毕业的学生数目）和成果（如经过培训后，获得或保住了工作的学生人数）的信息。

95． 行政长官和项目经理人员需要知道有关由其他政府主体和非联邦顾客来补偿的成本信息。在这里，成本用来衡量为完成工作而使用的资源（人员、材料和设备）。

96． 国会和行政长官通常需要有助于对可能的替代活动进行比较的成本信息。例如，如果人口调查部门采用新方法来进行人口调查的话，这会增加或减少多少成本呢？如果一支军队驻扎在美国而不是在欧洲的话，这能省多少钱呢？

97． 项目经理人员需要与运营有关的资产和负债的信息。

贷款项目经理需要有关他们的贷款组合质量的信息，修配物料仓库的经理人员需要有关存货诸如价值、数量、存放地点、存放时间及状态的信息。政府设施的经理人员需要知道设施的状况，以及估计因推迟所需要的维护而引起的必要的未来支出的金额。

98. 国会和行政长官需要有关可以出售的资产的市场价值的信息，例如贵重的金属或其他商品的市场价值。

## 受托责任

99. 公民、国会、行政长官和项目经理人员需要信息来评价政府活动对它的财务状况和对国家经济产生的影响。他们还需要有关对短期和长期的财务展望的信息。

100. 人民需要有关政府政策方向和与存款保险、退休金保险和洪水保险有关的风险的信息。人民需要知道为清理核武器基地和军事基地而将可能在未来发生的支出的数目。他们需要信息来帮助评价未来政府资助的企业向政府提出资金要求的金额大小及可能性。

101. 所有的报告使用者都需要有关在信托基金中已经被指定用途的收入的信息。例如，他们需要知道在可预见的将来，是否需要增加新的税种以确保社会保障信托基金能足额支付救济金。公民还需要知道把信托基金的收入投资于政府公债的意义。

102. 报告使用者还需要有关用于实物和人力资本投资及用于消费支出的趋势方面的信息。

## 系统和控制

103. 所有层次的报告使用者都需要有关内部控制和财务管理系统的适当性的信息。公民需要确定这些系统和控制能够保护他们向政府所提供的资源。他们需要知道那些运行程序和过程能为资源按照预定的目的被经济地、高效地使用提供合理保证。国会、行政长官和项目经理人员需要向他们的委托人表明他们已经保护好这些资源，并有效地运用它们。例如，报告使用者需要知道部门领导已经确定内部控制是足够的，基本财务报表是可审计的，并且高风险领域已经被确定和被披露。

104． 在下一章，我们将进一步讨论这四大类信息需求对联邦财务报告目标的影响。

## 第四章 联邦财务报告目标

105． 联邦政府的合法权力来源于被统治阶层的共同意愿。因此，它有特殊的责任报告它的活动以及这些活动的结果。这些报告必须能正确反映联邦政府独特的性质，并且能向人民、人民选出的代表和联邦行政长官提供有用的信息。向公众、新闻媒体和选出的官员提供这些信息是政府受托责任的重要组成部分。向项目经理人员、行政长官和国会议员提供这些信息，是确保他们能以经济的、高效的和有效的方式计划和执行政府职能的基础。

106． 财务报告并不是决策制定和反映受托责任所需信息的惟一来源。财务报告本身并不能确保政府能以它应有的方式运作。然而，财务报告却有助于这些目标的实现。

107． 以下讨论的目标适用于对内的和对外的财务报告。在一定程度上，它也适用于特定目的报告和通用目的报告。如果政府的运作缺乏适当的报告目标和会计准则的话，通用目的财务报告的使用者可能很难获得有关政府尽责的相关信息。委员会也试图使这些目标和随之而制定的准则能被用于其他更广泛的目的，尽管它们并不适用于每一种特殊报告或会计系统的每个项目。委员会制定这些目标试图提高会计和其他数据的相关性、一致性及其质量，以使这些信息能有更广泛的应用。

108． 委员会期望它的建议能被用于提高为项目管理者和行政长官和立法机构的决策所需的信息的质量。财政部、管理与预算办公室和美国会计总署都期望他们对报告的要求能尽可能地在委员会所制定的目标和准则中得以体现。

109. 委员会提出了四个主要的目标，他们是制定会计准则的基础。制定这些目标有助于确保联邦政府的受托责任以及改善能影响决策的政府的财务信息的质量。每一个目标都反映了联邦环境并满足现实的和潜在的联邦财务信息使用者的大部分需要。同时，它们为评价现有的联邦政府的受托责任和财务报告系统提供了一个框架，以及为考虑新的会计准则能如何以高效的方式加强这些系统提供了一个框架。

110. 联邦财务信息的现实和潜在的使用者期望通过回答关于以下主题的相关问题，得到所需信息，以帮助他们对政府的表现作出评价：

- **预算的真实性**：法律对政府的融资活动和支出活动赋予了什么权力？政府的融资和支出符合这些法律规定吗？违反规定有多严重？
- **运营绩效**：各个项目要花费多少资金，以及这些资金是如何筹集的？实现多少产出，成果如何？重要资产是什么及在哪里，以及他们如何被有效管理？在运行项目过程中产生了什么负债，以及它们附有什么条件及如何被清偿？
- **受托责任**：政府的财务状况是改善了还是恶化了？政府为未来提取了什么准备金？
- **系统和控制**：政府拥有能保护其资产的有效的系统和控制吗？它们可以找出可能的问题吗？当找出问题后它们能对其进行更正吗？

111. 考虑到这些因素，定义了联邦财务报告的目标。在下文，目标及分目标将以粗体铅字标出。每一个目标及分目标后面都有一段说明用于解释该目标。

## 预算的真实性

### 目标 1

112. **政府的职责是在获得通过税收及其他方式得来的资金以及使用这些资金的过程中，遵守其特定财政年度中与政府**

**预算编制有关的法律和规定，联邦财务报告应有助于政府完成它的职责。**

113. 这个目标源于一种典型的政府责任，即政府要对它取得和支出的资金负责，并要遵守法律的规定。更具体地，它来源于美国宪法第一章第九节的规定："除了法律规定要拨出的资金之外，财政部不得拨出资金；并且要经常定期公告有关所有公共资金的收支账户表。"它的焦点是美国政府预算，即美国总统提交给国会的年度预算，它是政府主要的财务报告，并且法律规定了给定财政年度的预算授权。美国政府预算提供了一个初始的相关框架，国会和总统可以在这个框架内制定有关税收的法律以及对政府的借债和资金的使用进行授权。

114. 这个目标的重点在于其回顾性。它的重点是记录预算执行中的实际数据，并与国会根据现有的预算准则所制定的预算相对比。因此，它能使在美国政府预算中"实际数"一栏中的数据有效。而且它还为预算执行报告或预算资源状况报告等其他报告提供数据。例如，这些数据可能会在政府历年收支情况分析表中出现。

115. 某些分目标产生于预算的真实性这一基本目标，说明如下：

**联邦财务报告提供的信息应能帮助读者决定：**

116. **1A. 预算资源是如何取得和使用的，它们的取得和使用是否与法律的授权相一致。**

117. 把这个目标与委员会确定的具体信息需要联系起来考虑，可得出一些有助于实现这一目标的信息的例子。

- 以总数及各部分构成的方式报告政府的收入和抵消性征收；
- 按照服务或采购的物品的性质来报告负债；
- 有关对预算和法律遵守程度的信息，和有关资金是否按照联邦政府及它的受补助人的意图进行使用的信息；
- 为拨款和基金账户提供（以适当的方式进行汇总以满足读者的需要）有关预算授权、负债和项目支出的有效数据。

118.　**1B. 预算资源的状况。**

有助于实现这一目标的信息的例子有：

· 有关偿还债务的预算授权是否充分的信息及有关预算资源余额中受约束的资源和没受约束的资源的状况信息。

· 已指定用途的授权基金实际花费在该用途上的保证。

119.　**1C. 有关预算资源使用情况的信息是如何与有关项目运行成本的信息产生联系的，以及关于预算资源状况的信息是否与有关资产和负债的其他会计信息相一致。**

120.　这个分目标的产生是源于以下事实：对政府项目、职能和活动的成本采用权责发生制基础进行核算的结果可能会由于各种正当的原因而不同于预算中的金额。

121.　报告主要试图体现目标1，而它的前两个分目标将用预算来衡量。分目标1C将分别使用预算和应计制来衡量，因为它在这两种方法的协调一致上能得以反映。预算账户是反映这个目标的基本会计单位，尽管通常会因一些报告的目的而会对这些账户进行合并。

## 运营绩效

### 目标2

122.　**联邦财务报告应能协助报告使用者评价报告主体的工作努力程度、成本和工作的完成情况，有助于评价为进行这些工作和实现这些成果而进行的融资的方式，以及评价主体对资产和负债的管理。**

123.　这一目标产生于一个民主政府的责任，即政府要对它的公民负责，要以经济的、高效率的方式来管理资源和提供服务，并有效地实现预定的目标，而且政府还有责任以高效率的方式获取资源。

124.　因为政府不是为了收取交换的费用才提供服务，所以政府的支出不能与其收入相配比，从而不能像商业机构会计那样计算“盈利”或“净收益”。而且，因政府活动而增加的社会福利的价值也难以直接计算。但是，每一年政府的支出还是可以与其提供的服务相配比。这样便可以通过分析最终的成本来对目标的完成情况作出各种衡量。

125．某些分目标产生于有关运营绩效的基本报告目标，说明如下：

**联邦财务报告提供的信息应有助于读者确定：**

126．**2A．提供具体项目和活动的成本以及这些成本的构成和变化。**

127．有助于表述这一目标的财务信息的例子包括：

· 有关项目和活动的成本信息；

· 成本与估计数相比较、与具有相似功能的项目或活动的成本相比较、与目标相比较及与各期间的成本相比较的信息；①

· 对成本的构成和习性进行的相关分析，如完全和增量成本，固定和变动成本，直接和间接成本以及可补偿的和其他成本等。

128．**2B．工作努力程度和工作的完成情况与联邦项目的关系，及其随着时间而发生的变化，以及它们与成本的关系。**

129．有助于表述这一目标的信息的例子包括：

· 有关工作投入、产出和成果的财务和非财务指标，包括与目标的比较；

· 有关项目的效率和效果的指标；

· 工作量和单位成本；

· 总的和边际的成本和收益，这些与预算要求的关系以及何时能实现收益。

130．**2C．政府管理其资产和负债的效率和效果。**

131．这一分目标反映了对在政府部门的使用或控制下的所有联邦资产和负债的管理情况的关注。财务报表的使用者关注这些资源在项目运作中的使用情况，而不只关心它们的财

① “绩效目标”是由政策和项目的官员设定的绩效需要达到的具体水平。目标可以产出、成果、影响、单位产出的成本等方式设定。

务价值。反映这个目标的报告能提供可以帮助使用者对以下方面的效率和效果作出评价的信息：

- 使用现金；
- 执行贷款、贷款担保和其他应收的项目；
- 持有的供应品、材料和类似项目；
- 处理罚没的和其他有形资产。

132．其他与这个目标有关的信息的例子包括：

- 主要系统和设备的服务寿命和更新成本；
- 延迟保养的数量（和对预算的影响），资产的修复成本和更新价值；
- 罚没的和其他资产的市场价值，特别是那些可用于销售的资产的市场价值；
- 尚未支付的费用的大小；
- 对其他已知负债（如租赁或储蓄的负债和其他保险上的负债）和其他损失的估计（以及估计的范围）。

133．　有关绩效计量以及财务报告能如何改善绩效报告的问题将在第 8 章作深入探讨。

## 受托责任

### 目标 3

**134．　联邦财务报告应能帮助使用者评价政府的运行和一定期间内政府所作的投资对国家产生的影响，以及由此导致的政府的和国家的财务状况在过去已经发生的和将会在未来发生的变化。**①

135．　这一目标是以联邦政府要对国家长远的总体福利负责这一责任为基础的。它关注的不是政府所提供的具体服务而是对政府应报告它广泛的活动成果的要求。某些分目标产生于受托责任的基本目标，正如下面提到的。

**联邦财务报告提供的信息应有助于使用者决定：**

**136．　3A．在一定期间内，政府的财务是改善了还是恶化了。**

① “财务形势”和“财务状况”的概念将在第 7 章讨论。

**与这个目标相关的信息包括以下例子：**

- 资产、负债和净资产的金额；
- 对政府的债务及其增长和对债务需求的分析；
- 资本性资产的金额变化及其服务潜力的变化；
- 或有负债和未确认负债（如储蓄保险可能发生的成本）的金额。

137．评价政府的财务在一定期间内是改善了、还是恶化了是很重要的。因为它不仅具有财务意义，而且具有重要的社会和政治意义。这是因为分析财务改善或恶化的原因有助于解释财政的包袱是否从现阶段的纳税人身上转移到未来的、没有受益的纳税人身上。这样的现象有时指的就是“时期间的公平”[①]。

138．从更广阔的角度来看，提供能实现目标 3 及其分目标的信息有助于满足财务报告使用者所表达出的要求。它有助于解释新债的发行与具有当期效益的活动的支出和在未来才能产生效益的投资活动的支出之间的关系。

139．**3B．未来的预算资源是否足以维持公共服务的提供以及是否足以偿还到期债务。**

140．有关政府过去运营结果的信息对于评价政府履行受托责任的情况是很有用的。财务报告使用者也需要得到帮助，以对政府是否能继续向其选民，如农民、退休人员和穷人提供现有水平的福利和服务作出评价。

141．与这个目标相关的信息可能包括对那些来自政府资助企业、储蓄保险和灾难救助项目等方面的可能或很可能的财务风险的披露。它还包括诸如以下信息：

---

① 在政府会计准则委员会的第一份名为《财务报告目标》F165 的概念公告的第 61 段写道：“委员会认为时期间的公平是受托责任的重要组成部分，它也是公共管理的基础。因此，在[为州和地方政府主体]制定财务报告目标时需要对它进行考虑。简言之，财务报告应能协助使用者评价当年的收入是否足以支付当年所提供的服务以及未来的纳税人是否被要求对在以前年度已经提供了的服务支付费用。”政府会计准则委员会在名为《计量的焦点和会计的基础——政府基金运作表》的第 11 号准则补充道：“相反地，[对时期间的公平的计量]能表明当年的收入是否不仅足以支付当年的服务，而且还增加了累积的净资源。”

· 预算过程长期的财务影响；
· 信托基金的状况；
· 推迟维护的数量。

142． 提供上述这种类型的信息可能要使用传统财务报表以外的报告机制。例如，为反映某一特定年度内某一水平的维护和修复支出是否导致资本性资产和基础设施的改善（或使其恶化），就得使用特殊报告。

143． **3C．政府的运行是否对国家现在和未来的福利作出了贡献。**

144． 目标3在总的方面、分目标3C在具体的方面暗示了对“财务形势”和“财务状况”的关注。财务状况是一个比财务形势范围更宽广，更有前瞻性的概念。要反映主体的财务状况就需要提供有关经济、社会以及政府的财务和非财务信息。例如，试图帮助满足这个目标的报告可能会反映出用户对以下信息的要求：

· 在研究和开发、军事准备和教育上的投资（或支出）；
· 基础性资产服务潜力的变化；
· 相对于投资支出，消费支出的数量；
· 刺激增长活动的机会；
· 未来通货膨胀的可能性。

145． 以权责发生制计量的反映财务形势的指标是报告财务状况的开始，但还必须以多种方式进行补充。例如，分目标3B暗示在报告其他事情的同时，还要报告在选定的假定范围内的现行法定预算方案。试图达到分目标3C的报告可能会在披露其他事情的同时，披露政府通过融通那些不属于联邦所有的资产（如研究和开发，教育和培训以及各州拥有的基础设施）来对国家财富作出贡献。有关国家总财富和收入的趋势信息也是很重要的。

## 系统和控制

### 目标4

146． **联邦财务报告应能帮助报告使用者理解财务管理系

**统、内部会计和行政管理控制是否足以确保：**

- **交易按照预算和财务法规及其他的要求执行，符合授权的目的，以及已经按照联邦会计准则进行了记录；**
- **资产受到了适当的保护以防止舞弊、浪费的滥用；**
- **提供了充足的绩效评价信息。**

147. 这一目标来源于前面的三个目标，并与会计为组织的有效管理、控制和报告过程提供有用信息这一事实相联系，事实上，会计过程是管理控制系统中一个完整的部分。

148. 报告所有交易，并按照交易的本质以适当的方式进行分类并最后编制出财务报告的能力，本身就表明了某些基本的控制的存在以及它们正在有效地发挥作用。编制可以信赖的财务报告也有助于保证报告主体拥有能反映潜在问题的早期预警系统并能采取行动改正存在的重大缺陷或问题。

149. 对内部过程进行有效控制是保护资产和确保很多政府项目的经济性、效率性和有效性的重要基础。

150. 与这个目标有关的信息能帮助财务报告使用者决定某主体是否已经建立起能保护资产，防止和发现浪费和滥用，以及能降低错误率的合理的、高效的程序。能反映这一目标的信息例子如管理当局对其内部会计和经营控制系统的效果所作出的认定。

## 第五章　推荐会计准则时对成本和收益的权衡

151. 用户的信息需求定义了财务报告。尽管如此，制定财务报告目标并推荐会计准则的过程并不是按讨论联邦财务信息使用者的要求到推荐准则这一简单顺序进行的。部分地，这是因为当这些使用者被问及他们有何信息需求时，他们的答案将被限制在他们过去的需要和经验上。重要的是，制定目标和推荐会计准则必然要牵涉到对提供更多信息或以不同方式进行报告的成本和收益进行判断。

152. 对任何给定的会计准则可能有的不同类型的影响进行考虑使准则制定过程变得更加复杂。例如，会计准则能够对政府机构的会计师和对由这些会计师编制的报告进行复核的审计师的行为产生影响，还会影响到财务报表阅读者的决策。因此，准则能影响那些实物资产将处于会计控制之下以及影响审计师为这些资产提供保证时所要进行的工作的程度。相应地，决策者在根据资产和用于控制这些资产的系统选择政策时、在决定如何实施政策并如何评价其结果时，将在很多不同的方面受到会计师和审计师的报告的影响。

153. 准则制定者在考虑任何给定的会计可选用方法的成本和收益时，必须在一定的程度上考虑这些潜在影响。使问题复杂化的是，同一条信息可能会被用于不同的决策。换句话说，即存在不同种类的“用法”。在一些情况下，这些信息可以预定的方式被有意识地使用，在另一些情况下，这些信息可能会影响到人们观察世界的方式，影响他们对自己选择的理解以及影响他们对事情优先次序的评价。

154. 例如，在按照某种规则对预算进行评分时，赤字的大小可能有明确的、具体的（如财产没收）意义。赤字也可能对经济产生影响，因为它以各种方式影响总需求和政府的融资需求。对于这种影响，经济学家也只能部分地解释和计量。最后，赤字可能以能影响个人或集体行为的更主观或更象征性的方式来影响人们对他们自身的福利或国家的财务状况的认识（例如，愿望承担更多的新承诺，支付更多的税金或接受政府项目福利的减少）。

155. 最后，正如以前提到的，会计和财务报告不能满足对信息和受托责任的每一个要求。对很多目的来说，其他有关维持和反映受托责任的信息来源和技术都很重要并更有效。这一局限性在所有有关联邦财务报告目标的讨论中都存在。

## 第六章 财务报告信息的质量特征

156. 财务报告是与财务信息使用者沟通的一种方式。为保证这种沟通有效，财务报告当中的信息必须具有以下基本特征：可理解性、可靠性、相关性、及时性、一致性和可比性[①]。

## 可理解性

157. 特定目的报告是为满足特定使用者的需求而编制的，在这种情况下，很少出现可理解性的问题，因为报告编制者和报告使用者之间对于需要什么样的信息可以预先达成共识。然而，通用目的财务报告的信息应尽可能地以简单的方式提供。通用目的财务报告的使用者，包括内部使用者，对于政府的运作、会计和财务可能有不同层次的认识。

158. 由于要对公众负责，联邦政府及其组成机构应编制能被那些对会计原则知之甚少的人也能理解的通用目的财务报告。这些报告应包括解释和说明性文字以帮助使用者能正确地理解报告的内容。然而，通用目的财务报告不能因为某些信息难以理解或一些报告使用者并不需要某些信息，而把一些基本信息排除在外。

159. 为使报告能被不同的使用者所理解，不同的报告有必要提供与其预期的报告使用者的需求相关的信息，并要有适当精确程度的数据和适当的解释和文字说明。为能被完全理解，通用目的报告的财务信息需要与报告主体的目标、工作的努力程度和工作的完成情况相关联。

## 可靠性

160. 财务报告必须是可靠的，即它所披露的信息是可验证的、无偏见的，能忠实地表达出它要表达的信息。要具有可靠性，财务报告应该是全面完整的。为能真实地反映所要反映的事件和情况，不能从必要的信息中省略任何材料，也不能包括可能会误导报告使用者的信息。

---

① 这些特征大部分与财务会计准则委员会和政府会计准则委员会所描述的特征很相似。

可靠性不代表精确性或确定性，因为可靠性受到计算过程中估计程度和被计量事件本身固有的不确定性影响。财务报告应包括对有关假定和此过程中固有的不确定性进行解释的文字说明。在某些情况下，合理的估计能比完全没有估计提供更有意义的信息。

## 相关性

161．相关性包含了很多其他特征。例如，如果财务报告提供的信息是过时的或不可靠的，那它是不相关的。然而，信息可能具有很多其他特征，但它仍然可能不相关。要具有相关性，所提供的信息必须要与使用它的目的之间存在一定的逻辑关系。如果信息能让使用者对问题、情况或事件作出不同的评价，那它就是相关的。相关性依赖于各种类型的使用者进行决策和评价受托责任而需要的财务信息的类型。

## 及时性

162．在一些情况下，对报告最终会向公众公布这一情况的了解，会对行为产生合理的影响，正如人们在了解其退税情况将受到审计时，他们在纳税申报中的行为将受到影响一样。然而，在另一些情况下，如果财务报告要具有有用性，那它就应尽快地被公布，以能对决策产生影响。及时性本身并不能使信息更有用，但随着时间的流逝，信息本身具有的有用性也会随之减少。在一些情况下，由于强调及时性而不得不要求牺牲某些金额的准确性或具体性；而且及时的估计可能比需要长时间才能获得的准确信息更有用。

## 一致性

163．财务报告应时时保持一致，即一旦选定了一种会计原则或报告方法，除非有合理的变动理由，否则就应用于所有类似的交易和事项。财务报告中一致性的概念也扩展到许多领域，如估价方法、会计基础和财务报告主体的确定等。如果会计原则或财务报告主体发生变动，就应该对变动的性质和原因，以及变动的影响进行披露。

**可比性**

164. 财务报告应帮助报告使用者对相似的联邦报告主体进行相关的比较，如对具体职能或活动的成本进行比较。可比性表明，财务报告间的差异是由基本交易或组织的显著差异造成的，而不是由于对会计过程或实务操作方法的不同选择而造成的。

# 第七章 会计如何为联邦财务报告提供支持

165. 这一章通过论述会计如何为财务报告提供支持，以及联邦会计准则顾问委员会所推荐的会计准则如何影响联邦财务报告来解释联邦会计准则顾问委员会所关注的问题。这一章说明联邦会计准则顾问委员会推荐的会计准则如何影响各种财务报告。另外，它为讨论财务报告（从总体上）和成本信息（以特定方式）如何有助于报告绩效（第八章）提供了基础。实际上，第七章简述了联邦会计的部分概念框架，但这些框架仅限于那些能帮助读者理解委员会有关联邦财务报告目标的公告的有关概念，如“财务状况”和“财务形势”。

**财务核心数据**

166. 会计过程开始于对政府（或它的组成部分）与其他主体之间的交易（即资源的流入和流出或提供它们的承诺）的有关信息进行记录，这些交易可能是有关经济物品、现金或承诺的流动。这些构成了会计规则中的“核心”数据。这一会计过程的最初步骤被描画在图 1 底部的方格 1 中。为增强这些反映与其他主体之间交易的核心数据的有用性，会计师使用了各种诸如权责发生制、分类和说明的方法。

**图 1　会计如何为公民、国会、联邦行政长官和项目经理提供所需信息**

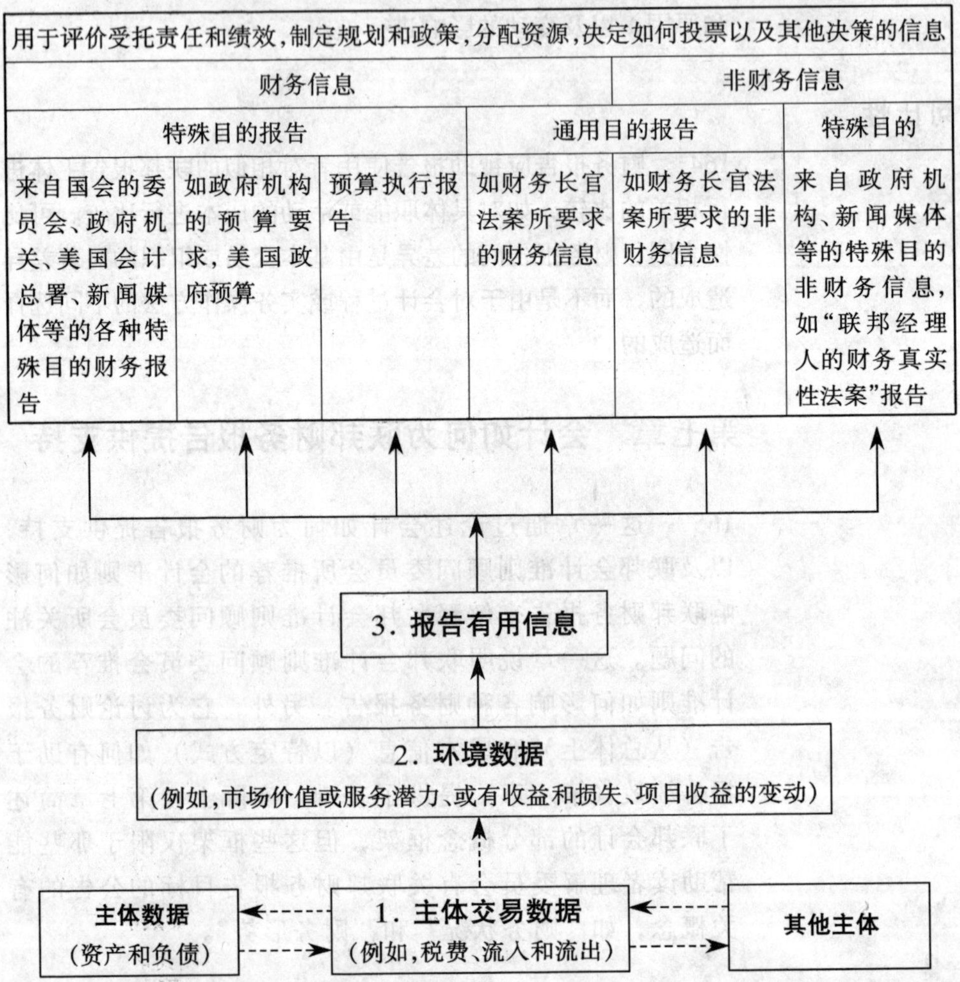


167.　很多记录在会计师的总分类账数据库中的会计分录都是对以前已经记录的与其他主体间的交易数据的重新整理，而并不反映主体之间发生的有关资源或承诺流动的新交易①。

168.　在财务会计这一会计分支中，对哪些数据适合于过去，哪些数据适合于将来的说明或分类方法是最值得注意

① 参见《会计时空》（1988 年 12 月）第 10—20 页，William J. Schrader，Robert E. Malcom，Joan J. Willingham 的《财务报告的单独事件观》。有关这方面的深入的学术探讨可以参阅美国会计协会（1975）的《会计研究学习＃10》，Yuji Ijiri 的《会计计量理论》。

的。换句话说，财务会计主要关心的是如何把过去交易的价值划分到合适的期间。

169. 被划分到以前期间的交易数据被称为在经营表（或收益表）中被“确认”，如作为那个期间的收入或支出。与未来期间相关的交易数据被作为资产或负债在财务状况表（或资产负债表）中被确认。

170. 与现金流量表一起，收益表（或经营表或活动表）和资产负债表组成了私有主体的三张“基本的”通用目的财务报表。其他报表，如实际结果数据与预算数据比较的报表，可以看做政府主体基本报表的组成部分。

171. 在会计过程的最初阶段，有关资产和负债的信息只是把全部或部分交易的价值分配于未来的结果。在这一阶段，“资产”和“负债”并不是对能被证明或被反证的未来收益或牺牲的说明，它们只是以有关未来的收益或牺牲假设为基础来对过去交易的成本进行分配的结果。

172. 这经常会使会计师和非会计师在沟通上出现混乱，因对于后者来说，“资产”通常指可以被出售或使用的资源。为减少混乱从而改善沟通的效果和使财务报告能为报告使用者提供有用的、能真实反映经济现实的信息，财务会计准则委员会和政府会计准则委员会对会计作了大量的改进。这些改进包括增加有关核心交易数据的信息含量。这一过程将在后面论述。

173. 换句话说，在会计师的试算平衡表中以核心数据为基础的“权益”或“净资产”的金额并不能直接用于衡量一个主体的市场价值或服务潜力，然而，在某些情况下，净资产可以成为反映上述价值或潜力的有用指标。（“指标”一词用于这里，是为了防止与“计量”相混淆。）①

① “计量”一词通常在会计文献中被用于与成本相关的方面，和在其他一些文献（包括政府会计准则委员会的文献）中与绩效有关的方面。本文也遵循这一惯例。然而，从概念上讨论，我们必须注意“成本”、“财务状况”是具有多层次含义的概念。用多种指标来反映这些概念的有关信息，比单纯的价值“衡量”更加准确。

174. 在同一期间内，会计信息可能被进一步分配于单位活动或产出、组织的分部等，或与它们相联系。这种期间内部的分配在成本或管理会计中被广泛应用。财务会计准则委员会和政府会计准则委员会都没有太关注管理会计这一会计分支，但联邦会计准则顾问委员会因其独特的任务，将会比较关注这一会计分支。因为成本会计的执行有助于绩效计量。

## 非财务核心数据

175. 传统地，会计师用货币来记录和描述交易。然而，他们的记录通常会包括与商品或劳动力等实物投入和产出有关的详细信息。这些非财务信息是报告和评价组织运营的经济性和效率性的数据信息的重要组成部分。

## 预算的核心数据

176. 政府与其他主体之间交易的数据信息包括预算授权、义务、支出、收入和抵消性征收。这些信息被保存在“预算账户”中，以便与记录交易的其他信息的“权益账户”中的信息相区别。在这一层次上，预算账户和权益账户被称为“综合”账户。实际上，它们记录了有关一项交易不同阶段的信息。

## 财务环境数据和财务形势的概念

177. 核心会计数据因加入了各种“环境”数据而得以扩展，这样做是为了与产生于与其他主体之间交易（资源或承诺流）的数据相区别。图1中的方框2描述了会计和报告过程中的这一步骤。报告主体环境内部的很多事情都可能对该主体有经济影响。与某些目的的财务报告相关的环境数据的例子包括现行市场价格、可实现净值、贴现（或利息）率的变化和资产的减值（包括市场价值和服务潜力的降低）。应增加什么样的环境数据是由具体目的而产生的具体信息需要决定的。

178．在会计和财务报告过程中的这一层次，资产负债表报告的信息胜过账薄所提供的信息。此时，它能披露更多已知的有关未来经济收益和牺牲的信息。到了这一程度，可以说资产负债表反映了报告主体的“财务形势”。“财务形势”的概念反映了某一时点上主体所拥有的经济资源以及别人对这些资源所拥有的权利。

## 非财务的环境信息

179．通常需要收集与项目的工作努力程度、完成情况和结果有关的非财务信息，并把这些信息与财务的环境数据相联系。这些信息对政府来说很重要，因为政府不能用“净收益”或“收益”等来对政府活动的经济性、效率性、效果性或净价值作出直接的评价。

## 财务状况的概念

180．随着更多的环境数据被加入核心数据中，一个比“财务形势”的范围更宽广和更有前瞻性的概念出现了。这就是“财务状况”。对美国政府来说，额外的信息可能包括有关国家甚至全球社会的现行状况和合理预期的财务和非财务信息。例如，环境恶化的预期影响，美国经济的相对竞争力和相对生产率；或人口在年龄、性别、寿命、教育程度、健康水平和收入等的构成方面的预期变化，所有这些都能影响人们对政府财务状况的判断。

181．有关财务状况的信息可以通过各种表格、附注、图表和文字披露来传达，其中最重要的是管理当局对已知的趋势、要求、承诺、事件和不确定性进行的“讨论和分析”。对联邦报告主体来说，管理当局的讨论和分析可能包括如下主题：

- 预算的符合性；
- 内部控制系统；
- 资本性资源和投资；
- 工作的努力程度、完成情况和运营的结果；

· 那些可能会影响未来经营的已知的趋势、风险、需求、承诺、事件或不确定性的可能的、合理的未来影响①。

182． 私有部门的经理和投资者越来越关心那些能有助于反映一个主体的财务状况的其他因素，包括一些无形因素，如主体的：

· 信息质量及分析能力；
· 战略规划的能力；
· 人力资源开发和管理能力；
· 选民的满意程度。

类似的因素可能与很多联邦报告主体相关。

## 财务信息需求的类型及财务信息供给的类型

183． 通过这些会计程序产生的信息满足了整个报告过程的需要。传统地，包括在财务报表中的信息被分类到各财务报告“要素”当中，如“资产”、“负债”、“收入”和“支出”。在未来的项目中，联邦会计准则顾问委员会可能会考虑联邦财务报告要素的定义。然而，就本概念公告来说，却没有必要这样做。需要注意的是，联邦财务报告现实的和潜在的使用者所明确的财务信息需求可以分成以下6类：

· 有关预算资源的来源和使用的信息；
· 有关经营和相关资源的信息；
· 有关政府资产的信息；
· 有关政府的负债和财务义务的信息；
· 有关未来的信息；
· 披露财务控制水平的信息。

184． 有关这些信息需求的例子和进一步的讨论将在附录B中进行。

① 按照1990年首席财务长官法案的规定，联邦财务报告必须包括这种讨论和分析。在这些报告中，讨论和分析通常被看做为“回顾”部分。管理与预算办公室的92—03公告提供了有关编制回顾部分的指南。

## 信息如何进入财务报告

185．通常，核心财务信息和环境的财务信息，与其他来源的信息一起构成了各种通用目的和特定目的报告的基础。因此，图 1 表明最终目的是编制有用的报告。编制通用目的财务报告的会计和报告过程与编制预算执行报告的会计和报告过程之间存在直接关系。图 1 中引向其他类型报告的虚线强调了在编制这些报告的同时，也提供了很多相关的其他信息。会计对这些报告的形成是有益的，但会计对这些报告的性质、范围和内容产生很少的影响（附录 C 列举了定期编制的部分联邦报告）。

## 财务报告与预算的关系

186．“预算”是一个内容广泛的术语，它可能包括对在未来期间的支出进行授权，以及规定了为这些支出所进行的融资的方式，也包括对过去期间内的实际支出及其相关的融资方式进行反映。联邦会计准则顾问委员会的建议可能会影响实际预算数据的报告。

187．**美国政府预算**，是被公认的及使用最广泛的联邦政府财务报告。预算过程是一种主要的政府机制，这一机制用于政府达成一致目标、分配有限资源以及评价政府财政政策对经济的稳定和增长的影响。预算具有的这一未来导向型的特点受到了人们广泛的关注。

188．预算执行报告被设计用于控制、追踪税收收入和确保资源按照批准的预算目的使用。实际的收入、负债和支出都被记录于账户中，这些信息反映了每一财政年度末预算资源的状况。

189．预算的计量通过披露每一决策将会引起的现金流出来实现对资源的控制和分配。在某些情况下，预算现在也包括了先于现金实际支出的应计成本。预算的概念要经常复核。它们可能会因为法律规定或国会的批准而发生变化，通常在管理与预算办公室发布的年度公告 A—11“预算估计的编制和呈报”中披露。

190． 委员会还没有权力推荐预算准则或预算概念，但委员会有责任为预算规划和编制提供可靠的会计信息。委员会也为确保预算报告的正确性和可靠性在进行努力。

191． 委员会的主要任务是为报告有关联邦政府及其组成机构的财务运行、财务形势和财务状况，并提供其他有用的财务信息而制定公认会计准则。这表明还应包括各种成本计量方法和其他可从预算处获得的补充信息。与预算报告一起，这些报告能比单个报告提供更有助于理解政府财务形势、运行结果和财务状况的更全面的信息。

# 第八章 财务报告如何为运营绩效报告提供支持

192． 第二个目标及其分目标是有关绩效的报告。这个目标及其说明都包含了成本计量的内容。成本计量和绩效计量这两个问题是相互关联的，因为它通过把成本与活动或“成本目标”相联系，以使会计更有助于报告绩效。

193． 设立绩效目标是管理当局的职责，而不是会计师的职责，即被选出或被任命的官员，包括项目官员和政府官员，有责任决定政府将要做什么，将做多少，以及它将被如何完成。在制定绩效目标时，这些官员将会考虑相关的约束条件和其他因素。根据设定的目标来对绩效进行评价是管理的重要组成部分。另一方面，成本计量是绩效计量的重要部分，而成本计量和报告结果又是会计和财务报告系统的职能。财务报告准则主要是为明确应报告什么信息以及如何进行报告而制定的，而不是为设立绩效的目标水平而制定的。

194． 这一章首先探讨了通常意义上的成本计量，继而说明了成本信息如何有助于报告绩效，进而描画出有关绩效报告的框架。成本计量和绩效计量都是复杂的问题。在尝试实施这些方面时通常会产生一些难题，例如，要提供有意义的解释，就可能要分解信息，或根据不同客户的特征、当地情况和其他政府无法控制的因素来对目标进行调整。这些问题超出了本概念性文件的范围。本公告不准备对如何计量成本或绩效进行全面讨论，也不打算讨论这些方面实施中的问题,它只是从概念意义上来阐述财务报告和绩效报告之间的关系。

## 成本计量

195． 在本概念公告中，“成本”是指已耗用资源的货币价值。而且，联邦会计准则顾问委员会还考虑了某些资产和负债的确认和计量问题，这些问题能够影响给定时期内，一个联邦报告主体所确认的成本的金额。例如，委员会的“直接贷款和贷款担保的会计核算”准则规定对这些政府项目的会计处理要采用权责发生制，这与 1990 年的“信用改革法”规定在预算中也要对它们采用权责发生制是相似的。

196． “成本目标”是一个项目、一种职能、一种活动、一个组织的分支，一份合同或另一个工作单位所期望达到的成本，而且它还对这些项目或职能等的过程成本、产品成本、工作成本、资本计划成本等的收集和计量作出了规定。成本会计的基本内容通常被描述为成本计量和成本分配，而且在把成本分配到成本目标时，要以成本与成本目标之间的受益关系或因果关系为基础。在确定成本计量方法、分配方法以及按特定目的来分配成本的方法的恰当性时，需要考虑所选用的会计方法的适当性及是否使用完全成本法。

### 会计方法

197． 以权责发生制为基础的会计通常更有利于成本与商品和服务的产量相配比，但必须仔细评价其因特定目的的使用。

### 完全成本法

198． 把一定期间内包括一般和管理支出及全部其他间接成本在内的所有成本进行分配，是计量服务成本的重要基础。然而，在制定所有决策时，完全成本并不是必要的相关成本。例如，增量成本适用于很多决策，而机会成本适用于其他决策。相类似的，某一管理层可控的成本更适用于对这些经理的大多数绩效进行评价。因此，会计系统应允许对在特定环境下决策所需要的相关成本进行计算，并且财务报告应反映符合其目的的成本信息。

## 绩效衡量

199． 绩效报告比财务报告的范围更宽广，但好的财务报告能为绩效报告提供重要的支持。政府会计准则委员会已经为州和地方政府主体的绩效报告明确了三个需要衡量的方面：衡量工作的努力程度，衡量工作的完成程度，以及衡量工作的努力程度与工作完成情况之间的关联性。尽管一些需要衡量的绩效方面可能不能被清楚地归属于上述的三个方面中，但这种分类有助于理解财务报告通过提供相关的财务信息如何以及在何处有助于报告绩效。

200． 为说明这种关系，联邦会计准则顾问委员会希望在未来的项目中对以下的论述进行部分修改或扩充。然而，在此时，联邦会计准则顾问委员会认为这一基本框架对于解释财务报告如何有助于绩效报告来说是合适的。①

## 对努力程度的衡量

201． 努力程度是指投入项目或过程中的财务和非财务资源（如金钱、材料等）的数量。对工作努力程度的衡量也包括一些比率，即用财务资源与其他方面（如反映服务的潜在需求的潜在服务接受者的人数）进行比较而得到的比率。

202． **财务信息**包括对已耗用资源的财务评价。它们包括在提供服务时所耗用的工资成本、雇员福利、材料和供应品，合同的服务，设备等。联邦会计准则顾问委员会制定的名为《存货和相关财产的会计核算》的征求意见稿，就是联邦会计准则顾问委员会的建议如何影响报告已耗用资源信息的一

① 以下的讨论大部分以政府会计准则委员会于 1992 年 12 月制定的《有关工作努力程度和工作完成情况报告的基本观点》为基础的。

个例子。

203． **非财务信息**包括以下方面：

· 人员数量：因为对于很多联邦机构和项目来说，人员是一项主要的资源，因此，全职雇员的约当人数或在提供服务时耗用的工时数，为衡量已耗用的资源提供了重要指标。

· 其他方面的衡量：这些可以包括在提供服务时所使用的设备数量（如车辆数）或其他资本性资产的数量。因为一些联邦项目使用了大量的资本性资产，因此对这些资产的使用进行衡量是反映耗用资源的重要手段。

**工作完成情况的衡量**

204． 对工作完成情况的衡量可以报告运用资源提供了什么和取得了什么成果。有两种衡量完成情况的方法——产出和成果。产出反映提供服务的数量。成果反映提供这些产出后的影响。对一些类型的政府项目来说，财务信息能用于衡量工作的完成情况。例如，对政府的一些商业性活动，就像营利性企业一样，获取的收入可以作为衡量工作完成情况的指标。然而，对于大部分政府项目来说，反映工作完成情况的重要指标是以非财务信息为基础的，这将在下面说明。

205． **产出**，可以通过以下方式进行衡量：

· 提供服务的数量：这些指标衡量所提供服务的数量；

· 提供符合特定质量要求的服务的数量：这些指标衡量提供的符合特定具体标准或一套标准的服务的数量（质量要求可以根据投入来定义和衡量）。

206． **成果**，这一指标衡量由于（至少部分地由于）工作的努力程度而达到的完成程度或产生的结果。有些学者用诸如“影响”、“效果”或“结果”等术语来区别由于政府活动而引起的成果的变化和由于其他很多因素所引起的成果变化。尽管这一术语不是一直可行的，因为理论上，绩效衡量应主要关注影响所产生的结果或效果，即应关注某一项目存在时与不存在时的成果间的差异。结果也包括公众对成果的知觉的衡量。

207. 当被用于与以前年度、预定目标、宗旨和目的、一般公认的规范和标准（在“目标”意义上）、主体内的其他部分以及与其他可比的主体进行比较时，对成果的衡量显得特别有用。

208. 有时，对服务接收者、社区或国家产生的次要或没有预想到的影响也被要求确定并进行报告。

## 衡量时工作努力程度与完成情况的相互联系

209. 对营利性主体和一些商业性质的政府项目来说，净收益的大小被认为是把组织的工作努力程度与目标完成程度联系起来的一个单独指标。然而，对于大部分政府活动来说，以一种有意义的方式来把工作努力程度与完成情况联系起来是很复杂的。这类指标的两种类型说明如下：

- 衡量效率的指标把工作努力程度与产出的服务相联系：这些指标衡量所耗用的财务资源或产出的单位成本（以美元、人工小时或设备来表示）。它们提供了在耗用资源给定的情况下有关生产率的信息，并且在与以前的结果、预定的宗旨和目标、一般公认的规范和目标或类似主体所达到的结果进行比较时，这些指标反映了一个主体的相对效率。
- 衡量效果或成本效益的指标把工作努力程度与服务的成果或结果相联系：这些指标反映了成果或结果的单位成本。它们把成本和结果联系起来以帮助经理、行政长官、国会和公民对一个主体所提供的服务的价值进行评价。

210. 无疑，财务或成本信息是试图反映工作努力程度与工作完成情况间关系的两类衡量方法的重要组成部分。

## 绩效衡量的局限性

211. 绩效衡量是良好管理的重要组成部分，而报告绩效是政府受托责任的一个重要部分。应该注意，绩效的衡量和报告还存在一些重要的局限性和困难，尽管这些方面没有在本文中进行深入探讨。例如，单一的衡量方式并不能全面反映绩效的情况，有关工作努力程度和完成情况的指标，就其本身而言，并不能解释绩效为何会处于报告的水平，而且报告数量性指标有时会产生意想不到的影响。

212．　由于各种原因，这三种类型的绩效衡量的信息通常还需要附带一些适当的说明性信息。事实上，文字说明信息是绩效报告中的重要部分。包括数字性和文字性信息的说明性信息有助于报告使用者理解报告中使用的衡量方法，有助于他们评价报告主体的绩效，以及有助于他们评价那些可能影响报告绩效的基本因素的影响（注意，报告主体可以是联邦政府整体，也可以是它的组成部分）。例如，说明性信息除包括有关主体能产生重大影响的因素的信息外，还包括有关超出主体控制范围的因素的信息。

# 附录 A：结论的基础

## 引言

213．本附录汇总了一些在本准则得出结论过程中，被委员会成员认为是重要的因素，包括接受某些方法而抛弃其他方法的原因，以及个别委员会成员更加重视的一些因素。

214．在本准则的制定过程中,委员会采用了多种方法搜集信息并得出结论。它的职员参与了一些焦点问题的讨论,拜访了财务信息的用户和编制者,并且还进行了其他相关的研究。

215．在上述工作的基础上，委员会于 1993 年 1 月 8 日发布了名为《委员会程序规则》的征求意见稿，并收到了 46 封回函。委员会并于 1993 年 4 月 21 日—22 日对征求意见稿举行了公开听证会，并得到了很多有价值的建议。

216．委员会对所有参与的人士表示感谢。

## 财务报告与预算之间的关系

217．委员会曾经考虑是否应该对征求意见稿中有关财务报告和预算之间关系的讨论进行修改。有几位回应者对这个问题作出了评论，但都是从不同的角度进行的。有些人在文中提出预算和所有权（或“权责发生制”，或“财务”）会计应该有不同的会计基础，但应该以综合的形式进行报告。其他人建议，对报告和预算采用相同的基础是达到联邦财务报告目标的基本保证。

218．在过去数年中，很多建议要求调整有关支出的信息，以便更好地了解支出与国家政策目标之间的关系。这些建议中有些是与预算有关的。有些人要求预算应采用“权责发生制基础”。那些主张改变预算的组织和/或基础（如更多的“项目”组织形式或更多采用“权责发生制”基础）的人认为，以项目的角度和/或以权责发生制基础编制的财务报告是考虑重构预算之前意义重大的第一步。

219．其他人可能有完全不同的看法。例如，有些人认为，除了1990年的《信用改革法》要求一部分预算在编制和批准时要采用权责发生制惯例之外，维持权责发生制会计和预算间的区别是有益的。这些人认为，以预算基础进行的计量在原则上有时与以权责发生制基础进行的计量是不同的。他们的这个结论是从预算和财务报告的目的不同推导出来的。

220．由于委员会没有改变预算的司法权，因此，委员会最后重出结论，在本准则中有关此问题的讨论没有必要进行修改。

## 州和地方政府以及其他非联邦主体

221．一些受访者表达了他们对联邦会计准则对州和地方政府会计的潜在影响的关心，这些回应者想尽量减少为符合联邦要求而发生的成本。他们想尽量避免采用与政府会计准则委员会明确规定的基础不同的基础进行报告。也许他们的建议是针对通用目的报告提出的，因为受资助人现在必须编制各种类型的特定目的报告以满足资助机构、管理与预算办公室和单一审计法案等的要求。

222．联邦会计准则顾问委员会并没有为非联邦主体的对外的通用目的财务报告推荐准则。联邦会计准则顾问委员会的任务是为联邦政府考虑和推荐会计原则，因此，联邦会计准则顾问委员会的工作对非联邦主体没有直接影响，然而，事实上联邦会计准则顾问委员会的建议最终引起了联邦基金接受者对信息的需求的增加，当这些信息对联邦报告主体实现其联邦财务报告中所表明的目标来说是必要时，这种情况就会发生。从资助和合同接受人的角度来看，这些要求可以看做是“特定目的”报告要求。

223．项目的官员通常会在与联邦基金接受者签定的合同或资助协议中明确提出这些要求。委员会承认联邦政府在决定实施这些要求时有责任考虑非联邦主体为满足这些要求而要发生的成本。同时，还要考虑全部主体和全部公民为满足这些要求而能够获得的收益。

## 报告绩效和使用非财务信息

224．很多提到报告绩效的回应者都对征求意见稿中的相关部分表示支持，但有些人认为草案中的语言太概括。委员会认为这些回应者的观点部分地是由于征求意见稿中前三个目标的用词引起的。这三个目标，每个均以“联邦财务报告应能协助……”开始。然而，每一个目标中都有“联邦财务报告应使读者能够确定……”，这样的语句暗示的内容也许超过了委员会的意图。

225．相应地，委员会用“提供能帮助读者……的信息”来代替“使读者能够决定……”。委员会还依据回应者的建议作出了其他修改。特别地，准则现在用“绩效目标”这一词来表述由选举出或被任命的官员确定的期望绩效水平。这一术语代替了“绩效标准”一词，以避免与“财务报告标准（准则）”可能发生的混淆，“财务报告标准（准则）”规定了特定报告中需要报告什么信息，以及这些信息如何报告。

226．本准则也明确表明绩效目标应由项目和政策官员共同制定。在这个过程中财务官员起到了重要的作用，特别是涉及到财务数据的地方。这一作用是以其在成本衡量方面拥有的专长和确保数据真实的责任为基础的。

227．一位公共管理专家曾就这种关系做出解释：

> 政府会计师负有为政策制定者和管理者收集、报告和分析重要的实际财务信息的部分责任。政策分析家和预算人员主要考虑什么事情应该发生，而会计师考虑的是收集和记录已经发生的事情。而且，政府会计师请审计师来复核他们的工作，以进一步确保会计过程的真实性。[①]

228．委员会认为会计为财务报告提供支持，还认为在政府机构中，财务报告与受托责任和绩效评价之间是密切关联的。财务会计和财务报告在保证交易符合财务相关要求的过

① 参见 Thomas D. Lynch：《总统专栏》，载《ASPA 时报》第 16 卷第 6 号，第 5 页（1993 年 6 月 1 日）。

程中有特殊地位，这与目标1和目标4直接相关。

229． 然而，财务报告也提供有关成本，资产和负债的有用信息，特别地，这些信息与目标2和目标3相关。对产出、成果和它们的成本进行定期报告是绩效控制系统的重要部分。通常只在个别的项目评价或特别研究中才会对因政府行动而引起的影响（包括效果或结果）进行评价。这些研究需要运用那些被经常更新的产出、成果和成本信息。

230． 联邦会计和财务报告处于一种意图促进绩效衡量和受托责任的不同法律环境之中。联邦会计准则顾问委员会或联邦财务报告都不能单独实现评价绩效或保证受托责任的目标。但它们有助于这些方面的实现，而且，为了实现这最终目标，会计师、审计师和财务经理必须理解为实现这些目标而制定的整个框架。

231． 对于非政府主体来说，商品、服务和资本的竞争市场为独立评价这些主体利用资源来满足它们的顾客需要的活动的经济性、效率性和效果性提供了参考。没有类似的证据表明联邦产出的价值独立于政治过程。与财务信息相联系的非财务信息对于报告政府主体的运行结果是很重要的。

232． 从概念上说，这一事实暗示了如果报告要能公正地反映主体的财务状况和运行结果，联邦报告主体的一套完整的财务报告应该包括有关经济性、效率性和成本效益的指标。第164段指出财务或成本信息是试图反映工作努力程度与完成情况之间关系的两类衡量方法的重要组成部分。实际上，只有在仔细研究具体情况之后，才能确定这些信息可用的程度以及披露这些信息的成本效益。

233． 具体的决策都需要进一步的研究，委员会认为任何试图反映廉洁性责任（层次5）和过程性责任（层次4）以外的受托责任的尝试都要求对绩效进行衡量①。委员会的使用者需要研究，需要公开听证和类似的信息来源，这些都表明了一个广泛的共识，即联邦政府需要更系统地尝试计量和报

① 第3章讨论了受托责任的层次。

告产出、成果（包括影响），和取得如此成果而发生的成本。委员会认为，为了这种尝试，会计和财务报告在对联邦活动进行项目、预算、财务管理和评价的循环中起到了重要作用。

## 受托责任

234．有些回应者认为征求意见稿中有关受托责任目标的描述过于宽泛。他们觉得有关政策决策对国家的影响的信息超出了联邦财务报告的范围。委员会认为这种看法——与上述绩效报告相类似——的产生部分是由于征求意见稿中前三个目标的用词和结构引起的。

235．相应的，委员会用“提供信息以帮助……”来代替原来的“以便使用者能够……”。如以前提到的，联邦财务报告本身不能实现评价或保证受托责任的目标，它只能有助于实现这一目标。

236．委员会注意到联邦政府具有两个层次的受托责任。一个层次是对它的资产、负债和持续经营能力负责，另一个层次是对国家财富和国家福利的宪法责任。从这一层次看，联邦政府具有独特的性质。如果国家的财富或国家福利在恶化，政府的财务状况同时或迟早也会恶化，反之亦然。一国政府的财务状况不可避免地会与一个国家本身的财务状况相互交结，相互影响。因此，当整个政府作为一个主体作出报告或特定项目作报告时，报告必须提供有关经济总体环境的信息。第1章已经指出，联邦会计准则顾问委员会不为经济报告推荐准则，但它要考虑这些信息是否应包括在某些财务报告中。

## 系统和控制

237．大部分提到第4个目标——原来的标题为“防止欺诈、浪费和滥用”——的回应者都表示支持征求意见稿，但有些人认为这一目标可以比较正面的形式提出。有些人强调这一目标及能实现这一目标的准则是必需的。但有些人认为内部控制不应作为财务报告的一个要素。其他人认为没有必要在这方面单独设立一个目标，因为它能够从其他目标推导出来。

238. 委员会也同意该目标应以更正面的词语表述。相应地，它用新标题“系统和控制”代替了“防止欺诈、浪费和滥用”，并对该目标的表述作了其他修改。然而，从根本上看，委员会继续认为系统和控制是一个重要的主题，并且对其进行正确的表述是相关的。

239. 委员会的用户需要研究、公开听证和其他的信息来源，这清楚地表明用户需要得到报告的信息是可信的和可靠的保证。他们还需要知道已经存在合理的控制以防止欺诈、浪费和滥用的发生。独立审计有助于提供这种保证，但不管信息是否被审计，有效的系统和控制都以一种符合成本效益的方式提供这方面的基本保证。而且，有效的系统和控制也是实现其他目标的重要基础。

240. 也许以会计为基础的报告对实现目标1和目标4的独特贡献在于以交易（特别是遭受财务限制的受控制交易）为基础的“核心”会计数据。会计控制系统是具有这一特殊作用的财务报告的必要组成部分。相类似地，对于目标2和某一程度的目标3来说，系统和控制都很重要，因为直接观察成果和影响通常是既不可行又非常昂贵的。在这种情况下，依靠会计和管理控制以确保遵循良好的实务和过程，通常是设法衡量因政府活动而形成的价值增加的一种符合成本效益原则的替代方法。

241. 最后，受托责任的基本观点在整套目标中都有所体现。有效的系统和控制是一个负责任的政府应具备的基本前提条件。因此，委员会认为系统和控制是会计、受托责任和财务报告的一个重要组成部分。

## 同时关注内部和外部使用者

242. 有些回应者提到了使用者，但明显地，他们就是否应修改征求意见稿还没达成一致意见。例如，一些回应者极力主张要更加重视外部使用者的信息需求或重视通用目的对外财务报告的目标。另一些人却极力主张应更加重视较低层次的项目经理和雇员的信息需要。这些意见并不相互对立，从竞争角度来看，也不相互排斥。委员会坚持认为它必须同时考虑外部和内部的使用者。委员会是行政长官的代理机构，而行政长官又是公众选出的代理人。这种组织方式使委员会要对外部和内部使用者同时进行考虑。

243． 正如在第1章提到的，对联邦政府来说，内部和外部使用者之间的区别并不明显。实际上，除了一些细节外，至少有部分公众会对全部联邦财务信息感兴趣。

244． 委员会承认这种同时的关注通常需要权衡各种因素以达到最优的结果。例如，正如一位回应者所正确指出的，过分强调为需要各机构之间可比信息的使用者提供具有他称之为"可比的一致性"特征的统一报告是十分危险的。他还指出，这样可能会与为满足特定环境中机构的特殊需要而建立的"相关的用户化"的信息系统发生冲突。一些目标需要具有"可比的一致性"特点的信息，而其他目标需要"相关的用户化"信息。

245． 委员会主要关注前一类信息的使用和报告，即关注确保能提供相关的可比数据，并以符合成本效益原则的方式来提供这些数据。单个的编制者通常不能从整个政府的角度来对提供这些信息的成本收益率做出判断。他们只知道他们为提供这些信息而发生了多少成本，而通常不知道提供这些信息有何潜在收益。而且他们也不能制定能产生这些信息的准则。

246． 另一方面，像委员会或其赞助人之类的外部机构对政府机构内部提供相关的用户化信息的需要不多。假定条件是每一个编制者都能够并且将会关心提供各种信息的资源是可以得到的，并且不存在官僚作风的阻碍。

247． 因此，从概念上说，"可比的一致性"和"相关的用户化"之间的需求并不矛盾。而且，从理论上说，正确地设计会计系统将有助于对内和对外的报告。然而，在实际中，由于信息处理系统的管理资源有限以及新系统需要时间来建立，所以，由外部施加的对“可比的一致性”的需求可能会与来自内部的“相关的用户化”信息的需求相竞争。委员会承认这需要权衡。这只是委员会在后续项目制定之中需要考虑的众多成本收益性因素中的一个。

## 整个政府和各组成主体的报告的目标

248． 一些回应者建议应该为整个政府的报告和各组成主体的报告分别制定目标体系。相类似地，也应该尽可能地对组织的单位组成部分的报告目标与职能或项目的组成部分的报告目标进行区分。另外，有人想像要为不同的用户设立不同的报告目标。委员会得出结论认为不同的报告可能会强调不同目标，但没有必要因此而制定不同的目标准则。委员会将在后续的准则和计划中对不同类型报告目标的重点的变化作出考虑。

# 附录B：联邦财务报告描述的使用者信息需求

249. 本附录的论述与第3章中有关使用者对财务信息的需要的论述是一致的。它代表了委员会在对由这些需要而引出的财务报告目标所进行的思考的中间步骤。本附录的目的是通过提供有关这一论题的另一种看法，以帮助读者能更好地理解财务报告目标。

250. 四大使用者集团对财务信息的需要可以分成以下6类：

1. 有关预算资源的来源和使用的信息。
2. 有关经营和相关资源的信息。
3. 有关政府资产的信息。
4. 有关政府的债务和财务责任的信息。
5. 表达对未来的关注的信息。
6. 披露财务控制水平的信息。

251. 在一些情况下，特定性质的信息对于四大使用者集团来说基本上是相同的，只是在详略的程度上有所区别。例如，项目经理对于尚未承担付款义务的预算资源的金额大小，是很感兴趣的，因为他要避免违反《反赤字法案》的规定。而这一信息可以让行政长官知道他有多少预算资源可以重新投入到其他目的的项目中①。

252. 在其他情况下，特定性质的信息对于各使用者集团来说是有差异的，这种差异主要由报告主体、报告的使用者和将使用哪些信息所决定。例如，"差错率"可以指在决定个人每月有权从政府处获得的收入金额时出现的错误，或在计算公司应向政府支付费用的大小时出现的错误。

## 有关预算资源的来源和使用的信息

253. 预算是政府理财的起点。所有的使用者都想知道预算

---

① "付款义务"在联邦会计中的含义与"负担"在州和地方政府会计中含义相类似，即它反映已经拨出的将用于支付特定合同、购货订单或其他项目的储备。

的构成，如预算授权、义务、支出、税收收入和抵消性征收等。他们需要知道预算被如何执行，特别还想知道它在执行过程中是否遵守对该主体的财务有影响的拨款法律法规或其他法律的要求。他们需要知道预算资源的状况，包括已承担付款义务的和未承担付款义务的预算授权的状况。最后，他们需要知道预算授权是否足以满足对未来的承诺。

## 有关经营和相关资源的信息

254. 使用者在需要有关预算资源的信息同时，也需要有关政府项目经营情况的信息。这包括有关项目的成本信息，以及对这些成本信息所进行的更有助于理解的分类，如分成项目成本或活动成本，直接成本或间接成本，固定成本和变动成本，与估计数的比较或目标的比较（如人数）。披露单位成本、总成本和边际成本以及这些成本变动情况的信息也是非常有用的。

255. 成本信息反映了政府为提供服务进行的投入。同样有用的信息还包括有关政府服务的产出、成果、效率和效果的信息，以及这些方面与预算或目标相联系的信息，还有这些方面任何变化的信息。这还包括对期间的识别，在这个期间内，能够实现一定的成果。这些信息有助于形成投票、集资和管理决策的基础。

## 有关政府资产的信息

256. 财务报表使用者需要大量有关政府资产的信息。他们需要知道信托和周转基金的余额是否足以实现基金的目标。他们需要知道政府的应收账款的性质和金额大小，以及这些应收账款是否可以收回。他们对存货的规模大小及状况感兴趣，他们还想知道，这些存货是否会按预定的用途来使用，或者，如果不会，那从它们的处置中可以收回多少资金。还有更多有关政府实际资产的信息是报表使用者想要知道的：它们的价值、预期服务寿命、重置成本和已经被推迟的维护保养的影响。

257．政府也会像保管人一样保管资产，或保管资产至它们被出售。例如有被扣押或被没收的资产。有关它们的信息有助于明确对它们的责任以及有助于决定处置它们的最佳时机和方法。

## 有关政府的债务和财务责任的信息

258．报表使用者需要知道，政府有什么负债以及这些负债是短期的还是长期的，其金额是确定的，还是只是一项估计，或只是一项与企业或活动有关的而不构成直接和现实的政府责任的或有负债，如政府赞助企业。这些信息有助于报表读者评价政府在一定期间内继续按现有活动水平进行运作的能力和/或有助于评价政府在未来是否可能增加税收。

259．各年间负债金额的变化的信息也很重要。报表使用者通常宁愿（或更偏向于）知道偿还的范围而不是估计的一个数字，宁愿知道偿还的净现值而不是没有贴现的名义金额。

## 表达对未来关注的信息

260．联邦政府要对国家福利负责。它的财务活动会影响到现实的或未来的国家福利。因此，报表使用者不仅关心有助于评价作为未来保障的信托基金的状况的信息。他们还需要有助于评价未来税收上升、服务减少和通货膨胀率变化的可能性的信息。

261．因此他们需要有关额外财务资源的可能来源的信息。他们需要知道消费活动支出与投资活动（如研究和开发）支出相比较的信息。他们需要有关其他能刺激增长的活动的信息。另一方面，他们还要评价哪些支出能被显著降低。

262．最后，他们需要知道未来赤字的可能性，这一赤字将增加纳税人多少成本负担以及这一负担对生活质量可能造成的潜在影响的大小。

## 披露财务控制水平的信息

263．因为政府花费了大量的资金，所以纳税人和其他公民自然关心他们所提供的资源是否被正确地保护着，以防止舞弊、浪费和滥用，并尽量减少错误。他们需要知道控制是存在的，而且在有效运作，并能及时发现和更正问题。他们特别关心被确定的高风险领域是否已经被披露，并是否已经投入足够的资金以减少风险。

264．这并不仅仅关心直接由政府花费的资金，它还扩展到关注由接受政府合同或资助的个人和组织所花费的资金。

# 附录 C：重复性基础上编制的特定联邦报告

265. 这一附录按照第 7 章图 1 的分类方法来对一些常见报告进行了分类。报告按财务或非财务和特定目的或一般目的来进行分类。这种分类比较主观。它是以报告的一般性质或报告的重点为基础进行的。很多报告包含有不同类型报告的信息和功能。

266. 所有这些报告都有助于满足委员会为部分使用者而制定的报告目标。然而，很多列举的特殊报告只是间接地受到委员会的准则的影响，如《全国经济报告》。事实上，由于经济报告反映的是交易者（如市民和私人企业，州和地方政府和非营利单位）而不仅仅是政府的活动，因此，只有当它能提供有助于评价政府的运营绩效和受托责任的信息时，它才适合在图 1 中出现。

## 财务信息——特定目的

美国政府预算
总统预算方案分析（CBO）
经济和预算展望报告（CBO）
经济和预算展望更新报告（CBO）
预算中期回顾
预算实施法案报告：预测、更新和最终结果
拨款要求（SF 132）
预算执行报告（SF 133）
总统经济报告
联邦储备局公告
运营绩效衡量表 1351 A—D：工作年数和人员成本报告
快速付款报告

## 财务信息——通用目的

与周转基金、信托基金、明显的商业机构和试验性的联邦机构有关的首席财务官法案所要求的年度财务报表（主要的财务报表还包括附注，如果可能的话，还包括合并财务报表）

财政部要求的政府机构的年度财务报告（SF 220 系列）

美国合并财务报表原型

美国政府年度报告和附录（财政部）

美国月度财政收入和支出表

公债月度报表

财政日报表（有关现金和债务）

## 非财务信息——通用目的

致总统和国会的年度部门报告

首席财务官法案要求的，在回顾、补充信息和报告的其他部分中的非财务信息

## 非财务信息——特定目的

1982 年《联邦经理人的财务真实性法案》要求的报告

# 联邦财务会计概念第 2 号公告（SFFAC NO.2）
## ——主体与表述

### 基本情况

颁布日：1995 年 4 月 20 日

参考第Ⅰ卷：联邦财务会计准则第 7 号公告，“收入及其他财务资源的会计核算”

参考第Ⅱ卷：

解释公告：

影　　响：不影响其他准则

所受影响：受到联邦财务会计准则第 7 号公告的影响。该准则第 90—102 段中的指定材料被增加进联邦财务会计概念第 2 号公告中

### 引言

本概念公告描述了联邦政府及其分支机构在编制通用目的财务报告时确定报告主体的基础。对任何主体来说，要成为报告主体，它应该满足以下所有条件：

——负有控制和部署资源，提供产出和成果，执行部分（假定该主体已包括在预算中）或全部预算的管理责任，并能对其绩效负责。

——主体包括的范围应该能使其财务报表提供有关经营状况和财务状况的有意义信息。

——存在可能的财务报表使用者，这些使用者对报表中的信息感兴趣，并能利用这些信息来帮助他们作出资源分配和其他方面的决策，并确定主体对资源的部署和使用负责。

本公告还提供了把部分机构包括进一个报告主体的标准。一个结论性的标准规定任何在最近被命名为“政府机构和账户执行的联邦项目”的联邦预算部分中出现的组织、项目或预算账户（包括预算外账户和国有公司）都应该被作为它所在的联邦政府或组织的一部分。指引性的标准也规定，如果一个没有在“政府机构和账户执行的联邦项目”中列示的组织不被看作联邦政府或组织的一部分，会导致通用目的财务报告产生误导或不完整的话，这一组织应该被看

作为联邦政府或组织的一部分。

本概念公告还描述了联邦财务报告应该包括的项目，并给出了反映财务信息的理想披露方式的示范性报告。这些项目包括：

——管理当局的讨论和分析；

——资产负债表；

——净成本报表；

——净资产变动表；

——经管活动报表（当可能时）；

——预算资源报表；

——项目绩效衡量表；

——附注；

——有关实物、人员、研究和资本开发和部分对未来资源的要求的补充信息（当可能时）；

——其他有关财务和管理的补充信息。（当可能时）

名为“收入和其他财务来源会计”的联邦财务会计准则第 7 号公告，要求在上面的列示中增加“融资报表”。联邦财务会计准则第 7 号公告也给出了融资报表的范例以对联邦财务会计概念第 2 号公告的附录 A 进行补充。联邦财务会计概念第 2 号公告中被修正的部分下面都用双划线标明。

# 目 录

## 引言

1． 会计的一个基本假设是会计信息适用于受法律限制的、可管理的、具有受托责任的主体，或其他组织结构的主体。另一个基本假定是主体通过财务报告向关注该主体的人们传递有关该主体的财务信息和其他相关信息。

2． 本会计概念公告的目的是为联邦政府主体的财务报告应包括什么内容提供指南。本准则具体说明了应提供财务报告的主体的类型(下文称之为“报告主体”),为定义各类报告主体的构成提供指南,并确定在各类报告主体间交流信息的财务报告的类型,以及建议各种类型报告应传达的信息的类型。

3． 财务会计概念公告试图为联邦会计准则顾问委员会的会员提供指南，因为他们为联邦政府考虑和推荐会计准则。当管理与预算办公室在执行它的法定责任时，即具体规定谁要编制财务报表和这些报表的形式和内容时①，概念公告对于管理与预算办公室来说也是有用的。概念公告还可以为联邦机构的财务报告的编制者，审计师和使用者提供广泛的指南。财务会计概念公告本身不能被看做联邦政府机构在编制财务报表时必须遵守的公认会计原则。

4、 本公告不试图去定义哪些报告主体必须编制和公布其财务报表。这些权力和责任属于国会、管理与预算办公室和其他监管组织及资源提供者。

5． 对报告主体的具体规定试图适用于联邦政府行政机关中的所有组织,包括部门、独立机构②、委员会和公司。联邦会计准则顾问委员会不打算为立法和司法机关推荐会计概念和准则。然而,在本公告中推荐的概念同样适用于这些机关。

6． 在本公告中定义的概念主要适用于由联邦主体编制的通

---

① 根据 1990 年的《首席财务长官法案》，管理与预算办公室有权规定机构和全政府的财务报表的具体形式和内容，并通过定期发布的管理与预算办公室公告来对其作出修改(美国法令第 31 章，3515（d）部分和 331（e）部分)。管理与预算办公室想以本公告中的相关概念为基础来确定报表的形式和内容。

② “独立机构”一词是用来把独立于内阁部门的机构与属于内阁部门的机构区分开来。独立机构直接向总统报告,它是美国政府的一部分。

用目的财务报告。这些主体所编制的财务报告也有助于实现联邦财务会计概念第 1 号公告，“联邦财务报告目标”中所定义的目标，这些目标如下：

- **预算的真实性**。政府的职责是在获得通过税收及其他方式得来的资金以及使用这些资金的过程中，要遵守其特定财政年度中与政府预算编制有关的法律和规定，联邦财务报告应能协助政府完成它的职责。
- **运营绩效**。联邦财务报告应能协助报告使用者评价报告主体的工作努力程度、成本和工作完成情况，有助于评价为进行这些工作和实现这些成果而进行的融资的方式，以及评价主体对资产和负债的管理。
- **受托责任**。联邦财务报告应能帮助使用者评价政府的运行和一定期间内政府所进行的投资对国家产生的影响，以及由此导致的政府的和国家的财务状况在过去已经发生的和将会在未来发生的变化。
- **系统和控制**。联邦财务报告应能帮助报告使用者了解财务管理系统、内部会计和行政管理控制是否足以确保交易的正确执行，保护资产和为绩效衡量提供支持。

7. 正如联邦会计准则顾问委员会的任务公告上所要求的，这些概念也试图帮助满足行政机关和国会的监管团体对财务和预算信息的需要，并加强联邦会计的概念基础和联邦会计数据的一致性。

8. 本公告中所讨论的主体及表述并没有把为满足联邦机关财务信息的使用者所提出的特殊报告需要而定义的特殊的或暂时的报告主体排除在外；也没有排除为满足报告主体内部人士的特殊需要或回应主体外部人士对某些财务信息的要求而编制这种报告特定目的财务报告的报告主体；也没有排除那些编制能提供简化的、可读性强、易于理解的信息。这些报表没有必要声明是按照一般公认会计原则来编制。

## 定义报告主体的原因

9. 需要对报告主体有一个明确的定义的最基本原因是要确

保该主体的财务报告使用者在受到成本和时间的限制下，也能得到全部与该报告主体有关的信息。明确定义报告主体的范围能使使用者清晰地理解报告主体的组成。它有助于确定什么信息是与财务报表有关而什么信息是无关的。

10. 需要对报告主体有明确定义的其他原因还包括：

- 确保在综合每一报告层次的信息时，没有主体被遗漏，以及能从同一层次的报告单位中提供合并的和/或汇总的信息；
- 通过减少无意地或武断地排除或包括某些主体的可能性，有助于在可比的报告主体之间作比较；
- 有助于在提供相似服务或产品的后备方案之间作比较；
- 有助于正确和完全地分配成本，也有助于正确地划分对资产和负债的责任；
- 便于评价绩效、责任和控制，特别是当一个机构是在另一个机构的支持下才能提供或接受服务时。

## 联邦政府的结构

11. 联邦政府是一个很复杂的组织，它包括了许多不同的组成部分。出于会计和报告的目的，至少可以从三个不同的角度来考察联邦政府。然而，每一类型组成部分的性质和它们与各考察角度间的关系并非总是一致。

### 组织的角度

12. 第一种类型的看法是从**组织**的角度来考虑的。联邦政府是由各个组织构成的，这些组织需要管理资源并要对其经营（即提供服务）负责。这些组织包括主要的部门和独立机构，它们通常还可以被分成更小的，并有一定权力的组织单位，包括局、管理处、代表处、服务处和公司。很多这些组织单位甚至被分成更小的组织。另一方面，通常认为一些小机构不适宜进一步细分。

## 预算的角度

13． 从另一个角度，政府是由反映在预算中的账户组成的，下文称为**预算账户**。预算账户由支出（拨款或基金）账户和收入（包括抵消性征收）账户组成。这些账户的大小和范围根据国会的偏爱而有所不同。它们可以是很小的账户，从而有助于约束管理当局，也可以是很大的账户，可以为很多活动提供资金。

14． 预算账户不同于财政账户，后者是财政部设立的用于记录法律规定提供的拨款和其他预算资源，以及影响这些账户的交易的账户，当然，其存在还包括其他目的。预算账户大部分是对财政账户的综合。同样，财政账户包括储蓄账户和预算账户。

15． 预算账户也不同于由"美国政府标准总账"所规定的统一分类账户。美国政府标准总账的账户记录的是具体的同类交易以及会被综合到财务报表的具体分类栏目中的余额。它们的设立是为了使政府机关能建立对其财务交易和余额的控制，满足基本的财务报告要求，并能把预算和财务会计统一到相同的总分类账中。

16． 有时，一个预算账户可能反映一个组织或只反映它的一个或多个分支组织的状况，而另一些时候，却需要综合几个预算账户来反映一个组织或一个分支组织的状况。

17． 预算账户可以分成联邦基金和信托基金。任何被管理联邦预算的法律指定的账户，就是信托基金。联邦基金包括更大的集合和包括没有被法律定义为信托基金的所有交易。联邦基金由三个部分组成：普通基金、特殊基金和周转基金。这些基金的定义可以参见管理与预算办公室的A—11公告和美国会计总署的"联邦预算程序中使用的词汇总表"。

18． 在确定所有信托基金的性质和这些基金与负责它们的主体之间的关系时必须注意。一些信托基金在性质上是纯粹的信托关系。但大部分包括在预算中的信托基金并非如此，它们被用于联邦的融资当中，而这种融资方式与联邦政府外的普通信托基金的方式有很大区别。在很多方面，这些信托基金有点像周转基金或特殊基金，因为这些基金的支出都是通过指定的收入来源来提供的。

19. 在习惯上，“信托基金”一词指属于一方的资金以“信托”的方式交由作为受托人的另一方来经营。信托基金中的资金必须要按照信托合同的条款规定来使用，受托人不得单方更改这些合同条款。并且这些资金要与受托人的自有资金分开存放，不得混淆。但在预算中的大部分联邦信托基金里，情况并非如此——因为这些基金通常都不存在信托关系。因为信托受益人不拥有这些基金，而建立这些信托基金的法律条款可以被国会单方面地更改。

20. 除信托周转基金外，特殊基金和信托基金都是预算账户的综合。它们通常包括一个或多个收支账户。在众多信托基金中，社会保险项目（如社会保障和失业救济）是金额最大的基金，而联邦雇员项目（如退休和医疗福利）是第二大基金。它们两者之和占到所有信托基金收入的 90%。其他信托基金包括通过消费税来为公路建设、机场和航空公司的运作和其他公共服务提供融资的基金。与其他预算账户相类似，信托基金通常由一个组织负责，但有时可能是由一个以上的组织负责。

21. 预算账户也可以根据法律规定的或管理与预算办公室定义的职能或分职能来进行分类，这些分类反映了国家对在某些重要方面持续投入资源的需要，如国防和医疗。

## 项目的角度

22. 从第三个角度来看，政府由一系列**项目和活动**构成，即组织所提供的一系列服务以及所从事的一系列具体工作。每一个项目和每一项活动都负责生产出某些产品以实现预定的目标。

23. 对于“项目”一词并没有固定的定义。因为不同的人对它的认识不同。例如，公路项目与整个联邦公路项目都有关，如建造州际公路项目（而不是城市街道，辅道等）或建造连接两个具体地点的公路项目。而且，根据 1985 年的

《平衡预算和紧急赤字控制法》的规定，以及参议院拨款委员会在其委员会报告中的定义，“项目、计划和活动”的意义与每个拨款法案都有关。

24．“项目”一词也被经常用于代替“职能”或“分职能”(参见第21段)。然而，“职能”一词通常只用于预算已经定义的职能中，否则，将使用“项目”一词。

## 各角度之间的相互交错关系

25． 项目受组织的管理，其资金由预算账户提供。在一些情况下，这三个方面之间是一对一的关系，即一个预算账户为一个项目和组织提供资金。因此，一个项目只由一个组织来执行，而一个组织也只执行一个项目。

26． 然而，大部分项目需要一个以上的预算账户提供资金，有些预算账户可能不属于管理该项目的组织单位所控制。一些项目甚至受一个以上的组织管理。相类似地，一个组织或一个预算账户可能要负责几个项目。在一些情况下，一个项目可以被看做是一个组织的单位，如灾难控制和预防中心。

27． 而且，一些实施项目所必需的支持经常由其他组织和/或其他预算账户提供。例如，某项目所需的计算机支持或一个项目的现在和前期雇员的退休医疗成本都需要由部门的中心单位提供。

28． 这些复杂的情况是联邦组织、项目和预算结构经过多年改进之后的结果。由于联邦的任务和项目已经扩展和变化，由此产生了很多新部门，现有部门中也增加了很多新组织，以及在基于各种考虑之下，赋予了现存组织更多新的职责。相应地，为响应国会、国会的委员会及附属委员会、总统、项目经理人员和利益集团的各种优先权的需要，预算结构也已经作出了变革。

## 确定通用目的财务报告的报告主体

29． 正如前文所述，报告主体是通过公布通用目的的财务报告来交流有关该主体的财务和相关信息的主体。一个主体要成为本联邦财务会计概念公告中所定义的报告主体，它需要同时满足以下条件：

- 负有控制和部署资源，提供产出和成果，执行部分（假定该主体已包括在预算中）或全部预算的管理责任，并能对其绩效负责。
- 主体包括的范围应该能使其财务报表提供有关经营状况和财务状况的有意义信息。
- 存在可能的财务报表使用者，这些使用者对报表中的信息感兴趣，并能利用这些信息来帮助他们作出资源分配和其他方面的决策，并确定主体对资源的部署和使用负责。

30． 预算账户本身由于不满足上一段中的条件，因此它不能被看做为以公布通用目的财务报告为目的的报告主体。而且，与各政府机关都有关联的预算账户在规模和范围上缺乏一致性，因此不能被看做为报告主体。类似地，由于项目通常也不满足第 29 段中所列的条件，因此，它也不能被看做编制通用目的财务报告的报告主体。

31． 另一方面，组织，特别是更大的组织，能满足第 29 段中的条件。有时，项目和预算账户可能会在一个以上的组织单位中发生重叠，这使财务报告变得更加复杂。经理人员通常会使用来自责任中心、收入中心、利润中心和成本中心等的数据来为组织和经营服务，以使得：

- 不仅为组织（及其附属组织）综合信息，还要为组织所执行的一个或多个项目或组织要对其负责的一个或多个预算账户综合信息。
- 不仅组织要再处理这些信息，其附属组织、项目和预算账户也要对这些信息进行再处理。

32． 这种在联邦政府中定义适当的报告主体的方法，使组织可以在内部建立起受托责任，并仍然能使它们提供有关它们负责的项目的信息。

33． 尽管报告主体也许不能控制所有其管理的一个或多个项目提供资金的预算账户，但是所有归属于报告主体管理的项目的收入及其发生的成本，都与该报告主体有关。即不管人员的工资是否由报告主体直接支付，这一论断都是正确的。

34． 部门和主要的独立机关都是组织的单位，因此它们是主要的报告主体。然而，在很多情况下，单独反映各附属组织主体（如局、管理处或代表处）综合信息的财务报表比仅仅反映一个组织总体的综合信息的财务报表更有用。前者能提供有助于更好地理解组成部门或主要的独立机关的许多单个的附属组织和项目的财务结果和状况的信息。它们可以揭示有哪些项目是由部门或主要的独立机关内部的哪几个附属组织同时执行的。

35． 与其他预算账户一样，信托基金、特殊基金和周转基金通常是由单个组织管理的。出于财务报告的目的，组织可以成为报告主体，信托基金或周转基金可以成为管理它们的组织的组成部分。与之相类似，附属组织或其他类型的预算账户也是组织的组成部分。这样并不排除管理这些基金的组织对信托基金、特殊基金或周转基金的单独报告，也不排除在必要的时候需要在组织的报告中披露有关信托基金、特殊基金或周转基金的信息①。

36． 而且，一些项目与一个组织或附属组织具有相同的范围，分享相同的边界；而另一些项目，如学生贷款项目，只是资源配置的一部分，并要负责实现某一目标，和/或对某些外部人士具有重要意义。在这两种情况下，负责管理这些项目的组织或附属组织通常会强调甚至单独披露这些项目的财务运作和结果。

37． 以组织为基础的报告主体所编制的财务报表可能会被审计并向外公布，或不经审计而用于内部管理目的，或者，与其他以组织为基础的报告主体的财务报告联系起来以提供

① 在一些信托基金中，聚集收入通常是由充当保管人的组织主体执行的，这一组织不同于负责管理基金的组织主体。在这些情况下，聚集收入的组织主体只负责报告这些资金的收入及日后的处置情况。而负责执行项目（这一项目可能是由某一信托基金，或多个对其负责的主体，或将获得大部分基金服务的主体提供资金）的组织主体需要报告基金的所有资产、负债、收入和支出，尽管事实上保管资产是由另一主体执行。

更相关、更有用的信息。

38. 所有主体的最终集合就是整个联邦政府，事实上，它是惟一的独立经济主体，尽管有些人会认为整个国家才是最终经济主体。联邦政府主体包含所有存在于其组成主体——不管是行政机关、司法机关，还是立法机关的组成主体（尽管在第 5 段中指出，联邦会计准则顾问委员会推荐的准则仅适用于行政机关）——的资源和责任。这种集合还包括联邦政府对其负有财务责任的组织，以及那些性质和影响都与联邦政府有关（参见 39 至 50 段），如果把它们排除可能会引起联邦政府财务报表的误导或不完整的其他组织。

## 把部分机构包括进一个报告主体的标准

39. 不管报告主体是美国联邦政府、一个组织、一个附属组织或是一个项目，报告主体包括的范围都可能出现不确定性和不一致性。具体确定标准的运用可以减少这种不确定性和不一致性。

40. 政府会计准则委员会已经为州和地方政府的报告主体应包括的范围设立了标准。这些标准与财务责任有关，财务责任包括委派并强迫其接受组织的治理委员会的大多数成员，和基层政府得到的财务收益或承担的财务负担。这些标准必须要根据联邦政府的工作环境来制定。首先，联邦政府不像州和地方政府那样有很多不同类型的主体。其次，国会和其他监管部门经常制定规则以明确联邦报告主体应包括的范围。最后，正如前文提到的，除作为一个整体的联邦政府外，所有的报告单位都不是独立的经济主体，它们只是联邦政府这一更大的主体的组成部分。

### 结论性标准

41. 在决定什么应该作为财务报告主体的一部分时，还要考虑两类标准。第一类是**结论性标准**，即以财务报告为目的的固有结论，任何满足这一标准的组织都是某一更大主体的组成部分。

42．在最近颁布的名为《政府机构和账户执行的联邦项目》中联邦预算部分的规定就是一个结论性标准。任何被这一文件包括的组织、项目或预算账户，包括预算外账户和国有企业，都被看做为美国联邦政府的一部分，也是它所出现的组织的一部分。然而，这并不意味着当向非联邦主体提供补助金拨款时，也要把该拨款的接收者包括在提供这些拨款的组织或项目的财务报表当中。

## 指示性标准

43．在一些情况下，可能出于政治或其他原因，一个组织(包括国有企业)、项目或账户可能没有在《政府机构和账户执行的联邦项目》中列示，但从联邦财务报告的目标来看，如果不把这些组织、项目或账户包括在通用目的财务报表当中的话，可能会使这些报表产生误导或不完整。与提供更基本的政府职能相比，通常认为这些组织、项目或账户正运作在提供一项政府职能的“边缘”。因此，在定义联邦政府中财务报告的主体时，除了考虑结论性标准外，还要考虑一些指示性标准。没有一个指示性标准是像结论性标准那样在《政府机构和账户执行的联邦项目》中的预算部分明显给出。也不能给指示性标准分配权重。因此，尽管对指示性标准按重要性程度逐渐降低的顺序进行表述，但在作判断时还要考虑全部的指示性标准。

44．决定一个没有被包括在《政府机构和账户执行的联邦项目》的预算部分中的组织，是否应该作为财务报告主体的一部分的指示性标准有：

- 它运用了政府的统治权力来执行联邦职能。运用统治权力的表现有强制征收款项的权力，如税收、罚款或其他强制的费用；使用警察权；就涉及美国利益的事项与其他国家进行谈判；或为满足政府使用资金的需要而借入资金。
- 它属于联邦政府所有，特别是联邦政府拥有该组织的所有权，而不仅仅是对财产拥有所有权时。可以通过考察当该组织解散时，谁将承担风险或该组织的员工是为谁工作，来确定谁拥有该组织的所有权。

- 它受到报告主体直接或持续的管理控制，并且这些管理控制具有以下特征：（1）有能力选择或更换权力机构的人员或有能力指派管理人员，特别是当该权力机构或管理人员与正在执行的重要公共职能之间存在重大而持续的关系时（相对照的是，选择和指派时很少需就任命官员一事与其他方面进行持续沟通，也不需要对其他方面负责）；（2）有复核和修改或批准预算要求、预算调整、或预算修正或费用或征收比率变更的权力；（3）有能力否决、推翻或修改治理团体的决策或可以对日常经营产生重大影响；（4）有权作为合同的一方签署合同；（5）有权雇用、改派或解雇关键人员；（6）有权对设施和财产实施控制或可以转移这种权力；以及（7）有权要求进行更深入的审计，该审计不仅要确认合同的条款是否得到遵守，还可以确认其他更多方面（尽管很多这些标准存在于合同关系中，但没有必要把一个合同主体也看做是报告主体的一部分）。
- 它执行联邦的任务和目标。
- 它决定某些事情的成果和安排，而这些事情能对那些接受联邦政府服务的接受者产生影响。
- 它与报告主体之间存在受托关系。以下因素可以表明这种关系：报告主体有能力在财务上委托其他主体或能够控制基金的筹集和补偿；以及其他反映存在财务相互依赖性的因素，如一个报告主体有责任为赤字筹资，或对盈余享有权利（尽管没有必要从解散的单位中收购资产）或者对债务或其他义务提供担保或负有“道德上的责任”。

45. 一个主体或上述的任一标准都要能维持一段长时间，即主体中的利益和它的政府特征须具有一定的稳定性。

46. 在运用这些指示性标准时，应该考虑主体的重要性和它们与其他主体间的关系。重要性不能仅用金额大小来衡量，还要考虑主体中各利益相关者的潜在纠纷。因此，对广泛性和全面性的偏离被认为是合理的，特别是如果它能有利于维持财政控制的话[①]。

## 联邦储备系统

47. 在制定和监控货币政策方面，联邦储备系统，即联邦储备系统的治理委员会和联邦储备银行，执行着与上述第44段中的指示性标准一致的职能。然而，在美国，执行货币政策的组织和职能传统地与其他中央政府组织和职能相互分离并相互独立，目的是为了使货币和财政政策更有效，从而取得更佳的经济效果。因此，联邦储备系统不应被看做是政府范围内的报告主体的一部分。与联邦储备系统之间发生的收支情况都应在联邦政府的财务报表上进行报告。在整个政府的财务报表上披露这方面的其他信息也是恰当的。

## 政府资助的企业

48. 还有一些联邦特许的但由私人拥有并经营的金融机构，这些金融中介是为了方便投资基金流向特定的私有部门而建立的。这些主体被称为政府资助企业（GSE）。例如，联邦国家担保协会、农场信托银行和联邦住宅贷款银行。法律规定，每一个政府资助企业都要接受某一特定的联邦机构监管。但是，它们不包括在名为《政府机构和账户执行的联邦项目》的联邦预算部分中。按照目前的组织形式，这些企业运行的方式也与44段中提到的指示性指标不一致。因此，它们不能被看做是政府范围内的报告主体的一部分，也不能被看做是监管它们的报告主体的一部分。

49. 另一方面，对政府资助企业存在一定的“政治期望”，其中最重要的一种期望是政府会颁布法令支持陷于财务困难

① 任何有关报告主体的不确定性，都可以通过管理与预算办公室向适当的国会委员会进行咨询。

中的政府资助企业。(政治期望与很多州制定的“道德义务”不同。还没有法定的权威机构能明确是否应该及如何满足政治期望。而对于道德义务，通常都在法律中明确定义了满足这些义务的方式。) 因此，政府资助企业的监管机构需要考虑披露有关政府与这些政府资助企业之间关系的信息，以及披露有助于了解政府因这些企业而要承担的或有负债的可能性的其他信息。[①]

## 救援主体

50. 联邦政府偶然也会救援（即为其提供担保或偿还债务）一些私有主体，因为这些私有主体一旦倒闭将对国家经济、工商业或国家安全等造成负面影响。在救援的情况下，联邦政府通常能获得与第44段中所述的指示性标准中相类似的权力，这种权力的存在并不意味着被救援主体是联邦政府报告主体的一部分，或是任何联邦政府下属的其他报告主体的一部分。但应该披露联邦政府与被救援主体的关系，以及联邦政府因此而发生的实际的或潜在的重大成本或负债。

## 有关主体完整性的其他方面

51. 运用具体标准来确定报告主体的范围是确保报告主体的财务报告向其使用者提供了所有与该报告主体有关的信息的其中一个方面。然而，由于整个联邦政府是惟一的独立经济主体，因此，政府内部的一个部门可能会向另一个部门提供财务资源或免费服务。例如，部分联邦雇员的退休成本由人事管理署报告，而不是由雇佣这些人的组织主体报告。因

① “政府资助企业”一词有时也包括由联邦政府设立的、用于更好地执行公共政策，但不包括在《政府机构和账户执行的联邦项目》的预算部分中的其他主体。例如，金融公司、解决基金公司、全美铁路客运公司，甚至包括美国国家红十字会。这些主体具有不同特征，并且与联邦政府具有不同的关系。因此，在某些情况下可能把上述政府资助企业包括在联邦预算文件的表格或部分中。这些主体需要依据第39段中所述的指示性标准来单独判断它们是否应作为联邦报告主体的一部分。

此，正如在下述第52和53段中所提到的，重要的是要确保报告主体的财务报告包括可归属到报告主体活动的金额，尽管这些金额可能由其他主体进行记录。这对于确定与人力资源的使用有关的成本尤其重要，因为个人服务是大多数政府活动的主要组成部分。它对于确定由其他主体提供的服务的成本也很重要，如由另一单位提供的计算机服务。

52． 向报告主体开出账单的过程和报告主体为其活动支付费用的过程通常被认为是记录和报告这些金额的最理想方法。但是，当这种直接借记或贷记的活动并没有执行的时候，有关是否需要收集和报告这些可归属的金额的决策，需要考虑以下因素，包括：可归属金额的重要性，这一信息对它的可能使用者的决策有用性，收集这些数据的成本，这一信息是否会导致不同的决策以及这一信息是否会产生政策影响[①]。

53． 也许考虑被投入一个组织或项目的一笔资本将产生的利息费用是恰当的，这一利息费用是经营该组织或执行该项目所需要发生的总成本的一部分。这一原则已经在“贷款和贷款担保的会计核算”中被采用，根据该准则的规定，由美国财政部提供资本的贷款项目将被收取资本成本。[②]

## 财务信息的列示

54． 财务信息通常是由报告主体通过财务报表来提供。财务报表是将有关一个主体的资源、义务、收入和成本等会计信息传达给主体外部人士的一种主要的交流工具。然而，财务报表以及那些由政府组织和非营利组织所编制的报表中也包括来自会计记录以外的其他信息。此外，管理当局可能会

---

① 委员会正在制定《管理成本会计的概念和准则公告》，在这个文件中将提到有关这些金额的确认问题。

② 委员会已经决定开展一项有关资本种类的计划，该计划要求报告主体应适当披露资本的成本及使用这些资本的原因，以及决定和报告这些成本的方式。在该计划中还讨论了是否该把利息费用作为一个组织或项目所发生的成本的一部分。

通过财务报告而不是财务报表来与主体外部的使用者交流信息，这一方面是因为这些信息是法律、法规或习惯要求披露的；另一方面可能是因为管理当局认为这些信息对主体外部的使用者来说是有用的，所以自愿披露。

55. 为增强对财务报表所披露信息的可靠性的信心，这些报表通常会，但不总是会，被监管部门、独立的会计师事务所或美国会计总署审计。管理当局披露在财务报表表内或表外的有些信息被实施了审计或仅被复核但没有审计；而有些管理当局所披露的信息却没有经独立于编制这些报表或信息的人士审计或复核。

56. 在联邦政府中，存在几种类型的报告主体（包括组织、附属组织、项目和整个政府）和几个财务报告目标（预算真实性、运营绩效、受托责任以及系统和控制）。由某类型的报告主体所编制的财务报表能在一定程度上满足每一个目标的要求，而由另一种类型的报告主体所编制的报表可能在更大或更小的程度上满足这些目标。例如，为单个预算账户而编制的项目和融资表可能最能实现预算真实性这一目标。而来自组织/附属组织和项目中的财务报表可能最能实现运营绩效这一目标（尽管在这一层面上财务报表也有助于读者评价报告主体的预算真实性）。整个政府的财务报表最能实现受托责任这一目标。要完全满足这些财务报告目标，就要求提供来自全部类型报告主体的财务报表。

## 储备报表

57. 财务报告目标也适用于不同类型的财务报表。财务报表一般披露的是一个主体在某一特定时点上的财务信息，而不管这些信息是通过什么方法来衡量，即是通过预算制、现金收付制还是权责发生制来衡量，因而通常具有储备报表的特征。储备报表的一个例子就是**资产负债表**。它反映了一个组织在某一具体时点上的资产、负债和净资产的总额。

## 流量表

58. 另一种类型的财务报表提供有关一个主体在一段时期

内的收入、支出、费用、利得、损失等流量和/或主体净资源其他变化情况的信息，而不管它们是通过预算基础、现金基础还是权责发生制基础来衡量。这类财务报表通常被称为流量表。传统的流量表是指由私有部门、营利组织等编制的，反映经营及净资产变动情况的报表。它披露了在报告期间内一个主体的经营经果，还包括从上一报告期间期末起的净资产的变动情况。这种报表对私有部门、营利组织来说非常有用，因为这些部门、组织的目标就是要投资能产生利润或回报。反映经营及净资产变动情况的这种报表披露了主体获得的收入、为产生收入而发生的费用、属于主体所有者所有的金额以及对所有者权益的最终影响。

59. 联邦政府和联邦政府中的大部分报告主体都是支出型主体，它们的目标是提供服务，有些主体通过向其服务接收者收取费用来筹集经营资金，而有些主体，即使不是全部，也是大部分是通过税收或其他未赚取的收入来筹集经营资金[①]。因此，流量表能提供的最有用信息就是服务的总成本和净成本，即有多少主体提供的服务是通过纳税人来提供资金的。这类报表，可以称为净成本报表，能实现联邦财务报告的目标 2A：“联邦财务报告提供的信息应有助于读者确定由政府所提供的具体项目和活动的成本以及这些成本的构成和变化。”

60. 因提供服务而取得的收入，即已赚取收入并不是提供服务的联邦主体惟一的筹资方式。其他筹资方式包括来自国会的拨款，以及各种非交换性收入，如罚款、捐赠以及由其他机构转入的资源。因此，另一种有用的流量表就是能反映主体净成本的筹资方式以及对主体净资产的最终影响的“**净资产变动表**”。这也与联邦财务报告目标 2：“联邦财务报告应有助于报告使用者评价……为实现这些工作的努力程度和

① 委员会最近正在起草名为《收入和其他财政来源》的征求意见稿，在该意见稿中对此间讨论的收入类型（即“交换性收入”对“非交换性收入”和“已赚取收入”对“未赚取收入”）作了更全面的阐述。

完成程度而进行的筹资的方式”相一致。

61．用于拨款的基金的资金主要来源有税收、使用费、罚款等，这些方面的征收只是一些报告主体的责任，特别是国家税务局，海关以及矿务管理署等部门的责任。这些主体只行使保管人的职能，它们必须把收集到的税金或其他资金上交给财政部或其他组织。这些主体所执行的保管活动的结果将会在一张流量表上报告，此表能反映税金或其他资金是向谁征收的以及这些税金或资金又被交给了谁。这张报表也称为“**经管活动报表**”。

62．对很多报告主体，特别是从事可补偿性活动的报告主体来说，了解可用于主体的经营、投资的现金的来源及金额，和这些现金的筹资目的以及这些现金的主要使用方向等信息是很有用的。这种类型的信息可以通过“现金流量表”以附注的形式披露，或作为补充的财务和管理信息披露。

## 预算报表

63．要满足联邦财务会计准则第 1 号公告，“联邦财务报告目标”中的第一个目标：预算真实性目标，就必须要使读者能得到如下保证：

- 已支出的或已被指定的金额没有超过允许的预算授权范围；
- 产生的义务和发生的支出都符合拨款及法律批准的目的；
- 符合有关该账户的其他法律要求；
- 金额被正确地分类及准确地报告。

64．这些信息通常由其他报告提供，但需要审计师为这些信息的可靠性提供保证。有关信息可靠性的保证可以通过在报告主体的财务报表中增加“**预算的资源表**”以及确认该报表可能会接受审计来完成。该表披露的数据可以是反映报告主体整体、反映主要的附属组织单位（假设主要的附属组织的单位和预算账户具有一致性），或反映主要预算账户的集合，而不是反映主体或其他类型主体的单个预算账户。当年发生的在账户层次上违反预算真实性的情况需要作为例外情况进行披露。（很多违反预算真实性的情况同时也违反了《反赤字法案》。尽管这些情况会在财务报表中披露，但《反赤字法案》还是要求报告这些违反情况。）

## 调节表——预算和财务会计

[因为受到联邦财务会计准则第7号公告的影响，上述标题及以下内容被新增至联邦财务会计概念第2号准则中。插入联邦财务会计准则第7号公告的内容，其目的是为了方便读者。在大多数情况下，修订情况已经在“基本情况”一页中提请读者注意，并且被修订的内容都被作了记号，但原始公告并未修改。]

预算真实性目标的分目标1C表明信息应有助于读者决定“有关预算资源使用情况的信息是如何与有关项目运行成本的信息产生联系的。以及关于预算资源状况的信息是否与有关资产和负债的其他会计信息相一致。”这一目标的产生是因为在财务报表中用于衡量费用的权责发生制基础与预算报告中使用的义务基础不同。

为满足这一目标的要求，需要有关因分别采用这两种不同衡量基础而产生的财务会计（即权益会计）会计和预算会计之间的差异的信息。这可以通过“融资报表”来实现。这一报表将指定用于联邦主体项目和经营的预算资源信息调整成经营这一主体所需要要的净成本信息。这些数据可以反映整个报告主体、反映主要的附属组织单位、反映主要的预算账户，或反映综合的预算账户，而不是反映每一个主体单独的预算账户。

## 绩效衡量报表

65．联邦财务报告的第2个目标要求，联邦财务报告提供的信息应有助于财务报告的读者能够确定与联邦项目有关的工作的努力程度和完成情况，以及这些方面在一段时期内的变化情况，以及其与成本的关系。这表明“**项目绩效衡量报表**”[①]，即反映每一个主体在执行重大项目时的工作努力程度及该项目的完成情况的一份或多份报表是必需的。

66．联邦政府正越来越重视对项目绩效的衡量和报告，这可以从《政府绩效和成果法案》的通过以及更加强调在预算中对项目绩效的检查中得到证明。而且，对使用了预算资源的项目的结果的理解，可以增强从越来越有限的资源中寻求和获得最大回报的能力。在最终的分析中，联邦政府的目标是提供服务，这与私有部门的目标不同，它们的目标是赚取利润和增强投资回报，即都是货币性目标。所有的这些因素都表明，“项目绩效衡量报表”不仅是一份适当的报表，而且对想了解联邦主体如何使用其资源的人来说，它可能是一份最重要的报表。

67．在由一个组织层次的报告主体所编制的“项目绩效衡量报表”中,产出和成果应该与主体本身及它的项目的绩效相联系,如接种了疫苗的人数、被预防的疾病种数等。对于整个政府报告来说,对需由多个报告主体共同努力才能取得的成果和影响进行更广泛的衡量是恰当的,如州的经济情况、国家保障、环境、人们的健康、社会福利等,但在整个政府报告中通常也会包括对一些更小范围内的成果进行衡量。

## 其他信息

68．财务信息也可以通过附注披露，附注是财务报表的一部分。附注提供的额外披露使财务报表的信息更有价值，并减少误导的可能。

69．有必要披露有关报告主体的更通用的信息。这需要包括如下事项：对报告主体的简要描述；它的任务、目标和目的；它提供的项目以及该项目的主要服务对象；它所需资金的主要来源；报告主体的组织方式；它的人力资源；在报告期间内主体取得的重大成就；从项目绩效表中摘录的部分精

① 委员会不认为“项目绩效衡量报表”属于基本财务报表。

选的衡量项目绩效的信息；遇到的问题或偏离目标及其原因；重大的财务问题及趋势；预期问题和挑战；主体为自己设立的未来目标；以及机关的领导或首席财务官认为对全面、公正地理解主体的财务事项来说是必要的其他信息。这种类型的信息通常在“**管理当局的讨论和分析**”或报告主体的“**回顾**”中披露。

70. 联邦财务报告的第三个目标是“它应能帮助使用者评价政府的运行和一定期间内政府所作的投资对国家产生的影响，以及由此导致的政府的、和国家的财务状况在过去已经发生的和将会在未来发生的变化。”[①] 这个目标要求报告有关在教育、培训、研究和开发以及某种类型的能影响国家未来福利的不动产、厂场及设备等上所作的投资的信息，还要报告由于以前的决策和行动而产生的对未来预算资源的要求的信息。

71. 有关上述的投资，某种类型的不动产、厂场及设备[②]，以及对未来预算资源的要求等信息一部分反映在主体的总分类账中，而有一部分反映在总分类账之外。有些信息以单位而不是金额记录，如英亩、百万平方英尺。最后，有些信息不受复式记账系统控制。相应地，实现第三个报告目标的更恰当的方法可能是把恰当的信息作为**必要的补充信息披露**，而不是试图把它们包括在财务报表中[③]。

72. 最后，一些报告主体希望或需要报告信息来支持回顾

① 有关联邦财务报告的第3个目标——受托责任目标的完整说明，请参见联邦财务会计概念第1号公告《联邦财务报告的目标》中第134段至145段。

② 最近，委员会正在为联邦所有的不动产、厂房、设备制定会计准则。这些准则将规范与各种类型的不动产、厂房、设备相关的信息。委员会正在考虑将有关某些类型的不动产、厂房、设备的信息在附注中披露，而另一些类型的信息在必要的补充信息中披露。委员会的建议将体现在有关报告受托责任的公开草案中。

③ 必要的补充信息是指在主要财务报表之外报告的信息。联邦会计准则顾问委员会认为这些信息是报告主体的财务报告的基本组成部分，因此要对这些信息的披露和衡量方法给出权威指南。这与审计准则——审计说明书558.06一节中所讨论的必要的补充信息相类似，在此审计准则中提到这样做是为了满足财务会计准则委员会和政府会计准则委员会的有关公告的要求。

中的信息或增强报告使用者对主体的经营或财务状况的理解。这些额外的信息并不总适合于在回顾或财务报表或附注中披露。例子有存货的运送时间、周转次数和浪费情况；实物资产的状况、维护情况以及预期的替换；贷款组合的拖欠情况、账龄以及坏账率。这些信息通常作为**补充的财务和管理信息**报告。它可以图表、表格和/或文字说明的形式报告。

73. 第四个目标——系统和控制部分地可以通过编制财务报表来实现。可以实现第四个目标的其他方式是通过已审计的财务报告过程，即通过与财务报表一起提供管理当局认定和/或审计师对财务报表出具的证明。管理当局认定就是管理当局承认对以下方面负责：财务报表中信息的准确性；所披露信息的完整性和公允性，在所有重大方面的信息的准确性以及信息是以能公允表达财务形势和经营成果的方式报告。认定还可以包括反映主体的系统和控制的充足性的陈述，以及审计师对这些认定的证明。

## 有组织的主体的财务报告

74. 为能最有效率地满足联邦财务报告的所有4个目标，报告主体所公布的财务报告应该包括以下方面：

- 管理当局的讨论和分析；
- 资产负债表；
- 净成本表；
- 净资产变动表；
- 经管活动报表；（当适当的时候）
- 预算资源表；
- 融资报表*；
- 项目绩效衡量报表①；
- 附注；
- 有关实物、人员、研究和开发资本以及部分精选出的对未来资源的要求权的必要补充信息；（当适当的时候）

① 计划的绩效衡量表不是基本财务报表。但是，它是财务报告的重要组成部分。

· 其他补充的财务和管理信息；（当适当的时候）
· 有关融资报表的具体列示方法，管理与预算办公室将提供指南，包括它应否成为基本财务报表或只是作为基本财务报表的附表*。

[因为受到联邦财务会计准则第7号公告影响，上述打星号的项目和内容被新增至联邦财务会计概念第2号公告中。插入联邦财务会计准则第7号公告的内容，其目的是为了方便读者。在大多数情况下，修订情况已经在“基本情况”一页中提请读者注意，并且被修订的内容都被作了记号，但原始公告并未修改。]

75. 对于财务报表的读者来说，一些组织或附属组织所从事的一项或多项项目活动与整个主体所从事的活动同样重要。特别是当一个部门由很多的官署、管理部门、代理机关、服务中心等组成，而且，它们所执行的项目都有区别的时候。在这种情况下，需要考虑是同时报告整个主体及其单个重要组成分部的资产、负债、收入、费用等情况的信息，还是只报告作为一个整体的主体的资产、负债、收入、费用等情况的信息。因此，更大的组织，特别是那些由很多官署、管理部门、代理机关等组成的组织，不仅编制组织整体的合并财务报表，而且还提供有关其重要的个别组成分部的信息①。有关个别组成分部的信息可以通过合并过程财务报表的单独栏目②（而不大重要的组成分部的信息，以及可能是主体的管理组成分部的信息通常都综合反映在一个单独栏

① 这些组成分部相当于联邦会计准则顾问委员会的征求意见稿——《联邦政府的成本管理会计》中所指的责任分部（参见第26—30页）。责任分部用于归集主要活动的成本和产出。

② **“合并财务报表”**在一个单独栏目内披露一个报告主体所有组成分部的交易和余额。为得到合并金额，主体之间的交易和余额要进行抵消。**“合并过程财务报表”**列示了报告主体的各组成分部的信息以及反映在单独栏目内的合并金额。为得到合并金额而对主体间的交易或余额的抵消可以在或不在单独的栏目中列示。

目中）来提供，或通过每个重要组成分部的单独财务报表提供，或以附注的形式提供。重要的组成分部可以是附属组织，也可以是项目。如果它们都是附属组织，应该以一定的方式提供有关项目的信息。

76. 而且，经常有一个或多个附属组织在从事一些显著的或关键的活动，且这些活动与公共利益有密切关系，如国家税务局的征税活动；或经营有大额基金流的复杂账户，如国防工业经营基金；对被指定了用途的税金的使用负有主要责任，如医疗护理筹资管理局；或其财务的生存能力受到行政部门或国会的特别关注，如储蓄保险基金。在这些情况下，最理想的是这些附属组织能编制和公布与本概念公告中所表述的概念一致的单独财务报表①。要能这样做，就需要确定上级主体并且描述这些附属组织与其上级主体间的关系。

77. 任一报告主体的组成机构可能会与同一报告主体下的其他组织机构、其他联邦主体、以及联邦政府以外的个人或组织发生交易。同样的，它们可能从其他联邦组成机构和主体，以及非联邦的个人或组织处获得资产，或对这些主体产生债务。当报告联邦报告主体整体的交易和余额的情况时，从概念上说理想的情况是——虽然实务上不一定总是可行的——抵消主体内部之间的交易和余额。需要考虑的因素包括，如果这些内部余额不抵消的话，主体整体的信息的效用如何，这些余额如果不抵消的话，可能会产生什么误导，以及进行抵消的成本收益如何②。

78. 法律或政策可能会要求一个报告主体中的一些组成机

---

① 被法律要求编制和公布单独财务报表的附属组织，在定义上，也需要这样做。

② 一个报告主体如果不想对主体内部之间的交易或余额进行抵消，并且希望它的各个组成机构的信息都分别在单独的栏目中披露的话，可以编制和公布“**汇总财务报表**”。如果没有对主体内部之间的交易和余额进行抵消就把各单个栏目简单加总到总额栏中，该总额栏应标明“仅作备忘”字样，以表明未进行内部交易或余额的抵消。

应该承认，美国标准总账目前没有为确定主体内部之间的交易提供账户。有关一个报告主体而不是整个联邦政府的信息应该何时在合并财务报表而不是汇总财务报表中披露的决策，在管理与预算办公室的“格式和内容公告”中有具体规定。

构在编制和公布财务报表的过程中不采用联邦会计准则顾问委员会所推荐的或由管理与预算办公室和美国会计总署所发布的会计准则，如采用由财务会计准则委员会所发布的会计准则或由监管机构所制定的会计准则。这些组成机构应继续公布法律或政策所要求的报告。这些组成机构所属的报告主体可以公布合并报表、合并过程报表或汇总报表，在这些报表中应包括这些组成机构按照其他会计准则而编制的财务信息。然而，它们需要注意那些因执行不同会计准则而产生的差异，这些差异对报告主体财务报告的使用者而言可能是重要的。如果这些差异是重要的，就应该运用由联邦会计准则顾问委员会所推荐的，以及由管理与预算办公室和美国会计总署所发布的会计准则。这些组成机构需要按照联邦会计准则顾问委员会所推荐的，以及包括在管理与预算办公室所发布的准则的要求披露附加信息，即使其他准则并没有对这些附加信息提出要求。

## 整个政府的财务报告

79．整个政府的财务报表的阅读者可能主要关注政府是否一位称职的“管家”。这可以通过编制和公布以下报表信息来反映：

- 管理当局的讨论和分析；
- 资产负债表；
- 经营或净成本报表；
- 项目绩效衡量报表；
- 附注；
- 有关实物、人员、研究和开发资本以及精选出的对未来资源的要求权的必要补充信息（当适当的时候）；
- 其他补充的财务和管理信息（当适当的时候）。

80．应该让报表的读者知道整个政府的财务报表是否把包括在预算中的一些重要的主体排除在外，或包括了一些没有包括在预算中的重要主体。

81．整个政府的财务报表的读者可能还关心预算程序的结果。这一点可以通过提供有关资源的预算与实际执行情况的比较的信息实现，即按照与预算核算相同的基础来披露；以及把按权责发生制基础核算的经营成果调整到按预算基础核算的经营成果。如果适合的话，预算应该是被包括在“总统预算”或“预算的中期回顾”中的金额。

82．整个政府的财务报表还可用于提供有关“总统的动议权”或跨项目的信息，而这些信息通常难以从单个组织或项目的财务报表中获得。

83．因为政府是一个完整而综合的经济主体，它与部门和主要机关不同，这些部门和机关的组成机构除了是同属于一个部门或机关这点相同之处，其他方面都有很大区别，因此，整个政府的财务报表应该是合并财务报表。然而，还是应该披露有关组成机构、基金的部分精选信息，这些信息可以在合并财务报表中披露，或以附注或补充信息的形式披露。

## 推荐列示中的推荐内容

### 资产负债表

84．最可能在联邦附属组织/组织、项目或整个政府的资产负债表中出现的要素有：

- **国库中的基金余额**。它反映某主体在国库中的账户余额，这些金额只能用于预定的拨款用途。它还包括主体存放于银行或其他机构中的资金。(在美国政府的财务报表中不包括这种分类。)
- **现金和其他货币性资产**。现金包括硬币、纸币和可流动的工具，如付款命令、支票、银行汇票或可转让存单，存放于银行或其他金融机构中的存款，预付款基金中的现金和外币。
- **投资**。联邦机构也有投资的权利。但通常它们被限定只能投资于财政部或其他联邦主体发行的证券。然而，在一些情况下，一个机关拥有财产或投资于由州或地方政府、私有公司或政府资助企业所发行的证券，其主要目的是为了获得货币回报。

· **应收账款**。它代表了主体有权要求其他主体支付的金额。应收账款可能是由于以下活动而产生：销售商品或服务，欠交税金，借出贷款或已经到期而尚未收回的担保贷款、赚得的利息、或预付款等。

· **存货和相关财产**。存货包括持有的、可用于销售的有形财产，在产品，或将被用于生产或被用于提供收费性服务的物品。联邦项目、附属组织或组织，或整个政府拥有的相关财产包括经营性材料和补给品、储备材料、被扣押的厂房被没收的财产，以及维持和稳定物价项目所需要持有的物品。

· **不动产、厂场及设备**。联邦政府的不动产、厂场及设备（PP&E）是指联邦政府所拥有的，并且预期使用寿命超过 2 年的有形项目。有些不动产、厂场及设备由联邦政府所持有，但并不用于提供服务。它们本身就是一项服务。例子有遗产性资产，如遗迹和博物馆的收藏品，它们所提供的服务就是使参观这些地方的游客能了解、感觉传统文化，并为之骄傲。有关这类资产的信息没有必要在资产负债表中列示，但要求作为补充信息披露。①

· **负债**。它是报告主体由于接受货物或服务、执行合同、担保违约、接受存款等原因而拖欠其他主体的金额。因为如果没有批准的拨款，就没有债务可以得到偿还，因此，有些负债有对应设立的偿债基金，而有些则没有。而且，因为联邦政府是一个有统治权的主体，因此它能够随时废除由合同以外的事项所导致的负债。但是，这并不能表明报告主体可以不报告它所发生的负债。

---

① 委员会在 1995 年 2 月 28 日曾经公布了一个名为《不动产、厂场及设备的会计处理》的征求意见稿，指出这些不动产、厂场及设备项目应该在资产负债表上报告。这一公告还定义了一些不应该在资产负债表中报告的不动产、厂场及设备类型。在一个单独的公开草案中，委员会将会提出这些不在资产负债表上反映的不动产、厂场及设备的其他可行的报告方法——可能包括单独的基本财务报表和要求补充信息。

· **净资产**。净资产是资产减去负债后的余额。它通常包括尚未使用的拨款和经营的累积成果。尚未使用的拨款是指尚未承担付款义务或尚未耗用的拨款，包括尚未发出的订单。经营的累计成果指的是历年来主体的财政收入减去它的费用和损失之后的结果的累计金额，它还包括接受捐赠的资本和由于政府净投资的转入而使报告主体增加的资产；以及主体因某些情况如应计假期工资、应付信贷改革津贴，及其他预算资源不能满足的应计负债的金额。

85．报告主体持有的，并有权在其经营中使用的资产应该与主体虽然持有，但无权使用的资产分开列示。相类似的，已经获得预算批准清偿的负债应该与尚未获得清偿批准的负债分开列示（即使这一批准是可预期的）。由于联邦主体之间的交易而产生的资产和负债应该与由于与非联邦主体间的交易而产生的资产和负债分别列示。

## 净成本报表

86．编制净成本报表的主要目的是让使用者能理解每一个由政府的税收或其他未赚取的资金来支持的组织或项目的净成本情况。此表的另一个重要目的是提供了能与项目或组织的产出和成果相关联的总成本和净成本信息。因此，净成本表应披露支付的金额、其他资产的消耗情况，以及为提供服务，运送或生产产品或执行其他经营活动而产生的负债。

87．在报告主体的净成本表中，成本可以按附属组织（假定报告主体是一个组织），按项目、按目标类型或汇总方式进行分类。目标类型，也称作“自然”分类，它反映购买的商品或服务的性质或类型，而与这些购买的商品或服务所涉及的组织或它们将被用于哪个项目无关。报告附属组织所发生的成本以及这些成本发生的目的通常能比仅报告所购入的商品或服务的类型提供更有用的信息。

88．净成本表还要披露每一个项目和组织所赚得的收入。采取何种方式来对赚取的收入进行披露，主要取决于项目的目的以及披露这些收入的原因。

89．一些项目设立的主要目的或考虑的主要因素就是产生收入的能力。一个例子是，如果一个组织无偿地提供也可以从私有部门处购得的产品或服务，这样就会造成不公平竞争。另一个例子是，当认为接受产品或服务的人或组织应该要为这些产品或服务付费是合理时，通常应能确定这些使用商品或服务的业务活动的真实成本，例如，国防工业运作基金、邮政服务等。再举一个例子，征收税费是为限制产品或服务的不必要消费。在上述每一种情况中，项目所赚得的收入都应被看作为是该项目的总成本的抵减。

90． 在其他项目中，收入是在管理政府的服务过程中自然产生的，即收入并非是这些项目考虑的主要因素。不过，收入是弥补管理这些项目所产生的全部或大部分成本的一种方式，如证券交易委员会。在这种情况下，收入应作为组织而不是项目的总成本的减项。

91． 在另一种情况下，一个组织在提供某一特殊项目时也可能产生收入。但产生收入不是执行这一项目的主要目的。对于这些项目的目的来说，这些收入只是附带发生的，如地理学会出售地图。在这种情况下，可以把已赚取的收入看作是因提供可以产生附带收入的产品或服务而需要发生的增量成本的一项抵减，前提是这些增量成本是可计量的，并与决策相关。否则，这些收入应从组织或项目的总成本中扣减。

92． 如果已赚取的收入金额不重要，可以直接与项目的成本相抵减，不过须在附注中披露此金额（如果可能的话）。

93．一个组织或附属组织可能会因不同的目的和/或原因而收到不同类型的收入。每一种收入及其相关成本都应按照本公告中第89至92段的要求进行披露。

94． 与每一个项目有关并能列示于每个项目中的成本都应该是能直接追溯至每一个项目，并能按成本发生的原因和效果分配至各项目，或能够按一个合理和一致的基础分配至各项目，但分配的前提是该项目的成本在一定程度上是可控制的。而那些不能直接追溯、分配或分摊的成本可以被认为是报告的组织或另一个组织为管理报告组织或项目活动而发生的项目或管理性支持成本。例如，一个提供社会服务的报告主体，其项目的成本可能包括支付的现金、工资和其他成本，如租金、储备物资、直接支付给提供咨询的人员的现金。组织的支持成本是为满足组织结构中组织管理的要求而发生的成本，即不能直接归属于组织所提供的项目的成本。

95. 组织的管理成本和项目管理成本是一个组织和项目运行所必要的成本。因为相信为减少整个组织或项目的成本就应该停止或减少向这类管理活动分摊成本而不披露这些成本信息是不合逻辑的。另一种观点认为，如果不对管理成本和项目成本进行区分，当缩减项目活动时，管理活动也受影响的可能性就会增加。因此，单独确定管理成本能使用于这些管理活动的资源得到有效使用。为管理组织和项目而发生的成本也因此可以在财务报表中或附注中披露，特别是当它有助于评价经营绩效并符合成本效益原则时。另外，应适当披露支持成本的内容范围。

96. 在报告主体的财务报告表中披露的总成本应该与该组织的成本会计系统记录的总成本相同。如果为财务报告的目的，组织没有把组织的管理成本分配到各个项目中，那财务报表中披露的有关各个项目的总成本就会与成本会计系统中记录的各个项目的总成本不相同。

97. 其他已赚取的收入可以包括不能归属于某具体项目的收入。

98. 与其他联邦主体之间交易而产生的成本和收入，应该和与非联邦主体之间的交易而产生的成本和收入分别披露。

99. 有关如何披露项目的总成本、已赚取的收入、项目的净成本、以及组织的管理成本和项目的管理成本的决策，部分地应该考虑国会、管理当局和其他方面对有关组织的项目的成本信息的需要。

## 净资产变动报表

100. 净资产变动报表中应该包括以下要素：

- **净成本**：表示需要通过除已赚取收入之外的其他财务资源来筹集的资金总额；
- **已使用的拨款**：表示预算授权的金额，包括已转移的预算授权，组织机构已经用于为其筹集经营资金的预算授权。
- **非交换性收入**：包括税收、罚金和政府能通过其统治权力而获得的其他收入。
- **捐赠**：是私人或私有组织无偿地赠送给政府的资金和材料。
- **转入**：是一个政府主体无偿地从另一个政府主体处取得的现金或其他资本性资产的金额。
- **转出**：是一个政府主体无偿地向另一个政府主体提供的现金或其他资本性资产的金额。
- **其他财务资源**：有两种类型：一类是发生在报告主体身上的成本，但由另一个主体代为支付，如退休金成本；另一类是由于报告主体的活动而产生，但报告主体事实上又没有实际支付的成本，如与持有存货或投资于实物资产有关的利息成本①。
- **以前年度调整**：对前期经营成果的更正。
- **未使用拨款的增加**（减少）：反映拨款资本的变化，包括被转移的预算资源，即那些不影响经营的净成本，但影响净资产的转移。
- **期初净资产**：报告期期初，主体的未使用拨款和累积经营成果的总和。
- **期末净资产**：报告期间内，与主体经营有关的各种金额加、减后的结果，包括期初净资产和任何的以前年度调整。因此，该金额等于报告期期末，主体的累积经营成果与未使用拨款的总和。

---

① 委员会计划开展一个与投资经营性资产的利息成本有关的项目。但现在，单个主体是否该确认这类成本还没有定论。

## 经管活动报表

101．反映保管活动的单独报表，适用于那些主要任务就是征税或征收其他费用的主体，特别适用于那些运用统治权力来获得收入，以为整个政府的运作，或至少是为了其他主体执行项目提供资金，而不是为满足自身活动的资金需要的主体。这些机构获得的收入可被称作“保管性收入”。本表应反映征收的保管性收入的来源和金额，应收而未收到的金额的增减；征收的收入中被转移到其他主体中的金额，征收主体保留的金额，以及被转移金额的增减。

102．保管性收入不包括储蓄基金，即政府暂时持有的金额（如投标人的保证金或业绩的抵押物）或政府作为其他主体的代理人而持有的金额（如从联邦职员的薪金中扣除的州所得税，这些税金将支付到各个州）。这两类收入在被归还给其所有人之前都应被看做是资产和负债。

103．如果对于一些组织的主要任务来说，征收保管性收入只是偶然的，那这些组织就不需要编制单独报表来报告这些收入的征收和处置情况，但可以在附注中披露征收的来源和金额以及向其他主体转移的金额。

## 预算资源报表

104．一个报告主体编制的预算资源报表应包括以下内容：

- **可获取的预算资源**：可获取的预算资源是指现在或将来可以从联邦政府基金中获得的、可用的金额。这些资源要与报告的期间相关。预算资源包括预算授权（即拨款、借款授权、和过订约的授权）和多年来都未被指定用途的余额以及从以前的报告期间留下的没有指定使用年限的资金。预算资源还可以包括补充的资金和其他收入（即来自贷记一项拨款或基金账户的抵消性征收的支出授权）及其调整（例如：以前年度义务的恢复）。
- **预算资源的状况**：反映对可获取的预算资源的处置情况。它包括发生的义务；多年的非限制性余额及可获取的无期限的预算授权；和一年期的非限制性余额和不能获得但已被结转并只能用于记录、调整或清偿债务的拨款。反映状况的总金额应该等于反映可获得资源的总金额。

- **支出**：反映清偿债务、抵消性征收的净额。通常，债务都是用现金（如货币、支票或电子转账）偿还的。但在某些情况下，即使没有支付现金，也可以偿还债务，并作为支出记录。在披露支出的信息时，应同时披露发生的负债、负债的转化以及期初和期末的限制性余额。

105．有关预算资源、负债、支出和收入的信息被报告在财政部的年度报告和月度财政报表以及总统的预算中，尽管并非所有的这类公开出版物都报告所有这些方面。这些文件通常都会在公布按照适用于联邦政府的一般公认会计原则编制的财务报表之前公布。在这些文件中的金额可能会与随后的财务报表中的金额存在重大差异。因此，在编制这些报表的时候，应该先在报告主体的记录中及由中央机关所负责的相关记录中对这些差异进行调整，并把调整后的正确金额在财务报表上报告。最理想的是能提供调整上述文件和报表之间的重大差异的调节表。

## 融资报表

[因为受到联邦财务会计准则第7号公告的影响，上述标题及以下内容被新增至联邦财务会计概念第2号公告中。插入联邦财务会计准则第7号公告的内容，其目的是为了方便读者。在大多数情况下，修订情况已经在“基本情况”一页中提请读者注意，并且被修订的内容都被作了记号，但原始公告并未修改。]

融资报表的目的是为了解释被限制的预算资源在本期间内如何与报告主体的经营净成本相关联。这些信息应以能清楚表明以预算为基础的预算会计与以权责发生制为基础的（即权益）会计之间关系的方式披露。本表通过调整来解释这种关系，并为理解预算（和一些非预算）资源如何为经营筹集所需资金以及如何影响报告主体的资产和负债提供必要信息。融资报表中应该包括在以下段落中论述的要素。它们通过提供逻辑性的分组调整项目来帮助读者理解负债和经营净成本间的关系。

**承担的付款义务**：反映由于本期内新的订单、合同、接受服务或其他类似交易而要求在本期或未来期间内支付的金额。需要从抵消性征收和前期负债的偿还中减去支付授权。

**非预算资源**：反映主体收到的，不包括在预算资源中的资源净额。这些项目包括捐赠的资产，从其他联邦主体处转入的资产以及成本津贴。这一金额还包括应从公众处收取的应收账款的减少（增加），因为，从交换性收入中收到的现金是预算资源，而应收的金额就不属于预算资源。

**不为经营净成本提供资金的资源**：主要包括（a）尚未收到或提供的产品、服务和预定的利益的金额的变化；（b）由本报告期间提供的被用于为以前年度发生的成本提供资金的金额；（c）已经在资产负债表中被资本化了的为购买产品或服务而发生的金额。

**不需要耗费资源的成本**：通常反映把资产分配进多个报告期间的费用后的结果（如折旧），和（由于价值重估而造成）资产价值的降低的结果。

**尚未提供的资金**：反映为弥补本期所发生的成本而需要在未来期间获得的资金金额。

这一调整表的最后一行应该是“**经营净成本**”。

## 项目绩效衡量表

106．项目绩效衡量表应该包括对报告主体所执行的每一个主要项目所进行的衡量。理想的衡量类型有：（1）产出计量，即所提供的服务或产品的数量，或向多少比例的目标团体提供了服务或产品，而且这些服务或产品都能满足特定的质量要求，以及（2）成果衡量，即由于提供的服务或产品而产生的结果。成果衡量可以反映项目的最终成果，也可以反映中间成果，例如所提供服务的准确性、及时性或满意程度。而承担的工作、过程以及投入方法都处于次要地位。另外，还应适当披露有助于读者理解报告中的衡量方法、有助于评价主体的绩效以及有助于对所报告绩效存在影响的重大基本因素的评价的解释性信息。还应披露与以前年度或相似项目和行业标准相比较的信息。它们都有助于更好地理解报告主体的绩效水平。①

107．被选出用于报告的衡量方法应该与项目的目标和目的相关。选择那些在以前的预算文件和其他向公众公布的材料中曾采用的衡量方法是有益的。并且，衡量方法的选择还可以听取预算审核官、国会的职员以及报告主体的财务报表的其他使用者的意见。

108．项目绩效衡量报表不应包括太多琐碎的衡量方法，以免内容出现混乱。在选择衡量方法时，重要的是要从决策者，特别是可能使用财务报表的资源提供者的角度进行考虑。而且，应报告相关的衡量方法，而不管它们对绩效的描述是正面的还是负面的。在管理当局的讨论和分析中，要选取最重要的衡量方法进行说明。

109．对项目的绩效衡量进行报告还要考虑以下方面：

- **完整性**。衡量方法应能涵盖报告主体的任务的所有方面。
- **合法性**。衡量方法应能同时被报告主体内部及外部各方（如中央的管理机关、国会、利益集团和公众）所

① 有关项目绩效的报表的接受程度与报告使用者对报告信息的相关性和可靠性的知觉有关。在一定程度上，这种知觉可以通过独立评价衡量方法的适当性、数据的完整性，所报告事件的实际发生和分配到数据上的价值来得以增强。负责审计联邦机关财务报表的审计师，最近被要求（管理与预算办公室的一个公告要求）评价财务报表中有关项目业绩计量所采用的基本控制结构。管理与预算办公室在与政府审计准则保持一致的情况下，将具体规定审计师在有关对项目的绩效衡量进行上述独立评价的工作的参与程度。

接受。

- **可理解性**。衡量方法应以容易理解的方式将主体的经营业绩传递给任何具有合理知识和兴趣的各方。
- **可比性**。衡量的方法应提供既能评价主体的绩效，又能使其与具有类似项目的主体的绩效在一定期间内可以相比较的框架。
- **与成本相关的能力**。衡量方法应包括单位产出成本、单位成果成本、单位投入成本等。
- **及时性**。在失去用于评价受托责任和用于决策的价值之前，财务报表的使用者应能及时获得有关绩效衡量方面的信息。但不能因为强调及时性而排除不能及时得到结论的重要衡量方法。
- **一致性**。所报告的衡量方法应在各个期间之间保持一致，以使报表使用者能有一个比较的基础，并理解所使用的衡量方法。（但衡量方法应被定期复核和修改，以反映情况的变化）
- **可靠性**。信息应来源于能产生可控的和可验证数据的系统，尽管有时要依靠其他的数据来源。①

110. 由于很多联邦政府的项目在州和地方政府层次上都有对应的项目，因此，还应考虑州和地方政府在报告这些项目绩效时所采用的衡量方法。

111. 数字上的衡量并不是报告绩效的惟一方式，在一些情况下，用其他非数字的衡量方法报告绩效可能更有意义和更具有实务性。

* * * * *　　　　* * * * *

① 由 24 个市场经济高度发达的民主国家所组成的经济合作和发展组织的公共管理委员会曾对绩效管理系统进行了研究。在曾经实施这种系统的国家的经验基础上，此委员会得出结论认为，绩效衡量应反映三个重要特征：确定性、持续性和合法性。这些特征被用于引导管理系统，而不是简单地把它们包括在财务报表中。虽然这三个特征也包含在前文的特征中。

112． 附录1提供了包含有推荐要素的格式样本。这些格式只是举例性质，主要目的是帮助读者能更好地理解有关财务和相关信息披露的推荐概念。在公布准则时，委员会可能会提供其他格式。最终决定联邦机关的财务报表的格式和内容的权力属于管理与预算办公室。

# 附录　1—A

## 财务报表的格式示例

### 资产负债表

### 19X4 年 9 月 30 日

### 资产

| | 附属组织 A | 附属组织 B | 附属组织 C | 合计 19X4 财政年度 | 合计 19X3 财政年度 |
|---|---|---|---|---|---|
| **主体的资产：** | | | | | |
| 国库中的基金余额 | $ xxx | $ xxx | $ xxx | $ xxx | $ xxx |
| 现金(和其他货币性资产) | xxx | xxx | xxx | xxx | xxx |
| 投资： | | | | | |
| 政府内部的 | xxx | — — — | xxx | xxx | xxx |
| 投资于公众的 | xxx | xxx | xxx | xxx | xxx |
| 应收账款： | | | | | |
| 政府内部的 | xxx | xxx | xxx | xxx | xxx |
| 公众的 | xxx | — — — | xxx | xxx | xxx |
| 存货和相关财产 | xxx | xxx | xxx | xxx | xxx |
| 实物资产 | xxx | xxx | xxx | xxx | xxx |
| **主体的总资产** | xxx | xxx | xxx | xxx | xxx |
| **非主体的资产：** | | | | | |
| 国库中的基金余额 | xxx | xxx | xxx | xxx | xxx |
| 现金 | xxx | xxx | xxx | xxx | xxx |
| 应收账款： | | | | | |
| 政府内部的 | xxx | xxx | xxx | xxx | xxx |
| 公众的 | xxx | xxx | xxx | xxx | xxx |
| **非主体的总资产** | xxx | xxx | xxx | xxx | xxx |
| **总资产** | $ xxx | $ xxx | $ xxx | $ xxx | $ xxx |

# 附录 1—A

## 负债和净资产

| | 附属组织 A | 附属组织 B | 附属组织 C | 合计 19X4 财政年度 | 合计 19X3 财政年度 |
|---|---|---|---|---|---|
| **负债:** | | | | | |
| 以预算资源偿还的负债: | | | | | |
| 政府内部的负债: | | | | | |
| 应付账款 | $ xxx | $ xxx | $ xxx | $ xxx | $ xxx |
| 政府的负债 | | | | | |
| 应付账款 | xxx | xxx | xxx | xxx | xxx |
| **以预算资源偿还的负债合计** | xxx | xxx | xxx | xxx | xxx |
| **不能以预算资源偿还的负债:** | | | | | |
| 政府内部的负债: | | | | | |
| 应付账款 | xxx | xxx | xxx | xxx | xxx |
| 政府的负债 | | | | | |
| 应付账款 | xxx | xxx | xxx | xxx | xxx |
| 为其他主体持有的金额 | xxx | — — — | xxx | xxx | xxx |
| **不能以预算资源偿还的负债合计** | xxx | xxx | xxx | xxx | xxx |
| **负债合计** | xxx | xxx | xxx | xxx | xxx |
| **净资产:** | | | | | |
| 未支付的拨款 | xxx | xxx | xxx | xxx | xxx |
| 累积经营成果 | xxx | xxx | xxx | xxx | xxx |
| **净资产合计** | xxx | xxx | xxx | xxx | xxx |
| **负债和净资产合计** | $ xxx | $ xxx | $ xxx | $ xxx | $ xxx |

注:本例中,编制资产负债表的组织由三个重要的附属组织组成。一个组织如果决定不披露有关附属组织的信息,可以只提供最后两栏中的信息。

# 附录 1—B

## 财务报表的格式示例

### 净成本报表

### 19X4 年 9 月 30 日

| | 附属组织 A | 附属组织 B | 附属组织 C | 合计 19X4 财政年度 | 合计 19X3 财政年度 |
|---|---|---|---|---|---|
| **成本:** | | | | | |
| 项目 A: | | | | | |
| 政府内部的 | $ xxx | $ — — — | $ — — — | $ xxx | $ xxx |
| 对公众的 | xxx | — — — | — — — | — — — | — — — |
| 合计 | xxx | — — — | — — — | — — — | — — — |
| 减去已赚取收入 | xxx | — — — | — — — | xxx | — — — |
| 项目净成本 | xxx | — — — | — — — | xxx | xxx |
| 项目 B: | | | | | |
| 对公众的 | — — — | xxx | xxx | xxx | xxx |
| 减去已赚取收入 | — — — | xxx | xxx | xxx | xxx |
| 项目净成本 | — — — | xxx | xxx | xxx | xxx |
| 项目 C: | | | | | |
| 政府内部的 | xxx | xxx | — — — | xxx | xxx |
| 对公众的 | xxx | xxx | — — — | xxx | xxx |
| 项目净成本 | xxx | xxx | — — — | xxx | xxx |
| 项目 D: | | | | | |
| 对公众的成本 | — — — | xxx | — — — | xxx | xxx |
| 没有分配到各项目中的成本 | xxx | xxx | xxx | xxx | xxx |
| **减去其他已赚取收入** | — — — | — — — | xxx | xxx | xxx |
| **经营净成本** | $ xxx | $ xxx | $ xxx | $ xxx | $ xxx |

# 附录 1—C

## 财务报表的格式示例

### 净资产变动表

### 19X4 年 9 月 30 日

| | 附属组织 A | 附属组织 B | 附属组织 C | 合计 19X4 财政年度 | 合计 19X3 财政年度 |
|---|---|---|---|---|---|
| **经营净成本** | $ (xxx) | $ (xxx) | $ (xxx) | $ (xxx) | $ (xxx) |
| **资金来源:** | | | | | |
| 已使用的拨款 | xxx | xxx | xxx | xxx | xxx |
| 税收(非交换性收入) | xxx | xxx | xxx | xxx | xxx |
| 捐赠(非交换性收入) | --- | xxx | xxx | xxx | xxx |
| 其他财务资源 | xxx | xxx | xxx | xxx | xxx |
| 转入 | xxx | --- | xxx | xxx | xxx |
| 转出 | --- | (xxx) | --- | (xxx) | --- |
| 经营净成果 | xxx | xxx | xxx | xxx | xxx |
| 前期调整 | xxx | xxx | --- | xxx | xxx |
| 累积经营结果的净变动 | xxx | xxx | xxx | xxx | xxx |
| 未支付的拨款的增加(减少) | xxx | (xxx) | xxx | xxx | xxx |
| 净资产的变动 | xxx | xxx | xxx | xxx | xxx |
| 净资产期初余额 | xxx | xxx | xxx | xxx | xxx |
| **净资产期末余额** | $ xxx | $ xxx | $ xxx | $ xxx | $ xxx |

注:本例中,编制净资产变动报表的组织由三个重要的附属组织组成。一个组织如果决定不披露有关附属组织的信息,可以只提供最后两栏中的信息。

# 附录 1—D

## 财务报表的格式示例

### 经管活动报表

### 19X4 年 9 月 30 日

| | 19X4 财年 | 19X3 财年 |
|---|---|---|
| **收入：** | | |
| 所得税 | $ xxx | $ xxx |
| 财产和捐赠税 | xxx | xxx |
| 消费税 | xxx | xxx |
| 使用税 | xxx | xxx |
| 罚款和利息 | xxx | xxx |
| 收入合计 | xxx | xxx |
| 退款和其他支付 | (xxx) | (xxx) |
| 净收入 | xxx | xxx |
| 按权责发生制调整 | (xxx) | (xxx) |
| **收入合计** | xxx | xxx |
| **收入的使用：** | | |
| 向其他主体转移： | | |
| 财政部 | xxx | xxx |
| 劳动部 | xxx | xxx |
| 环境保护署 | xxx | xxx |
| 转移合计 | xxx | xxx |
| 主体的留存 | xxx | xxx |
| 将被转移的金额的增加(减少) | xxx | (xxx) |
| **收入的使用合计** | xxx | xxx |
| 净托管收入 | $ xxx | $ xxx |

# 附录 1—E

## 财务报表的格式示例

### 预算资源报表

### 19X4 年 9 月 30 日

| | 附属组织 A | 附属组织 B | 附属组织 C | 合计 19X4 财年 | 合计 19X3 财年 |
|---|---|---|---|---|---|
| **可以获取的预算资源:** | | | | | |
| 预算授权 | $ xxx | $ xxx | $ xxx | $ xxx | $ xxx |
| 期初未承担付款义务的余额 | xxx | xxx | xxx | xxx | xxx |
| 补充的资金和其他收入 | xxx | xxx | xxx | xxx | xxx |
| 调整 | xxx | xxx | xxx | xxx | xxx |
| **可以获取的预算资源合计** | xxx | xxx | xxx | xxx | xxx |
| **预算资源的状况:** | | | | | |
| 发生的付款义务(总额) | xxx | xxx | xxx | xxx | xxx |
| 期末未承担付款义务的余额 | xxx | xxx | xxx | xxx | xxx |
| 不能获取的未承担付款义务余额 | xxx | xxx | xxx | xxx | xxx |
| **预算资源状况合计** | xxx | xxx | xxx | xxx | xxx |
| **支出:** | | | | | |
| 发生的付款义务,净额 | xxx | xxx | xxx | xxx | xxx |
| 转移的未承担付款义务余额 | xxx | xxx | xxx | xxx | xxx |
| 期初的未承担付款义务余额 | xxx | xxx | xxx | xxx | xxx |
| 减:期末的未承担付款义务余额 | xxx | xxx | xxx | xxx | xxx |
| **支出合计** | $ xxx | $ xxx | $ xxx | $ xxx | $ xxx |

# 附录 1—F

## 财务报表的格式示例

### 项目绩效衡量报表[①]

**19X4 年 9 月 30 日**

| | 附属组织 C | 合计 19X4 财年 | 合计 19X3 财年 |
|---|---|---|---|
| **附属组织 A** | | | |
| **项目** | | | |
| 绩效衡量 | xxx | xxx | xxx |
| 绩效衡量 | xxx | xxx | xxx |
| **项目** | | | |
| 绩效衡量 | xx% | xx% | xx% |
| 绩效衡量 | xxx | xxx | xxx |
| **项目** | | | |
| 绩效衡量 | xxx | xxx | xxx |
| 绩效衡量 | xx% | xx% | xx% |
| **附属组织 B** | | | |
| **项目** | | | |
| 绩效衡量 | xxx | xxx | xxx |
| 绩效衡量 | xx% | xx% | xx% |
| **项目** | | | |
| 绩效衡量 | xx% | xx% | xx% |
| 绩效衡量 | xxx | xxx | xxx |
| **附属组织 C** | | | |
| **项目** | | | |
| 绩效衡量 | xxx | xxx | xxx |
| 绩效衡量 | xx% | xx% | xx% |

注:附属组织 A、B、C 都相当于责任分部,它们都分别收集自身的成本和财务信息(参见联邦会计准则顾问委员会征求意见稿——《联邦政府的管理成本会计》,第 26—30 页)

① 尽管本例中只包括数字性衡量,但在报告一些项目的绩效时,还应包括数字衡量以外的其他衡量方式。

# 附录 1—G

[因为受到联邦财务会计准则第7号公告影响,本附录被新增至联邦财务会计概念第2号公告中。插入联邦财务会计准则第7号公告的内容,其目的是为了方便读者。在大多数情况下,修订情况已经在“基本情况”一页中提请读者注意,并且被修订的内容都被作了记号,但原始公告并未修改。]

## 财务报表的格式示例

### 融资报表

### 19X4 年 9 月 30 日

| | |
|---|---|
| **负债和非预算的资源** | $ xxx |
| 发生的负债 | |
| 抵消性征收和其他预算调整的支出授权 | (x) |
| 不包括在预算中的捐赠 | x |
| 成本津贴 | x |
| 转入(转出) | x |
| 不包括在预算中的交换性收入 | x |
| 其他 | x |
| 已调整的负债和非预算资源 | xxx |
| **不为经营净成本提供资金的资源** | |
| 尚未收到或提供的产品、服务和预定的利益的金额的变化 | (x) |
| 资产负债表中已经资本化的成本 | (x) |
| 为满足以前年度需要而筹集的资金 | (x) |
| 其他 | (x) |
| **不要求资源的成本** | |
| 折旧和摊销 | x |
| 资产和负债的重估价值 | x |
| 其他 | x |
| **需要获取的资金** | x |
| **经营净成本** | $ xxx |

## 首字母缩略词表

| | |
|---|---|
| FASAB | 联邦会计准则顾问委员会 |
| OMB | 管理与预算办公室 |
| SGL | 标准总账 |
| SFFAC | 联邦财务会计概念公告 |

# 联邦财务会计准则公告

# 联邦财务会计准则第 1 号公告(SFFAS NO.1)
## ——特定资产与负债的会计核算

## 基本情况

颁布日:1993 年 3 月 30 日

生效日:从 1994 年 9 月 30 日为期末的会计年度开始生效

参考第Ⅰ卷:联邦财务会计准则第 5 号公告,《联邦政府负债的会计核算》(该公告提供了负债的定义)

联邦财务会计准则第 7 号公告,《收入及其他财务资源的会计核算》(该公告提供了非交易性收入中产生的应收账款的确认标准)

参考第Ⅱ卷:应付账款(A10),应收账款(A20),预付款和预缴费用(A30),现金(C20),主体和非主体资产(E20),国库账户的基金余额(F50),政府和政府间的资产和负债(G60),应付利息(I60),应收利息(I80),国库券投资(I110),负债(L40),其他流动负债(O40)

解释公告:

影　　响:不影响其他公告

所受影响:联邦财务会计准则第 5 号公告通过提供负债的定义来修正第 96 段,联邦财务会计准则第 7 号公告的第 53 段修正第 41 段。

## 概述

该公告界定并阐述了主体资产与非主体资产,以及政府间的资产和负债与政府的资产和负债的区别。

特定主体在运营过程中能可靠使用的资产是主体资产。然而,如果该主体不能可靠使用这些资产,但却能持有这些资产,则这些资产就是非主体资产。由于主体资产与非主体资产都将在该主体的财务报告上披露,因此准则要求将两种资产分开报告。(对国库或其他主体的)负债应按照与这些非主体资产相同的金额予以确认。

政府间的资产与负债产生于联邦政府主体间的交易。而政府资产与负债则产生于联邦政府或联邦政府的某主体与联邦政府以外的主体间发生的交易。公告要求包括在联邦财务会计准则第 1 号公告中的所有资产与负债应该按照政府间的资产与负债和政府的资产与负债分开报告。

该公告还对六项资产和三项负债建立了具体的准则。这六项资产是:现金、国库账户的基金余额、应收账款、应收利息、预付款和预缴费用以及国库券投资。三项负债是:应付账款、应付利息以及其他流动负债。这些准则提供了每项资产与负债的定义,以及对确认、计量和披露方面的要求。

# 目　录



注:1—15段省略。

## 说明

16． 在该准则中，委员会的重点是为独立的联邦政府主体的报告制定会计准则。这些准则也适用于整个美国政府的财务报告（除了那些专为政府间的资产和负债制定的准则外，这些将在基本准则中得到详细说明，并在具体准则中也有所提及）。

17． “主体”这个术语指的是联邦政府的一个独立的单位，如部门、代理机构、局或某项工程，这些单位都需要编制一系列财务报告。“主体”这个术语还包含了一组相互联系或不相联系的商业行为、周转基金、信托基金以及（或者）与管理与预算办公室（OMB）关于财务报告形式和内容指南相一致的账户。

## 基本准则

### 政府间的资产与负债和政府的资产与负债

18． **政府间的资产与负债**产生于联邦政府主体间发生的交易。政府间的资产是某个联邦主体对其他联邦主体的一种要求权。而政府间的负债则是指其他联邦主体对该联邦主体拥有的要求权。

19． 在该公告涉及的资产中，政府间的资产包括某主体国库账户的基金余额、国库券投资、对其他联邦主体的应收账款、应收利息以及预付款和预缴费用。

20． 政府间负债包括对其他联邦政府的应付账款、应付利息以及其他流动负债，例如，收到联邦预付款和预缴费用。

21． **政府的资产与负债**产生于联邦政府或联邦政府的主体与联邦政府以外的主体发生的交易。政府的资产是联邦政府或联邦政府的主体对联邦政府以外的主体的要求权。政府的负债则指联邦政府或其主体对联邦政府以外主体的欠款金额。“非联邦主体”包括除美国政府以外的国内外的机构和个人。在该公告中，“公共机构”也属于联邦政府以外的主体。

22．　在该公告所涉及的资产中，联邦主体所报告的政府资产包括现金、对联邦政府以外主体的应收账款、应收利息以及预付款和预缴费用。

23．　政府的负债包括应付给联邦政府以外主体的款项和利息、对联邦政府以外主体的其他负债以及从联邦政府以外主体收到的预付款和预缴费用。

24．　政府间的资产和负债应与政府的资产和负债分开报告。该要求适用于本文件中涉及的所有资产和负债。

## 主体资产与非主体资产

25．　**主体资产**指的是那些报告主体有权在其运营过程中使用的资产。**非主体资产**则指的是那些报告主体持有但不能使用的资产。非主体资产的一个例子是应收关税（海关为美国政府代收关税，但海关却没有权力使用这些关税）。另一个类似的例子是应收联邦所得税（该税由国家税务局为美国政府代收）。

26．　报告主体保管或管理的主体资产以及非主体资产应在报告主体的财务报告上得到反映。非主体资产应在报告主体的财务报告上与主体资产分开报告。而与非主体资产相同的金额应在报告主体的财务报告上被确认为一项负债（对国库或其他主体的负债）。

# 具体准则

## 现金

27．　现金（包括预付基金）应该确认为资产。现金包括：

(a) 硬币、纸币以及易兑现的金融工具，如：邮政汇票、支票以及现有的或在途的银行汇票；

(b) 银行或其他活期存款金融机构的金额；

(c) 外汇（就会计目的而言，这些外汇应在财务报告日换算为美元）。

28．　**主体现金**。主体现金是报告主体持有并拥有法定使用权力的现金金额。

29．**非主体现金**。非主体现金是联邦主体代表美国政府或其他主体收取和持有的现金。在某些情况下，这些联邦主体受托于美国国库或其他主体，将现金存放在其银行账户中。在报告时，非主体现金应与主体现金分开列示。

30．**限制性现金**。现金可能会被限定用途。这些对现金存款的限制通常是由法律、规范或者合同施加的。非主体现金通常也是限制性现金。主体现金也可能被限制用于特定目的。这样的现金可以是由第三者保存附带条件委付盖印的契约，也可以存放在其他特定的账户中。财务报告应揭示限制的原因和性质。

## 国库账户的基金余额

31．联邦主体*国库账户的基金余额* 指的是主体的国库账户中的基金合计金额，主体有权用这些账户中的基金余额支付费用以及偿还债务。国库基金余额是“政府间”范畴的项目。仅从报告主体的角度来看，由于国库基金代表了主体对联邦政府资源的要求权，因此它是一项资产。然而，站在整个联邦政府的角度，它却不是一项资产。而且，由于该基金代表的是一项使联邦部门、机构、工程以及其他联邦主体可靠使用资金的义务，因此它也不是负债。

32．联邦主体国库基金余额包括结算账户的余额以及外汇账户折算为等值美元的余额。外汇账户的余额应在财务报告日按照由国库确定的实际汇率折算为美元。联邦主体国库账户的基金余额还包括直接贷款以及贷款担保活动的金额（这些金额是在信用改革程序、融资和清算账户中产生的）。

33．联邦主体国库账户的基金余额在以下情况下会增加：(a) 收到拨款、重拨款、本年度预算未通过前先按上年度预算数支出的提案或决议、恢复拨款以及资源分配；(b) 收到其他机构的转移支付以及偿还款。联邦主体国库账户的基金余额还会因向国库、联邦金融银行（FFB）或其他主体借款而增加。同时，收到征缴收入而贷记拨款账户或基金账户

（即主体有权使用这些账户用于开销或补偿费用）也会增加联邦主体国库账户的基金余额。

34．联邦主体国库账户的基金余额不包括订约权或未使用的借款权。**订约权**是一项法定的权利。按照订约权的相关规定，合约或其他债务应在收到拨款（为偿还贷款之用）前签订。而随后的拨款则为清偿债务提供现金。[①] 因此，订约权只允许联邦主体产生某种债务，而不自动增加该主体国库账户的基金账户的余额。

35．*借款权*也是一项法定权利。该权利允许联邦机构为特别产生一些债务，并使用借入基金为特别目的偿付。只有在联邦机构实际使用借款权并借入特定数量的基金后，该权利才增加该主体国库账户的基金账户余额。因此，只有当基金在借款权下被实际借入，该权利才被包括在联邦主体国库账户的基金余额中。

36．联邦主体国库账户的基金余额在以下情况下会减少：(a）为清偿债务或购买资产、货物以及劳务而发生的支付行为；(b）投资于美国政府的国库券（该国库券由财政部或其他联邦政府机构发行）；(c）核销到期的拨款；(d）偿还或转移资金给其他联邦主体或国库；(e）没收或者废除拨款。

37．应揭示两种不同类型基金（两种基金都存在于联邦主体国库账户的基金余额中）间的区别，即承担付款义务尚未支付的基金余额和非债务性余额。承担付款义务但尚未支付的基金余额指的是已发生付款义务但尚未支付的预算性债务的基金余额。

38．*未承担付款义务的基金余额*指的是联邦主体能可靠使用的基金余额。未承担付款义务的基金余额通常是联邦主体依照法律，为特定目的能可靠使用的基金余额。未承担付款义务的基金余额也包括已到期或已核销的账户，这些账户只能用于对以前债务经过批准的调整。特定的未承担付款义务的基金余额可能会被限制未来使用，而不能现在使用。应该

① 该定义的来源：管理与预算办公室（OMB）第A—34公告。

进行对这些限制披露。

39. 联邦主体应解释总分类账中国库账户的基金余额和国库账户中实际余额的任何差异，并应在财务报告的附注中解释差异产生的原因。（在编制财务报告时，由于时间滞后产生的差异应被消除，而由错误产生的差异应被更正。）在会计年度末，联邦机构也应提供已到期拨款（这些拨款应返还国库）中有关未使用的基金余额的信息。

## 应收账款

40. *应收账款*产生于对现金或其他资产的要求权。有关应收账款的会计准则列示如下。

41. **应收账款的确认**[①]。应收账款应在联邦主体基于法律原因，例如一项到期付款（如已到期但未收到的税款），或是因为提供商品或劳务而取得对其他主体的现金或其他资产的要求权时予以确认。如果应收账款的确切金额无法取得，应对其进行合理的估计。

42. **独立报告**。联邦主体的应收账款是政府各部门间的应收账款，因此在报告时应独立于对非联邦主体的应收账款。

43. **主体应收账款和非主体应收账款**。应收账款应该被区分为主体应收账款和非主体应收账款两类。**主体应收账款**指的是联邦主体拥有对其他联邦主体或非联邦主体收款权的金额，且这部分金额能被该联邦主体依照法律用于承担付款义务，或能用于抵消因收款而产生的费用或债务。[②] **非主体应**

① 本文件中的“确认”一词具有与财务会计准则委员会（FASB）的概念公告中相同的意思。“确认”意味着在联邦主体的财务报告中正式记录的过程，或将某一项目作为资产、负债、收入以及费用纳入财务报告的过程，或类似过程。被确认的项目应并包含在分别从文字和数字两方面来进行描述财务报告合计栏的金额中。确认既包括对某一项目的初次确认，也包括对已确认的项目随后发生的变化或核销所进行的确认。FASB 的第 5 号财务会计概念公告，第六段。

② 联邦主体的应收账款一旦收取，只有在得到国会的授权后，才可被用来抵消该主体的预算授权和开销。否则，在未得到国会的授权之前，这些应收账款都是非主体应收账款。

**收账款**是联邦主体代表美国政府或其他主体收取的，且该联邦主体未被授权使用的那部分金额。[①] 对于主体而言不能可靠使用的应收账款是非主体应收账款，在报告时应独立于主体能可靠使用的应收账款进行报告。

44. **坏账损失的确认**。应收账款的损失应在应收账款非常可能不能完全收回的情况下确认。"非常可能"指的是损失发生的可能性大于百分之五十。

45. 预计的坏账准备应确认，以便将应收账款的金额减少至可实现的净值。[②] 坏账准备的金额应在年度财务报告日以及有信息显示原先估计的金额已不再准确时进行重估。

46. **坏账损失的计量**。坏账损失应采用系统的方法计量。系统方法是指既以单个账户为基础，又以整个账户组为基础进行分析。

47. 单个账户分析。代表重大金额的账户应单独分析以确定坏账准备。对单个账户进行损失估计应基于以下基础：(a) 债务人的付款能力；(b) 债务人的付款记录和付款意愿；(c) 从其他资源收款的方式，包括留置权、法庭扣押、债务抵消以及其他可行的收款方式。

48. 坏账准备的计量通常不能只以单个账户的分析为基础。在许多情况下，仅凭分析单个账户所得到的信息不能可靠地评价损失金额，或者由于应收账款的特性，不允许采用单个账户分析。在这些情况下，应以账户组为基础来评估潜在的损失。

49. **账户组分析**。为了以账户组为基础来确定坏账损失准备，应收账款应以相似的风险特征为基础将相似的账户分为一组。

50. 账户组应能反映操作环境。例如，应收账款应能按以

---

① 政府的收益包括因联邦政府独一无二的统治权和调整权产生的征收款项，如所得税、关税、诉讼费以及一些特定的执照费用等。联邦主体可以代表美国政府征收这些款项，但无权使用这些款项抵消其费用开支。

② 在委员会的征求意见稿"直接贷款和贷款担保的会计核算"（1992 年 9 月 5 日）中，应收账款应以可实现净值为基础进行核算。

下方式分类：(a) 按照债务人分类（商业企业、州及地方政府、个人）；(b) 按照应收账款产生的原因分类（税收延迟、错误的利益支付、基于商品或劳务买卖的商业性应收账款、将拖欠的贷款转入应收账款）；(c) 按照地域分类（外国、国内地区）。在某一组内，应收账款应按照风险特征进一步分层。这些风险因素包括经济波动、付款记录、可选择的还款资源以及应收账款的账龄。

51．依靠建模和抽样估计是估计应收账款组损失的一种合理方法。统计估计应充分考虑对损失水平造成重大影响的因素，包括损失的历史资料、最近的经济事项、目前及预计的经济条件，以及固有的风险。

52．**披露**。联邦机构应披露主要类别应收账款的金额、类别、估计坏账准备所采用的方法以及坏账准备的总金额。

## 应收利息

53．本会计期间内已赚取但尚未收到的利息收入的金额应被确认为应收利息。应收利息应在附有利息条款的证券投资赚取利息时确认。尚未收回的应收账款的利息和美国政府按照"31 美国统计局 3717—利息和罚金的取得"的规定对主体和个人的其他一些应收账款的利息也应该被确认。（参见《联邦应收款收取准则》之四——《美国联邦法规》第 103 部分，第 102 段，第 13 行。）①

54．当应收账款和投资被确定为不可收回时，除非实际收到利息，否则，利息不应被确认。从债务人方收到的款项应首先用来冲销罚金和管理费用，其次用来冲销应收利息，最后用来冲减尚未偿还债务本金。[《联邦应收款收取准则》4《美国联邦法规》第 102 段第 13 (f) 行。]

55．然而，除非政府主体正式放弃对利息收入的偿付要求，或者相关的债务被核销，否则，不可收回应收账款的应计利

① 当委员会考虑应计利息、长期租赁利息、贷款利息以及信贷改革账户存款的利息等方面的会计准则时，将会提出这些利息的核算方法。

息应被披露。

56. 对联邦主体的应收利息应独立于对社会公众的应收利息单独核算和报告。

## 预付款和预缴费用

57. *预付款* 指的是联邦主体对其雇员、订约人、受让人或其他个人支付的现金费用，这些现金用于偿付收款方部分或全部预期的费用，或者作为联邦主体取得商品和劳务的成本的预付款。其例子包括：在雇员出差之前其主体预先支付的差旅费；按合同、财产转让或合伙协议的要求，在订约人或受让人提供劳务或商品前预先支付的现金或其他资产。

58. *预缴费用* 指的是联邦主体在特定的期间费用实际发生前预先支付的款项。典型的预缴费用是在租赁期初预先支付给出租方的租金。但按照合同完成程度逐步支付给订约人的款项不是预付款或预缴费用。

59. 预付款和预缴费用应被记录为资产。当收到商品或劳务、合同条款已经实现、按照合同支付分期款或者预付费用到期时，应减少预付款和预缴费用。例如，预付差旅费应首先被记录为资产，然后应随着差旅费的实际发生逐步减少。应退还的预付款和预缴费用的金额应被转换为应收账款（例如：已确定的差旅费要求权意味着出差者欠政府部分预付款）。

60. 由联邦主体支付的预付款和预缴费用是该主体的资产。另一方面，联邦主体收到的预付款和预缴费用却是该主体的负债（可参见有关流动负债的推荐准则）。在某一联邦主体的财务报告中，该主体收到的预付款和预缴费用（负债）应该抵扣主体支出的预付款和预缴费用（资产）。

61. 支付给联邦主体的预付款和预缴费用是政府间的项目，因此应该与支付给非联邦主体的预付款和预缴费用分开核算和报告。

## 国库券投资

62. **适用的范围**。该准则适用于联邦主体对国库券的投资，包括：(a) 不可流通并以平价发行的国库券，(b) 以市场为基础且期望持有到期的国库券，以及 (c) 可流通且期望持有到期的国库券。该准则不适用于联邦主体对美国国库以外部门发行的证券（权益性证券和债务性证券）和其他金融工具的投资。

63. *不可流通并以平价发行的国库券*是美国国库向联邦主体以面值发行（平价发行）的特殊类型的债务性证券。如果需要，这些证券可按面值回购。因而，投资方主体可以收回全部已投资的金额。

64. *以市场为基础的国库券*是美国国库向联邦主体发行的无法定利率的债务性证券。尽管这种类型的证券是不可流通的，但其相关条款（发行价格和利率）是比照可流通国库券制定的。

65. *可流通的国库券*（包括国库发行的票据和债券）是首先由国库提供给市场，然后才能在证券交易市场上买卖，这些证券的买卖价格由市场公开提出。

66. **期望持有到期的国库券**。除了不可流通并以平价发行的国库券以外，该准则适用于那些期望持有到期的并以市场为基础的以及可流通的国库券。只有当投资方有意图且有能力将所投资的证券持有到期时，那些证券才能被称作期望持有到期的证券。假如投资方为了满足短期的现金需求，或者因市场利率发生变动，或者因为其他原因而有可能销售证券，那么这样的国库券投资不应该被当作是期望持有到期的国库券投资。

67. **联邦证券和非联邦证券的分开核算与报告**。联邦主体对美国证券（由美国国库和联邦机构发行的证券）的投资是政府间的投资。这些美国证券也代表着财政部或其他发行证券的联邦主体的政府间负债。对美国财政部或其他联邦主体发行证券的投资应该与对非联邦主体发行证券的投资分开核算与报告。

68. **初始记录**。该准则涉及的三种类型的国库券（不可流通并以平价发行的国库券、以市场为基础且期望持有到期的国库券和可流通的期望持有到期的国库券）应按照取得成本确认。假如国库券是依靠与非货币资产交换而取得，那么应按照所取得国库券的公允市价和所放弃资产的公允市价二者中更能明确决定的一个来确定。

69． 假如国库券的取得成本不同于其面值，那么它应该以取得成本来记录，该取得成本等于国库券的面值加上或减去对这项投资的溢价或折价。折价指的是国库券的票面金额高于其购买价格。溢价指的是国库券的购买价格高于其票面金额。估价账户的余额应被看做是债务性国库券的备抵账户。

70． **取得后的计价**。国库券取得后，如果恰当，该项投资应按照取得成本，并对摊销进行调整后（下面将解释）的金额计价。

71． 假如溢价和折价存在，该项国库券投资的持有金额应在每个报告期进行调整，以反映溢价和折价的摊销。溢价和折价应采用利息法在整个国库券的持有期内进行摊销。在利息法下，实际利率（投资金额产生的实际利息）乘以会计期初国库券的持有金额等于当期确认的利息收入（被溢价和折价摊销金额调整后的每期数额的变动）。折价或溢价的摊销金额等于当期确认的实际利息与当期国库券规定的名义利息的差额。（摊销利息法的演示可参见附录 B。）

72． **市值的披露**。对于以市值为基础的国库券和可流通的国库券的投资，其市值应该被披露。出于确定市值的目的，对国库券的投资应按照证券类别分组，如分为可流通的国库券或以市场为基础的国库券。对某组证券投资的市场价值应按照该组证券在财务报告日的市场价格乘以当日所持有的票据或债券的数量来计算。

73． **投资的再分类**。在一些少数的例子中，一些极度不可预见的情况可能会导致联邦主体持有某种证券到期的意图和能力发生改变，而这种证券按照预期曾被划分为持有到期的证券。在这些情况下，应将受影响的证券重新分类为可供销售的或可提前赎回的证券（在证券到期前赎回）。一旦证券被重新分类，则不再适用于本准则。

## 应付账款

74．应付账款指的是联邦主体因为从其他主体收到商品和劳务，或者因其他主体履行合同的进度，或者因向其他主体租赁而发生的债务。

75．应付账款不应包括与持续经营相关的负债，如应付给雇员的工资和福利，这些将包括在其他流动负债中。（参见其他流动负债的推荐准则。）

76．从联邦主体收到的商品和劳务而发生的债务金额应代表政府间的交易，这种类型的债务金额应该和与社会公众发生的债务金额分开报告。

77．当联邦主体接受商品的所有权时，不论该商品已经交付或仍在途，该主体应将商品的未付款金额确认为一项负债。假如在财务报告编制时，这些商品的发票仍不能取得，那么应对所欠金额进行估计。

78．当订约人提供给政府的商品也适合销售给其他主体时，订约人实际交付商品且政府收到该商品并取得正式所有权时，这项负债通常才发生。然而，当订约人为政府按照其规范建造或生产设备设施时，政府正式接受产品仍不能作为会计中确认的确定性因素。每一会计期间发生的推断性的或事实上的商品和劳务的收取应采用与下面段落叙述一致的做法。

79．依照合同或协议的规定，由订约人或接受补助人建造或生产的设备或设施，其应付款的金额应以合同或协议完工的进度为基础来确定。这些金额的估计应主要依据联邦主体对实际工程的进度和发生的成本进行的工程上和管理上的评估。

80．报告主体应披露无预算资源支持的应付账款。

## 应付利息

81．应付利息应按照已经发生而尚未支付利息费用的金额来记录。应计利息产生于向国库、联邦金融银行、其他联邦主体或社会公众借入的基金。联邦主体还应记录延迟付账和退款的利息（参见31美国统计局3901至3907有关“即期付款”的规定）。联邦主体就借入基金和未付款项的应付利息应在每期期末予以确认。

82． 对联邦主体的应付利息是政府间的债务，因此应该与对社会公众的应付利息分开核算。

## 其他流动负债

83． 其他流动负债这个术语用于报告那些未在特定类别中确认的流动负债，例如应付账款、应付利息、对社会公众、国库和其他主体的债务以及贷款担保损失的债务。其他流动负债包括编制财务报告的会计年度内已发生但尚未支付的费用（这些费用被期望在报告日后的会计年度支付）。

84． 其他流动负债应被确认的典型例子有：（a）本会计年度内应计的雇员工资、奖金，且这些工资的支票将在下一年度签署；（b）应付的福利，如本年发生但尚未支付的老年遗嘱保险（OASI）以及退伍军人赔偿金和养老金；（c）应在下一会计年度内支付，但由本会计年度信托计划、养老金计划或保险计划的管理而产生的年金。这些负债可以出现在财务报告的正文中作为其他流动负债，或根据重要性原则依其金额大小在一个或多个独立的项目报告反映。

85． 联邦主体可能因准备交付商品或提供服务而收到其他主体的预付款和预缴费用。在收入实现以前，预付款和预缴费用部分应作为其他流动负债记录。收入实现以后（即商品或服务已经提供，或者按照工程评估履行程序已进行），联邦主体应将恰当的金额记录作为收入或财务资源，同时减少相应的负债。对联邦主体的其他流动负债是政府间的负债，应该与雇员和社会公众的其他流动负债分开报告。

86． 报告主体应揭示无预算资源支持的流动负债的金额。

# 附录 A：结论的基础

87. 该附录提供了一些讨论，这些讨论是关于委员会从受访者手中得到对第 1 号征求意见稿《联邦主体的财务资源、长期负债和净财务资源》（1991 年 11 月 18 日）的独立评价以及社会公众对 1992 年 2 月 28 日发布的征求意见稿的意见。该附录还解释了委员会对受访者提出的问题所得出结论的基础。

## 基本概念

88. **净财务资源**。在征求意见稿中，委员会提出了净财务资源的概念。净财务资源指的是联邦主体的总财务资源减去其总长期负债后的金额（征求意见稿第 11 页）。征求意见稿指出净财务资源的金额为判断联邦主体在收到新拨款前的资金充足情况提供了总的尺度。征求意见稿更进一步指出主体净财务资源（组成的预算授权的承担付款义务余额和未承担付款义务余额以及其他项目）评价的信息能为判断主体的财务状况提供另外一种洞察。

89. 许多受访者并没看到能说明净财务资源概念有用的令人信服的证据。他们指出没有具体的例子能说明这些信息该如何使用。一些受访者也不相信净财务资源的计量已被恰当界定。他们指出该概念缺乏的要素之一是非长期负债的金额。他们进一步提出，如果缺少非长期负债的计量，那么对整个净财务资源的计量将是不完整的，甚至可能产生误导。

90. 委员会决定推迟考虑净财务资源的概念。在完成对使用者需求和财务会计及报告目标方面的建设后，委员会相信该概念的有用性将会进一步显现出。

91. **主体的财务资源**。在征求意见稿中，委员会讨论了主体财务资源的概念。该概念被界定为联邦主体的资产，它包括：（a）主体的现金和经授权的基金以及可用的支出（不包括订约权和未使用的借款权）；（b）主体的资源，这些资源被期望转化为现金用以清偿负债；(c) 现金转化的其他消耗形式（例如预付款）。在这样的定义下，征求意见稿将下列项目定义为财务资源：现金、国库账户的基金、现金求索权（如应收账款和应收贷款等）、对商品和服务的求索权（如预付款和预缴费用）、为销售而持有的存货以及投资。

92． 正如征求意见稿指出的那样，财务资源是资产中的一部分子集，这部分子集能提供满足联邦主体日常经营所需的流动性（现金及能转化为现金的资产）。由于联邦主体从预算中获得资源以满足日常营运所需并对财务资源的用途负有受托责任，因此，财务资源概念被认为是有用的。

93． 委员会已经决定在本文件中不使用财务资源概念。然而，财务资源概念的定义和有用性将在委员会的概念框架结构中进一步考虑。在缺少该概念时，为政府提供未来经济利益的项目仍被称为资产。本文件中使用的资产概念指的是由联邦政府或报告主体过去经济事项的结果产生的为联邦政府或报告主体所获得或控制的项目，能够带来未来可能的经济利益。（委员会将在未来考虑资产的定义。）

94． **长期负债**。征求意见稿建议长期负债定义为联邦主体收到用于相关开支或费用的预算授权而产生的负债。

95． 长期负债概念限制了负债的确认，因为这些负债必须是长期的。委员会相信本文件中提出的负债应在其发生时确认，而不论其是否长期。因此，委员会决定不在本文件中采用长期负债概念①。然而，委员会建议披露预算资源未涉及到的负债。

96． 本文件中使用的负债这个术语指的是由过去的经济事项引起的很可能并可计量的未来经济资源的流出。委员会将在有关负债总则的项目中考虑负债的完整定义。然而，本文件只涉及那些在普通营运中日常发生的并在一个财务年度内的负债。这些负债包括应付账款、应付利息和其他流动负债。其他流动负债的种类包括已经发生但将在一个会计年度

① 委员会将在有关负债总则的项目中考虑负债的完整定义。

内支付的薪金和权利费用。

## 总则

97．推荐准则适用于联邦政府及其主体在主体层次报告政府的资产和负债以及政府间的资产和负债。

98．联邦主体可以有两种类型的资产和负债，即政府间的资产和负债以及政府的资产和负债。政府间的资产和负债以及政府的资产和负债的区别解释如下：

（1）**政府间的资产和负债**。这些资产和负债由政府间的交易产生。例如，联邦主体持有的国库券投资被其当做资产报告，然而，国库券也是国库的负债。因此，这些证券代表了政府间的资产和负债。另一个例子是国库账户的基金余额。联邦主体国库账户的基金余额将被主体作为资产报告。然而，该基金余额不是联邦政府的资产。确切地说，它应该是美国政府向其联邦主体提供基金的一项承诺。（参见下面有关与国库相关基金余额的讨论。）

（2）**政府的资产和负债**。这些资产和负债是由美国政府与非联邦主体（美国政府以外的国内外组织和个人）间的交易产生。例如，美国国家税务局向社会公众征收的所得税在其财务报告上以应收账款报告。这些应收账款是联邦政府的资产。

99．推荐准则还要求政府间资产和负债与政府资产和负债分开报告。

100．联邦主体学应将其主体资产与非主体资产分开报告。

（1）**主体资产**。主体资产指的是联邦主体能可靠使用的资产。主体资产包括政府间的资产和政府资产。联邦主体为其营运过程的消耗而持有的供应品存货既是主体资产，也是政府的资产。如果联邦主体有权使用应收账款的回收款项，那么该主体对其他联邦主体的应收账款也是主体资产。

（2）**非主体资产**。联邦主体拥有的持有并管理的，但并无权使用的资产。在本准则中，这些资产被称作非主体资产，以区别于联邦主体有权在其营运过程中使用的主体资产。例如，海关要收取的应收关税是非主体资产，该资产应由海关报告。

101. 委员会建议，主体资产和主体代管的非主体资产都应在主体的财务报告上确认。非主体资产应在主体的财务报告上单独报告。

102. 下面的表格以应收账款为例，一方面显示出主体资产和非主体资产的联系，另一方面也显示出政府间资产和政府资产的联系。

**应收账款**

| | 主体资产 | 非主体资产 |
| --- | --- | --- |
| 政府间资产 | 因提供商品和服务而发生对联邦主体的应收账款金额，且收款主体可以使用该金额。 | 向联邦主体收取的，但收款主体不能使用的金额。 |
| 政府资产 | 因提供商品和服务而发生对非联邦主体的应收账款金额，且收款主体可以使用该金额。 | 向非联邦主体收取的（如税收），但收款主体不能使用的金额。 |

## 具体准则

### 现金

103. 委员会从征求意见稿中保留了有关单独报告限制性现金和非限制性现金的条款。然而，当考虑了对征求意见稿的评价后，委员会修改了限制性现金的定义。

104. 征求意见稿建议非限制性现金包括活期存款的金额。然而，现金金额是否受限制并不取决于现金存放在何处。例如，联邦主体可以代国库以活期存款的形式持有现金。从主体的角度来看，如其无权使用这些现金，那么它们就是限制性的。

105. 本文件中的推荐准则重新定义了限制性现金：(1) 联邦主体代国库或其他联邦主体持有的，且无权使用的金额；

(2) 出于特殊目的而受法律限制的现金。

## 国库账户的基金余额

106. 推荐准则为与国库相关基金余额的组成提供指南。能导致与国库相关基金余额增加的事件包括：收到拨款、分配和转移支付的金额，且联邦主体有权使用这些收到的款项（或者用于抵消其开支），以及从国库借入的款项。联邦主体的基金余额因清偿负债、抵消开支、投资于证券、拨款的取消或撤消以及转入其他联邦机构或国库等原因而减少。

107. 关于国库账户的基金余额，委员会考虑了以下问题：

(1) **国库账户的基金余额是资产吗？**

108. 委员会确信，从联邦主体（如某局、某项工程或某项基金）的角度来看，国库账户的基金余额是资产。实际上，它是联邦主体用于费用开支和承担债务的最重要的资源。

109. 然而，委员会将国库账户的基金余额确认为政府间的项目。它一方面代表着主体拥有对联邦政府资源的要求权，另一方面也体现出政府提供资源给联邦主体的责任。当单个联邦主体的财务报告按照整个政府范围合并起来时，合并财务报告不会报告这些要求权和责任。因此，站在整个联邦政府的角度，国库账户的基金余额不是联邦政府的资产。

(2) **国库账户的基金余额和预算资源的关系是怎样的？**

110. 预算授权产生基金余额。拨款是预算授权的一种主要形式，它产生了主体的与国库相关基金余额。因此，国库账户的基金余额和预算授权的关系不能被忽视。

111. 然而，联邦主体国库账户的基金余额不一定等于预算资源的金额。这二者的区别将通过它们的定义来阐明。基金余额代表主体国库账户的账户中实际可使用资源的总和。而预算资源则包括了联邦主体能用来发生债务的所有授权。这其中一些授权本身并不能为主体提供基金。例如，订约权允许主体以合约的形式产生债务，但其本身并不提供向主体国库账户的账户提供基金。拨款对于联邦主体获得基金以清偿由订约权产生的债务是很有必要的。

112． 借款权本身也不向主体的国库账户的账户注入基金。为了增加主体国库账户的基金余额，它必须依靠借款权实际借入一笔款项。

113． 由于这些原因，推荐准则强调国库账户的基金余额不包括订约权和未使用的借款权。

(3) **基金余额应排除指定用于其他目的的基金吗？**

114． 一些关于征求意见稿的受访者相信准则应该鉴别不能在主体的日常营运中使用的国库账户的基金。例如，能源部按照 1973 年的《紧急石油分配法》征收罚金，将那些收取的罚金存入国库账户的委托（契约）账户中，并最终将那些基金支付给受创的团体，或者根据法庭判决用于其他用途。

115． 特定账户中持有的基金被限制特定用途是很常见。例如，信托基金的持有是以向符合条件的收款人支付利益为特定目的。再如，能源部持有的基金限制用于支付给因违背石油定价和配给原则而遭受损失的个人。委员会相信报告主体的基金余额应包括所有主体账户中持有的基金，而不论其是否被指定特定用途。

**应收账款**

116． 受访者提出了有关坏账损失确认与计量的问题。然而，在委员会对受访者的意见作出反应前，本准则中的确认与计量概念解释如下：

117． **确认**意味着正式的记录或将一些项目作为资产、负债、费用、收入或相似要素并入财务报告和其他记录中。就资产或负债而言，确认还包括对资产和负债随后金额变化的再确认。

118． **计量**指的是以货币形式反映资产或负债的过程。对某项目的计量应选择特定的计量属性，如历史成本、现行市价、可实现净值或未来现金流量的现值。

119． 在建议准则和对应收账款的讨论中，确认概念涉及在财务资料中记录资产或减少资产的时间选择。计量概念涉及计价基础和报告资产的美元金额。

120．受访者的意见以及委员会作出的反应将在下面段落中详细列出。

121． **应收账款确认的时间选择**。征求意见稿指出当联邦主体产生收入、收到退款或转移支付基金的交易或事项（如付款到期日）出现时，应收账款应被确认。一些受访者质问付款到期日作为确认应收账款的标准。这些受访者强调应收账款应在联邦主体发生欠款或赚取收入时确认，这与到期日并不相关。

122．一些应收账款由交换性的交易产生。例如，联邦主体向其他主体提供商品和服务可以产生应收账款。然而，对现金或其他资产的要求权还源于联邦政府法定的征税和收费以及收取罚金的权力。这种应收账款与赚取收入的活动以及交换性交易都无关。它们是基于联邦政府的收款权，以及一方当事人支付现金或提供其他资产以满足这种收款权的责任。就应计的税款而言，税款到期日代表政府要求付款的日期。付款到期日是应计税款确认的决定性判断标准。

123． 因此，委员会建议，当联邦主体因提供商品或服务，或因政府的法定征收权而发生对现金或其他资产的要求权时，那么应收账款就应被确认。这种情况下，委员会并不推荐收入确认的标准。

124． **损失确认**。在征求意见稿中，建议当判断应收账款非常可能发生减损时，应确认损失。“非常可能”这样的措词意味着发生的概率大于百分之五十。

125．几位受访者提出疑问，委员会为什么选择“非常可能”作为损失确认的标准，而不采用按照公认会计原则（GAAP）制定的在私立部门运用的“很可能”标准。

126． 委员会可能会在为联邦政府制定会计准则时，参考其他准则制定机构制定的公告和声明。但委员会并不受这些公告和声明的限制，特别是当为其他部门发布的会计准则与联邦政府不相关时。

127． 在将应收账款确认为损失的案例中，委员会认为应该有确认政府赊账损失的决定性指南。“很可能”属于一种广义的解释（常常被解释为实质上可能的发生）并可以允许损失的延迟确认。

128． 委员会建议采用“非常可能”这样一个更严格的标准，该标准要求在那些应收账款不能收回的可能性大于百分之五十时，才能确认为损失。委员会建议采用“非常可能”标准的意图在于使联邦政府会计在损失确认上达到无偏、一致和可靠。

129．“非常可能”标准可以适用于单项账户和账户组。假如所欠金额部分或全部无法收回，那么无论是重大的单个应收账款（例如，应向合同一方收取的非正常大额退款，向第三方应收的医疗保障偿付，重大的税收滞纳金以及其他大的要求权）还是一些小额的应收账款组都应被分析并确认损失。

130． 在运用损失确认标准时，委员会认为应准确地认识到联邦应收账款的实质。许多联邦政府的应收账款与私立企业的贸易账户和银行的贷款不同，它们不是通过信贷筛选程序产生的。这些应收账款由诸如对违规行为罚款、错误偿付的退回、偿还的款项以及过期未付的税款等业务引起。在这些情况下，历史经验和经济因素都显示应收账款经常不能全额收回。这些应收账款因其固有的风险而符合损失的确认。因此，一旦判断损失可能发生，就应以恰当金额确认损失准备。

131． **损失的计量**。由于大量的联邦交易，应收账款通常以大账户组的形式存在。一些账户组包含成百上千个账户。在这样的情况下，未收回金额的损失应利用统计抽样技术以账户组为基础进行评估。统计抽样的结果应根据历史趋势的经验和现有条件进行补充和调整。

132． 另一方面，一些政府的应收账款产生于重大金额的交易。这些应收账款应该根据单个账户的特定风险进行分析，并评价坏账损失的金额。对单个账户损失的评价常常无法为整个账户组损失的估计提供有效的基础。通常情况下，账户组的损失往往无法依靠单个账户的基础来确认。委员会认为联邦政府的应收账款损失大多由固有风险引起。因此，应收账款的损失准备应在评价应收账款的总体风险的基础上考虑。

133. 基于上文的考虑，推荐准则出于报告的目的，提出应收账款的损失应在评价单个账户和账户组的基础上确定。

## 应收利息

134. 在征求意见稿中，建议准则要求应收账款的利息在其支付或核销时确认。同时，建议准则要求计提不可收回利息准备。该准则的意图在于为债务人的应计利息建立一项负债。

135. 一些受访者对从应收账款被确认为不可收回到其被核销通常有一段很长的时间的状况表现了关注。确认不可收回应收账款的利息，并同时核销由不可收回利息准备确认的利息金额将是一项繁重的工作。

136. 上述过程的最初意图是保持债务人负债的正确金额。这个目的能通过记录过程而不是财务报告来实现。因此，对于财务报告来说，委员会已经同意：(a) 只有可收回应收账款的应收利息才能被确认；(b) 不可收回应收账款的应收利息只有当该应收账款实际收回时才能被确认。

## 预付款和预缴费用

137. 对预付款和预缴费用的推荐会计准则并没有什么实质性建议。因为在于联邦政府机构内，该准则没有对目前的会计实务进行重大变动。一些受访者，预付款不应该包括长期合同的阶段性付款。由于阶段性付款是以合同完工的百分比来计算的，因此委员会作出阶段性付款不是预付款或预缴费用的结论。

138. 收到的另一些意见是关于质问预付款和预缴费用是否应象征求意见稿建议的一样包括在财务资源概念中的，因为预付款和预缴费用通常不会转化为现金或主体可以使用的预算授权。

139. 委员会认识到在为消耗而持有存货的情况下，预付款和预缴费用会被转化为商品和服务，而不会被转化为现金。但是由于财务资源概念没有在本准则中采用，因而上述问题现在还没有。预付款和预缴费用通常有利于日常的营运活动，所以它们往往被当做流动资产。

## 国库券投资

140. 推荐准则适用于国库券投资，包括：(1) 不可流通并以平价发行的国库券，(2) 以市场为基础且期望持有到期的国库券，以及 (3) 可流通且期望持有到期的国库券。

141. 将来，委员会会提及本准则未涉及的投资类型。在过渡时期内，联邦主体应对本准则未提及的投资沿用目前的会计处理方法。

142. 联邦主体（特别是社会保障和退休信托基金）对可利用基金的投资，已经超过目前这些主体对政府账户序列中发行的特定国库券的需求。国库券的期限通常被设计用于满足政府账户的现金需求。大部分投资是专为政府机构发行的不可流通的国库券投资。这些国库券中的绝大多数是平价发行的证券，还有一些是以市场为基础的，其价格和利率都反映市场条件。因此，尽管推荐准则涉及的范围有限，但它仍旧包括了百分之九十以上的联邦主体投资。

143. 少数联邦主体允许在开放市场上买卖可流通的国库券。一些与社会公众开展业务或为私立部门提供保障的联邦主体可以获得可流通的国库券，以此作为援助和接管交易的一部分。该准则只适用于期望持有到期的可流通国库券。

144. 在征求意见稿中，委员会建议不可流通并以平价发行的国库券投资应以成本报告。委员会还建议可流通证券和以市场为基础的国库券应以报告日的市场价格报告。

145. 然而，许多受访者非常关注以市场为基础资产的增减确认以及与之相关的利得和损失的确认。这些受访者认为这些未实现的利得和损失不能代表资产价值的实际增减。一些受访者也指出，市场价值的波动通常不会影响到期望持有到期的国库券投资。

146． 在本公告中，委员会对不可流通并以平价发行的国库券的计价继续使用成本基础。这是因为当这种类型的投资被收回时其成本可以得到完全补偿。

147． 委员会也建议以市场为基础的国库券和期望持有到期的可流通国库券应采用成本或成本摊销的计价基础。委员会认为成本基础是恰当的，因为当国库券到期时其投资金额可以完全得到补偿。在国库券的持有期内，其市场价格可能会因利率变动或其他的临时性因素发生波动。但是，只要该证券没有在市场上销售，这样的市价波动就不会对投资主体构成影响。出于这个原因，委员会决定推荐成本法而非市价法作为期望持有到期的可流通国库券的计价方法。

148． 委员会考虑本准则未涉及的证券的计价问题。委员会认为，公允价值法的使用属于一个广义的概念性问题，需要在其概念框架结构中提出。在委员会决定构建概念框架结构之前，认为为本准则尚未涉及的证券推荐计价基础是不成熟的。

149． 委员会认为将投资分为期望持有到期投资的标准应建立在投资主体将某项投资持有到期的意图和能力。这样的意图和能力不等同于仅仅缺少将投资销售出去的意图。对投资主体是否有能力将投资持有到期的意图和能力的评估应该基于该主体目前和预期的财务状况，以及该主体目前购买、销售和管理国库券的运作模式。假如因为现金需求或其他投资管理方面的原因，投资主体不能将该证券持有到期，那么该证券就不能归分类为期望持有到期的国库券投资。

150． 在每个财务报告日，这种分类的恰当性应重新评估。在很少的情况下，主体原来确定的期望将证券持有到期的意图和能力，可能会因该主体在现金需求或其他环境上的发生重大的不可预见的变化而改变。当这种情况发生时，原来被划分为期望持有到期的证券应该被重新划分为可流通的证券或提前回收的证券。

## 应付账款

151． 应付账款用于记录主体因收到商品或服务，以及接受订约方履行的部分合同，但尚未支付款项而产生的债务。

152． 一些受访者对应付账款确认的时间选择提出疑问。一个采用预算会计的联邦主体应该在其发出购货订单或签署协议时记录负债。负债一旦发生，即应减少主体可用来承担负债的资源。预算会计账户用来记录负债的金额，并减少可使用的预算授权。就财务报告的目的而言，负债应在收到商品和服务时确认，或者按照合同或协议条款以对合同完工情况的评估为基础进行确认。

153． 一些联邦主体认为，发出购货订单时在应付账款中确认负债是恰当的。这样处理的原因是购货订单的发出实际上就代表着主体预算资源的使用，因此负债的确认将正确地减少主体可利用的预算资源。

154． 这种处理方法的支持者们也争辩道，在许多情况下，按照政府合同生产的商品具有政府专用的特性，也就是说，这些商品不能销售给其他顾客。因此，他们认为政府对订约者的负债实质上已经发生。

155． 委员会认识到必须协调预算执行情况的结果和财务影响。在预算会计中，当发出购货订单被签定时，就要记录负债以确保预算控制。然而，从财务会计的角度来看，直到商品发出、订约者实际履行合同或服务被提供时，负债才能确认。因为在上述情况下通常会引发用来清偿债务的现金费用。委员会认为，在实际收到或推测收到商品或服务前确认负债的做法不应被财务会计准则接受。同时，消除为预算目的记录债务和为财务会计目的确认负债这两者间的区别也是不恰当的。

156． 一些受访者对是否确认多年合同下的负债提出疑问，这类合同需要从多年的拨款中筹集资金。正如前文所讨论的那样，在预算会计中，某合同一旦达成就应立即确认债务。但委员会认为，只有当商品和服务被收到或合同被履行，该项债务才应被确认为负债。在短期或长期合同下，商品或服务被收到或者合同被履行时，未付款部分应被确认为一项负债。

**应付利息**

157． 没有关于应付利息推荐准则的实质性建议。推荐准则的会计处理方法与目前联邦政府机构采用的会计实务没有区别。

**其他流动负债**

158． 推荐准则涉及的流动负债没有在其他准则中特别界定。本公告中界定的流动负债指的是应付账款和应付利息。应付账款和应付利息代表由无联系的交易产生的负债。委员会也计划发布公告界定其他特定的负债，例如长期贷款担保合同下产生的负债以及向其他主体贷款产生的负债。

159． 其他流动负债通常与日常持续发生的费用有关，这些费用通常是以每个会计期间而不是以每笔交易为基础确认的。一个典型的例子是会计年度末已发生但尚未支付的员工工资负债。

160． 征求意见稿指出，假如相关的费用在预算授权下发生，那么这项负债应该被认为是长期性的。一些受访者建议，预算授权这个术语应被改为预算资源。他们认为，预算资源不仅包括新的预算授权，还包括在特定年度为特殊目的承担负债可使用的其他资源。

161． 委员会同意，假如一项负债包括在可利用的预算资源中，那么从报告主体的角度来看，这项负债（或其中的一部分）应被认为是长期的。然而，推荐准则持有这样的观点，那就是无论负债是否包括在可利用的预算资源中，只要其已经发生就应被确认。推荐准则还要求披露没有预算资源支持的负债。

# 联邦财务会计准则第 2 号公告（SFFAS NO.2）
## ——直接贷款和贷款担保的会计核算

## 基本情况

颁布日：1993 年 8 月 23 日

生效日：从 1994 年 9 月 30 日为期末的会计年度开始生效

参考第Ⅰ卷：联邦财务会计准则第 3 号公告，《存货和相关财产的会计核算》（见取消抵押品赎回权的财产）

参考第Ⅱ卷：直接贷款（D40），贷款担保（L60），取消抵押品赎回权的财产（F40）

解释公告：

影　　响：不影响其他公告

所受影响：不受其他公告的影响。

## 概述

本准则规定了联邦政府直接贷款和贷款担保的会计核算方法。本准则要求自 1991 年 9 月 30 日以后发生的直接贷款和贷款担保以现值为基础进行会计处理。现值会计核算方法的应用与 1990 年颁布的《联邦信贷改革法案》的意图是一致的。

该准则包括以下基本要求：

——已支付且尚未偿还的**直接贷款**以估计现金净流入量的现值确认为资产。尚未偿还的贷款本金和其现金净流入量现值之间的差额确认为补贴成本准备。

——对尚未偿还的**担保贷款**，贷款担保估计现金净流出量的现值确认为负债。要求披露未偿还的担保贷款的面值和担保金额。

——当在会计年度内支付直接贷款或担保贷款时，**补贴费用**应予以确认。确认金额应等于在贷款期内的估计现金流出量的现值与估计现金流入量的现值的差额。

——应考虑可能影响估计现金流量的各种因素，每年应对直接贷款的补贴成本准备和贷款担保的负债进行**重估**。任何由重估导致的调整应确认为补贴费用（或作为补贴费用的减少）。

——当直接贷款或贷款担保被**修正**后，修正成本的确认金额等于修正时直接贷款的现值减少额或确认为贷款担保负债的现值的增加额。

——当直接贷款和担保贷款**取消抵押品赎回权丧失**时，其获得的财产应以估计的未来现金净流入量的现值确认为资产。

该准则允许但不要求对《信贷改革法》颁布前的直接贷款和贷款担保以现值进行重新确认。

# 目 录



注：第1—3段和20段省略。

# 引言

## 背景

4. 联邦政府部门承担促进国家福利的责任，提供**直接贷款**[①] 和担保贷款给未享受到非政府金融机构充分服务的居民。例如，联邦**信贷项目**包括农民家庭贷款、小企业贷款、退役军人抵押贷款和学生贷款。对于那些不能承受按市场利率贷款的居民，联邦信贷项目以低于市场利率的直接贷款的形式向居民提供补贴。对于那些非政府金融机构不愿予以贷款的高风险群体而言，联邦信贷项目可以担保非政府贷款的偿还，减少贷款的违约成本。

5. 由于联邦信贷项目提供利息补贴并承担贷款违约导致的损失，所以该项目的成本比较高。因此联邦信贷项目的实际和预期成本应在预算和财务报告内予以充分披露，这一点是至关重要的。

## 1990 年颁布的《联邦信贷改革法案》

6. 1990 年颁布的《联邦信贷改革法案》的主要目的是为了保证在制定预算决策时充分考虑直接贷款和**贷款担保**的**补贴成本**。为了实现这一总体目标，该法案具有以下几个特定的目的：(a) 能够保证在总统预算中对直接贷款和贷款担保项目的成本进行及时和正确的计量和列示；(b) 将信贷项目的成本与其他联邦支出一同置于预算的基础之上；(c) 鼓励以一种最适合受益人需要的形式将利益传送到受益人；(d) 改善信贷项目中及信贷项目与其他支出项目之间的资源配置。

7. 《联邦信贷改革法案》对报告期自 1992 年的会计年度和以后日期开始的财务报表生效。该法规定了：

——在直接贷款或贷款担保被承担、被承诺或被支付的每个会计年度，总统预算应反映与直接贷款和贷款担保

---

① 当术语第一次出现时，用大写字母标出。其在附录 C，术语表中列出。(注：见合并术语表——附录 E)

相联系的政府补贴的长期成本。总统预算中的补贴成本估计是建立在以具有相似期限的可售国库券的平均利率对特定现金流量进行贴现而得的**现值**的基础上。

——在承担直接贷款的责任或承诺贷款担保之前，应通过年度拨款来补偿发生的成本。（然而，托管项目有永久的无限额拨款。）

——通过提供国库的借款授权对直接贷款的非补贴部分进行补偿。

——通过运用三类账户为每个信贷项目建立了预算和财务控制：**项目账户**（预算）、**融资账户**（非预算）、**清偿账户**（预算）。

## 需要的会计信息

8．有关信贷项目的会计信息通过对实际会计数据和估计的预算数据的比较，为评价项目的绩效提供了基础。预算分析师和决策者能用会计信息对实际现金流量与项目现金流量作出比较，以及对直接贷款和贷款担保的实际成本与其估计成本进行比较。

9．对信贷项目经理而言，当有关估计的损失和相关负债的信息能够以一种及时的方式确认时，这种信息对评价信贷项目的绩效是一种比较重要的工具。这种信息有助于决定信贷项目的全面财务状况并能证实其融资需要。

10．此外，通过**分组**和**风险分类**而得到的有关贷款和贷款担保的成本和绩效的信息能够突出由于风险增加而不能满足预算估计的级别。在此信息的基础上，项目经理能够及时采取行动来减少成本，控制可能发生的风险，提高信贷项目的绩效。

## 现值核算

11．1990 年颁布的《联邦信贷改革法案》自 1991 年 10 月 1 日开始生效，它要求预算中的直接贷款和贷款担保的成本以其现值作为估计值。《联邦信贷改革法案》要求采用现值计量的目的是为了计量、确认和控制直接贷款和贷款担保的补贴成本[①]。

12．对直接贷款采用现值计量可以估计已支付金额的可收回程度，以及在已支付的金额中作为补贴成本的数额。直接贷款可收回部分的金额等于以具有相似期限的可售国库券的利率对项目现金流量进行贴现的现值。由于这部分金额预期将返还给政府，因此其并不被认为是政府的成本。由于贷款利率低于可售国库券利率或由于违约损失或以上两种情况产生导致已支付金额不可收回的部分应作为政府的支出成本。

13．信贷改革后，直接贷款的补贴部分通过拨款筹集，贷款的非补贴部分，它等同于从政府债务人处收回款项的现值，来自国库借款。贷款的补贴成本每年必须进行重估和更新。

14．对贷款担保也应采用现值计量基础。信贷改革之前，在编制预算时，贷款担保和直接贷款一样以现金基础来计量。由于直到担保贷款在未来的某个日子发生违约时，才要求政府以现金偿还担保贷款。信贷改革后，要求对担保贷款承诺的现金流出量进行预计，并以适合的国库券利率对其进行贴现。现金流出量的现值就是贷款担保的成本。在做出贷款担保的承诺前，年度拨款通常必须能够补偿贷款担保的成本。

## 财务报告

15．联邦财务会计准则委员会认为应对1991年9月30日后已经或将要支付的直接贷款和承诺的贷款担保在会计处理和财务报告中采用现值计量法。为了符合预算的目的，《信贷改革法》要求采取现值来估计**1991年后的直接贷款和贷款担保**的成本，因此以现值计量的实际结果为基础的财务报告可以作为与预算估计进行比较的一种反馈。通过比较可以

① 国会预算局办公室：《信贷改革：现金和信贷项目的比较预算成本》（1989，12），第33页。

改善未来的估计和重估。

16． 委员会认为，现值核算方法的有效使用有赖于直接贷款或担保贷款期内的未来现金流量预计的精确性。要想得到精确的预计，首先应建立和运用可靠的历史信贷绩效数据和考虑当前和预测的经济条件。

17． 委员会认为，财务会计有支持预算的价值。它认可信贷改革的潜在逻辑性，并建议关于信贷的会计准则应与《信贷改革法》中规定的预算一致。委员会同时意识到当获得更多的经验时，会对预算的要求做出修改。委员会的意图是只对信贷改革的基础做出修改，实质上并不影响包含在会计准则中的确认基础和计量原则。为了和预算一致，有关直接贷款和贷款担保的会计实务应随之改变。

18． 在要求对**1992 年前的直接贷款和贷款担保**以现值进行重新确认时，委员会考虑了预期会发生的成本和工作量。在此基础上，该会计准则允许但不要求对此类直接贷款和贷款担保以现值为基础进行重新确认。

19． 该准则的征求意见稿于 1992 年 9 月发布。收到了 36 个团体及个人的反馈意见。拥有主要信贷项目的联邦政府机构代表也在会议上表达了他们的意见。委员会充分考虑了收到的所有意见，并对准则做出了适当的修改。针对征求意见稿所提出的意见和委员会结论将在附录 A《联邦会计准则结论的基础中》予以介绍。

（第 20 段省略）

# 会计准则

## 引言

21. 本会计准则关注直接贷款、与贷款担保相关的负债、直接贷款和贷款担保的成本的确认和计量。本会计准则适用于以团体基础分类的直接贷款和贷款担保，如对直接贷款和贷款担保进行分组和按其风险分类。现值核算不用于单个的直接贷款或贷款担保，除非单个的直接贷款或贷款担保构成一个小组。

## 会计准则

### 1991 年后的直接贷款

22. 已支付的和未偿还的直接贷款以其估计净现金流入量的现值确认为资产。未偿还的贷款本金和其现金净流入量之间的差额确认为补贴成本准备。

### 1991 年后的贷款担保

23. 对未偿还的担保贷款，将贷款担保估计净现金流出量的现值确认为负债。要求披露未偿还的担保贷款的面值和担保金额。

### 1991 年后的直接贷款和贷款担保的补贴成本

24. 对于在会计年度内支付的直接贷款或担保贷款，补贴费用应予以确认。确认为补贴费用的金额应等于在贷款期内的估计现金流出量的现值与估计现金流入量的现值的差额。计算现值所用的贴现率是在贷款支付时与贷款具有相似期限的可售国库券的利率。（在下文中称为适用的国库券利率。）

25. 在新的直接贷款或担保贷款支付的会计年度内，新的直接贷款和担保贷款的补贴费用的项目应在利息补贴成本、违约成本、手续费和其他回收款、其他补贴成本中分别予以确认。

26. 直接贷款的利息补贴成本是指已支付贷款的金额超过

了以适用的国库券利率对贷款合同所要求偿还的本金和利息进行贴现的现值的部分。贷款担保的利息补贴成本是估计补充利息支付额的现值。

27． 直接贷款或贷款担保的违约成本是由借款人对贷款合同中的还款计划的可预见的背离所导致，而不是由于提前偿还贷款产生。这种背离包括拖欠和遗漏贷款本金和利息的偿还。违约成本以预计拖欠和遗漏的贷款偿还额与预计净收回额的差额的现值计量。预计净收回额包括后来从债务人处收回的金额或取得资产的销售收入减去对这些资产进行管理、取消抵押品赎回权、销售的成本。

28． 手续费和其他回收款的现值确认为补贴成本的减项。

29． 其他补贴成本是由并不包括在计算利息补贴成本、违约补贴成本、手续费和其他回收款中的现金流量组成。它还包括按贷款合同条约的规定提前偿还贷款的影响。

## 补贴摊销和重估

30． 当支付直接贷款时，为直接贷款发生的补贴成本准备应通过采用最初计算直接贷款的现值时的利率的利息法进行摊销。摊销金额确认为利息收入的增加或减少。

31． 当支付担保贷款时，应按最初计算贷款担保负债的现值时的利率，对贷款担保负债计提利息。计提的利息确认为利息费用。

32． 为直接贷款和贷款担保负债发生的补贴成本准备应在每年的财务报告日进行重估。由于该准备或负债代表了潜在直接贷款或贷款担保的净现金流出量的现值，因此，进行重估时，应考虑可能影响每个现金流量项目估计的所有因素，包括提前偿还贷款、违反债务合同、拖欠和回收贷款。由重估所导致的补贴成本准备或贷款担保负债的任何增加或减少应确认为补贴费用（或补贴费用的减少）。不要求按项目对直接贷款的补贴成本（或贷款担保负债）进行重估，也不要求对其按项目进行报告。

**违约成本估计的标准**

33． 在本段和下一段中提出的违约成本估计的标准适用于初始估计和以后的重估。违约成本是对每个项目以单独的组别和风险类别为基础进行估计和重估。重估应考虑在预计的和已实现金额之间的过去现金流量的差异，以及可以用来预测每个风险类别未来现金流量的其他因素的变化。

34． 在估计违约成本时，应考虑下列风险因素：（1）贷款绩效的经验数据；（2）当前的和预测的可能影响贷款绩效的国际的、国家的、地区的经济环境；（3）借款人的财务状况和其他相关特征；（4）贷款余额的担保物价值；（5）担保物的可收回价值变化；（6）可能影响贷款绩效的最近发生的事项。对违约重估方法的改进也应予以考虑。

35． 每个信贷项目都应采取系统的方法论，例如可以用来预计每个风险类别的违约成本的计量经济学模型。如果含有重大金额的单个账户在风险揭露中占有较高的比重，对此账户的分析可以保证为此类风险的信贷项目制定较为准确的违约成本估计。

36． 违约成本估计的一个主要基础是风险分类的实际历史经验数据。为了记录实际经验数据，应建立一个数据库以提供关于实际偿还金额、提前偿还金额、延迟偿还金额、违约金额、收回金额和注销的贷款金额的历史信息。

**收入和费用**

37． 包括已摊销的利息在内的对直接贷款计提的利息应确认为利息收入。对贷款担保负债计提的利息应确认为利息费用。财政部在非投资基金上的利息应确认为利息收入。向财政部借款所计提的利息应确认为利息费用。

38． 管理信贷活动的成本，如工资、法律费用和为评价信贷政策、贷款和贷款担保、会计和计算机系统的建立、结束、服务、监督、维护和其他的信贷管理目的而发生的办公成本，应确认为管理费用。管理费用不包括在直接贷款和贷款担保的补贴成本的计算中。

**1992 年前的直接贷款和贷款担保**

39．当直接贷款很有可能不能全额收回，或贷款担保要求以未来现金流出量支付违约赔偿额的情形很可能发生时，在 1992 年 10 月 1 日前需支付的直接贷款和承诺的贷款担保的损失和负债应予以确认。不可收回金额的准备和贷款担保负债应于每年的财务报告日进行重估。在估计损失和负债时，应考虑前述的风险因素。应披露未偿还担保贷款的面值和担保金额。

40．允许但不要求对 1992 年以前的直接贷款和贷款担保以现值为基础进行重述。

**直接贷款和贷款担保的修正**

41．术语"修正"的含义是直接或间接地改变未偿还直接贷款的补贴成本和现值或贷款担保负债的联邦政府行为，包括新的立法或行政管理行为。

42．直接修正是通过修正现有贷款合同条款或变卖贷款资产来改变补贴成本的行为。可能通过诸如债务展期、豁免、降低利率、到期日的延长和提前偿还而不予以惩罚等方式改变现有合同。只有在这些行为不属于重估或后文中界定的测验，或现有合同条款不允许时，这些行为才属于修正。

43．间接修正是通过立法来改变管理直接贷款和贷款担保的方式，来改变补贴成本的行为。例如通过立法规定一种新的收款方法或对收款的法律限制。

44．术语"修正"不包括补贴成本重估、对有争议贷款的日常管理测验和现有贷款合同条款允许的行为。测验是指使得现有直接贷款的偿还额最大化或现有贷款担保要求偿还额最小化的行为。测验对现金流量的预期影响包括在补贴成本的初始估计和后来的重估之中。

**A．直接贷款的修正**

45．关于 1991 年后或 1992 年前的直接贷款的直接修正或间接修正，修正成本是指贷款**修正前价值**[①] 超过其**修正后价值**[②] 的部分。当对贷款进行修正时，修正成本的金额确认为修正费用。

46. 当对 1991 年后的直接贷款修正时，直接贷款的现存**账面价值**应修正为以**初始贴现率**（当直接贷款支付时，最初用于计算直接贷款现值的利率）对按已修正的合同条款规定的从修正时到贷款到期时的预计净现金流入量进行贴现的现值。

47. 当 1992 年前的直接贷款直接修正时，其被转入融资账户，其账面价值等于修正后的价值。任何后续修正被认为是 1991 年后贷款的修正。当 1992 年前的直接贷款间接修正时，其计入清偿账户。其坏账准备需重新评估，并需进行调整以反映由于修正而不能收回的金额。

48. 由于使用了不同的贴现率或使用了不同的计量方法，直接修正或间接修正所导致的 1992 年前的和 1991 年后的直接贷款的账面价值的变化与修正成本之间通常存在差异。账面价值的变化与修正成本之间的任何差异确认为利得或损失。对 1991 年后的直接贷款而言，为抵消利得或损失而支付的或收到的**修正调整转移**[③] 确认为一项融资来源（或确认为融资来源的减少）。

---

① 术语“修正前价值”是修正时以适用的贴现率，对按修正前的合同条款规定的估计直接贷款的净现金流入量进行贴现的现值。适用的贴现率是修正时，与修正前合同条款规定的直接贷款的剩余期具有可比性的可售国库券的利率（简单地表述，就是根据修正前的合同条款使用现行利率）。

② 术语“修正后价值”是修正时以适用的贴现率，对按修正后的合同条款规定的估计直接贷款的净现金流入量进行贴现的现值。适用的贴现率是修正时，与修正后合同条款规定的直接贷款的剩余期具有可比性的可售国库券的利率（简单地表述，就是根据修正后的合同条款使用现行利率）

③ 管理与预算办公室说明书中指出如果账面价值的下降超过了修正成本，报告主体从国库收到的修正调整转移金额等于超出的金额；如果修正成本超过了账面价值的下降，报告主体应将超额的修正调整转移金额支付给国库，以抵消这些超额。（见管理与预算办公室公告 A—11）

**B. 贷款担保的修正**

49. 关于 1992 年前或 1991 年后贷款担保的直接与间接修正，其修正成本是贷款担保**修正后负债**① 超过贷款担保**修正前负债**② 的金额。当对贷款担保进行修正时，修正成本确认为修正费用。

50. 1991 年后贷款担保修正的现存账面金额变为以初始贴现率（当担保贷款支付时，最初用于计算担保负债现值的利率）对按已修正的合同条款规定的从修正时到贷款到期时的预计净现金流出量进行贴现的现值。

51. 当 1992 年前的贷款担保被直接修正时，其被转入融资账户，已修正的贷款担保负债的现存账面价值等于其修正后负债。任何后续修正被认为是 1991 年后的贷款担保的修正。当 1992 年前的贷款担保被间接修正时，其应计入清偿账户。贷款担保负债需重新评价并需调整以反映任何由修正所导致的负债的变化。

52. 由于使用了不同的贴现率或使用了不同的计量方法，由直接修正或间接修正所导致的 1992 年前和 1991 年后贷款担保负债金额的变化与修正成本之间通常存在差异。负债的变化与修正成本之间的任何差异确认为利得或损失。对 1991 年后的贷款担保而言，为抵消利得或损失而支付或收到的修正调整转移③ 确认为融资来源（或确认为融资来源的减少）。

---

① 术语“修正后负债”是指修正时以适当的贴现率对按修正后的合同条款规定的估计贷款担保的净现金流出量进行贴现的现值。适用的贴现率是修正时，与修正后合同条款规定的担保贷款的剩余期具有可比性的可售国库券的利率（简单地表述，就是根据修正后的合同条款使用现行利率）。

② 术语“修正前负债”是指修正时以适当的贴现率对按修正前的合同条款规定的估计贷款担保的净现金流出量进行贴现的现值。适用的贴现率是修正时，与修正前合同条款规定的担保贷款的剩余期具有可比性的可售国库券的利率（简单地表述，就是根据修正前的合同条款使用现行利率）。

③ 管理与预算办公室说明书中指出如果负债的增长超过了修正成本，报告主体从国库收到的修正调整转移等于超额量；如果修正成本超过了负债的增长，报告主体应将为抵消超额量的修正调整转移金额支付给国库。（见管理与预算办公室公告 A—11）

C. 贷款销售

53．1991年后和1992年前的直接贷款的销售是一项直接修正。修正成本按已销售贷款修正前的价值为基础确定。如果已销售贷款修正前的价值超过了净销售收入，其超额为修正成本，确认为修正费用。

54．对于具有追索权的贷款销售，应估计追索权或担保义务所导致的潜在损失，由追索权导致的估计损失的现值，在贷款销售时确认为补贴费用和担保负债。

55．直接贷款的销售中账面价值损失（或利得）等于贷款现存账面价值减去净销售收入。由于账面价值损失（或利得）与修正成本以不同的基础计算，因此两者之间通常存在差异。账面价值损失（或利得）与修正成本之间的任何差异确认为利得或损失①。对1991年后直接贷款的销售，为抵消利得或损失支付或收到的修正调整转移②确认为融资来源（或确认为融资来源的减少）。

D. 披露

56．以财务报表附注的形式进行披露，要求说明直接贷款或贷款担保修正的性质、用于计算修正费用的贴现率以及与修正有关的利得或损失确认的基础。

## 1991年后的直接贷款和担保贷款的取消抵押品赎回权

57．当财产以取消抵押品赎回权或其他方式从债务人处转移到联邦信贷项目处，在1991年后直接贷款的部分或全部结算中，或作为联邦政府遭受1991年后贷款担保的损失的补偿时，取消抵押品赎回权的财产确认为资产，确认的金额为以初始贴现率对估计未来净现金流入量进行贴现的现值。

58．如果第三方或借款人对取消赎回权的抵押资产的部分确认价值拥有法律上的求偿权，估计求偿权的现值确认为一

① 如果账面价值利得存在，此利得应予确认的金额为账面价值利得加上修正成本。

② 见“修正调整转移”的解释。

种特殊的对比计价准备。

59．取消担保贷款担保赎回权时，政府保证人可能取得有关的贷款。取得的贷款确认的金额为，以初始贴现率对由销售贷款或从借款人处收到的偿还金额估计的净现金流入量进行贴现的现值。

60．当取得抵押资产用于部分或全部结算1991年后的直接贷款或担保贷款时，政府要求借款偿还额的现值应减少，减少的金额为由于取消抵押品赎回权而结算的金额。

**直接贷款的注销**

61．当1991年后的直接贷款注销时，未清偿的贷款本金从应收贷款的总金额中扣除。同时以相同的金额计入补贴成本准备中。在直接贷款注销前，应通过估计或重估补贴成本对未收回金额充分地提取补贴成本准备。因此，直接贷款的注销不会影响费用的金额。

# 附录 A：结论的基础

该附录对从受访者处收到的关于 1992 年 9 月发布的《直接贷款和贷款担保会计（征求意见稿）》的大量反馈意见进行讨论。该附录针对受访者提出的问题对委员会所作出的结论进行了解释。

## 现值核算

62．一些受访者反对采取现值对直接贷款和贷款担保进行会计处理。他们指出，尽管 1990 年颁布的《联邦信贷改革法案》要求使用现值来计量预算直接贷款和贷款担保的补贴成本，但法律并不要求对财务报告使用现值。他们认为，由于法律上没有作出规定，是否采用现值核算应基于成本效益原则。

63．这些受访者强调实施和维持现值核算的复杂性和成本。由于需要通过分组对在一个会计年度内每个信贷项目负责的或承诺的直接贷款或贷款担保进行单独的会计处理，因此随着时间的推移，分组的数目将成倍增加。每个项目每年一组，拥有许多贷款和贷款担保项目的政府机构估计 5 年内将有 200 多个组别。由于许多贷款是长期的，期限为 30 年或更长，因此分组的数目会更加巨大。

64．反对现值核算的受访者怀疑，以现值为基础报告的有关贷款和贷款担保的财务信息相对于以名义价值为基础报告的传统财务信息是否有重大的改进。他们认为现值核算和名义价值核算都依靠历史经验和管理判断来评价风险，而这两个因素是决定违约准备时的主要变量。此外，他们认为由于现值计算包括估计未来年度的现金流量，以这些估计为基础的信息不一定比名义价值核算方法报告的信息更加可靠。

65．许多受访者支持委员会对直接贷款和贷款担保使用现值核算的建议。他们认为，这是将预算和财务报告结合起来的积极措施。他们还认为，实施建议采用的会计准则能够为监控直接贷款和贷款担保项目提供有用的信息。

66. 在建议使用现值核算时，委员会主要考虑的是应执行 1990 年颁布的《联邦信贷改革法案》的意图并使财务报告与预算一致（见征求意见稿第一卷第 15 段）。委员会认为财务报告的目标之一是让使用者能够确定预算资源的状况，并确定是否能够获取这些资源，并能按制定的预算[①] 使用这些资源。

67. 1990 年颁布的《联邦信贷改革法案》要求对预算使用现值。委员会认为对财务报告的这一要求不应被忽略。由于直接贷款和贷款担保补贴的预算资源是以现值为基础提供的，因此对于这些资源的获取、使用以及状况的财务报告也应建立在相同的基础之上。只有使用相同的基础，财务信息才能被用于进行实际结果和预算的比较。

68. 实际上，如果不使用现值来报告建立在现值基础上的预算直接贷款和贷款担保，就会导致信息扭曲。通过下面的范例可以阐述这一点。

69. 假定联邦信贷项目于 1992 年末支付了总金额为 ＄100 000的一批 5 年期贷款。该贷款年利率为 5%，要求于 1997 年偿还本金。估计每年可以收取利息，但是只有在贷款到期时才可以收回 ＄80 000的本金。在支付贷款的年度，相同期限的国库券的平均利率是 9%。

70. 基于 1992 年末的现金流量预测如下表 1 所示，直接贷款的现值是 ＄71 440，贷款的补贴成本是 ＄28 560。在此例中，假定信贷改革法要求补贴成本（＄28 560）通过政府拨款筹集基金，剩余部分（＄71 440）通过以 9% 的利率向国库借款筹资。

① 联邦会计准则顾问委员会征求意见稿《联邦财务报告的目标》，第一卷，第 13 段。

**表 1　直接贷款的现值**

| 会计年度 | 预期偿还额 |
| --- | --- |
| 1993 | $ 5 000 |
| 1994 | 5 000 |
| 1995 | 5 000 |
| 1996 | 5 000 |
| 1997 | 85 000 |
| 现值（贴现率：9%） | $ 71 440 |

71．如果在财务报告中使用名义价值核算方法，估计不能收回的 $ 20 000的本金将作为坏账费用列示。估计不能收回的 $ 20 000 金额在财务报表内确认为贷款的成本。然而，实际上，政府机构为贷款筹集基金，耗用的预算资源是 $ 28 560。

72．同样如果使用名义价值核算方法，贷款在 1992 年末以 $ 80 000的金额报告为资产，列示金额等于 $ 100 000的本金减去为不可收回金额提取的 $ 20 000的准备。另一方面，应以 $ 71 440的金额报告为国库借款，这是为贷款筹资而实际借入的金额。资产超过负债的金额 $ 8 560在报告中列示。然而，即使违约估计是正确的，收回的利息和本金仍将全部用来偿还国库借款的本金和利息。信贷项目实际在资产上没有任何超额量。下面是以现值基础和名义价值基础报告贷款的比较①。

**表 2　1992 年 9 月 30 日直接贷款（以现值报告）**

| 资　产 | | 负　债 | |
| --- | --- | --- | --- |
| 应收贷款 | $ 100 000 | 国库借款 | $ 71 440 |
| 补贴成本准备 | (28 560) | | |
| 回收贷款净额 | $ 71 440 | | |
| | | 净额 | $　　0 |

① 提供的图表仅仅为了说明此例，其不代表报告格式。

**表 3　1992 年 9 月 30 日直接贷款（以名义价值报告）**

| 资　产 | | 负　债 | |
|---|---|---|---|
| 应收贷款 | $ 100 000 | 国库借款： | $ 71 440 |
| 坏账准备 | (20 000) | | |
| 回收贷款净额 | $ 80 000 | | |
| | | 净额 | $ 8 560 |

73．类似的信息失真在列示贷款担保时也会出现。当为筹集贷款担保负债的资金所收到的预算资源以现值基础计量时，以名义价值为基础对贷款担保负债进行报告将会导致此信息失真。

74．在评价对 1991 年后的直接贷款和贷款担保实施现值核算的成本和工作量时，要记住，为了执行 1990 年颁布的《联邦信贷改革法案》的规定，联邦直接贷款和贷款担保项目已修正或将不得不修正其会计系统。他们不得不通过分组和风险分类来保持数据，计算国库借款和非投资基金的利息，并对补贴进行估计或重估。本公告提供的会计准则在这些方面的要求并不高于预算过程对这些方面的要求，因此本会计准则不会导致巨额的额外成本和工作量。

75．一些受访者指出如果以一项贷款接一项贷款（或一项交易接一项交易）为基础实行现值核算，那么工作将极其繁重。委员会建议，不以一项贷款接一项贷款为基础执行会计准则。本会计准则应在所有直接贷款或贷款担保的每个组别（或风险分类）中使用。

76．除了使编制的财务报告与预算一致外，委员会也认为，在征求意见稿中提议的会计准则将可以提供更好的财务信息，原因如下：

77．首先，建议采用的会计准则要求在开始而不是在以后计量和确认直接贷款和贷款担保的补贴成本。现行会计实务没有做出这样的要求。由于没有这样的要求，在支付直接贷款时就不能确认直接贷款的成本，同时在支付担保贷款时通常也不能确认用于支付贷款担保求偿额的负债。

78．其次，建议采用的会计准则要求对直接贷款和担保贷款存续期内的未来现金流量做出全面的评价，包括本金和利息的偿还额、手续费、提前偿还额、违约金额、拖欠以及收回的金额。具有代表性的是，现行会计实务要求对不能收回的本金提取准备。它没有考虑其他现金流量要素的影响。

79．再次，建议采用的会计准则要求以可售国库券的政府借款利率对净现金流量进行贴现。贴现是现值核算的基本特征，现值核算要求计量和确认直接贷款和贷款担保的利息补贴成本，以及所有现金流量的时间价值。名义价值核算不考虑现金流量的时间价值因素在支付贷款时也没有计算利息补贴成本。

80．最后，建议采用的会计准则要求每年对预计的现金流量进行系统的复核。预计现金流量将被修订或更新以反映最近发生的事项、经济环境的变化以及更好地理解导致违约的因素。相应地，补贴成本也要进行重估。重估要求可以确保信贷项目可以通过对联邦直接贷款和贷款担保实际偿还额、违约金额、注销金额的分组和风险分类来维护数据库，以确保数据库的信息是最新的。在信贷改革之前这种健全的数据库是不存在的。

81．总的说来，最初成本的确认、所有未来现金流量的全面评价以及将未来现金流量贴现为现值都是现值核算核心的补充因素。当综合考虑这些因素时，现值核算对联邦政府在承担直接贷款和贷款担保时发生的成本采用了经济价值。同样地，现值核算应对贷款资产和贷款担保负债采用经济价值而不是名义价值。

82．考虑到财务报告应与预算一致，以及现值核算具有其他许多优点的情况，委员会决定在对 1991 年后的直接贷款和贷款担保进行会计处理的会计准则中应使用现值核算方法。

## 补贴成本的项目

83．征求意见稿提议当支付直接贷款或担保贷款时，补贴费用应在利息补贴成本、违约成本、手续费（作为成本的扣除项）和其他补贴成本中分别确认。

84. 征求意见稿也对以下要求做出了提议：利息补贴准备应使用利息法进行摊销。应累积违约损失、手续费以及其他成本项目准备金不断产生的复利息。

85. 征求意见稿提出了以下问题：如果重要，补贴成本的项目是否应在财务报告中分别确认？一些受访者同意补贴成本的项目应分别确认。他们认为分别确认将提供必要的详细程度从而能够更好理解项目，以及为明确地表达预算而改进补贴成本的项目的估计额。

86. 一些受访者基于以下情形反对按项目对补贴成本进行列示：（1）只为预算执行的目的所需要的补贴成本的总金额；（2）管理层不使用成本项目的信息；（3）复杂的簿记和计算的成本超过了其收益。

87. 在考虑了对补贴成本项目进行会计处理的必要的工作量和收益之后，委员会决定，当支付直接贷款和担保贷款时，直接贷款或贷款担保的补贴费用应分别按成本项目确认。委员会认为，通过列示报告期内支付的直接贷款或担保贷款的补贴费用项目，最近支付的直接贷款和贷款担保的成本项目能与以前年度的成本项目进行比较。成本项目信息对制定信贷政策的决策、监控证券投资的质量以及改善信贷绩效等方面都是非常有价值的。关于利息补贴和手续费的信息有助于制定利率和手续费水平决策。关于违约成本的信息有助于评价信贷绩效。

88. 在计算预算中的补贴成本的现值时，政府机构必须首先建立有关现金流量项目的数据。管理与预算办公室要求政府机构使用管理与预算办公室的信贷补贴模型，它能够将这些现金流量作为输入，并自动计算补贴成本的项目。由于最近直接贷款和贷款担保的补贴成本项目的有关信息是可以得到的，因此报告这些信息不需要太多的额外工作。

89. 然而委员会意识到，为维护目前每组直接贷款和贷款担保的成本项目现值的记录、为每年摊销和累积每个补贴成本项目的利息、在每年重估时对每个项目进行调整，如果适当在发生修正时对每个项目进行调整，都需要相当大的工作量。在考虑必要的工作量和得到的收益之后，委员会决定不要求对每个补贴成本项目的利息进行累积和摊销。由于没有这个规定，信贷项目可能会使用利息法对每组贷款的补贴准备进行摊销。他们不必维护每个成本项目现值的记录，也不必每年调整成本项目。这将极大地减轻簿记和计算的负担。

90. 当不再要求对每个补贴成本准备项目的利息进行累积和摊销时，委员会意识到，将无法得到对项目现值变化进行追踪的信息。然而对受每年重估影响的各组补贴准备总金额的变化进行追踪的信息仍然可以得到。导致补贴准备变化的主要因素是违约重估。此外，委员会认为特别重要的一点是，每一信贷项目应维护为实际收款额、违约金额、拖欠金额和收回金额而建立的数据库。为监控项目绩效和估计未来损失，实际违约金额和偿还额数据库比按项目追踪补贴成本现值准备的变化要重要得多。在估计和重估补贴成本时，实际违约金额和收款额数据库也是必不可少的。

## 手续费的会计处理

91. 在征求意见稿中，委员会提议，估计收到的手续费的现值确认为补贴费用的减项。委员会提出一个问题：在主体财务报告中如何确认手续费？手续费确认为补贴费用的减项，还是确认为收入。

92. 许多受访者同意将估计收到的手续费的现值确认为补贴费用减项的提议。一些受访者主张手续费应确认为收入，而不是费用。他们认为，将收入从费用中抵消不会提供清晰的与信贷项目运营结果有关的收入、费用信息。有些受访者也认为，用于支付管理成本的手续费不应抵消补贴费用，这是因为1990年颁布的《联邦信贷改革法案》规定，管理成本不包括在补贴费用之中。

93. 委员会没有采纳将手续费作为收入报告的意见。直接贷款和贷款担保的补贴费用是信贷改革的核心，其以直接贷款和贷款担保的净现金流量的现值计量。由于估计手续费是现金流量的一个组成部分，委员会认为手续费的现值应作为补贴费用的一个项目来报告。由于委员会已作出决定，包括手续费的现值在内的所有补贴费用应分别报告，因此，手续费的现值作为一个费用项目列示不会减少有关手续费收取的信息。此外，排除在补贴成本之外的管理费用一般通过拨款予以补偿，而不是由收到的手续费支付。因此，不必分派一部分收到的手续费用于支付不属于补贴成本的管理成本。

## 1992年前的直接贷款和贷款担保

94．1992年前的直接贷款和贷款担保指于1991年10月1日前发生义务的直接贷款和承诺的贷款担保，1991年10月1日是1990年颁布的《联邦信贷改革法案》开始生效的日期。在征求意见稿中，委员会并不要求对1992年前的直接贷款和贷款担保以现值进行重述。委员会的立场是对直接贷款和贷款担保进行重述的成本超过了其收益。

95．对本问题做出反馈意见的许多受访者同意委员会的见解。他们强调，对1992年前的直接贷款和贷款担保进行重述将是十分复杂的过程，并需要大量的人力、物力。他们指出，主要的困难是缺乏重述所需要的完整的和精确的历史数据。由于缺乏精确的数据，即使政府机构发生了巨额成本，与1991年后基于相同基础的贷款和直接贷款的精确程序相比，重述的直接贷款和贷款担保的精确度仍不能与之同日而语。受访者同时指出由于1992年前的直接贷款和贷款担保是在过去承担或承诺的，所以重述信息对当前的预算决策的作用是有限的。他们还指出1992前直接贷款和贷款担保的未偿还金额将随贷款到期、违约或修正而减少。

96．除了考虑对征求意见稿的意见之外，委员会还考虑了美国会计总署呈示的报告的调查结果[①]。美国会计总署报告

① 呈交给参议院预算委员会主席的GAO报告，《联邦信贷项目：政府机构难以达到信贷改革的会计要求》。(GAO/AFMD—93—17，1993年1月)

指出如果不要求对1992年前的直接贷款和贷款担保以现值进行重述，获取比较差的信息的情形将会永久持续下去。这将影响以下方面的能力：（1）预测信贷改革前的行为对未来预算的影响，（2）使损失最小化，（3）判断1991年后信贷补贴成本的合理精确性。美国会计总署报告推荐使用简单的方法，从而能以现值重述1992年前的直接贷款和贷款担保，如抽样技术。

97．然而，委员会收到的意见和美国会计总署报告的调查结果都强烈地暗示，政府机构执行与1991年后的直接贷款和贷款担保有关的信贷改革要求有极大的难度。即使以抽样基础对1992年前的直接贷款和贷款担保进行重述，这一重述都要求额外使用政府机构有限的会计资源。有人认为，随着直接贷款和担保贷款到期、完全偿还、清算、注销，贷款的现值和名义价值之间的差异将变得不再重要，委员会也认同此观点。因此，委员会议定，不要求对1992年前的直接贷款和贷款担保以现值进行重述是合理的。

98．退役军人事务部在其意见中指出，他们已对1992年前的贷款担保以现值基础进行会计处理。教育部在其意见中指出，他们计划对1992年前的贷款以现值基础进行报告。尽管并没有达到信贷改革所要求的详细程度，他们为对1992年前的直接贷款和贷款担保进行会计处理所付出的努力仍然提高了信贷管理所需要信息的质量。其他政府机构会以他们为榜样执行现值核算。委员会认为，应允许对1992年前的直接贷款和贷款担保以现值为基础进行报告。

99．尽管不要求对1992年前的直接贷款和贷款担保以现值进行重述，委员会仍然认为估计和确认直接贷款的损失和贷款担保负债是极其重要的。为支持联邦政府融资计划和管理，估计和确认损失是有必要的。与联邦信贷项目有关的当前和潜在负债的信息能使国会和政府官员对长期成本和未来筹资的需要产生警惕。

100．推荐采用的准则做出了以下要求：当贷款将不能全额收回，或贷款担保要求以未来现金流出量支付违约求偿额的情形很可能发生时，1992 年前的直接贷款的损失和与 1992 年前的贷款担保有关的负债应予以确认。这与委员会推荐的，在推荐会计准则第 1 号《特定资产和负债会计核算》的联邦会计准则顾问委员会公告中，对应收账款损失的确认方法的会计准则相同。

101． 委员会认为，每个贷款担保项目应披露未偿还担保贷款的总金额。此外，还应披露其风险头寸，也就是总的未偿还的担保贷款中的有担保部分。

## 美国会计总署修正

102． 修正是改变未偿还直接贷款或贷款担保的估计补贴成本的政府行为。政府行为和补贴成本的改变是修正的两个必要条件。补贴重估不属于修正。

103． 直接修正是通过修正现有合同条款的法律行为或销售贷款资产的管理行为来改变补贴成本。可能通过诸如债务展期、豁免、降低利率、到期日的延长和提前偿还而不予以惩罚等方式改变现有合同。如果这些行为不是后文中界定的测验，或在现有合同条款中是不允许的，那么这些行为就属于修正。

104． 间接修正是通过立法来改变对直接贷款和贷款担保未偿还总额管理方式改变补贴成本。例如通过法律，规定一种新的收款方法或对收款的法律限制。这些新法规将对未偿还的直接贷款和贷款担保的补贴成本只产生一次性的影响。制定法规后，立法产生的影响包括在最近发生义务的直接贷款和最近承诺的贷款担保补贴成本的最初估计之中。因此，在法规制定后，与已发生义务的直接贷款和承诺的贷款担保有关的立法不属于修正。

105． 术语“修正”不包括对有争议的贷款或即将违约的贷款的日常管理测验。测验是指使得偿还政府直接贷款的金额最大化，或使政府对贷款担保要求偿还额最小化的行为。测验对现金流量的预期影响包括在补贴成本的最初估计和后来的重估之中。因此，测验工作不属于改变估计直接贷款和贷款担保的补贴成本的政府行为。

106. 术语“修正”也不包括现有合同条款允许的行为，如现有合同条款允许的没有惩罚措施的提前偿还贷款行为。这些行为对现金流量的预期影响包括在补贴成本的最初估计和重估之中。

107. 术语“修正”和术语“测验”都不包括额外对借款人进行的支付，这种支付使得未清偿直接贷款的金额增加。增加的支付金额被认为是新的贷款。

108. 当修正直接贷款和贷款担保时，修正的补贴成本必须予以计算。已修正的贷款的账面价值和已修正的贷款担保负债必须重述。征求意见稿使用了两类贴现率来计算已修正的1991年后的直接贷款和贷款担保的现值，这两类贴现率是现行贴现率和初始贴现率。

109. 术语“现行贴现率”是指在修正时，期限与修正前的合同条款或修正后的合同条款中规定的直接贷款或担保贷款的剩余期限具有可比性的可售国库券的利率。在确定直接贷款或担保贷款的剩余期限时，要视哪个合同的条款更加合适。修正成本以修正前的净现金流量的现值超过修正后现金流量的现值的金额计量，计算现值时两者都使用现行贴现率。这与管理与预算办公室说明中规定的计量方法一致。

110. 术语“初始贴现率”是指在支付直接贷款或担保贷款时，最初用于计算直接贷款的现值或贷款担保负债的现值的贴现率。已修正的贷款的价值或已修正的贷款担保负债，等于以初始贴现率对已修正的现金流量进行贴现的现值。使用初始贴现率来确定已修正的贷款的价值，这是因为，此利率是国库对信贷项目为贷款筹资而借入的资金收取利息所使用的利率。使用初始贴现率来确定已修正的贷款担保负债，这是因为，此利率是国库为信贷项目支付未求赔偿额而持有的基金支付利息时所使用的利率。

111. 由于使用两种不同的利率，已修正的直接贷款的账面价值的变化与修正成本之间，一般存在差异。对于贷款担保，已修正的贷款担保负债的变化与修正成本之间，一般也存在差异。

112．征求意见稿举例说明了此差异[①]。此例使用6%的初始贴现率计算已修正的贷款的账面价值，使用8%的现行贴现率计算修正成本。计算说明了账面价值的变化与修正成本之间存在差异。

113．管理与预算办公室说明书中要求以与账面价值的变化和修正成本之间的差异相等的金额返还给国库，或从国库收取相等的金额来抵消此差异。为抵消此差异而转移的金额在管理与预算办公室说明书中被称作修正调整转移。这种转移不组成修正成本的一部分，也不是预算支出或预算收款。

114．有些受访者反对使用现行贴现率来计量修正成本。他们认为修正成本和修正的贷款的价值（或修正的贷款担保的负债）应以同一基础，也就是使用初始贴现率进行计量。他们认为，通过使用初始贴现率来计量成本和账面价值或负债，修正成本和账面价值的变化（或贷款担保负债的变化）之间将不存在任何差异。他们认为，以现行贴现率进行的额外计算不会为管理层提供任何额外有意义的信息。他们认为，计算的复杂性、贴现率变化的影响以及随之而来的账面价值与修正成本之间的差异，将只会削弱管理层分析修正结果的能力。

115．委员会意识到，以不同的基础计算修正成本和账面价值的变化是不可取的。由于以不同的基础计算修正成本和账面价值，所以确认的修正费用不等于修正所导致的直接贷款账面价值的下降（或贷款担保负债的上升）。

116．然而，以与预算和拨款不同的基础为计量基础，来确认修正费用也是不可取的。管理与预算办公室说明书中有关修正的定义和成本在很大程度上影响了委员会对此问题的考虑。管理与预算办公室说明书要求以现行贴现率计量修正成本，并要求，为修正而批准的拨款应等于修正成本。委员会认为，财务报告应反映在预算中确认的修正成本和收到的修

① 见征求意见稿第二卷中221段至223段，以及附录2中139页至143页。

正拨款。

117．委员会赞同管理与预算办公室的这个基本观点。1990年颁布的《联邦信贷改革法案》要求，修正成本的计算应以修正时直接贷款或贷款担保的估计现值为基础。此要求可解释为，以修正时适用的贴现率计算修正成本的现值。委员会也认同使用现行贴现率这个重要观点。通过使用现行贴现率，修正成本的计算将反映在做出修正决策时修正的经济成本之中。

118．委员会发现，由于修正和测验两者之间的误解导致了一些对在修正中使用现行贴现率的反对意见。一旦测验（包括在最初的补贴估计之中并以初始贴现率予以量化）与修正（要求是规定的单独行为，但是很少发生的行为）两者之间的差别澄清之后，许多对在修正中使用现行贴现率的反对意见也就消失了。

119．在考虑如何计量修正成本与贷款（或贷款担保负债）账面价值之间的差异时，委员会考虑了现行贴现率是否可以作为备选方法，用于计算已修正的直接贷款的价值（或已修正的贷款担保负债）使得直接贷款账面价值或贷款担保负债的变化等于修正成本。出于以下两个原因，委员会决定反对使用现行贴现率。

120．首先，《信贷改革法》规定直接贷款的非补贴部分通过从国库借款筹资，而直接贷款的补贴成本通过拨款筹资。因此，直接贷款在任何时点的持有金额应等于国库借款的余额。收到直接贷款本金和利息的收入将用于偿还国库借款。贷款资产与负债（国库借款）的精确配比是使得信贷改革贷款和贷款担保不同于私营企业借款的一个独特特征。

121．当修正发生时，直接贷款的账面价值受到了影响。修正拨款的金额加上或减去修正调整转移所得到的金额将用于减少国库借款。这样处理后，已修正的贷款的账面价值仍然与国库借款的余额相等。重要的是，要注意到国库借款利率并没有随修正而发生变化，仍然为初始利率。因此，国库借款余额实际上等于以初始利率对未来偿还给国库的金额进行贴现的现值。由于国库借款是以初始利率为基础，所以此利率也适用于计算已修正的贷款的账面价值，因此贷款的账面价值与国库借款余额应保持相等。

122. 相同的情形也会发生于贷款担保。每个贷款担保项目的融资账户都会和国库保持与贷款担保负债相等的基金余额。基金余额和负债以相同的复合利率增长。基金余额将在担保贷款支付时以最初的适用利率计提利息。利率不会因为贷款担保的修正而发生改变。因此，只有以初始利率计量已修正的贷款担保负债，负债才能与基金余额保持相等。

123. 其次，即使现行利率用于计算贷款的账面价值，账面价值的变化（或负债余额的变化）与修正成本之间的差异也不会消失。在计量账面价值的变化（或负债余额的变化）时，起点是以初始贴现率为基础的修正前的账面价值（或修正前的负债余额）。如果现行利率用于计算已修正贷款的修正后的账面价值，则账面价值的变化将等于修正前的账面价值（以初始利率为基础）与修正后的账面价值（以现行利率为基础）之间的差额。与其相似的是，如果现行利率用于计算已修正的贷款担保负债的修正后余额，则负债余额的变化将等于修正前的余额（以初始利率为基础）与修正后的余额（以现行利率为基础）之间的差额。

124. 另一方面，修正成本以不同方法计算。计算修正成本的起点不是已修正的贷款现存的修正前账面价值（或已修正的贷款担保负债现存的修正前账面价值）。对直接贷款和贷款担保而言，修正成本的计算是以使用现行贴现率对修正前净现金流量进行贴现的现值作为起点。修正前的价值与现存修正前账面价值不同，这是因为后者是以初始贴现率为基础。修正成本等于修正前净现金流量（以现行贴现率贴现）的现值与修正后净现金流量（同样以现行贴现率贴现）的现值之间的差额。由于在计算中使用了不同的起点，因此修正成本不等于账面价值的变化。

125. 由于上述的两个原因，委员会认为最佳的解决方法是以现行贴现率计量修正成本，并以初始贴现率计算已修正的贷款和贷款担保负债的持有金额。

126．然而，虽然决定以现行贴现率计算修正成本是重要的，但是财务报告不能舍弃已记入会计记录中的直接贷款和贷款担保负债修正前的余额。由于使用不同的贴现率，账面价值的变化将不同于修正成本。委员会认为修正对资产和负债产生的影响应在营业表中予以反映。委员会认为除将修正成本确认为修正费用之外，账面价值的变化与修正费用之间的任何差异应确认为利得或损失。因此，修正对营业表的影响的净金额等于由修正导致的贷款资产的下降或担保负债的增加。

127．在这些见解的基础上，委员会议定，关于直接贷款修正，由修正所导致的直接贷款的账面价值的变化与修正成本之间的任何差异应在营业表中确认为利得或损失。相似地，由修正所导致的贷款担保负债的金额的变化与修正成本之间的任何差异应在营业表中确认为利得或损失。利得或损失将在与修正费用不同的类别中予以确认。为抵消利得或损失而收到的或支付的修正调整转移应报告为融资来源或融资来源的减少。

128．此外，委员会认为，政府机构的财务报告应包括附注，用来说明修正成本的计算和修正所导致的利得或损失的性质。

# 附录B：技术上的解释和说明

该附录对直接贷款和贷款担保的会计准则进行了解释和说明。提供该解释和说明是为了阐明如何应用此会计准则，但此解释和说明并不是准则本身。它考虑到了财政部和关于信贷改革管理与预算办公室的规定。

该附录分为四个部分：

——第一部分：1991年后的直接贷款

——第二部分：1992年前的直接贷款

——第三部分：1991年后的贷款担保

——第四部分：1992年前的贷款担保

讨论的主题包括：

——直接贷款、补贴成本和贷款担保负债的计量和确认；

——补贴成本准备的重估和摊销；

——贷款担保负债的重估和负债利息的累积；

——收入和费用的确认；

——直接贷款和贷款担保的修正（包括直接贷款的销售）；

——直接贷款的注销；

——违约使资产丧失赎回权。

该附录没有阐述财务报告、分录和会计程序。读者应向管理与预算办公室、美国会计总署和财政部咨询以获得指引。

## 第一部分：1991年后的直接贷款

1991年后的直接贷款是在1991年9月30日以后发生义务的直接贷款。对1991年后的直接贷款的会计处理将通过下面的实例在附录的这部分中予以阐述。实例如下：

在1994财政年度末，联邦政府支付了总金额为＄1 000万的大量直接贷款。这些直接贷款构成了该年度的一个组别。该组贷款的期限是 5 年，规定的年利率是 4%。

下文中所有使用的金额以千美元为单位。

贷款合同要求每年年末偿还 $ 2 246。在下面的表 1 中，每年要求的偿还额在（a）[1] 列中列出。（b）列中的金额等于每期期初贷款余额乘以规定的利率 4%。（c）列中的金额是偿还本金的金额，它等于（a）列中的金额减去（b）列中的金额。（d）列中的金额为每期期末本金的余额，它等于期初余额减去本期（c）列中列出的偿还本金的金额。

**表 1　贷款偿还计划**

（单位：千美元）

| 会计年度 | 偿还额 (a) | 利　息 (b) | 本　金 (c) | 年末贷款余额 (d) |
|---|---|---|---|---|
| 1994 | | | | $ 10 000 |
| 1995 | $ 2 246 | $ 400 | $ 1 846 | 8 154 |
| 1996 | 2 246 | 326 | 1 920 | 6 234 |
| 1997 | 2 246 | 249 | 1 997 | 4 237 |
| 1998 | 2 246 | 169 | 2 077 | 2 160 |
| 1999 | 2 246 | 86 | 2 160 | 0 |

此例题还做出了下列假设：

——具有相似期限的可售国库券在贷款支付年度的平均利率为 6%。

——当贷款支付时，收到的手续费总计为 $ 500。手续费用于减少从国库借款的需要。

## A. 对 1991 年后直接贷款和其补贴成本的报告

与 1991 年后直接贷款有关的会计准则规定，已支付的和未偿还的直接贷款应以贷款估计净现金流入量的现值确认

① 通过 $ 10 000 的本金除以现值系数 4.45 182 得出每年偿还的金额。现值系数可以从普通年金表中查出，它等于 5 年内每年支付 $ 1 并以 4% 的贴现率进行贴现的现值。或者如果知道贷款本金、偿还的期限和利率，就能够使用计算机软件或财务计算器来算出每期要求的偿还额。

为资产。未偿还的贷款本金与贷款净现金流入量的现值之间的差异应确认为补贴成本准备①。

为了在此例中执行会计准则，要准备进行现金流量预计和现值计算。以会计准则中列举的风险因素和违约成本估计的其他标准为基础，估计由于违约导致的现金流量损失等于 1997 年度和以后年度计划偿还额的 30%②。表 2 给出了预计现金流量和现值计算。

**表 2　1994 年末贴现预计现金流量**

（单位：千美元）

| 会计年度 | 手续费 | 本金和利息偿还额 * | 违约损失 | 净现金流入量 |
|---|---|---|---|---|
| 1994 | $ 500 | | | $ 500 |
| 1995 | | $ 2 246 | | $ 2 246 |
| 1996 | | $ 2 246 | | $ 2 246 |
| 1997 | | $ 2 246 | $ （674） | 1 572 |
| 1998 | | $ 2 246 | （674） | 1 572 |
| 1999 | | $ 2 246 | （674） | 1 572 |
| 现值（贴现率：6%） | $ 500 | $ 9 461 | $ （1 603） | $ 8 358 |

* 本表和附录中其他图表中使用的术语"本金和利息的偿还额"是指贷款合同要求的计划本金和利息的偿还金额。

贷款估计净现金流入量的现值为 $ 8 358。直接贷款以此金额确认为资产。由于贷款未偿还本金为 $ 10 000，贷款未偿还本金与贷款现值之间的差额为 $ 1 642，其应被确认为补贴成本准备。

**与 1991 年后直接贷款有关的会计准则要求对于在会计年度内已支付的直接贷款，补贴费用应被确认。补贴费用的**

---

① 在此附录中，对于特定的环境，只是概述了会计准则的要求，而没有逐字地引用会计准则。为了得到精确的表述，读者应参考会计准则的正文。

② 准则将由于违约导致的现金流量的损失定义为扣除收回额之后的违约金额。然而，为简化计算，在此附录的第一和第二部分中假定收回额为零。第一和第二部分中的关于违约金额的规定应被理解为，对于预期有收回金额的案例，收回金额应从违约金额中扣除。关于收回额的会计准则在此附录的第三部分中予以阐述。

**金额应等于贷款期内的估计现金流出量的现值减去估计现金流入量的现值，计算现值的贴现率是在贷款支付时与贷款具有相似期限的可售国库券的利率（在下文中称为适用的国库券利率）。**

在此例中，贷款现金流出量的现值为支付金额＄10 000。贷款估计现金净流入量的现值为＄8 358。两者之间的差额为＄1 642，其应确认为补贴费用。

**与1991年后直接贷款有关的会计准则要求在新近发生的直接贷款予以支付的会计年度，这一直接贷款补贴费用应在利息补贴成本、违约成本、手续费和其他回收款、其他补贴成本中分别确认。**

直接贷款的利息补贴成本是指支付的贷款金额超过以适用的国库券利率（本例中为6%）对贷款合同要求偿还本金和利息的金额进行贴现的现值的金额。在此例中，支付贷款的金额为＄10 000。利息和本金的计划偿还额的现值为＄9 461。两者之间的差额为＄539，其应被确认为利息补贴成本。

违约成本是由债务人对贷款合同中的还款计划的可预见的背离所导致，但这种背离不是通过提前还款来引发的。这种背离包括拖欠和遗漏贷款本金和利息的偿还。违约成本以预计拖欠和遗漏的贷款偿还额与预计净收回额的差额的现值计量。（见脚注3）在此例中，预计遗漏的贷款偿还额与预计净收回额的差额为＄1 603，其应被确认为违约成本。

手续费的现值为＄500，其应被确认为补贴成本的减项。

此例中没有其他补贴成本①。

贷款补贴费用是上述成本项目的总和，为＄1 642，计算如下：

| | |
|---|---|
| 利息补贴成本 | ＄539 |
| 手续费 | (500) |

① 术语“其他补贴成本”在与1991年后的直接贷款和贷款担保的补贴成本有关的会计准则中予以解释。

| | |
|---|---|
| 贷款违约成本 | 1 603 |
| 总补贴成本 | $ 1 642 |

贷款支付额通过三个来源筹集：补贴偿还额、国库借款和收取的手续费。补贴成本 $ 1 642的补贴成本由拨款的资金提供；贷款的现值 $ 8 358，由回收的手续费和以 6% 的适用国库券利率的国库借款提供。

支付贷款时会收取手续费。由于包括回收的手续费在内的所有现金流量都用于计算补贴成本准备，所以回收的手续费应贷记补贴成本准备。回收的金额将减少不得不从国库借款的金额。因此补贴成本准备为 $ 2 142，这是利息成本 $ 539与违约补贴成本 $ 1 603之和。它比总补贴成本 $ 1 642 高 $ 500。国库借款的金额为 $ 7 858，它比贷款现值 $ 8 358 低 $ 500。

表 3 列出了 1994 年末的资产和负债余额。

**表 3　1994 年末的资产和负债**

（单位：千美元）

| 资　产 | | 负　债 | |
|---|---|---|---|
| 应收贷款 | $ 10 000 | 国库借款 | $ 7 858 |
| 减： | | | |
| 补贴成本准备 | (2 142) | | |
| 应收贷款净额 | $ 7 858 | | |

**B. 补贴重估和摊销**

**（1）补贴重估**

**与 1991 年后的直接贷款有关的会计准则要求对直接贷款的补贴成本准备应于每年的财务报告日进行重估。由于此准备代表了潜在直接贷款的净现金流出量的现值，因此进行重估时应考虑可能影响每个现金流量项目估计的所有因素，包括提前偿还贷款、违反债务合同、拖欠和回收贷款。由重**

**估所导致的补贴成本准备的增加或减少应确认为补贴费用（或补贴费用的减少）。**

**此外，本会计准则不要求按项目对直接贷款的补贴成本进行重估，也不要求按项目对其进行报告。**

在附录A结论的基础中指出，导致补贴成本准备的主要因素是违约重估。此会计准则列出了许多风险因素和其他在进行违约成本估计和重估时所考虑的违约成本确认的标准。

在本会计准则的阐述中，最初估计由于违约导致1997年度和以后年度贷款偿还额的30%将会损失。第一次重估在1995年初进行。由于与补贴成本的最初估计的间隔时间如此之短，因此估计现金流量没有发生变化，重估金额为零。（在这一阐述中假定在承担贷款时与支付贷款时，利率是相同的，因此不需要对利率的变化进行重估。）

第二次重估在1996初为编制1995年年度财务报告时进行。重估1994年末的补贴成本准备。在对所有的风险因素做出评价之后，得出本结论：违约发生于1996年而不是1997年，1996年和以后年度的违约将导致60%而不是30%的现金流量损失。表4列出了1994年末贴现重估现金流量的现值。

**表4 补贴成本重估：1994年末贴现预计现金流量**

（单位：千美元）

| 会计年度 | 本金和利息偿还额 | 违约损失 | 净现金流量 |
|---|---|---|---|
| 1995 | $ 2 246 | $ 0 | $ 2 246 |
| 1996 | 2 246 | （1 348） | 898 |
| 1997 | 2 246 | （1 348） | 898 |
| 1998 | 2 246 | （1 348） | 898 |
| 1999 | 2 246 | （1 348） | 898 |
| 现值（贴现率：6%） | $ 9 461 | $ （4 405） | $ 5 056 |

1994年末贴现估计净现金流量的现值为$ 5 056，与贷款的账面价值$ 7 858相比下降了$ 2 802。因此，补贴成本

准备应增加＄2 802，从＄2 142增加到＄4 944。由重估所导致的补贴成本增加的金额（其为贷款现值的下降额），应确认为补贴费用重估。

在永久性的无限额的借款权限下，与由重估所导致的补贴费用相等的补贴支付额＄2 802将被收取。此款项用于偿还国库借款。因此，未偿还的国库借款余额将减少＄2 802，为＄5 056。

此外，在永久性的无限额的借款权限下，直接贷款项目也收到资金以用于补偿对重估补贴支付额＄2 802计提的从1994年末至1995年末的利息，其金额为＄168，等于＄2 802乘以适用的国库券的利率6%。此金额确认为利息收入重估，此金额并用于支付从国库所借得的＄2 802款项的利息，但是以重估补贴偿还国库借款。

表5列出了对1994年末的资产和负债1996年初计算的重估余额调整后的。

**表5　对1994年末的资产和负债1996年初计算的重估余额调整后的**

（单位：千美元）

| 资　产 | | 负　债 | |
|---|---|---|---|
| 应收贷款 | ＄10 000 | 国库借款 | ＄5 056 |
| 减： | | | |
| 补贴成本准备 | （4 944） | | |
| 应收贷款净额 | ＄5 056 | | |

**（2）补贴摊销**

**与1991年后的直接贷款有关的会计准则要求使用利息法对直接贷款进行摊销，利息法的利率是当支付直接贷款时，对直接贷款的现值进行最初计算时采用的利率。摊销的金额应确认为利息收入的增加或减少。**

补贴成本准备作为一个整体进行摊销，而不是按项目进行摊销。在摊销的利息法之下，每期的摊销额等于未偿还直接贷款的有效利息减去其名义利息。在任意的利息支付的期间（本例中为一个会计年度），有效利息等于直接贷款的期初账面价值（也就是现值）乘以适用的国库券的利率。名义利息等于期初未偿还贷款的名义余额乘以贷款合同规定的利率。

在本例中，重估的直接贷款的账面价值为＄5 056。1995年年度的有效利息为＄303，其等于账面价值＄5 056乘以适用的国库券的利率6%。当年的名义利息为＄400，等于直接贷款的名义本金＄10 000乘以规定利率4%。1995年度摊销额为负＄97，等于有效利息减去名义利息。补贴成本准备增加＄97，从＄4 944增加到＄5 041。摊销的金额确认为利息收入的减少。（1995年的利息收入计算见第三节：收入和费用）①

只要直接贷款没有偿还完毕，那么对以后每个会计年度都要应用相同的摊销程序。只有利息和本金的收取要和补贴的摊销一同进行正确的处理，资产和负债的余额才能够得到更新。

1995年末，计划从借款人处收到偿还额＄2 246。在此金额中，＄400是支付的利息，剩余的＄1 846是用于偿还本金。因此，未偿还贷款的名义余额减少＄1 846，为＄8 154。

从借款人处收到的＄2 246将支付给国库。尽管1994年末未偿还的国库借款为＄7 858，但＄2 802已被重估补贴支付额还清，这使得国库借款的余额变为＄5 056。对剩余国库借款计提的利息为＄303；对由重估补贴还清的借款计提的利息为＄168，但是其由重估的利息予以补偿。因此，从借款人处收到的＄2 246中，＄303是支付给国库的利息。剩余的＄1 943是偿还给国库的本金。本金偿还之后，未偿还的国库借款变为＄3 113。

表6列出了在摊销和收到利息和本金偿还的金额后的1995年末资产和负债的余额。

① 摊销额也可通过作为利息费用计算，而不是由重估金额＄（471）减去从贷款人处获取的利息收入总额＄（400）、重估得到的利息收入＄（168）以及国库基金余额的利息收入＄（0）。这些数字从下面第三节中可以得出。

**表 6 摊销后 1995 年末资产和负债的余额**

（单位：千美元）

| 资　产 | | 负　债 | |
|---|---|---|---|
| 应收贷款 | $ 8 154 | 国库借款 | $ 3 113 |
| 减： | | | |
| 补贴成本准备 | (5 041) | | |
| 应收贷款净额 | $ 3 113 | | |

## C. 收入和费用

**与 1991 年后的直接贷款有关的会计准则要求将包括摊销利息在内的对直接贷款计提的利息应确认为利息收入。对国库借款计提的利息应确认为利息费用。**

在本例中，1995 年的利息收入为 $ 471，它包括下列项目：

| | |
|---|---|
| 名义利息 | $ 400 |
| 摊销利息 | (97) |
| 重估利息 | 168 |
| 总利息收入 | $ 471 |

该年度国库借款的利息费用也是 $ 471，它等于国库借款年初余额 $ 7 859乘以 6%。它通过以下两种来源筹集：

| | |
|---|---|
| 对借款人的收款 | $ 303 |
| 重估补贴支付额的利息 | 168 |
| 总利息费用 | $ 471 |

管理信贷活动的成本，如工资，法律费用，以及为评价信贷政策、贷款和贷款担保、会计和计算机系统的建立、结束、服务、监督、维护和其他的信贷管理目的而发生的办公成本，应单独地确认为管理费用。管理费用不包括在计算直接贷款和贷款担保的补贴成本之中。

## D.1991 年后直接贷款的修正

**有关修正的会计准则规定术语“修正”是包括新的立法**

**和行政管理行为在内的、直接或间接地改变未偿还直接贷款的现值和估计补贴成本的联邦政府行为。**

读者应参考准则的正文和附录A“结论的基础”，以得到关于修正更加详细的定义。

假定1995年10月，在会计年度结束后不久，国会通过了一项对借款人援助的法规。该法规豁免了部分未偿还的贷款，并将剩余贷款延期一年（贷款的到期日为2000年末）。估计70%的未偿还贷款，或$5 708将被豁免。

该立法行为在直接修正的定义之内，因为这是通过修正现有贷款合同，而直接改变了未偿还直接贷款的现值和估计补贴成本的联邦政府行为。

**有关修正的会计准则规定了对于1992年前或1991年后的直接贷款的直接或间接修正，修正成本是贷款修正前的价值超过修正后的价值的金额。修正成本在贷款被修正时确认为修正费用。**

会计处理按以下步骤进行：

**（1）计算修正前的价值**

修正前的价值是以现行贴现率，对修正时按修正前合同条款估计的直接贷款净现金流入量进行贴现的现值。

在附录的本部分和第二部分中使用的现行贴现率是指，修正时期限与修正前或修正后合同条款规定的直接贷款的剩余期限相似的可售国库券的适用利率。在确定直接贷款的剩余期限时，要视哪个合同的条款更加合适①。

假定修正前合同条款规定1996年度至1999年度贷款的现金流量与在1996年年初重估的此期间的现金流量相同，如表4中所示。这些现金流量用于计算贷款修正前的价值。假定在修正时具有可比期限（4年）的适用的国库券的利率为4.5%。下表7中列出以4.5%对修正前现金流量进行贴现的现值为$3 233。

---

① 现行利率的定义将在附录C的术语表中提供。（见本卷的附录E）

**表7 修正前的价值**

（单位：千美元，以现行贴现率进行计算）

| 会计年度 | 本金和利息的偿还额 | 违约损失 | 净现金流量 |
|---|---|---|---|
| 1996 | $2 246 | $（1 348） | $898 |
| 1997 | 2 246 | （1 348） | 898 |
| 1998 | 2 246 | （1 348） | 898 |
| 1999 | 2 246 | （1 348） | 898 |
| 现值（贴现率：4.5%） | $8 058 | $（4 835） | $3 223 |

**（2）计算修正后的价值**

贷款修正后的价值是按照修正后的合同条款和现行贴现率贴现的、在修正时的直接贷款净现金流量估计的现值（5年期）。

修正豁免了70%的未偿还本金，并要求其余30%的未偿还本金，即$2 446，在从1996年开始的5年内（而不是4年）偿还。规定的利率为4%。在下表8中，按修正后合同条款规定的要求的每年本金和利息偿还额为$549。

**表8 修正贷款的计划偿还额**

（单位：千美元）

| 会计年度 | 偿还额 | 利 息 | 本 金 | 年末贷款余额 |
|---|---|---|---|---|
| 1995 | | | | $2 446 |
| 1996 | $549 | $97 | $452 | 1 994 |
| 1997 | 549 | 79 | 470 | 1 524 |
| 1998 | 549 | 61 | 488 | 1 036 |
| 1999 | 549 | 41 | 508 | 528 |
| 2000 | 549 | 21 | 528 | 0 |

由于违约估计要损失20%的修正后贷款计划现金流量。5年期现行贴现率为5%。表9列出了以5%对修正后现金流入量进行贴现的现值，为$1 902。

**表 9 修正后的价值**

（单位：千美元，以现行贴现率进行计算）

| 会计年度 | 本金和利息的偿还额 | 违约损失 | 净现金流量 |
|---|---|---|---|
| 1996 | $ 549 | $ （110） | $ 439 |
| 1997 | 549 | （110） | 439 |
| 1998 | 549 | （110） | 439 |
| 1999 | 549 | （110） | 439 |
| 2000 | 549 | （110） | 439 |
| 现值（贴现率：5%） | $ 2 377 | $ （475） | $ 1 902 |

**（3）计算和确认修正成本**

修正成本是修正前的价值超过修正后的价值的金额。由于修正前的价值为 $ 3 223，修正后的价值为 $ 1 902，修正成本为 $ 1 321，其应被确认为修正的补贴费用。

**（4）计算贷款账面价值的变化**

**与直接贷款修正有关的会计准则要求当 1991 年后的直接贷款被修正时，直接贷款的现存账面价值应修正为以初始贴现率（当直接贷款支付时，对直接贷款现值进行最初计算时采用的利率）对按已修正的合同条款规定的、从修正时到贷款到期时的预计净现金流入量进行贴现的现值。**

在本例中，初始贴现率为 6%。表 10 列出了以 6% 的贴现率对按修正后合同条款规定的估计现金净流入量进行贴现的现值，为 $ 1 849。

**表 10 修正后的账面价值**

（单位：千美元，以最初的贴现率计算）

| 会计年度 | 本金和利息的偿还额 | 违约损失 | 净现金流量 |
|---|---|---|---|
| 1996 | $ 549 | $ （110） | $ 439 |
| 1997 | 549 | （110） | 439 |
| 1998 | 549 | （110） | 439 |
| 1999 | 549 | （110） | 439 |
| 2000 | 549 | （110） | 439 |
| 现值（贴现率：6%） | $ 2 312 | $ （463） | $ 1 849 |

在修正行为发生时，贷款现存账面价值为＄3 113。账面价值改变为＄1 849。其表明账面价下降了＄1 264。

表11列出了修正对账面金额的影响。该表表明：由于债务豁免，（1）应收贷款的未偿还金额从8 154减少到＄2 446，（2）账面价值从＄3 113减少到＄1 849，（3）总金额与账面价值之间的差额，即补贴成本准备从＄5 041减少到＄597。

**表11　修正后贷款的价值的变化**

（单位：千美元）

| | 总金额 | 补贴成本准备 | 账面价值 |
|---|---|---|---|
| 修正前 | ＄8 154 | ＄（5 041） | ＄3 113 |
| 修正后 | ＄2 446 | ＄（597） | ＄1 849 |

**（5）计算利得或损失以及国库借款**

**与直接贷款有关的会计准则规定，由于使用不同的贴现率或使用不同的度量方法，由直接修正或间接修正所导致的1992年前的和1991年后的直接贷款的账面价值的变化与修正成本之间通常存在差异。账面价值的变化与修正成本之间的任何差异确认为利得或损失。对1991年后的直接贷款而言，为抵消利得或损失而收到的或支付的修正调整转移[①]应确认为融资来源（或确认为融资来源的减少）。**

在本例中，与修正成本＄1 321相比，账面价值的变化为＄1 264。修正成本超过账面价值的金额为＄57。此金额确认为利得。

信贷项目收到与修正成本相等的补贴拨款。由于修正成本超过账面价值下降的金额为＄57，信贷项目支付给国库修正调整转移＄57，以抵消此超额量。这作为融资来源的减少来进行报告。

① 管理与预算办公室说明书中指出如果账面价值的下降超过了修正成本，报告主体从国库收到的修正调整转移支付的金额等于其超额；如果修正成本超过了账面价值的下降，报告主体支付给国库修正成本转移支付的金额用于抵消此超额。（见管理与预算办公室公告A—11）

收到的补贴拨款＄1 321减去支付的修正调整转移＄57后的款项用于偿还国库借款。因此，国库借款从＄3 113减少到＄1 849，减少了＄1 264。

表12列出了1995年10月修正后的资产和负债余额。

**表12　1995年10月修正后的资产和负债余额**

（单位：千美元）

| 资　　产 | | 负　　债 | |
|---|---|---|---|
| 应收贷款 | ＄2 446 | 国库借款 | ＄1 849 |
| 减： | | | |
| 补贴成本准备 | (597) | | |
| 应收贷款净额 | ＄1 849 | | |

（6）进行披露

**会计准则要求以财务报表附注的形式说明直接贷款修正的性质、用于计算修正费用的贴现率以及与修正有关的利得或损失确认的基础。**

对于上述的修正，应在1996年年度财务报告中以附注的形式进行披露。披露如下①：

(a) 1994年的一组直接贷款于1995年10月进行修正。此修正豁免了70%的未偿还贷款，并将剩余贷款的期限延展至2000年末。

(b) 修正费用为1 321，它等于以具有相似期限的可售国库券的现行利率对按修正前合同条款估计的现金流量和按修正后合同条款估计的现金流量进行贴现的现值之间的差额。修正前的现金流量以现行贴现率4.5%进行贴现，4.5%为4年期的适用利率。修正后的现金流量以现行利率5%进行贴现，5%为5年期的适用利率。

(c) 由于修正，应收贷款的账面价值从1995年末报告的＄3 113下降至＄1 849，下降了＄1 264。账面价值的下降与修正费用之间的差额为＄57，其在营业表中被确认为利

① 为在此附录中解释的其他修正所进行的披露没有进行阐述。

得。

**E. 直接贷款的注销**

**有关直接贷款注销的会计准则规定，当注销 1991 年后的直接贷款时，未清偿的本金从应收贷款的总金额中扣除。同时相同的金额计入补贴成本准备中。在直接贷款注销前，应通过估计或重估补贴成本，对未收回金额充分地提取补贴成本准备。因此，直接贷款的注销不会影响费用的金额。**

在本例中，不能收回的直接贷款在 1996 年末予以注销。然而，在注销前，应对年末补贴成本准备的重估、摊销以及收款额和付款额的记录进行核算。步骤如下：

**（1）补贴成本准备的重估**

在注销前，于 1997 年初，信贷项目为补贴成本准备进行年末重估。为计算 1995 年末的余额，重估应根据 1995 年 10 月的修正来进行调整（表 12）。重估的结果表明，由于 1996 年度的违约，修正后将会损失到期未偿还贷款的 20%，1997 年及 1997 年以后的年度预期损失为到期未偿还贷款的 30%。1997 年及以后年度的重估损失的 30% 比 1995 年 10 月对贷款进行修正时所做出的估计高出 10 个百分点。如表 13 所示，以初始贴现率 6% 对 1995 年末重估现金净流入量进行贴现的现值为 $ 1 670。

**表 13　1995 年末的补贴成本重估：预计现金流量贴现现值**

（单位：千美元）

| 会计年度 | 本金和利息的偿还额 | 违约损失 | 净现金流量 |
|---|---|---|---|
| 1996 | $ 549 | $（110） | $ 439 |
| 1997 | 549 | （165） | 384 |
| 1998 | 549 | （165） | 384 |
| 1999 | 549 | （165） | 384 |
| 2000 | 549 | （165） | 384 |
| 现值（贴现率：6%） | $ 2 313 | $（643） | $ 1 670 |

以重估为基础，直接贷款的账面价值减少了＄179，从＄1 849减少到重估后的现值＄1 670。同时补贴成本准备也调增＄179，从＄597 上升到＄776。补贴成本增加的金额＄179 确认为补贴费用重估。

在永久性的无限额的借款授权下，收到的与由重估所导致的补贴成本的增加额相等的补贴支付额＄179 用于减少国库借款。因此，国库借款从＄1 849减少到＄1 670。此外，在永久性的无限额的借款授权下，直接贷款项目收到支付额从而用于补偿对增加的补贴费用＄179 计提的利息。此支付额为＄11，其等于＄179 乘以适用的国库券利率 6%。此金额确认为利息收入重估，并且，此款项用于支付 1996 年计提的国库借款＄179 的利息，其用补贴重估来清偿。

下表列出了根据 1995 年 10 月发生的修正和 1997 年初计算的重估调整的 1995 年末资产和负债的余额。

**表 14　1995 年末的资产和负债：**
**根据 1995 年 10 月发生的修正和 1997 年初计算的重估调整的金额**

（单位：千美元）

| 资　产 | | 负　债 | |
|---|---|---|---|
| 应收贷款 | ＄2 446 | 国库借款 | ＄1 670 |
| 减： | | | |
| 补贴成本准备 | (776) | | |
| 应收贷款净额 | ＄1 670 | | |

**（2）补贴成本准备的摊销**

1996 年末对补贴成本准备进行摊销。摊销金额等于贷款有效利息减去其名义利息。1996 年度贷款有效利息为＄100，其等于贷款重估后的账面价值乘以初始贴现率 6%。贷款的名义利息为＄98，其等于贷款未偿还的名义余额＄2 246乘以规定的利率 4%。因此，摊销金额为＄2，等于有效利息减去名义利息。此摊销金额确认为利息收入，补贴成本准备减少＄2，变为＄774。

**（3）收款额和偿还额**

在1996年度计划年偿还额＄549中，从借款人处收到的偿还额为＄439，其等于计划偿还额的80%。在收到的偿还额中，＄78为利息偿还额（其等于贷款余额＄2446的80%乘以规定利率4%），剩余的金额＄361为本金偿还额。未偿还贷款的名义本金因减少＄361而余下＄2 085。未付的计提利息为＄20（等于1995年末贷款名义余额的20%乘以规定利率4%）。在此时点上，贷款账面价值为＄1 331，其等于未偿还本金＄2 085加上应收利息＄20的金额减去补贴成本准备＄774。

1995年10月修正后的国库借款为＄1 849。在此金额中，＄179被由于重估而收到的补贴支付额还清，这使得国库借款下降到＄1 670；并且对＄179计提的利息＄11已用利息重估予以还清。对剩余借款计提的利息为100，其等于借款余额＄1 670乘以国库券的利率6%。在从借款人处收到的偿还额＄439中，＄100用于偿还国库借款的利息，剩余＄339用于偿还国库借款。因此，国库借款的余额变为＄1 331。

表15列出了在摊销和记录收款和偿还额之后的、1996年末资产和负债的余额。

**表15　摊销后1996年末的资产和负债**

（单位：千美元）

| 资　产 | | 负　债 | |
|---|---|---|---|
| 应收贷款 | ＄2 085 | 国库借款 | ＄1 331 |
| 应收利息 | 20 | | |
| 减： | | | |
| 补贴成本准备 | (774) | | |
| 应收贷款及其利息净额 | ＄1 331 | | |

**（4）不可收回直接贷款的注销**

已经证实未偿还余额为＄489的未履行贷款（1995年10月修正后直接贷款余额的20%）遭受违约并将不能收回。信贷项目得到授权，注销此不可收回的贷款和未支付的已计

提利息 $ 20。注销的总金额为 $ 509。因此，本金减少 $ 489，为 $ 1 596，应收利息 $ 20 也被注销。补贴成本准备减少 $ 509，从 $ 774 减少到 $ 265。

贷款的账面价值没有受到注销的影响，仍为 $ 1 331，其等于剩余本金的金额 $ 1 596减去补贴成本准备 $ 265。表 16 列出了注销后资产和负债的余额。

**表 16　注销后 1996 年末的资产和负债**

（单位：千美元）

| 资　产 | | 负　债 | |
|---|---|---|---|
| 应收贷款 | $ 1 596 | 国库借款 | $ 1 331 |
| 减： | | | |
| 补贴成本准备 | (265) | | |
| 应收贷款净额 | $ 1 331 | | |

在上表中列出的账面价值 $ 1 331等于剩余未偿还贷款的估计净现金流入量的现值。估计的现金流量和现值的计算在表 17 中列出。

在表 17 中，栏（a）中的金额为每年计划偿还的利息和本金。由于未偿还贷款的本金为 $ 1 596，并且贷款的剩余期限为 4 年，所以要求的年偿还额为 $ 439。栏（b）中的金额为 1996 年末重估的违约金额减去已经注销的贷款计划偿还额（假定此贷款的收回额为 0）。栏（c）中的金额为未偿还贷款的预计净现金流入量。

**表 17　1996 年末的贷款注销后预计现金流量贴现现值**

（单位：千美元）

| 会计年度 | 利息和本金的偿还额（a） | 违约损失（b） | 净现金流量（c） |
|---|---|---|---|
| 1997 | $ 439 | $ （55） | $ 384 |
| 1998 | 439 | （55） | 384 |
| 1999 | 439 | （55） | 384 |
| 2000 | 439 | （55） | 384 |
| 现值（贴现率：6%） | $ 1 521 | $ （190） | $ 1 331 |

应注意正确地计算以后期间的摊销额，未偿还的利息和本金应从名义本金余额中注销。如果未偿还的金额仍然计入名义本金余额中，并继续对其计提利息，那么会扭曲摊销额。然而，直接贷款项目需要一直将未偿还的贷款保存在其会计记录中，直到用尽可能的收款方法并授权对其注销。只有当对未偿还贷款和对其计提的利息单独地进行会计处理时，履行贷款的补贴成本准备的摊销才能得以正确地计算。读者应向财政部、管理与预算办公室或美国会计总署进行咨询，以寻求关于未偿还贷款的会计处理的指南。

## F. 直接贷款的销售

**与贷款销售有关的会计准则规定，1991 年后和 1992 年前的直接贷款的销售为直接修正**①。

假定 1996 年会计年度结束之后，信贷项目被授权销售贷款。在 1996 年 10 月，所有的贷款以附带追索权的方式进行销售。净销售收入为 $ 1，100。对贷款销售进行会计处理所采取的步骤在以下的段落中予以解释。

### （1）确认修正成本

**与贷款销售有关的会计准则要求以已销售贷款修正前的价值为基础确定修正成本。如果修正前的销售贷款价值超过了净销售收入，其超额量为修正成本，确认为修正费用。**

销售贷款修正前的价值为以现行贴现率对按修正前的合同条款规定的估计净现金流量进行贴现的现值。

假定直接贷款销售前的估计净现金流入量，与于 1996 年末注销后估计的净现金流入量相同（见表 17）。假定相似期限（4 年）的现行贴现率为 5%。为计算修正前的价值，净现金流量以现行贴现率 5% 进行贴现。如表 18 所示，销售贷款修正前的价值为 $ 1 362。

① 这里假定销售收入不包括在对最初补贴计算所作出的现金流量的估计之中。

**表 18　1996 年 10 月的销售贷款修正前的价值**

（单位：千美元，以现行贴现率进行计算）

| 会计年度 | 本金和利息的偿还额 | 违约损失 | 净现金流量 |
|---|---|---|---|
| 1997 | ＄439 | ＄（55） | ＄384 |
| 1998 | 439 | （55） | 384 |
| 1999 | 439 | （55） | 384 |
| 2000 | 439 | （55） | 384 |
| 现值（贴现率：5%） | ＄1 557 | ＄（195） | ＄1 362 |

销售贷款修正前的价值对于贷款销售净收入＄1 100超过了＄262，其应确认为修正费用。信贷项目收到与为补偿修正成本的金额相等的拨款。（在能够对信贷项目贷款销售前，它必须有与修正成本相等的拨款。）

**（2）确认账面价值利得和损失**

**与直接贷款的销售有关的会计准则规定，销售直接贷款的账面价值损失（或利得）等于贷款现存账面价值减去净销售收入。由于账面价值损失（或利得）与修正成本以不同的基础计算，因此两者之间通常存在差异。账面价值损失（或利得）与修正成本之间的任何差异确认为利得或损失[①]。对1991年后的直接贷款的销售，为抵消利得或损失而收到的或支付的修正调整转移被确认为融资来源（或确认为融资来源的减少）。**

销售贷款的现存账面价值为＄1 331。在销售时，此金额应从直接贷款的账面金额中扣除。同时，记录净销售收入＄1 100。账面价值损失为＄231。会计准则要求账面价值损失与修正成本之间的任何差异应确认为利得或损失。在本例中，修正成本为＄262，账面价值损失为＄231。两者的差额＄31确认为利得。按管理与预算办公室说明书中的规定，此款项将支付给国库作为修正调整转移，并记录为融资来源的减少。

① 如果有账面价值利得，与账面价值利得和修正成本之和相等的利得应被确认。

**（3）确认由追索权导致的补贴费用**

**与直接贷款的销售有关的会计准则要求对于具有追索权的贷款销售，应估计追索权或担保义务所导致的潜在损失，由追索权导致的估计损失的现值，在贷款销售时确认为补贴费用和担保负债。**

估计本金为＄160 的已销售贷款的 10％将于 1997 年末遭受违约。在违约时，联邦信贷项目将支付给购买者与违约本金和计提利息之和相等的款项。估计未来违约偿还额为＄166，其等于预期不能偿还的贷款本金加上对此贷款按 4％的利率计提一年的利息＄6。

在贷款销售时，具有相似期限的适用的国库券利率为 5％。以 5％对估计违约偿还额进行贴现的现值为＄158。此金额确认为补贴费用和贷款担保负债。信贷项目收到拨款＄158 来补偿担保费用，拨款被支付给贷款担保融资账户并成为此账户基金余额的一部分。（在贷款销售前，拨款必须可以用来补偿补贴费用。这是因为，为了使担保有效，必须向贷款担保融资账户支付款项。）

在此时点上，信贷项目拥有的现金为＄1 489，其来自于下列项目：

| | |
|---|---|
| 贷款销售的净收入 | ＄1 100 |
| 用于补偿修正成本的拨款 | 262 |
| 用于补偿估计的追索权负债的拨款 | 158 |
| 减：修正调整转移 | (31) |
| 基金余额汇总 | ＄1 489 |

信贷项目用＄1 331 还清国库借款，国库借款是为直接贷款融资而借入的款项。剩余金额＄158 已支付给贷款担保融资账户（如前所述）。此款项和以 5％的利率计算的一年期的利息一同用于补偿贷款担保融资账户中的追索权负债。

## 第二部分：1992 年前的直接贷款

1992 年前的直接贷款是记录在清偿账户中并在 1991 年 10 月 1 日之前发生义务的直接贷款。**会计准则要求，**

**当直接贷款不能完全收回的情形很可能发生时，应确认1992年前直接贷款的损失。对不可收回的金额计提的准备应于每年财务报告日进行重估。在估计损失时，应考虑在与1991年后的直接贷款有关的会计准则中讨论的风险因素。**

**此外，该准则允许但不要求对1992年前的直接贷款以现值进行重述。**

在下文中使用的金额都是以千美元为单位。

**A. 对不能收回的金额计提准备**

假定在1994年末，信贷项目拥有的1992年前的直接贷款的未偿还本金为$5 000。利率为7%，贷款期为3年（于1997年末还清贷款）。项目管理层评价了在会计准则中列举的风险因素，并估计由于违约所导致的本金净损失为$2 000。因此，项目管理层为不能收回的金额计提的准备为$2 000，并将此金额计入坏账费用①。所以，贷款的账面价值为$3 000，如下所示：

| | |
|---|---|
| 应收贷款 | $5 000 |
| 减：不能收回的金额 | (2000) |
| 应收贷款净额 | $3 000 |

**B.1992年前的直接贷款的修正**

假定在1994年会计年度结束后不久，于1994年10月做出了一项决策，采取了下列行为：（1）豁免了50%的到期贷款，（2）贷款利率降低到4%，（3）将贷款的到期日延展到2000年末。

这些行为属于直接修正，因为它们是通过改变现存合同条款，来直接改变估计补贴成本和未偿还直接贷款的现值的

① 假定在1994年前没有对不能收回的金额计提任何准备。如果有对不能收回的金额计提的准备，此准备应被调整至现行估计额，并将现行估计与现存准备之间的差额计入坏账费用。

联邦政府行为。

**与直接贷款修正有关的会计准则规定，对于 1992 年前直接贷款的直接修正或间接修正，修正成本是贷款修正前的价值超过其修正后的价值的金额。在对贷款进行修正时，修正成本的金额确认为修正费用。**

对修正成本的会计处理采取下列步骤：

**（1）计算修正前的价值**

贷款修正前的价值是以现行贴现率对按修正前合同条款估计修正时的贷款净现金流入量进行贴现的现值。

按修正前的合同规定，估计由于 1995 年及其以后每一年度的违约，将损失 40％的现金流量。3 年期的现行贴现率为 4％。如表 19 所示，以 4％对估计现金流入量进行贴现的现值为＄3 172。这是贷款修正前的价值。

**表 19 修正前的价值**

（单位：千美元，以现行贴现率进行计算）

| 会计年度 | 本金和利息的偿还额 | 违约损失 | 净现金流量 |
|---|---|---|---|
| 1995 | ＄1 905 | ＄（762） | ＄1 143 |
| 1996 | 1 905 | （762） | 1 143 |
| 1997 | 1 905 | （762） | 1 143 |
| 现值（贴现率：4％） | ＄5 287 | ＄（2 115） | ＄3 172 |

**（2）计算修正后的价值**

贷款修正后的价值是以现行贴现率对按修正后合同条款估计修正时的贷款净现金流入量进行贴现的现值。

修正使未偿还本金减少了 50％，减少到＄2 500，名义利率降至 4％，并使贷款期限展期 3 年，到 2000 年末。如表 20 所示，按修正后的合同条款，6 年内每年的要求偿还额为＄477。

**表 20　修正后贷款的计划偿还额**

（单位：千美元）

| 会计年度 | 偿还额 | 利　息 | 本　金 | 年末贷款余额 |
|---|---|---|---|---|
| 1994 | $ 477 | | | $ 2 500 |
| 1995 | 477 | $ 100 | $ 377 | 2 123 |
| 1996 | 477 | 85 | 392 | 1 731 |
| 1997 | 477 | 69 | 408 | 1 323 |
| 1998 | 477 | 53 | 424 | 899 |
| 1999 | 477 | 36 | 441 | 458 |
| 2000 | 477 | 19 | 458 | 0 |

考虑到借款人所欠的贷款中偿还能力较差的部分已经豁免，因此估计由于违约，仅有 10% 的现金流量将遭受违约损失。6 年期贷款的现行贴现率为 5%。如表 21 所示，以 5%对估计净现金流入量进行贴现的现值为 $ 2 179。这是贷款修正后的价值。

**表 21　修正后的价值**

（单位：千美元，以现行贴现率进行计算）

| 会计年度 | 本金和利息的偿还额 | 违约损失 | 净现金流量 |
|---|---|---|---|
| 1995 | $ 477 | $ (48) | $ 429 |
| 1996 | 477 | (48) | 429 |
| 1997 | 477 | (48) | 429 |
| 1998 | 477 | (48) | 429 |
| 1999 | 477 | (48) | 429 |
| 2000 | 477 | (48) | 429 |
| 现值（贴现率：5%） | $ 2 421 | $ (242) | $ 2 179 |

**（3）计算和确认修正成本**

修正成本是贷款修正前的价值超过修正后的价值的金额。由于贷款修正前的价值为 $ 3 172，其修正后的价值为 $ 2 179，修正成本为 $ 993，其应确认为对修正的补贴费用。

信贷项目收到拨款＄993来补偿修正费用，拨款被支付给融资账户。融资账户依次将此金额支付给清偿账户，以作为获取贷款的偿还额的一部分。（在修正发生前，必须有与修正成本相等的补贴拨款可用。）

**（4）计算账面价值的变化以及利得或损失**

**对于1992年前的直接贷款的修正，会计准则要求，当1992年前的直接贷款被直接修正时，它们被拨转到融资账户，并将其账面价值调整到与其修正后的价值相等的金额。任何后续修正被认为是对1991年后贷款的修正①。**

**由于使用了不同的贴现率或不同的计量方法，由直接修正或间接修正所导致的、1992年前的直接贷款账面价值的变化与修正成本之间通常存在差异。修正成本与由修正导致的账面价值的变化之间的任何差异确认为利得或损失。**

在修正之前，贷款账面价值以＄3 000记录在清偿账户中。在修正时，贷款从清偿账户拨转到融资账户中，以其修正后的价值＄2 179记录在融资账户中。账面价值的变化为下降＄821。由于修正成本为＄993，账面价值的变化为＄821，两者的差额＄172确认为利得。

融资账户以与贷款的修正前价值＄3 172相等的金额支付给清偿账户。这笔款项来自于两个来源。第一，融资账户收到用于补偿修正成本的拨款＄993。第二，融资账户从国库借来剩余的款项＄2 179，这部分款项为贷款修正后的价值。作为交换，清偿账户将修正发生前账面价值为＄3 000的贷款资产拨转给融资账户。清偿账户的利得为＄172，其等于，如前所述，修正成本与贷款账面价值的变化之间的差额。

① 会计准则指出当1992年前的直接贷款被间接修正时，它们记录在清偿账户中；其坏账准备应被重新评价并进行调整，以反映由于修正将不能收回的金额。没有对1992年前的直接贷款的间接修正进行阐述。

## 第三部分：1991 年后的贷款担保

1991 年后的贷款担保是于 1991 年 9 月 30 日之后承诺的贷款担保。对 1991 年后的贷款担保的会计准则通过使用下面的例题予以解释和阐述，例题如下：

联邦贷款担保项目担保了一组 5 年期的贷款，其面值总额为 $10 000 000。担保包括了 60% 的本金和利息偿还额。要求借款人每年以 7% 的利率支付利息，在第 5 年末贷款到期时偿还本金。政府同意在贷款期内每年年末向出借人支付 1% 的补充利息。贷款于 1994 年 9 月 30 日支付。当支付贷款时，联邦贷款担保项目收取 5% 的手续费。在担保贷款支付期间，具有相似期限的适用的国库券平均利率为 6%。

在下文中所使用的所有金额都以千美元为单位。

### A. 报告 1991 年后贷款担保的负债及其补贴成本

**对 1991 年后的贷款担保进行处理的会计准则规定，对于未偿还的担保贷款，担保贷款的估计净现金流出量的现值应确认为负债。应披露未偿还担保贷款的面值和担保的未偿还贷款的余额。**

为在本例中执行此会计准则，应准备进行现金流量估计和现值的计算。预计债务人能按期支付利息，但是将拖欠偿还 60% 的本金，也就是 $6 000。在债务人违约时，联邦信贷项目将支付拖欠偿还的本金的 60%，也就是支付 $3 600 给贷款人。通过取消抵押品赎回权或销售抵押资产，预计在一年后收回净回收额 $2 000。当支付担保贷款时，收到手续费 $500。

表 22 列出了估计现金流量和现金流量的现值。

估计贷款担保的净现金流出量的现值为 $1 201。此金额应确认为负债。

应在 1994 年财务报告中以附注的形式披露：担保贷款的未偿还本金为 $10 000，其中担保金额为 $6 000。（只要担保贷款仍未偿还，每年就应进行相似的披露。）

**表 22 支付时的预计现金流量贴现现值**

（单位：千美元）

| 会计年度 | 收取的费用 | 补充利息 | 净违约偿还额 | 回收额 | 现金流量 |
|---|---|---|---|---|---|
| 1994 | $（500） | | | | $（500） |
| 1995 | | $ 100 | | | 100 |
| 1996 | | 100 | | | 100 |
| 1997 | | 100 | | | 100 |
| 1998 | | 100 | | | 100 |
| 1999 | | 100 | $ 3 600 | | $ 3 700 |
| 2000 | | | | $（2 000） | （2000） |
| 现值（贴现率：6%） | $（500） | $ 421 | $ 2 690 | $（1 410） | $ 1 201 |

**与 1991 年后的贷款担保有关的会计准则要求，对在会计年度支付的担保贷款应确认补贴费用。补贴费用的金额等于担保贷款期内的估计现金流出量的现值与估计现金流入量的现值的差额。计算现值所用的贴现率是在贷款支付时与贷款具有相似期限的可售的国库券的利率。（在下文中称为适用的国库券的利率。）**

在本例中，现金流出量的现值减去现金流入量的现值为 $ 1 201，其应被确认为补贴费用。

**与 1991 年后的贷款担保有关的会计准则要求，在支付新近产生的担保贷款的会计年度，新近产生的担保贷款的补贴费用应在利息补贴成本、违约成本、手续费和其他收款、其他补贴成本中分别确认。**

贷款担保的利息补贴成本是支付给出借人的补充利息的现值，其在本例中为 $ 421。

违约成本是预计违约偿还额的现值减去净回收额的现值。违约偿还额的现值为 $ 2 690。净回收额的现值为 $ 1 410。因此，违约成本为 $ 1 280。

手续费的现值为 $ 500，应确认为补贴成本的减项。

在本例中没有其他补贴成本。

贷款担保的补贴费用是上述成本项目的总和，为

$ 1 201，计算如下：

| | |
|---|---|
| 利息补贴成本 | $ 421 |
| 手续费 | (500) |
| 违约成本 | 1 280 |
| 总补贴成本 | $ 1 201 |

贷款担保项目收到与补贴成本 $ 1 201 相等的拨款。当支付担保贷款时，拨款的金额应支付给贷款担保融资账户，并记录在国库基金余额中。同时收到手续费 $ 500。手续费的金额借记国库基金余额，贷记贷款担保负债。因此，基金余额上升到 $ 1 701，国库对此支付利率为 6% 的利息。贷款担保负债也从 $ 1 201上升到 $ 1 701。

表 23 列出了收到手续费后的预计现金流量及其现值。

**表 23 收到手续费后贴现至 1994 年末的预计现金流量**

（单位：千美元）

| 会计年度 | 补充利息 | 违约偿还额 | 净回收额 | 净现金流量 |
|---|---|---|---|---|
| 1994 | | | | |
| 1995 | $ 100 | | | $ 100 |
| 1996 | 100 | | | 100 |
| 1997 | 100 | | | 100 |
| 1998 | 100 | | | 100 |
| 1999 | 100 | $ 3 600 | | 3 700 |
| 2000 | | | $（2 000） | (2 000) |
| 现值（贴现率：6%） | $ 421 | $ 2 690 | $（1 410） | $ 1 701 |

表 24 列出了 1994 年末的资产和负债余额。

**表 24 1994 年末的资产和负债**

（单位：千美元）

| 资产 | | 负债 | |
|---|---|---|---|
| 国库基金余额 | $ 1 701 | 贷款担保负债 | $ 1 701 |

**B. 负债重估和利息复合**

**（1）贷款担保负债的重估**

**与1991年后贷款担保有关的会计准则要求，贷款担保负债应于每年财务报告日予以重估。由于负债代表了贷款担保的净现金流出量的现值，因此，进行重估时应考虑可能影响每个现金流量项目估计的所有因素，包括提前偿还贷款、违反债务合同、拖欠和回收贷款。由重估所导致的贷款担保负债的任何增加或减少应确认为补贴费用（或补贴费用的减少）。不要求按项目对贷款担保负债进行重估，也不要求对其按项目进行列示。**

在附录A“结论的基础”中指出引起补贴变化的主要因素是违约重估。在进行违约成本估计和重估时，该会计准则列出了应予以考虑的许多风险因素和其他违约成本确认标准。

在本例中，最初估计贷款在1999年末到期时，60%的贷款本金偿还额将遭受损失，通过销售取消赎回权的抵押资产可以收回＄2 000。首次重估在1995年初进行。由于与最初估计的间隔时间如此之短，因此估计现金流量没有发生变化，重估为零。（此说明假定贷款担保承诺时与贷款支付时的利率是相同的，所以不需要对利率的差异进行重估。）

在1996年初编制1995年度的财务报告时，进行补贴成本的第二次重估。对1994年末的贷款担保负债进行重估。这次重估显示最初的违约估计是正确的。然而，其同时指出2000年末实现的净回收额为＄1 000，而不是＄2 000。如表25所示，由于净回收额的下降，至1994年末止，对净现金流出量贴现的现值为＄2 406，而不是表23中列出的1994年末最初估计的＄1 701。

重估负债为＄2 406，与现存负债＄1 701相比，增加了＄705。增加额＄705应添加在贷款担保负债之中，并应确认为补贴费用重估。

在永久性无限额的借款授权下，信贷项目收到补贴支付额＄705来补偿由重估导致的成本增加。此外，也收到永久性无限额的借款授权下的支付额＄42 来补偿对重估支付额＄705 计提的从 1994 年末至 1995 年末的利息，此金额报告为利息收入。收到的总金额＄747 添加到基金余额之中。

**表 25　补贴成本重估：1994 年末的预计现金流量贴现现值**

（单位：千美元）

| 会计年度 | 补充利息 | 违约偿还额 | 净回收额 | 净现金流量 |
|---|---|---|---|---|
| 1995 | ＄100 | | | ＄100 |
| 1996 | 100 | | | 100 |
| 1997 | 100 | | | 100 |
| 1998 | 100 | | | 100 |
| 1999 | 100 | ＄3 600 | | 3 700 |
| 2000 | | | ＄（1 000） | （1 000） |
| 现值（贴现率：6%） | ＄421 | ＄2 690 | ＄（705） | ＄2 406 |

（2）利息复合

**与 1991 年后贷款担保有关的会计准则要求，当担保贷款支付时，以最初用于计算贷款担保负债的现值的利率对贷款担保负债计提和复合利息。计提的利息确认为利息费用。**

随着时间的推移，贷款担保负债的现值按照与用于贴现负债的利率相等的利率增加。1995 年的增加额为＄144，其等于重估后负债的余额＄2 406乘以 6%的利率。负债现值增加的金额被添加到负债余额之中，同时相应的金额确认为利息费用。因此，负债为＄2 550。

对信贷项目基金余额＄1 701以 6%计提利息。计提利息的金额为＄102，这一金额被添加到基金余额之中，确认为利息收入。正如前面提到的那样，收到的用于补偿重估补贴成本和已计提的利息的支付额＄747 也应被添加到基金余额之中。

1995 年度支付的补充利息为＄100。基金余额和负债都应减少＄100。

由于上述事项，基金余额变为＄2 450，计算如下：

| | |
|---|---|
| 1994 年末基金余额： | $ 1 710 |
| 基金余额的利息 | 102 |
| 重估补贴支付额 | 705 |
| 重估补贴支付额的利息 | 42 |
| 支付的补充利息 | (100) |
| 1995 年末的基金余额 | $ 2 450 |

1995 年末的贷款担保负债也为 $ 2 450，计算如下：

| | |
|---|---|
| 重估的 1994 年末的负债余额 | $ 2 406 |
| 随着时间的推移的增加额 | 144 |
| 支付的补充利息 | (100) |
| 1995 年末负债余额 | $ 2 450 |

表 26 列出了 1995 年末的资产和负债的余额。

**表 26　1995 年末利息累积后的资产和负债余额**

（单位：千美元）

| 资　产 | | 负　债 | |
|---|---|---|---|
| 国库基金余额 | $ 2 450 | 贷款担保负债 | $ 2 450 |

## C. 收入和费用

**与 1991 年后的贷款担保有关的会计准则要求，对贷款担保负债计提的利息确认为利息费用，从国库收取的非投资基金的利息应确认为利息收入。对国库借款计提的利息，如果有，应确认为利息费用。**

在本例中，对贷款担保负债计提的利息为 $ 144，其等于重估后的负债 $ 2 406乘以 6%。此金额应确认为利息费用，并以相同的金额添加到负债之中，正如前面做出了解释那样。

1995 年确认的利息收入也为 $ 144，包括（a）对基金余额计提的利息收入 $ 102，其等于基金余额 $ 1 701乘以 6%，（b）对重估补贴支付额计提的利息收入 $ 42。

管理贷款担保活动的成本，如工资，法律费用，以及为评价信贷政策、会计和计算机系统的建立、结束、服务、监督、维护和其他的信贷管理目的而发生的办公成本，应单独地确认为管理费用。管理费用不包括在计算贷款担保的补贴成本之中。

## D.1991 年后的贷款担保的修正

假定 1995 年 10 月，在 1995 年会计年度结束后不久，贷款担保项目采取行动将其担保金额从未偿还贷款本金的 60%扩大到 80%。由于该行为是通过修正贷款担保合同条款来直接改变估计补贴成本和贷款担保负债的现值的联邦政府行为，所以该行为属于直接修正。

**有关贷款担保的会计准则规定，对于 1992 年前或 1991 年后的贷款担保的直接或间接修正，修正成本是贷款担保修正后负债超过贷款担保修正前负债的金额。修正成本在担保贷款被修正时确认为修正费用。**

按以下步骤进行会计处理：

**（1）计算修正前的负债**

贷款担保修正前的负债是，修正时以现行贴现率对按修正前的合同条款规定的、估计贷款担保的净现金流出量进行贴现的现值。

在此附录的本部分和第四部分中，使用的现行贴现率是指，在修正时的期限与修正前的合同条款或修正后的合同条款中规定的担保贷款的剩余期限具有可比性的、适用的国库券的利率。在确定担保贷款的剩余期限时，要考虑哪个合同的条款更加合适①。

假定按修正前的合同条款贷款担保在 1996 年至 2000 年期间内的现金流量，与 1996 年初重估的此期间内的现金流量一致，后者在表 25 中予以列出。假定可比性期限内（剩余期限为 4 年）的现行贴现率为 4%。如表 27 所示，以 4%对修正前净现金流出量贴现的现值为＄2 618。

① 现行贴现率的定义将在附录 C，术语表中提供。（见本卷的附录 E）

**表27 修正前的负债**

（单位：千美元，以现行贴现率进行计算）

| 会计年度 | 补充利息 | 违约支付额 | 净回收额 | 净现金流量 |
|---|---|---|---|---|
| 1996 | $100 | | | $100 |
| 1997 | 100 | | | 100 |
| 1998 | 100 | | | 100 |
| 1999 | 100 | $3 600 | | 3 700 |
| 2000 | | | $（1 000） | （1 000） |
| 现值（贴现率：4%） | $363 | $3 077 | $（822） | $2 618 |

**（2）计算修正后的负债**

贷款担保修正后的负债是指，修正时以现行贴现率对按修正后的合同条款规定的、估计贷款担保的净现金流出量进行贴现的现值。

修正使担保比率从60%增加到80%。估计60%即$6 000的本金偿还额将遭受违约。此估计不受修正的影响。然而，随着担保比率的提高，信贷项目将支付违约金额的80%给出借人，其金额为$4 800。按修正后合同条款估计的净现金流出量以4%的现行贴现率进行贴现。如下表28所示，估计净现金流出量的现值为$3 644。其为贷款担保修正后的负债。

**表28 修正后的负债**

（单位：千美元，以现行贴现率进行计算）

| 会计年度 | 补充利息 | 违约支付额 | 净回收额 | 净现金流量 |
|---|---|---|---|---|
| 1996 | $100 | | | $100 |
| 1997 | 100 | | | 100 |
| 1998 | 100 | | | 100 |
| 1999 | 100 | $4 800 | | 4 900 |
| 2000 | | | $（1 000） | （1 000） |
| 现值（贴现率：4%） | $363 | $4 103 | $（822） | $3 644 |

**（3）计算并确认修正成本**

修正成本是贷款担保修正后的负债超过其修正前的负债的金额。由于贷款担保修正后的负债为＄3 644，其修正前的负债为＄2 618，所以修正成本为＄1 026，其应确认为因修正而发生的补贴费用。

**（4）计算负债账面价值的变化**

**与贷款担保的修正有关的会计准则要求，已修正的1991年后的贷款担保的现存账面价值应修正为，以初始贴现率（当担保贷款支付时，最初用于计算负债现值的利率）对按已修正的合同条款规定的、从修正时到贷款到期时的预计净现金流出量进行贴现的现值。**

在本例中，初始贴现率为6%。以6%对按已修正的合同条款规定的、贷款担保的估计净现金流量进行贴现的现值为＄3 401。（见表29）

**表29　修正后负债的账面价值**

（单位：千美元，以现行贴现率进行计算）

| 会计年度 | 补充利息 | 违约支付额 | 净回收额 | 净现金流量 |
|---|---|---|---|---|
| 1996 | ＄100 | | | ＄100 |
| 1997 | 100 | | | 100 |
| 1998 | 100 | | | 100 |
| 1999 | 100 | ＄4 800 | | 4 900 |
| 2000 | | | ＄（1 000） | （1 000） |
| 现值（贴现率：6%） | ＄346 | ＄3 802 | ＄（747） | ＄3 401 |

当采取修正行为时，贷款担保负债的现存账面价值为＄2 450（见表26）。修正后其账面价值变为＄3 401。贷款担保负债的账面价值增加额为＄951。

**（5）确认利得或损失**

**与贷款担保的修正有关的会计准则规定：由于使用了不同的贴现率或使用了不同的计量方法，直接修正或间接修正**

**所导致的、1992年前和1991年后贷款担保负债的金额的变化与修正成本之间通常存在差异。负债的变化与修正成本之间的任何差异确认为利得或损失。对1991年后的贷款担保而言，为抵消利得或损失而收到的或支付的修正调整转移①应确认为融资来源（或确认为融资来源的减少）。**

与修正成本＄1 026相比，本例中负债账面价值的变化为＄951。两者之间的差额为＄75，其被确认为利得。

信贷项目收到与修正成本相等的补贴拨款。由于修正成本比账面价值的增加额高出了＄75，信贷项目为抵消此利得，向国库支付了修正调整转移＄75。这作为融资来源的减少进行报告。修正的结果使信贷项目的基金余额从＄951上升到＄3 401。

表30 列出了 1995 年 10 月修正后的资产和负债的余额。

**表30　1995年10月修正后的资产和负债**

（单位：千美元）

| 资　产 | | 负　债 | |
|---|---|---|---|
| 国库基金余额 | ＄3 401 | 贷款担保负债 | ＄3 401 |

## E. 违约以及取消抵押品赎回权

假定1996年和以后年度的重估并没有导致现金流量估计② 的任何变化。在以6%利率累积利息和每年支付＄100的补充利息之后，在支付任何违约索赔额之前，信贷项目在1999年末的国库基金余额为＄3 856。

---

① 管理与预算办公室说明书中指出如果负债的增加超过了修正成本，报告主体从国库收到的修正调整转移的金额等于其超额量；如果修正成本超过了账面价值的增加，报告主体支付给国库修正调整转移的金额用于抵消此超额量。（见管理与预算办公室公告A—11）

② 做出此假设只是为了避免重复的阐述。

**表 31 基金余额**

(单位：千美元)

| 会计年度末 | 计提的利息 | 支付的补充利息 | 基金余额 |
|---|---|---|---|
| 1995 | | | $ 3 401 |
| 1996 | $ 204 | $ (100) | 3 505 |
| 1997 | 210 | (100) | 3 615 |
| 1998 | 217 | (100) | 3 732 |
| 1999 | 224 | (100) | 3 856 |

同时，1999 年末信贷项目的贷款担保负债也为 $ 3 856，其等于估计违约索赔支付额 $ 4 800减去通过取消抵押资产赎回权估计收回的净回收额的现值 $ 943。估计净回收额为 $ 1 000并将于 2000 年末收回。以初始贴现率 6% 将净回收额贴现至 1999 年末的现值为 $ 943。

当担保贷款于 1999 年末到期时，预计 $ 6 000的本金将遭受违约。为了履行担保义务，贷款担保项目必须支付给出借人违约金额的 80%，即 $ 4 800。当违约发生时，本例中的贷款担保项目可以选择对不履行偿还贷款义务的借款人行使取消抵押财产赎回权，和/或取得有关的贷款，来作为违约支付额的补偿。

**关于取消抵押品赎回权的会计准则要求，以取消抵押品赎回权或其他方式将财产从借款人处拨转到联邦信贷项目处，以作为联邦政府遭受 1991 年后贷款担保[①] 的损失的补偿时，取消抵押品赎回权的财产确认为资产，确认的金额为以初始贴现率对估计净现金流入量进行贴现的现值。**

**会计准则规定，担保贷款取消抵押品赎回权时，联邦政府保证人可能取得有关的贷款。取得的贷款确认的金额为，以初始贴现率对由已销售贷款或从借款人处收到的偿还金额估计的净现金流入量进行贴现的现值。**

① 对在部分或全部清算 1991 年后的直接贷款时转移的财产而言，适用的会计准则是相同的，通过现在这个贷款担保的例子对会计准则应用于直接贷款进行了说明。

在本例中，在贷款到期时债务人违约，因此通过贷款销售或从借款人处收取偿还额的方式都不能导致现金流入。因此贷款担保项目取消了资产的赎回权。估计拥有和销售取消抵押资产赎回权的净现金流入量为 $ 1 000，并将于 2000 年末收到。以初始利率 6% 对估计净现金流入量贴现至 1999 年末的现值为 $ 943。

**会计准则要求，如果第三方或借款人对取消赎回权的抵押资产的确认价值拥有部分法律上的求偿权，那么估计求偿权的现值应被确认为一种特殊的计价对比准备。**

在本例中假定没有这样的求偿权。因此，取消赎回权的抵押资产的现值以 $ 943 确认为资产。同时，以 $ 943 的金额贷记贷款担保负债，因此贷款担保负债从 $ 3 856增加到 $ 4 800。

由于违约支付额 $ 4 800比基金余额 $ 3 856要高，并且贷款担保项目直到一年后才能从销售取消赎回权的抵押资产中收回现金。贷款担保项目需从国库借出这一差额 $ 943①。因此，基金余额增长了 $ 943，为 $ 4 800，从而使得支付违约的担保金额成为可能。

当支付违约的担保金额时，基金余额和担保负债都减少为零。信贷项目向借款人收取款项。然而更多的回收额不能够得以预测。此时，贷款担保项目的资产和负债余额如表 32 所示：

**表 32　1999 年末的资产和负债**

（单位：千美元）

| 资　产 | | 负　债 | |
|---|---|---|---|
| 取消赎回权的抵押资产 | $ 943 | 国库借款 | $ 943 |

① 由于所有的违约支付额在同时发生，因此在本例中从国库借款是有必要的。如果违约支付额发生在不同的年度，则大部分案例中的违约支付额能够被基金余额和取消赎回权的抵押资产的销售收入所补偿。只有在接近担保贷款到期时的违约才需要向国库借款。

**F. 取消赎回权的抵押财产的处置**

取消赎回权的抵押财产最初以估计净现金流入量的现值进行记录。直到抵押财产销售时，财产的现值必须进行修正，以确认由于时间的推移所引起的价值的变化。通过以初始贴现率计提的利息对价值的变化进行确认。2000 年度计提利息的金额为 $ 57，其等于取消赎回权的财产在该年初的账面价值 $ 943 乘以初始贴现率 6%。利息的金额确认为利息收入，并添加到取消赎回权的抵押财产的账面价值之中。因此，取消赎回权的抵押财产的在 2000 年末的账面价值为 $ 1 000。

对国库借款 $ 943 也应以 6% 的利率计提利息。2000 年度计提利息的金额为 $ 57，并确认为利息费用。此金额被添加到国库借款中。因此 2000 年末的国库借款变为 $ 1 000。

假定该财产于 2000 年末销售，其销售净收入为 $ 1 000。净销售收入用于偿还国库借款。因此，这组贷款担保的资产和负债余额都减少至零。

对 2000 年末以后的财产的净现金流量应进行重估。如果重估导致财产现值的减少，减少的金额将被确认为重估补贴费用。在前面有关重估的章节中阐述到，从永久性的无限额的借款授权中所得的款项可以用来补偿重估补贴费用。在本例中，由于财产在重估时以估计的金额进行销售，因此不存在重估补贴费用。

## 第四部分：1992 年前的贷款担保

1992 年前的贷款担保是在 1991 年 10 月 1 日前承诺的贷款担保，1992 年前的贷款担保负债在清偿账户中予以记录。**会计准则要求，当贷款担保要求以未来现金流出量支付违约赔偿额的情形很有可能发生时，1992 年前贷款担保的负债应予以确认。贷款担保的负债应于每年的财务报告日进行重估。在估计负债时，应考虑在有关 1991 年后贷款担保的会计准则中讨论的风险因素。应披露未偿还担保贷款的面值和担保金额。**

**该准则允许但不要求以现值基础对 1992 年前的贷款担保进行重述。**

在下文中使用的所有金额都以千美元为单位。

**A. 负债的确认**

假定联邦信贷项目为一组贷款提供担保，并于 1991 年 10 月 1 日前承诺担保。在 1994 年末，贷款未偿还本金为 $5 000，利率为 7%，期限为 3 年。借款人被要求每年支付利息，并于 1997 年末偿还本金。担保范围为 60% 的贷款本金①。

在 1994 年的财务报告中以附注的形式进行披露：担保贷款的未偿还本金的金额为 $5 000，担保金额为 $3 000。(只要担保贷款没有偿还，每年都要进行相似的披露。)

项目管理层对在会计准则中列举的风险因素进行评价，估计当贷款到期时，$2 500的贷款本金将遭受违约。信贷项目将支付 60% 的违约金额，为 $1 500。通过取得和销售抵押资产，估计信贷项目实现净回收额 $500。因此，项目管理层确认负债 $1 000，其等于估计违约支付额减去净回收额。$1 000计入违约费用②。

**B.1992 年前的贷款担保的修正**

假定在 1994 年 10 月，即 1994 年会计年度结束后不久，贷款担保项目采取行动决定将其担保金额从未偿还贷款本金的 60%扩大到 80%。由于该行为是通过修正现存贷款担保合同条款，从而直接改变估计补贴成本和未偿还贷款担保的现值的联邦政府行为，所以该行为属于直接修正。

**与贷款担保的修正有关的会计准则规定，对于 1992 年**

① 贷款担保可以为本金和利息都提供担保。在本例中，贷款担保负债的估计和确认应建立在本金和利息都不能偿还的基础上。

② 此处假定以前没有确认负债。如果为贷款担保确认了负债，负债应调整为现行估计额，负债的增加额应计入违约费用。

**前或1991年后的贷款担保的直接或间接修正，修正成本是贷款担保修正后的负债超过贷款担保修正前的负债的金额。修正成本在贷款担保被修正时确认为修正费用。**

按下列步骤对修正成本进行会计处理：

**（1）计算修正前的负债**

贷款担保修正前的负债是，修正时以现行贴现率对按修正前的合同条款规定的、估计贷款担保的净现金流出量进行贴现的现值。

按照修正前的合同条款的规定，估计在1997年末将支付＄1 500的违约金，在1998年末才能从销售取消赎回权的抵押资产中收取净回收额＄500。3年期的现行贴现率为4%。如表33所示，以4%对估计净现金流出量进行贴现的现值为＄906。这是贷款担保修正前的负债。

**表33 修正前的负债**

（单位：千美元，以现行贴现率进行计算）

| 会计年度 | 违约支付额 | 净回收额 | 净现金流出量 |
|---|---|---|---|
| 1995 | | | |
| 1996 | | | |
| 1997 | ＄1 500 | | ＄1 500 |
| 1998 | | ＄（500） | （500） |
| 现值（贴现率：4%） | ＄1 333 | ＄（427） | ＄906 |

**（2）计算修正后的负债**

贷款担保修正后的负债是修正时以现行贴现率对按修正后的合同条款规定的、估计贷款担保的净现金流出量进行贴现的现值。

修正使担保比率从60%增加到80%。估计当贷款到期时，＄2 500的本金偿还额将遭受违约。随着担保比率的提高，信贷项目将于1997年末支付给出借人80%的违约金额，为＄2 000。1998年末将从销售取消赎回权的抵押资产中收取的净回收额为＄500。以4%的现行贴现率对按修正后合同条款估计的现金净流出量进行贴现。如表34所示，估计净现金流出量的现值为＄1 351。这是贷款担保修正后的负债。

**表 34　修正后的负债**

（单位：千美元，以现行贴现率进行计算）

| 会计年度 | 违约支付额 | 净回收额 | 净现金流出量 |
|---|---|---|---|
| 1995 | | | |
| 1996 | | | |
| 1997 | ＄2 000 | | ＄2 000 |
| 1998 | | ＄（500） | （500） |
| 现值（贴现率：4%） | ＄1 778 | ＄（427） | ＄1 351 |

**（3）计算和确认修正成本**

修正成本是贷款担保修正后的负债超过其修正前的负债的金额。由于贷款担保修正后的负债为＄1 351，其修正前的负债为＄906，因此修正成本为＄445。其被确认为因修正而发生的补贴费用。在修正发生前，要求有与此金额相等的补贴拨款。这项拨款支付给融资账户。

**（4）计算负债账面价值的变化**

**关于 1992 年前的贷款担保的修正，该准则要求当 1992 年的贷款担保被直接修正时，其被拨转到融资账户，已修正的贷款担保负债的现存账面价值等于其修正后负债。任何后续修正被认为是 1991 年后的贷款担保[①] 的修正。**

在修正之前，贷款担保负债以＄1 000记录在清偿账户中。由于这是直接修正，因此在修正时贷款担保从清偿账户拨转到融资账户。以修正后的负债＄1 351记录在融资账户中。负债账面价值的变化是增加了＄351。

**（5）确认利得或损失**

**与贷款担保的修正有关的会计准则规定：由于使用了不同的贴现率或使用了不同的计量方法，直接修正或间接修正**

---

① 会计准则规定当间接修正 1992 年前的贷款担保时，它们应计入清偿账户。贷款担保负债需予以重新评价并需进行调整，以反映任何由修正所导致的负债的变化。1992 年前贷款担保的间接修正没有在此附录中进行说明。

**所导致的 1992 年前和 1991 年后贷款担保负债的金额的变化与修正成本之间通常存在差异。负债的变化与修正成本之间的任何差异确认为利得或损失。**

在本例中，修正成本为 $445，账面价值的变化为 $351。两者之间的差额为 $94，其被确认为利得。

当贷款担保从清偿账户拨转到融资账户，清偿账户向融资账户支付与贷款担保修正前的负债 $906 相等的金额。贷款担保的拨转对清偿账户有下列影响：（1）金额为 $1 000 的拨转贷款担保负债从此账户中扣除；（2）基金余额减少 $906，其为支付给融资账户的金额；（3）确认利得 $94。

融资账户以 $1 351记录贷款担保负债，即贷款担保修正后的负债。融资账户也记录了基金余额 $1 351，即从清偿账户收到的 $906 与补偿修正成本的拨款 $445 之和。

# 联邦财务会计准则第 3 号公告（SFFAS NO.3）
## ——存货和相关财产的会计核算

## 基本情况

颁布日：1993 年 10 月 27 日

生效日：从 1994 年 9 月 30 日为期末的会计年度开始生效

参考第Ⅰ卷：联邦财务会计准则第 7 号公告，《收入及其他融资所得（指没收财产所得收入的确认）的会计核算》（SFFAS No.7）
联邦财务会计准则第 2 号公告，《直接贷款和贷款担保会计的核算》（特指与取消抵押品赎回权财产相关的信息）（SF-FAS No.2）

参考第Ⅱ卷：取消抵押品赎回权的财产（F40），在价格支持和稳定计划下持有的货物（G40），为销售而持有的存货（I100），不可追索的贷款（N80），经营性材料和物品（O20），采购协议（P80），收入（R40），收缴和没收的财产（S40），特种储备物资（S60）。

解释公告：

影　　响：不影响其他公告

所受影响：联邦财务会计准则第 7 号公告的第 264 段至第 269 段修正了本公告第 76 段，该段是关于因纳税人为抵偿税款而被收缴财产所产生的收入的确认问题

## 概述

本公告提供了适用于被政府管理机构持有的几种有形财产（不包括长期固定资产）的会计准则。这些会计准则覆盖了以下资产：

——存货（如，为销售而持有的项目）；

——经营性材料和物品；

——特种储备物资；

——收缴和没收的财产；

——取消抵押品赎回权的财产；

——在价格支持和稳定计划下持有的货物（包括不可追索的贷款和采购协议）。

**为销售而持有的存货**

本准则要求存货按照以下几类报告：(1) 为销售而持有的存货；(2) 为了将来使用而储备的存货；(3) 多余的、过时的和变质的存货；(4) 需要修理的存货。

本准则要求，为销售而持有的存货和为了将来使用而储备的存货应采用历史成本或最近可取得成本计价。本准则允许任何可以适当地近似估计历史成本的其他计价方法的使用（如标准成本）。使用历史成本计价时，可接受的成本流转假设包括先进先出、加权平均以及移动平均等成本流转假设。本准则不使用后进先出以及成本与市价孰低流转假设。当使用最近可取得的成本计价时，存货价值应依未实现的持有利得和损失进行调整。

多余的、过时的和变质的存货应依可实现净值估价。需要修理的存货应依历史成本或者最近可取得的成本减去可能发生的修理费用计价。

**经营性材料和物品**

经营性材料和物品应该在消耗法下核算，并以历史成本法或任何能近似估计历史成本的其他方法计价（如，标准成本或最近可取得的成本）。此外，经营性材料和物品可分为：(1) 为使用而持有的经营性材料和物品；(2) 为了将来使用而储备的经营性材料和物品；(3) 必须要报告的多余的、过时的和变质的经营性材料和物品。

以下情况不应使用消耗法：(1) 经营性材料和物品的数量并不重大；(2) 它们最终在政党经营中的使用者手中使用；(3) 使用消耗法不符合成本效益原则。出现以上三种情况中的任何一种时，都应使用采购法。

**特种储备物资**

特种储备物资应使用消耗法并以历史成本计价法或任何能适当地近似估计历史成本的其他计价方法进行核算。

**收缴和没收的财产**

收缴的非货币性财产，其市场价值应在财务报表的附注中披露。收缴的货币性财产应作为一项资产与一项抵消的负债同时确认。设定这种处理方法是为了促进对收缴的货币性资产进行较严格的控制。

没收的财产在没收时作为资产确认，并依市场价值减去任何可能的留置权负担进行计价。除货币性资产外，收入的确认推迟到没收的财产被销售时。就抵偿所得税负债收缴的项目以及转移到政府主体以供它们使用的财产，制定了特别的条款。

**取消抵押品并赎回权的财产**

取消抵押品赎回权的财产必须被区分为 1991 年后的财产或 1992 年前的财产，以与 1990 年的《信贷改革法案》的规定保持一致。1991 年后的财产与 1991 年 9 月 30 日之后发生的贷款或贷款担保相关，以净现值估价；1992 年前的财产与 1991 年 9 月 30 日之前发生的贷款或贷款担保相关，以成本与可实现净值孰低法估价。

**在价格支持和稳定计划下持有的货物**

在价格支持和稳定计划下持有的货物（如，农产品）以成本与可实现净值孰低法估价。对于不可追索的贷款，考虑到预期的损失和损失的确认，准则要求建立相应的准备；若损失很可能发生，且能予以计量，则损失应被确认。对于采购协议，准则要求建立或有负债项目；若损失很可能发生，且能予以计算，损失应该被确认。

# 目　录



注：第 1—16 段和总词汇表省略。

## 为销售而持有的存货

17. **定义**。“存货”是指有形的动产,包括:(1)为销售而持有的;(2)为销售而处于生产过程中的;(3)为了取得可获得收入的商品而在生产过程中或劳务提供过程中被消耗的。“为销售而持有”(项目),应被解释为是包括用于销售或转让给(1)联邦政府之外的主体或(2)其他政府主体的项目。存货销售或者转让的主要目的是为提供一项产品或劳务以获取收入,该收入一般能够补偿全部成本或者是成本中的可辨认部分。“其他政府主体”可以是包括在同一组织或机构之内的主体,销售交易可以通过政府主体间的资金转让来实现,而无需通过为取得现金或现金等价物的实物交换。此外,存货可以因接受捐赠或以货易货而获得。存货不包括一些为销售而持有的其他资产,诸如:(1)特种储备物资;(2)收缴和没收的财产;(3)取消抵押品赎回权的财产;(4)在价格支持和稳定计划下持有的货物。这些资产可以被出售,但获得它们的目的不是提供一项产品或劳务以取得收入。

18. 存货应被区分为四类:(1)为销售而持有的存货;(2)为了将来销售而储备的存货;(3)多余的、过时的和变质的存货;(4)需要修理的存货。它们将分别在第17、27、29和32段定义。

19. **确认**。当所有权被转让给采购方或货物已被运送给采购方时,存货应被确认。在销售时(所有权已经转让或者已经交货时),或在劳务提供的过程中使用时,相关的费用应被确认,货物的成本也应从存货中转出。交货或推定交货将基于运输和/或交货合同中的条款来判断。

20. **估价**。存货应采用(1)历史成本或(2)最近可获取的成本计价。

21. (1)历史成本包括所有相关的采购费和运费,以及使存货达到它们当前状况和地点所发生的生产成本。任何非正常成本,诸如额外的处理或再加工成本,将被记入当期经营费用。接受捐赠的存货应该以捐赠时的公允价值估价。以非货币性资产交换取得的存货(如以货易货)应该以交换时收到资产的公允价值估价。换出资产的账面金额与收到资产公允价值之间的差额应该确认为利得或损失。

22．在计算期末存货的历史成本和已销货物成本时可以使用先进先出（FIFO）、加权平权或者移动平均成本流转假设。此外，只要计算结果能合理地近似等于采用以上任一种历史成本方法时的计算结果，则其他的计价方法也可以使用（如标准成本系统）。

23．（2）最近可获取的成本方法认为：最后一张发票上的价格[①]（即，设定特定项目当年的不变标准售价时使用的实际成本）应被应用于所有的存货，包括接受捐赠或通过货币性交易获得的存货。存货应被定期重新估价，而且至少在每一会计年度末重新估价一次。重新估价导致了因期末存货价值波动而产生的持有利得和损失[②]。在调整未实现的利得或损失时，使用最近或获取的成本方法导致对历史成本的近似估值。

24．就存货未实现的持有利得或损失，应设置一个准备账户，以记录这些利得或损失。该准备账户的期末余额等于期末存货的历史成本（基于估计或实际估价所得）和最近可取得成本二者之间的累计差额，当存货账户余额调整时，该准备账户的余额也应被调整。如同下面将要说明的，把当期该准备账户调整到一个适当余额的调整数是销货成本的一个组成部分。

25．当期销售成本的计算如下：

当期期初存货的最近可获得成本

减：未实现持有利得或损失的期初准备余额

加：实际采购支出

---

① 这里的单位价格指的就是本准则剩余部分中的最近可获得成本。

② “持有利得或损失”因持有资产的当期价格变化而发生。在历史成本法下，即使持有利得或损失存在也不会单独确认。在最近可获得成本法下，因为存货价值会被分期地调整到比较接近于当期的最近可取得成本，所以在存货估价时，持有利得或损失将会被确认。这些利得或损失是未实现的利得或损失。“未实现的”是指与仍被主体持有的存货相关的任何利得或损失。“已实现”的持有利得或损失，只有当存货被出售时才发生。

可供销售的存货成本
减：当期期末存货的最近可获得成本
加：未实现持有利得或损失的期末准备
商品销售成本

26. **估价的例外**。以下情况发生时,以预期可实现净值净估价存货可以接受:(1)缺少近似估计成本值的能力;(2)能以报价立即出售;(3)存货的可交换性强(如石油储备)。这种例外的运用可能导致估计的存货价值比历史成本高得多。

**其他几类存货**

27. **为了将来销售而储备的存货**。存货库存之所以被维持是因为它们在市场上不容易购得或者是在不远的将来可能会需要（尽管在正常的经营活动中并不需要）。这些存货将归于为了将 来销售而储备的存货一类。为了将来销售而储备的存货，将使用与在正常经营中为了销售而持有的存货相同基础的计价。为了将来销售而储备的存货的价值，(1) 被包括在财务报表的存货项目中，在附注中单独披露或 (2) 在财务报表中单独作为一项列示。

28. 管理当局对为了将来销售而储备的存货的识别标准应被披露。形成标准过程中须考虑影响因素的**例子**有：(1) 所有与持有这些存货相关的成本（包括储藏和处置成本)；(2) 必要时预期的重置成本；(3) 补充存货所需时间；(4) 变质或被盗的可能性；和 (5) 将来存货供应可获得的可能性。

29. **多余的、过时的和变质的存货**。“多余的存货”是指超过在正常经营过程中预期需要量的存货库存部分，其产生的原因是由于现有库存存货比可以预见的将来的销售量更多，以及由于它不符合管理当局设定的为了将来销售而储备的存货标准。“过时的存货”是指因技术、法律、习俗或者经营等方面发生变化而变得不再被需要的存货。“变质的存货”是指已遭到损害，并且报废比修理更经济的存货。“多余的、过时的和变质的存货”项将 (1) 被包括在财务报表中的存货项中，在附注中单独披露，或者 (2) 在财务报表中单独作为一项列示。

30．这类存货将会以预期可实现净值估价。在被归类为多余的、过时的和变质的存货之前的账面金额和它的预期可实现净值之间的差额，将被作为一项损失或利得确认，并单独地报告或披露，任何对可实现净值的调整或者因处置而产生的利得或损失也将被确认为一项利得或损失。

31．管理当局应在财务报告中披露判断多余的、过时的和变质的存货的标准。

32．**持有的需要修理的存货**。持有的需要修理的存货可以用以下二种方式中的一种来处理：（1）备抵法；（2）直接法。

（1）在备抵法下，持有的需要修理的存货作为具有与可使用的存货相同的价值被估价。但应设置一个修理费用的准备账户（即修理准备），作为资产账户的抵消项。为了使得修理准备数等于当期估计的修理成本，每年（或其他时期）修理准备账户的贷方余额应被确认为当期经营费用。当修理发生时，修理成本将被借记入修理准备账户。

33．（2）在直接法下，持有的需要修理的存货以具有与可使用的存货价值减去修理成本后的部分相同的价值进行估价。当修理实际发生时，修理成本将被资本化，计入存货价值，但不超过可使用存货的价值。最初估计的修理成本和实际发生的修理成本之间的任何差额将被借记或贷记到修理费用账户。

34．这两种方法之间的相互转换可能导致要确认以前没有核算的、累计的、必需的修理费用，为了避免高估第一期应计的修理费用，以前期间的金额应被单独地辨别或估计。归属于以前期间的估计修理费用，在修理准备法下，将被贷记入修理准备账户，而在直接法下，则贷记入存货账户，但都作为权益的一个调整项目进行报告。

**披露要求**

35．——存货的组成部分。

——确定存货价值的基础，包括估价方法和成本流转假设。

——核算方法的变化。

——若在财务报表中未揭示，则应披露以下每类存货的余额：为当前销售而持有的存货；储备为将来销售而持有的存货；多余的、过时的和变质的存货；持有的需要修理的存货。

——销售材料所受的限制。

——识别各类存货的判断标准。

——识别各类存货判断标准的变化。

本公告的规定不适用于不重要的项目。

## 经营性材料和物品

36．**定义**。“经营性材料和物品”由在正常经营中被消耗的有形动产组成。它不包括：(1) 某一主体用于建造不动产或装配设备而获得的货物；(2) 特种储备物资；(3) 在价格支持和稳定计划下持有的货物；(3) 取消抵押品赎回权的财产；(5) 收缴和没收的财产；(6) 存货。

37．经常性材料和物品被分为三类：(1) 为使用而持有的经营性材料和物品；(2) 为了将来使用而储备的经营性材料和物品；(3) 多余的、过时的和变质的经营性材料和物品。这三类将分别在第 36、45、47 段定义。

38．**确认**。核算费用确认的消耗法，将被运用于经营性材料和物品的核算。当生产或采购时，经营性材料和物品将被确认，并作为资产报告。“已采购”是指所有权已转让给采购方。若买卖双方的合约对所有权的转让未作阐述，则假定所有权在交货时被转让。交货或推定交货取决于合约中关于运输或交货的条款。

39．当经营性材料和物品被分配给最终使用者，并在正常经营活动中被消耗时，货物成本应从经营性材料和物品（即资产账户）中扣除，并作为当期经营费用报告。

40. （1）若经营性材料和物品金额很少，或（2）它们是由最终使用者拥有并在正常经营活动中被使用，或（3）使用消耗法核算不符合成本效益原则，则应使用采购法核算。在采购法下，经营性材料和物品在购买时就被费用化处理。

41. 一个最终使用者可能是一个报告主体的任何组成部分，它获得货物是为了在正常经营活动中直接使用。一个报告主体的任一组成部分，包括承包方，若其持有或储藏经营性材料和物品是为了将来配给出去，则不应被当做一个最终使用者。

42. **在消耗法下的估价**。经营性材料和物品将以历史成本为基础估价。

43. 历史成本包括所有使经营性材料和物品达到它们当前状况和地点的采购费用和生产成本。任何非正常成本，诸如额外的处理或再加工成本，将被借记到当期经营费用。接受捐赠的经营性材料和物品，以捐赠时的公允价值估价。通过非货币性资产交易（如以货易货）获得的经营性材料和物品，应以交换时收到资产的公允价值估价，换出资产的账面金额与换入资产公允价值之间的任何差额将被确认为利得或损失。

44. 在计算期末经营性材料和物品的历史成本和已消耗货物的成本时，可以使用先进先出（FIFO）、加权平均或移动平均等成本流转假设。此外，只要计算结果能合理地近似估计以上历史成本方法中任一种成本项目，则其他的计价方法也可以使用（如，标准成本系统或最近可取得的成本系统）。

**几种其他的经营性材料和物品**

45. **为了将来使用储备的经营性材料和物品**。经营性材料和物品的库存可能会被维持，这是因为它们在市场上不容易购得，或者是在不远的将来可能会需要，虽然在正常的经营活动过程中并不需要。这些库存被归类为为了将来使用而储备的经营性材料和物品。为了将来使用而持有的经营性材料和物品，将使用与正常经营中为了使用而持有的经营性材料和物品相同的基础计价，为将来使用而储备的经营性材料和物品的价值，可以被（1）包括在财务报表中的经营性材料和物品中，在附注中单独披露，或者（2）作为一个单独项目在财务报表中列示。这类材料和物品应采用与在正常经营活动中为使用而持有经营性材料和物品相同的估价方法被估价。

46. 管理当局用以识别为了将来使用而储备的经营性材料和物品的标准应被披露。形成标准的过程中，应考虑影响因素的例子有：(1) 所有与持有这些项目相关的成本（包括储藏和处理成本）；(2) 必要时预期的重置成本；(3) 补充经营性材料和物品所需的时间；(4) 变质或被盗的可能性；(5) 将来供应可获得的可能性。

47. **多余的、过时的和变质的经营性材料和物品。**“多余的经营性材料和物品”是指超过在正常经营过程中预期需要量的经营性材料和物品的库存部分，其产生的原因是由于现有库存的数量比可以预见的将来使用数量更多，并且不符合管理当局判断为了将来使用而储备的经营性材料和物品的标准。“过时的经营性材料和物品”是指因技术、法律、习俗或者经营等方面发生变化而不再需要的经营性材料和物品。“变质的经营性材料和物品”是指已遭到损害，并且不能在经营中被消耗的经营性材料和物品。“多余的、过时的和变质的经营性材料和物品”应该（1）被包括在财务报表的经营性材料和物品中，在附注中单独披露，或者（2）作为一个单独项目在财务报表中列示。

48. 这类经营性材料和物品应该以估计的可实现净值估价。在归类为多余的、过时的和变质的经营性材料和物品之前的经营性材料和物品的账面金额和对它们估计的可实现净值之间的差额应被确认为一项损失或利得，并单独报告或披露。任何对它们估计的可实现净值随后的调整或者是因处理而产生的利得或损失也应被确认为一项利得或损失。

49. 管理当局应在财务报表中披露其判断多余的、过时的和变质经营性材料和物品的标准。

**披露要求**

50．——经营性材料和物品的组成部分。

——确定经营性材料和物品的价值基础，包括估价方法和成本流转假设。

——核算方法的变化。

——各类经营性材料和物品的余额。

——材料在使用中所受到的限制。

——判断各类经营性材料和物品的标准。

——判断各类经营性材料和物品的标准的变化。

本公告的规定不适用于不重要的项目。

**特种储备物资**

51．**定义**。"特种储备物资"是指因国家有关法令的要求，用于国防、环境保护和应付紧急情况而持有的战略性和关键性物质，持有它们的目的不是为了在一般的商业活动中销售。特种储备物资不包括：(1) 机构持有的用于在正常经营活动销售或使用的项目（参看准则存货、经营性材料和物品中的相关部分）；(2) 机构持有的用于应付经营中紧急情况或偶发事件的项目（参看准则经营性材料和物品中的相关部分）；(3) 为了稳定市价而获得物资（参看准则在价格支持和稳定计划下持有的货物中的相关部分）。

52．**确认**。核算费用确认的消耗法将被运用于特种储备物资。当生产或采购时，这些物资将被确认为一项资产，并予以报告。"采购日"是指所有权转让给采购方的日期。若买卖双方在合约中未对所有权的转让加以规定，则所有权被假定在交货时被转让。当用于使用或销售时，特种储备物资的成本将从特种储备物资中扣除，并作为一项经营费用报告。

53．**估价**。特种储备物资应以历史成本为基础估价。历史成本包括特种储备物资达到当前状况和地点发生的所有相关采购费、运费和生产成本。任何非正常成本，诸如额外的处理或再加工成本，将被借记入当期经营费用。在计算特种储备特资的历史成本时，可以采用先进先出、加权平均和移动平均等成本流转假设。此外，只要计算结果能合理地近似估计以上历史成本方法中任一种成本项目，则其他的估价方法也可以使用（如，标准成本或最近可取得的成本系统）。

54. **估价的例外**。当这些物资已遭到（1）在价值上发生永久性的下降，且低于它们的成本，或者（2）损害或变质，其账面金额应被减少至它的预期可实现的净值。价值下降部分在发生的当期将被确认为一项损失或费用①。

55. **为销售而持有**。当特种储备物资被授权允许出售时，则应作为销售而持有的特种储备物资披露。这些被授权可供出售的物资将使用与它们在被授权用于出售前相同的估价方法进行估价。在为销售而持有特种储备物资账面金额和它们估计的销售价格之间的任何差额都应被披露。在销售时，特种储备物资的成本应从其账面价值中转出，并作为当期销售成本报告。任何因处置而产生的利得（或损失）都应在当期被确认为一项利得（或损失）。

**披露要求**

56. ——特种储备物资的组成部分。

——特种储备物资的估价基础，包括估价方法和成本流转假设。

——核算方法的变化。

——在使用中所受到的限制。

——上述各类特种储备物资的余额（包括一般特种储备物资余额和为销售而持有的特种储备物资的余额）。

——为销售而持有的特种储备物资的判断标准。

——为销售而持有的特种储备物资的判断标准的变化。

本公告的规定不适用于不重要的项目。

① 若价值下降属于正常经营活动中所预期的下降，则价值下降部分应被确认为一项费用。

## 收缴和没收的财产

57． 作为多种法律被执行的一种后果，一定的财产可能会被授权的法律执行机构收缴。在某些情况下，通常有三个政府机构涉及到收缴的财产。第一个是收缴机构，第二个是收缴机构将收缴的财产予以转交的保管机构，第三个是通过维护财务记录以支持许多收缴机构收缴活动的“中心基金管理机构”。此外，收缴机构也可以代行保管机构或中心基金管理机构的工作。

58． 由于放弃、行政或司法程序，收缴的财产可能会被政府没收。没收的财产又可能被出售、转而为政府所用，或转让给其他政府主体。因为财产最初是被收缴，然后是部分或全部被没收，所以本准则要求收缴的财产和没收的财产应分开核算和报告。

### 收缴的财产

59． **定义**。“收缴的财产”包括保管机构实际或推定占有的货币性资产、不动产和有形的动产。

60． **确认**。中心基金管理机构[①] 应该在其财务记录中核算收缴的财产。

61． 在收缴时，收缴的货币性资产应作为收缴资产确认。并且，也应该以与收缴资产价值相等的金额确认一项负债。由于（1）货币性资产的高度流动性以及（2）为了对它进行必要的较严格的控制，收缴的货币性资产在收缴时就应被确认。

62． 收缴的非货币性资产应在附注中披露，其价值应在一个机构的资产管理记录上核算，直到该资产被没收、返回或者用其他的方式清理。

63． **估价**。收缴的财产应以收缴时的市场价值估价，如果

① 若中心基金管理机构与收缴或保管机构不属于同一机构，则后者应该保持足够的内部记录，以执行它的管理职责。

市场价值[①]不容易确定，则应尽快采用合理的可能市场价值。采用市场价值法时，假定相关资产存在一个活跃的市场。若在该资产被收缴的大致区域不存在一个活跃的市场，则使用离被收缴地区最近的主要市场中的价值对其进行估价。

64． **估价的例外**。在《国内收入法案》下，收缴财产的估价应基于纳税人的权益来计算，也就是说它等于市场价值减去任何第三方的留置权费用。

65． 收缴的货币性资产应以它们的市场价值估价。

**披露要求**

66． ——收缴行为的解释和收缴财产组成部分的一般说明。

——收缴财产的估价方法。

——核算方法的变化。

——收缴财产变化的分析，包括金额和数量两个方面，即：（1）年初的持有情况；（2）当年的收缴情况；（3）当年的处理情况；（4）年末的持有情况以及针对该财产的留置权费用或其他索偿权。在重要的地方，这类信息应区分收缴财产的种类和处理的方法来提供。

## 没收的财产

67． 以下部分将定义"没收的财产"，并提供对它的核算和报告的准则。下面是没收财产的例子：

——货币性资产；

——无形资产；

——不动产和有形的动产；

① "市场价值"是指在市场上对某一项目通过公平交易方式进行处置所能实现的估计金额，或者指在特定市场上，任何时候，一定种类、质量和数量的产品，善意的销售能够完美达成的价格（通常具有代表性）。就可流动的证券投资而言，市场价值通常是指证券的单位市场价格与所持有的证券数量的乘积。

——就补偿税收负债被政府获得的资产；

——没有索偿权和已放弃的商品。

68. **定义**。“没收的财产”包括：（1）通过没收程序获得货币性资产、无形资产、不动产和有形的动产；（2）为抵偿税收负债被政府获得的财产；（3）没有索偿权和已放弃的商品。

69. **确认和估价**。财产被没收时，货币性资产应从收缴的货币性资产重新归类为没收的货币性资产。当做出没收的判决时，货币性资产应以它的市场价值估价。在记录相应资产的同时，收入应该以相同的金额予以确认，相关的可能豁免债务也应转出。

70. 在做出没收的判决时，无形资产、不动产和有形的动产，应和一项相抵消的递延收入同时记录。财产应以没收时的公允价值估价。针对第三方的留置权费用或索偿额，应建立相应的准备。该准备应以任何可能支付给第三方的金额记入贷方。

71. 因法律限制不能被出售，但可能被捐赠或被破坏的没收财产，只须按后面的要求披露。然而，就这些项目而言，没有财务价值应予以确认。

72. 当被销售时，应确认财产销售收入。

73. 不是为了销售而持有的财产可能是：

——存放于政府机构以供其使用；

——转让给另一个联邦政府机构；

——分配给州或地方政府的法律执行机构；

——分配给外国政府。

74. 当决定按照上述方法中的任何一种进行分配，则没收的财产应重新归类于为捐赠或使用而持有的财产。与该资产相关非销售收入应在同意分配时确认，以前确认的递延收入应被转回。

75. 收入应被分类为产生于销售收入或是处理收入，这种区别应在主体的会计报告中反映。

76. 政府管理机构从纳税人负债的补偿中所得的财产，应在财产的所有权转移到联邦政府时予以记录。同时，相关应收账款应作为贷项记录。财产应该以它的市场价值减去任何第三方的留置权负担估价。在财产销售时，收入以销售收入的金额确认。同时，财产和来自第三方的留置权费用应从账上转出。

77. 当满足法律或管制上的没收要求时，无索偿权和已放弃的商品，应和一项可以互相抵消的递延收入同时记录。该商品应以市场价值估价。在其销售时，收入以销售收入的金额确认，同时商品和递延收入应从账上转出。

**披露要求**

78.——没收财产的组成部分。

——没收财产的估价方法。

——没收财产在使用和处置上所受的限制。

——核算方法的变化。

——没收财产变动的分析，包括数量和金额两个方面，即：（1）年初财产的持有情况；（2）当年没收财产的情况；（3）当年没收财产的处理情况以及处理方法；（4）年末财产的持有情况。在重要的地方，这种信息应区分没收财产的种类来提供。

——若有可能，应披露在未来报告期间将分配给联邦政府、州和地方机构的资产或基金的估计价值。

本公告的规定不适用于不重要的项目。

**表1 《会计准则——没收财产》的总结**

| 资产种类 | 处理方法 | 估价方法 | 资产确认时间 | 收入确认时间 |
| --- | --- | --- | --- | --- |
| 货币性资产 | 销售；贷记其他主体的基金 | 市场价值 | 收缴时 | 达成没收的判决时 |
| 通过没收获取的无形资产、不动产、有形的动产 | 销　售 | 市场价值 | 达成没收的判决时 | 销售时 |
| | 转让分配或为内部使用而持有 | 市场价值 | 达成没收的判决时 | 达成转让、分配或内部使用的协议时 |

（续表）

| 资产种类 | 处理方法 | 估价方法 | 资产确认时间 | 收入确认时间 |
|---|---|---|---|---|
| 由于抵偿税务负债而获得的资产 | 销售；收入贷记国库总基金（TGF） | 市场价值减去留置权负担 | 在获得资产的所有权时 | 在资产销售时 |
| 无索偿权或已放弃的商品 | 销售；被用于支付其他基金，多余部分贷记国库总基金 | 市场价值 | 在满足法律或管制上的要求时 | 在销售时 |

## 取消抵押品赎回权的财产

79． **定义**。“取消抵押品赎回权的财产”是指为补偿一项应收贷款而收到的资产或者在担保或保险贷款条件下要求支付的资产（不包括在价格支持计划下获得的货物）。所有取消抵押品赎回权的财产都被假定是为了销售而持有。

80． 与1990年的《联邦信贷改革法案》一致，本准则后续部分的具体条款适用于1992年之前的取消赎回权的财产和1991年之后的取消赎回权的财产。“1992年之前的取消抵押品赎回权的财产”是指与义务发生于1991年10月1日之前的**直接贷款**或**贷款担保**相联系的资产。“1991年之后的取消抵押品赎回权的财产”是指与义务发生于1991年9月30日之后的**直接贷款**或**贷款担保**相联系的财产。因为就预算的目的而言，必须以现值基础来计量与1991年之后的直接贷款和贷款担保相联系的现金流量，包括与1991年之后的取消抵押品赎回权相联系的现金流量，但1992年之前的取消赎回权的财产不必以现值来估价，因此这种区分是必要的。此外，在确定直接贷款和贷款担保的成本时，任何特别地不使用现值技术的核算程序，应取决于1992年之前取消抵押品赎回权财产的会计原则①。

① 《政府信贷改革法》第506节豁免了一些特别的机构，诸如联邦存款保险公司和田纳西河流域管理局。

81. **取消抵押品赎回权财产的估价**。1991年后取消抵押品赎回权的财产应以和财产相关的预期未来现金流量的净现值估价。1992年前取消抵押品赎回权的财产以成本记录，但应依据成本与可实现净值孰低的原则调整；任何差额都记入估价准备。这两种方法在下面会进一步阐述。无论是1991年后还是1992年前取消抵押品赎回权的财产，只要计算结果没有重大的差异，其他估价方法可以代替上面的方法而被使用。

82. **净现值**。确定净现值的第一步是估计与财产相关的未来现金流量。估计的未来现金流量应包括的估计有：(1) 销售收入，(2) 持有期间的租金、管理费用和修理费用，(3) 销售费用（如广告支出和佣金）。在估计销售收入时，主体在销售财产方面的历史经验和出售的本质应被考虑。例如，基于自愿买卖双方的市场销售价值用于强制性或清理性销售处理的财产估价是不适当的。如果由于历史原因，某主体已不能使资产的公允价值得以实现，在估计销售收入时，该因素应被考虑。

83. 第二步是把这些现金流量折现为现值。为了把估计的预期现金流量折现为现值，应选择一个贴现率（利息率）。使用的贴现率应与用于对相关贷款或担保现金流量进行贴现的贴现率相同。

84. 在取消抵押品赎回权后，净现值（采用与取消抵押品赎回权时相一致的计量方法予以计量）应被分期调整，以确认预期未来现金流量的变化和因时间变动而产生的应计利息的变化。对账面价值的任何调整都应包括在“利息收入”和“补贴支出”重估① 中呈报。

85. **可实现净值**。1992年之前为了销售而持有的取消抵押品赎回权的财产，应该以预期可实现净值在主体的财务报表中报告。预期可实现净值应以按照任何预期的损失和销售成

① 参看1992年9月公布的联邦会计准则顾问委员会征求意见稿中第2号公告——《直接贷款和贷款担保的会计核算》。

本调整后的财产市场价值的估计值为基础。市场价值的估计应考虑三点：（1）存在活跃市场时，财产的市场价值；（2）不存在活跃市场时，类似财产的市场价值；（3）对全部的持有成本（包括任何资本成本）调整后预期现金流量的合理估计。除了考虑市场价值之外，预期的可实现净值也应考虑某主体在处理取消抵押品赎回权财产方面的历史经验，即如果该主体不能以市场价值出售财产，计算其预期可实现净值时应用市场价值扣除根据经验估计的损失来计算。此外，若该主体不能在正常的市场条件下出售财产或被迫在特定时间内出售财产，则在计算可实现净值时应考虑这类因素。

86. 如果预期的可实现净值低于成本[①]，一项损失就会发生。该损失应借记入经营费用，并且应建立一项估价准备。如果资产的可实现净值随后发生增减变动，则变动额应借记或贷记入经营收益账户，并调整估价准备。但调整后的资产价值不应超过成本。

87. **其他团体有索偿权的资产**。如果财产因债务人、贷款人或其他团体的索偿而被拿走，这些索偿权应通过一项估价准备来核算。这些索偿权可以采用债务人、贷款人等的留置权或剩余要求权的形式。就1991年后取消抵押品赎回权的财产而言，这些索偿权应以取消抵押品赎回权时它们的净现值记录。贴现率应与应用于相关取消抵押品赎回权的财产的贴现率相同。就1991年后取消抵押品赎回权的财产而言，索偿额净现值在任一时期的变化应被借记或贷记到“利息收入”和“补贴支出”的重估中，以合乎直接贷款和贷款担保的核算标准。就1992年前取消抵押品赎回权的财产而言，这些索偿权应以它们所要求的预期现金结算额来记录。

88. **1991年后取消抵押品赎回权的财产在持有期间的收入和支出**。与获得和持有1991年取消抵押品赎回权的财产相联系的任何收入或支出，应借记或贷记入取消抵押品赎回权

① 成本是指取消抵押品赎回权时的账面价值，而就贷款担保而言，是指因索偿权而支付的金额。

的财产价值。它包括租金收入、维修保养费、广告支出以及在取得净现值时应考虑的任何其他估计的现金流量。

89. **取消抵押品赎回权的财产的销售**。在销售时，取消抵押品赎回权的财产的账面净值和净销售收入之间的任何差额都应确认为经营成果的一个组成部分。就1991年后取消抵押品赎回权的财产而言，利息收入应从以前期间对账面金额的调整算起，直到销售为止。被调整的账面金额和净销售收入之间的差额应被确认为一项“补贴支出”的重估。就1992年之前的取消抵押品赎回权的财产而言，这种差异应在取消抵押品赎回权财产销售时确认为一项利得或损失。

90. **从为销售而持有的资产转化而来的经营性资产**。将某项资产从为了销售而持有转为用于经营时，该资产应从取消抵押品赎回权的财产项中转出。若在转化的过程给予了补偿，则转化的收入应采用销售给第三方一样的方法进行处理。

**披露要求**

91. ——取消抵押品赎回权财产的估价基础。
——核算方法的变化。
——使用或处理财产所受的限制。
——以上各类取消抵押品赎回权财产的余额。
——按类披露持有财产的数量和平均持有期。
——期末正在执行取消抵押品赎回权的财产的数量。

本公告的规定不适用于不重要的项目。

## 在价格支持和稳定计划下持有的货物

92. **定义**。在价格支持稳定计划下取得的货物，这里指农产品。“农产品”指的是存在交换价值的商业或贸易项目。为了实现或有助于实现其经济目标，它们通过取得、持有、出售或其他方式而得以处置。

93. 在执行价格支持经营时，货款通常是以“不可追索贷款”的形式支付。接受贷款者以特定的农产品作为贷款抵押，并可以支付本息偿还贷款或者出让农产品以补偿未付的贷款余额。

94．除了通过不可追索贷款中抵押品的出让取得农产品外，一个主体也可以通过购买结算获得农产品。该购买结算以生产者和农产品信贷公司（CCC）之间的一项采购协议为基础执行。根据该协议，生产者有出售农产品给CCC的选择权，并收到以价格支持率计算的农产品价格的全额支付。采购协议的金额用农产品的价格支持率乘以CCC的采购数量来计算。价格支持率由法律设定。

95．由于不可追索贷款和采购协议与实际农产品的取得紧密联系在一起，所以价格支持计划的三个组成部分将在本会计准则中给予说明。

96．**确认**。不可追索贷款在贷款本金被支付时确认为资产。这些贷款将以贷款本金的金额记录。利息收入在赚取时确认。应收利息账户也应建立起来。

97．采购协议方案在生产者（销售方）行使选择权时执行。这创造了一种不确定性，即采购方很可能发生损失。在财务报表上，如果有信息表明一项关于未到期采购协议的损失很可能发生，并且损失的金额可以合理地估计，则一项损失应被确认。损失的金额的估计可以合约价格和获得的农产品预期可实现净值为基础。

98．如果或有损失因不是很可能发生或金额不能被合理估计而没有确认，但损失如果是可能发生的，则或有损失应予以披露。

99．农产品在生产者出让所有权以补偿一项不可追索贷款，或者在被机构采购时确认为资产，并在财务报表中报告。

100．收入在农产品销售时确认。在销售时，出售农产品的账面金额应从农产品中转出，并作为销售成本报告。

101．为其他目的而持有的农产品的账面金额应从农品资产账户中转出，在农产品转让时作为一项费用报告。

102．估价。所有不可追索的贷款都应以贷款金额估价。当贷款很可能不能被全部收回时，应对因不可追索贷款引发的损失予以确认。“很可能”是指损失发生的可能性大于50%。损失额被记录在以贷款总额计价的资产账户中。当确认损失时，应设置一项估价准备，即“损失准备”（资产备抵账户），以使资产总值等于它的预期可实现净值。在每一个财务报表日，准备应被重估。

103. 因采购协议引发的损失负债，应以采购协议中规定的合约价格① 净额和农产品可实现净值来估价。

104. 在取得时，以及就财务报表的目的而言，所有的农产品都应以成本与可实现净值孰低法估价。

105. 通过不可追索贷款协议获得的农产品，其成本等于贷款本金（不包括利息），加上获得后发生的加工和包装成本，以及获得所有权发生的其他成本（如运费）。

106. 通过采购协议获得的农产品，其成本等于采购协议中达成的单价乘以CCC采购的农产品数量，再加上为获得农产品所有权发生的其他成本（如运费）。

107. 就财务报告的目的而言，在农产品价格支持条件下，任何依据成本与可实现净值孰低原则减少农产品账面金额的调整都应被确认为一项损失，并在当期报告。对账面金额的调整都应记入农产品估价准备。损失的恢复可以被确认，直至以前所确认的任何农产品损失额，并且当期农产品的估价准备也应相应减少。

108. 就确定成本而言，在计算存货余额和转让或销售货物的成本时，以下的任何成本流转假设都可以使用：先进先出法（FIFO）；加权平均法；移动平均法；具体辨别法。

**披露要求**

109.——估价农产品的基础，包括估价方法和成本流转假设。

——核算方法的变化。

① 合约价格是管理机构在交换农产品时支付的金额。

——农产品在使用、处理或销售中所受的限制。

——农产品价值和数量变化的分析，包括：（1）年初持有情况；（2）当年的获得情况；（3）当年处理掉的情况；（4）年末持有情况；（5）在年末持有的估计在未来期间会被捐赠或转让的数量；（6）由于抵押品的出让而形成的情况，这些抵押品与未偿还的不可追索贷款相关。有关采购协议的农产品，其价值和数量情况的类似分析也应予以披露。

本公告的规定不适用于不重要的项目。

# 附录 A：结论的基础

110．附录讨论了委员会就 1993 年 1 月发布的存货及相关财产会计准则征求意见稿收到的大量评论，也说明了委员会对受访者提出的问题所作出的结论。六个推荐准则中，每一个都将用单独的部分解释。

## 存货

111．几位受访者质疑对存货进行诸多分类的必要性，如为了将来销售而储备的存货，多余的、过时的和变质的存货等。受访者和支持者认为：(1) 要求区分存货和为了将来销售而储备的存货，可能导致在资产负债表上随意的、主观的金额分配；(2) 区分多余的、过时的和变质的存货也是不必要的。(3) 修改会计系统去获得这类数据也不符合成本效益原则。然而，其他受访者则支持这种分类，认为它能提供更富有意义的信息。

112．从收到的评论信和听证会的结果来看，反对的理由似乎是认为委员会对存货分类倾向于采用严格的标准。然而，很明显的是，这些分类或类似的分类已被许多组织在内部使用。委员会只是试图改进有关这些分类的披露。委员会认为应当保留将把存货划分为四类的分类方法。在对经营性材料和物品进行讨论时，相同的问题也被提出，相同的结论也被达成。

113．几位受访者反对辨认与为了将来使用而储备的存货相联系的持有成本。他们指出该信息没有明显的使用价值；计算和维持该种存货的增量持有成本几乎是不可能的；该披露没有为经理制定相关决策提供有用信息。他们也指出，这种要求将会太主观和以至于难以审计。委员会讨论了这个问题，认为持有成本的辨认是一个涉及范围较广，比存货准则所能提供的方法更为详细。委员会同意降低披露要求，并推迟该问题的处理，直到关于成本问题的进一步研究。同样，在对经营性材料和物品进行讨论时，相同的问题也被提出，相同的结论也被达成。

114. 在征求意见稿中，委员会就销售成本的两种呈报形式和在最近取得成本法下（LAC）第 87 段持有利得或损失准备的变化征求意见，以下是在最近可取得的成本法（LAC）下两种销售成本的计算方法：

| 建议的呈报方法（附录 A） | 替代的呈报方法（附录 B） |
| --- | --- |
| 销售成本： | 销售成本： |
| 按最近可取得成本法计算的期初存货余额 | 按最近可取得成本法计算的扣除准备后的期初存货余额 |
| 采购额 | 采购额 |
| 可供出售的商品成本 | 可供出售的商品成本 |
| 减：按最近可取得成本法计算的期末存货余额 | 减：按最近可取得的成本法计算的扣除准备后的期末存货余额 |
| 销售成本 | 销售成本 |
| 非经营性变化（存货未实现持有利得或损失准备的变化） | |

115. 对于两种可替换的销售成本计算方法的选择问题，大多数受访者更倾向于附录 B 中替代的呈报方法。这些受访者认为，从本质上讲，成本的变化是经营性的，应该被包括在经营成果中。还指出，在替代的呈报方法下，因为销售成本接近于历史成本，可比性将会被提高。两位受访者提供了在建议呈报的方法下，销售成本被歪曲的例子。这些例子表明，按第一种建议呈报的方法（来自征求意见稿中的附录 A）计算的销售成本，实际上可能少于它的历史成本。

116. 在审阅这些受访者的意见时，委员会发现受访者似乎混淆了当期“非经营性变化”和“未实现的持有利得或损失”。其全称是“非经营性变化—未实现持有利得或损失准备余额的变化”，虽然它使用起来有些不便，但更富于描述性。余额的变化包括减少和增加，减少是由于存货清理或成本减少，增加是由于持有更多的存货或成本增加。净变化不应该和当期的“未实现的持有利得或损失”相混淆。

117. 在大量的讨论之后，委员会决定采纳替代的呈报方法(来自征求意见稿附录 B)，这将避免（1）关于“非经营性变化”的重大混淆和（2）销售成本的歪曲。此外，对于那些希望知道准备账户变化的人，委员会认为，在销售成本的计算中应列示准备期初和期末的余额。

118. 一些受访者认为，就存货估价而言，委员会应采纳成本与市价孰低法（LCM）(一直沿用会计研究公告＜ARB＞第 43 号的方法)。支持 LCM 的受访者认为：

——它提供了计量存货有用性的基础，并且，

——经营业绩财务报告的目标似乎要求把配比或将收入和费用分配到恰当的时期，作为应主要考虑的问题。

119. 在评价 LCM 规则时，委员会考虑了政府环境中的一些特点：

——定价经常是基于全面的成本补偿，而不考虑市场价值的变化。并且，

——管理人员经常被要求储存存货是基于法律规定和任务的考虑，而不是被利润最大化驱使（因而，成本波动与业绩计量是不相关的)。

120. 委员会的最后结论是，在存货准则中包括 LCM 规则是不必要的。

121. 委员会要求评价在业绩计量上历史成本会计的影响，以及运用市场价值会计的成本和效益。对这些问题发表意见的受访者中的大多数，都倾向于历史成本，这主要是因为它的可验证性和可理解性。同时他们认为市场价值法执行成本过高，并且主观性太强。还有人说，就大多数政府活动而言，目标是成本补偿，市场价值几乎不具有相关性。

122. 一位委员会成员相信，对决策制定者而言，市场价值信息比历史成本信息更具有相关性。这种意见得到学术团体中许多人的支持。然而，尽管委员会对市场价值会计的一个必要组成部分，关于持有利得和损失的计量和报告这个问

题，投入了大量的资源，但仍不能证明它是符合成本效益原则的。委员会已决定在存货会计核算上主要依靠历史成本会计。

123. 委员会也要求评论使用重置成本法时的标准成本。重置成本法在征求意见稿附录C中进行了详细的说明。“标准成本”是指预先确定的单位成本。标准成本法通常在制造业使用，而且服务业同样正在采纳。

124. 在一个标准成本系统中，实际单位成本和标准单位成本之间的差异应被识别。差异的计算通常是就全部成本中的单个成本要素而言的，如材料或人工差异的计算。

125. 标准成本也为经理提供对存货成本进行管理的有用信息。当一个机构采购当年存货，并发生经营成本时，为获知成本差异发生的原因，应将实际成本与标准成本相比较。由于存货成本和营业经理的业绩是以标准成本为基础进行评价的，因此经理有动力去实现标准成本，这反过来将促进有效的存货成本控制。

126. 传统标准成本系统和征求意见稿中所概括的标准成本不同，二者的区别与重置成本信息相关。评论中请求采用的方法要求以下期预计的重置成本和经常费用率为基础来估算标准成本。进一步地讲，就外部报告的目的而言，没有要求对历史成本金额予以调整。

127. 针对这种方法，受访者中的大多数大量地引用了他们就市场价值会计总体上所提出的问题，该种计算（指市场价值会计）被认为过于复杂、成本高并且主观性强。

128. 一位委员会成员担心这种方法将被排除在被推荐的准则之外，委员会认为这不符合实际需要。标准成本系统，包括重置成本，在私营企业里已被使用，并产生了有价值的管理信息。就财务报告的目的而言，标准成本信息总体上已为会计实践所接受。标准成本信息能被修正，以近似估计在历史成本基础下的成本。因而，只要外部报告的信息能估计历史成本，运用标准或重置成本信息以改进管理人员制定决策的管理成本系统，可能和准则完全一致。进一步讲，委员会期望在对成本计量的下一步研究中，能着手解决成本系统的这一问题。

129．关于为了将来销售而储备的存货，一位受访者指出“报告或披露”（第 39 段）该词隐含着表外报告。他认为这类存货应在资产负债表中报告，而不仅仅只是披露。委员会的结论是，在资产负债表上披露详细程度的决策应留给报表编制者或审计人员。当委员会并没有修改准则对其作出表内报告的要求时，描述报告和披露选择的措辞就得以澄清了。

130．一位受访者建议应修改准则，以便多余的、过时的和变质的存货以成本与可实现净值孰低法估价，而不是以可实现净值估价。这位受访者指出，关于以可实现净值估价多余的、过时的和变质的存货产生的利得，只有在该类存货被处理时确认，而不是在那样的估价或分期重估时确认。私营部门使用的公认会计原则（GAAP）和会计研究公告第 43 号（ARB，43），要求损失在存货处理以前就确认，但利得只有实现时才能确认。近几年，这种一边倒的处理遭到了批评，但由于谨慎性原则已得到广泛的遵循，该种处理方法已被采纳。

131．由于联邦政府并不是在利润“最大化”的环境下经营，也不必寻求依靠经审计的财务报告以制定决策的投资者的资金支持，因而，在过去采取保守的态度是不贴切的。然而，委员会认为，没有必要对准则作出任何改变。

132．一些受访者对在可接受的成本流转假设中没有后进先出成本流转假设进行了评论，认为后进先出法更有可能配比当期成本和当期收益，它应该被包括在历史成本法下，作为一种可被接受的选择。考虑到在资产负债表中报告变质的存货价值的可能性，委员会没有把后进先出法包括在可接受的成本流转假设之中。然而，委员会允许使用任何一种能合理地近似估计历史成本的成本流转假设方法的使用。因此，对于存货周转很快的主体而言，后进先出法可能会被接受，这是因为在后进先出法和任何其他成本流转假设之间，成本计算结果几乎没有差异。

133．一位受访者要求，准则应具体地说明以下货物：a）持有的寄售存货，b）通过以货易货而获得的货物，c）接受捐赠的货物，d）被法律规定强制持有的但无市场价值的货物，e）不能被出售或消耗但又必须持有的货物（如称量器具）。委员会认为，持有的寄售货物不在本准则的规定范围之内。被法律规定强制持有、且没有市场价值的货物和不能被出售或消耗但又必须持有的货物，被大致归类为特种储备物资。因此，针对本准则此点的改变没有被批准。委员会慎重地决定，通过以货易货或接受捐赠获得物品的估价，将在存货经营性材料和物品、特种储备物资等准则中说明。

## 经营性材料和物品

134．受访者建议，如果一种估价方法，如最近可取得的成本法（LAC），就存货而言是可接受的，则对于经营性材料和物品而言，它也应该被接受。委员会同意该建议，因为LAC近似估计了历史成本。进一步讲，委员会认为，任何能够近似估计历史成本的方法都应该被接受，据此，本准则进行了相应修改。

## 特种储备物资

135．受访者指出，特种储备特资的定义，包括了与主要的特种储备物资一样的、日常持有的储备物资。委员会的意图是只包括那些被法律所具体认定的“特种储备”项目。日常使用的且持有量不寻常的数量巨大的项目，不包括在本范畴之中，它们应继续保留在存货或经营性材料和物品的组成部分中，可以归类为为了将来销售或使用而储备的项目。

136．此外，作为出于“环境保护”目的而受法律委托管理的项目，一位受访者确认了氦为特种储备物质。委员会认为，把这些储备项目包括在特种储备物资中与准则的规定是一致的。定义已明确限定，特种储备物资是指与为了国防、应付紧急情况或环境保护等目的设置的法律性要求相一致而持有的项目。

137．正如经营性材料和物品中的情况一样，受访者指出，最近可取得的成本法的使用是适合于特种储备物资的。就本准则，委员会取得了相同的结论：任何近似估计历史成本的方法都应该被接受。据此，准则进行了修改。

138．一位受访者建议，把流动性较强、存在活跃市场的项目作为允许使用市场价值的一个特例，而将那些单位成本不易确定的项目添加到准则中去。存货准则提供了这种特例。受访者建议，它对特种储备物资也应适用，以便对诸如战略性的石油储备等项目以市场价值估价。而委员会认为，因为这些项目在日常中并不是被大量出售，持有利得或损失的确认可能对经营业绩的计量产生不利影响。因此，这种特例没有被添加到特种储备物资的准则中。

## 收缴和没收的资产

139．在听证会上，一位受访者解释说，没收资产中的相当一部分是被收缴的，并且在精确估计极度困难的条件下估价，这导致了报告中资产的价值大大超过了最终实现的金额。在实际销售发生之前，市场价值的确定是十分困难的。该受访者已经发现，逐项进行市场价值估计可能是最好的，但总价值仍被发现是高估了。

140．为了避免高估递延收入，该受访者建议设立一项估价准备，以调整财务报告中资产的报告价值。该估价准备应以历史的趋势或其他相关信息为基础，方式上类似于就坏账设立的准备。举例来说，最近六个月的信息可能显示销售收入少于预计价值的 5%到 10%。进一步讲，该受访者认为，估价准备的使用意识到了在估计市场价值时的内在困难，这将提供更好的财务信息。

141．虽然建议不是没有可取之处，但它可能是一种不必要的担忧。市场价值是在财产处理时可实现金额的一种估计，它应该考虑了财产预期将被处理的市场地点或方式（如，拍卖、因火灾而遭受损失物品的拍卖、零售或批发市场等）。对任何种类的资产而言，估价准备的使用没有被禁止。然而，委员会认为，在这种环境下，估价准备的使用是不必要的。

142．一位受访者请求，准则除了要求递延收入被记录外，还应该记录递延分配。在听证会上，一位受访者说，从经验上看，有多达50％的没收财产最终是分配给了参与的联邦政府、州和地方的法律执行机构。进一步讲，一旦财产已被没收，由于参与了该事项，一个州、地方或联邦政府机构就有机会收到资产。因此，在记录递延收入的同时，在适当的情况下，应记录递延分配的一个估计数。这样做的目的是为了避免在财务报表上报告误导的信息。

143．递延分配代表了与没收财产相关的另一层次的估计。在和来自其他机构的代表讨论收缴和没收财产的处理时，委员会被告知，递延分配没有合理的估计金额可被获得。

144．除了估计分配金额的困难外，委员会还注意到，在一项申请被批准前，没有法定要求进行一项具体的分配，在某种程度上，类似于以营利为目的公司宣布分配股利。在董事会实际宣布股利支付前，没有法定的义务支付股利。在此之前，公司也不必记录应付股利。因此，委员会没有按照建议修改准则。然而，委员会增加了一项披露要求，即当存在合理的未来分配的估计时，该估计的分配应予以披露。

145．评论信也包括对准则进行修改的各种建议：

(1) 既然政府没有所有权，收缴的货币性财产应被披露，而不是在财务报表中报告。

(2) 收缴的非货币性财产应该像货币性财产一样作为资产进行报告，并以相同的金额记录可能性汇款债务。

(3) 就没收的非货币性资产而言，披露要求已足够保证信息能为使用者获得，因此，没收的非货性资产不应该在财务报表中报告。

(4) 在没收判决做出时，财产的所有权实际上被转让给了政府机构，因此，它应该在那时确认为已赚取的收入，而不是递延它。

146．前两条建议与收缴的财产相关，在讨论收缴财产期间，委员会考虑了这些建议。委员会没有修改准则，这是基于：(1)对货币性财产设置强有力控制的愿望，(2)估价方面的困难以及处理收缴的非货币性财产时的不确定性。

147．第3和第4项建议与没收的财产相关。第3项中没收的非货币性财产披露的建议，将导致某一主体的资产信息陈述的不足。披露要求应该强调被报告的价值只是财产价值的一项“估计数”。第4项建议在没收时确认收入，在理论上讲正确，但并没有被委员会采纳。考虑到对没收财产进行估价的困难和高估收入的风险，委员会决定递延收入的确认，直到财产被出售。

148．一位受访者请求准则说明那些没有价值，并且不能合法地出售，但能被捐赠给博物馆或其他非营利组织的财产(如面临绝种的物种)或具有破坏性(如麻醉剂)的财产估价。为了使披露要求清晰化，并表明对于这些项目而言，没有财务价值需要报告，对准则进行修改。各主体没有被禁止报告关于收缴的非法资产金额方面的信息，即它们可以选择那样做。委员会强调，准则仅与财务确认和披露相关。

149．一位受访者指出，收缴财产的披露要求变化分析是非常详细的，但对那些只是偶尔才发生收缴行为的机构而言，不应该作此要求。委员会已经指出，本准则并不试图适用于不重要的项目。

150．一位受访者注意到收缴和没收财产的定义似乎被限制于货币性厂房不动产和有形的动产等几项。他要求该定义应该扩展到无形资产(如储蓄和贷款特许权)。委员会确实扩展该定义至无形资产。

151．一位受访者认为，征求意见稿可被解释为是建议收缴机构核算通过其财产记录和财务报表的资产。然而，在大多数情况下，收缴机构不同于可以占有收缴资产的保管机构。此外，还可能设立一个中心基金管理机构以支持各机构的活动。已经建议修改准则，以确认“收缴机构”、“保管机构”和“中心基金管理机构”在核算和报告收缴财产上的区别。

为了使收缴机构执行它们的所有权责任，应使收缴机构认识到它们对保持足够的内部记录负有责任。

152. 征求意见稿已经定义“收缴财产”是“**收缴机构**实际或推定占有的财产”。受访者已正确地指出，保管机构并不总是占有或对收缴的财产负责。在特定情况下，每一方都有必要对收缴财产保持财产记录。举例来说，收缴机构可能希望对最终被分配给它的财产保持记录。此外，收缴机构可能在没收的过程中代为保管财产。委员会已修改定义，以包括被保管机构持有的收缴财产。

153. 哪一个机构的报表应对收缴的财产保持记录呢？委员会认为，中心基金管理机构将负责核算和报告收缴的财产，但收缴机构或保管机构可能有必要保持与收缴财产有关的记录。委员会也不希望阻止它们那样做。然而，在准备合并财务报表时，应避免对这些项目的重复记录。就没收财产而言，所有权应该是一个主体资产确认的决定性因素。然而，对于对没收的财产维持实物保管的机构来说，尽管其没有所有权，虽然不应该确认相关的资产，但并没消除保持财产记录的责任。

## 取消抵押品赎回权的财产

154. 许多受访者反对以净现值（NPV）估价 1991 年后取消抵押品赎回权财产的要求。反对净现值使用的基本理由是：

——NPV 并不是比可实现净值（NRV）更精确的估价基础。

——NPV 并没有提高呈报信息的质量。

——NPV 和 NRV 之间的差异并不重大。

——维持两种取消抵押品赎回财产（1992 之前和 1991 之后）的估价系统成本太高，并且也没有必要。

——对现存系统的改变复杂而又昂贵。

——计算 NPV 时，现金流量可能没有被足够精确的预测。

155． 在建议采用现值会计时，委员会基本的考虑是为了实现 1990 年的《联邦信贷改革法案》的目的以及使财务报告和预算相一致。因为取消抵押品赎回权财产是最初贷款交易或贷款担保的一种结果。所以关于这种活动的报告应该以 1990 年《联邦信贷改革法案》中的条款为指南。

156． 在推荐会计准则第 2 号——《直接贷款和贷款担保的会计核算》（参见附录 A）中，介绍了委员会作出要求采用现值会计的最终决策时的广泛讨论。财务报告的目标之一是使报告阅读者能确定预算资源的状况，以及资源的获得和使用是否与已颁布的预算[①]一致。委员会认为，只有使用相同的基础，财务信息才能被用于对实际和预算的经营成果进行比较。

157． 然而，委员会承认，在一定情况下，可实现净值（或其他方法）和 NPV 之间可能仅存在非重大的差异。在这一点上，受访者可能是正确的。委员会已对准则进行修改进而指出：如果没有导致重大差异，其他估价方法可以作为取消抵押品赎回权财产净现值的一种近似估计而被使用。

158． 一位受访者认为，当前对取消抵押品赎回权的器具是以取消抵押品赎回权销售时的投标价格作为可取得的价格来估价的。在取得之后，价值每个月折耗百分之一。利得或损失在销售时确认。该受访者认为，当前的实践是更恰当的，原因在于：(1) 取消抵押品赎回权销售时可被支付的价格代表了当前最好的估价，(2) 估计未来净现金流量需要大量的假设，这比采用现在的具体估价方法更缺乏谨慎，(3) 该主体是以合法的程序确定器具的价值，并依靠了可取得的价格——在合法程序下，财务记录中使用其他的估价可能会有损该主体的资源状况。作为这一请求的结果，委员会没有修改准则。委员会认为，在本实例中，不存在与准则不一致的特殊情况。

① 联邦会计准则顾问委员会征求意见稿，第一卷，第 3 段——联邦财务报告的目标。

## 在价格支持和稳定计划下获得的货物

159．建议的准则规定，**如果市场利率低于贷款利率**，不可追索的贷款应在支付时调整，以**确认一项损失**。这隐含着与现行实践将贷款价值调整到报告日的预期可实现净值的处理方法不同。受访者很关注建议采用的方法，认为该方法将导致在确认损失时不考虑潜在的经济交易（指贷款被偿还）。

160．基于两位受访者的评论，委员会发现，最初建议采用的方法忽视了在确认未实现损失时的"很可能"因素。只有损失是很可能和可计量时才通常被确认。不可追索贷款，存在的时间短，在本质上类似于应收票据或应收账款，因此，委员会谈到它推荐的应收账款准则，该准则认为：

> 当应收项目很可能不能被全部收回时，损失应该确认。"很可能"是指损失发生的可能性超过50%。
>
> 估计的坏账准备应被确认，以减少应收款项的总金额至它的可实现净值。在每个财务报告日，当信息表明最近的估计不再正确时，坏账准备的金额应被重估。（联邦会计准则顾问委员会推荐的第1号会计准则，第44和45段）

161．此外，一位受访者指出，最初建议的准则在考虑到除市场利率波动之外的因素后，可能已经将损失确认排除在外。损失会因（1）农场主使用不当或抵押品的处理，或（2）欺诈而发生。为了确认这些事项，虽然损失确认的概念应当被明确地扩展。就不可追索贷款，委员会修改了准则，以与应收账款准则相一致以及为委员会在负债项目上的现实考虑。

162．一位受访者认为采购协议包含了一项或有负债。**如果合约的价格超过了农产品的预期可实现净值**，建议的准则将要求确认一项负债和损失。很明显，在特定时刻，市场价格可能低于合约价格，但由于收获中和收获后的市场周期的存在，这也就并不意味着合约将被执行，损失可以实现。委员会对准则作出了修改，即如果与采购协议相关的损失很可能发生并可计量，则应确认损失。

# 联邦财务会计准则第 4 号公告（SFFAS NO.4）
## ——管理成本会计准则

## 基本情况

颁布日：1995 年 7 月 31 日

生效日：从 1996 年 9 月 30 为期末的会计年度开始生效

参考第Ⅰ卷：联邦财务会计概念第 1 号公告，《联邦财务报告的目标》（该公告提供财务报告的核心数据、环境数据以及报告种类的讨论）

联邦财务会计准则第 5 号公告，《联邦政府负债的会计核算》（该公告提供养老金和以完全成本计算的其他退休金的相关信息）

联邦财务会计准则第 7 号，《收入及其他财务资源的会计核算》（第 73 段和 333—334 段提到为主体间的成本注入的资金）

参考第Ⅱ卷：管理成本会计（M20）

解释公告：解释公告第 2 号，《国库鉴定基金交易的会计核算》

影　　响：不影响其他公告

所受影响：不受其他公告的影响

## 引言

本公告涉及的管理成本会计概念和相应的准则是以提供联邦政府完全成本的可靠且及时的信息为目标的，这些完全成本是由联邦政府的项目、营运活动以及产出引起的。本公告中的管理成本会计概念描述了成本核算、财务报告以及预算之间的联系。五个准则提出了管理成本会计的基本要素。

### 管理成本会计概念

从实践的角度来看，管理成本会计应该是财务管理系统的基础部分，应将其与系统的其他部分联系起来。管理成本应以会计核算、确认以及计量为基础，这对于特定的目的而言是恰当的。因不同目的而提供的成本信息应从公共的数据来源中分离出来，其产出报告则应彼此协调一致。

**管理成本会计准则**

对成本核算的要求：每个报告主体应该出于管理信息的目的以常规基础来汇总并报告其营运活动的成本。通过使用成本核算系统，或者使用成本计算技术来汇总成本。

责任分部：每个报告主体的管理层应该界定并建立责任分部。通过运用管理成本会计来计量和报告每个分部产出的成本。如果有必要，应采用特别的成本调查来决定产出的成本。

完全成本：在常规目的财务报告里，报告主体应该报告产出的完全成本。由责任分部产生的产出的完全成本是以下项目的总和：（1）与产出直接或间接相关的责任分部消耗资源的成本，以及（2）由报告主体的其他责任分部或其他报告主体提供的可识别的支持服务的成本。

主体间成本：每个主体的完全成本应包括从其他主体收到的商品和服务的完全成本。提供商品和服务的主体有义务向接收主体通过账单或其他票据提供这些商品或服务的完全成本。

未完全偿付的主体间成本的确认仅限于下列重要项目：（1）对收款主体来说是重大的；（2）形成收款主体产出的完整且必需的部分；（3）对接收主体而言能以合理的精确度辨别并配比。主体对所有或大部分其他主体提供的广泛且常规的支持服务不应该被确认，除非这些服务组成了接收主体经营或产出的重大且完整的部分。

成本计算方法：责任分部所消耗资源的成本应按资源的类别汇总。责任分部的产出应该汇总，如果可行，还应按主体进行计量。与生产产品直接或间接相关资源的完全成本应通过成本计算方法或成本计算技术（该技术通常适用于分部的经营环境且应该前后一致地使用）在产品间进行分配。

应按照先后次序，采用下面列示出的方法进行成本分配：（a）不论是有可能还是经济上可行，均采用直接可追溯成本；（b）按照原因和影响的基础分配成本；（c）以合理且一致的基础分配成本。

# 目　录



注：第 1—12 段以及第 28—30 段被省略。

# 引言

## 背景

13. 有关联邦政府项目成本和作业成本的可靠信息对政府运作的管理而言是至关重要的。在1993年颁布的联邦财务会计概念第1号公告，《联邦财务报告的目标》中，联邦财务报告的目标被强调为提供有用的信息，以帮助内部和外部使用者评价预算的完整性、经营业绩、受托责任以及联邦政府系统和控制情况①。

14. 管理成本会计对于实现评价经营业绩的目标而言尤为重要。与该目标相联系，联邦财务会计概念第1号公告强调联邦财务报告应提供信息以帮助使用者决定：

- 特定项目和作业的成本及其组成以及变动；
- 与联邦项目及其跨期变化的成本相联系的努力和完工量；
- 政府资产和负债管理的效率和效果②；

15. 联邦财务会计概念第1号公告更进一步强调"成本和业绩管理的主题是相联系的,因为正是由于将成本与作业或成本目标相联系,会计核算才能为业绩报告提供帮助。"③"成本"是使用或耗费资源,或者为达到某一目的而发生债务(如取得或者生产商品,或者履行作业或服务)的货币化价值。发生的成本可能使当期或未来各期受益。在财务会计和报告中,适用于本会计期间的主体营运成本被确认为当期费用。

16. 1990年的《首席财务长官法案》在有关首席财务长官的职能的内容包括"发展和报告成本信息"以及"对业绩的系统计量。"④ 1993年7月1日，国会通过了《政府业绩成

---

① 联邦财务会计概念第1号公告，《联邦财务报告的目标》(1993年9月2日)，第110和111段。

② 同上注，第126—130段。

③ 同上注,第192段。

④ 104统计2938(参见31美国统计局 第902节)。

果法案》(GPRA)，该法案授权联邦机构进行业绩计量[①]。1993年9月，副总统戈尔在呈交总统的《国家业绩回顾》(NPR) 报告中建议当时的联邦会计准则顾问委员会采取行动，为所有联邦主体的活动颁布一套成本会计准则[②]。这些准则将提供一种方法，用以确定所有政府活动的主体成本。

17．1994年初，联邦会计准则顾问委员会召集了一个顾问团，以帮助在联邦政府建立管理成本会计准则。该顾问团的成员来自政府部门、企业和学术界。这些成员的观点和建议已被委员会所考虑，而且他们的工作为本文件的形成做出了很大的贡献。

## 联邦政府成本信息的使用者

18．政府的成本与社会公众有关，同时也与政府本身有关。大部分政府服务的努力程度和完成程度都不能单独依靠财务术语来进行衡量。不同于私立企业，公共部门没有“保本点”和利润指标来衡量其业绩。但政府服务的努力程度和完成程度可以通过财务和非财务计量方法来评估。对于政府项目而言，“成本”是一个重要的财务计量方法。下面列示的内部和外部的联邦信息使用者将发现这些准则对于评价经营业绩、受托责任以及联邦政府系统和控制情况来说是有帮助的。

19．*政府的管理者*是主要的成本信息使用者。他们负责利用受托资源来实现项目的目标。可靠并及时的成本信息能帮助他们确保资源的消耗达到预期的结果和产出，并在他们发生浪费和无效率时发出警告。

20．*国会和联邦决策者*，包括总统，制定政策以决定项目的优先级，以及如何在项目之间分配资源。这些官员需要成本信息来比较同一行动的不同进程，并依靠评价成本和效益

① 107统计285(参见31U.S.C. 第1101、1105、1115、1116—1119、9703、9704节)。

② 副总统戈尔，“建立一个能运作更好且成本更低的政府”，《国家业绩回顾》(1993年9月) 的相应报告，第59页。

作出项目授权决定。他们还需要成本信息评估项目业绩。

21. *公民*，包括新闻媒体和利益相关团体，他们关注影响其利益的联邦项目的成本和结果。他们需要项目成本信息来判断项目间的资源分配是否合理，以及项目的运作是否有效率和有效果。

## 目标

22. 在这里提出的管理成本会计概念和准则是为上面列示的所有使用者群体服务的。这些准则的制定目的在于达到三个总体目标：

- 向项目管理者[①] 提供与产出和作业的成本相关且可靠的信息。以此为基础，项目管理者能够回答有关他们经营管理活动成本的质询。成本信息帮助他们提高在经营过程中的节约程度和效率。
- 提供相关可靠的成本信息来帮助国会和决策者在分配联邦资源、授权并修改项目，以及评估项目业绩等方面作出决策。
- 确保在总体目标财务报告上报告的成本和向项目管理者报告的成本两者间的一致性。这包括术语的标准化，以提高管理成本会计在联邦机构和成本信息使用者间的交流。

## 准则涉及的范围

23. 本准则包括管理成本概念和联邦政府的五项准则。这五项准则针对以下主题：

（1）成本会计的要求；

（2）责任分部；

（3）完全成本；

① 联邦财务会计概念第 1 号公告“财务报告目标”将“项目管理者”定义为管理联邦项目的个人，并强调“他们关注的是经营计划、项目经营以及预算执行情况。”联邦财务会计概念第 1 号公告，第 85 段。

（4）主体间成本；

（5）成本计算方法。

每个准则的实质都被简要地列示在方框中(方框后有详细的解释)。**但方框中的内容和解释的全文共同组成了准则的要求。**

24． 这些准则建立在合理的成本会计概念之上，并给予联邦机构充分的灵活性来发展适合各自特定经营环境的成本会计实务。同时，预期到当联邦机构运用这些准则并从中获取经验时，其成本会计准则和实务将得到提高和发展。

25． 其他联邦财务会计准则（SFFAS）提到了资产和负债的确认和计量。作为额外的指南，读者可参考：联邦财务会计准则第 1 号公告，《特定资产和负债的会计核算》；联邦财务会计准则第 2 号公告，《直接贷款和贷款担保的会计核算》；联邦财务会计准则第 3 号公告，《存货和相关财产的会计核算》。委员会正致力于并将要完成有关收入、负债、不动产、厂场及设备以及其他财务报告要素的确认与计量项目[①]。

### 术语

26． 管理成本会计信息要成为有用的信息，必须依靠对概念、实务和技术的前后一致且标准的术语。术语前后一致且标准的使用能有效地避免在机构和个人间造成混淆和误解。

27． 作为在联邦政府中提高管理成本会计术语一致性的一个开端，本准则包括基本成本会计术语表。

(第 28—30 段省略。)

## 使用成本信息的目的

31． 联邦政府使用成本信息有许多不同的目的。本准则的

---

① 参见联邦会计准则顾问委员会的征求意见稿，《联邦政府负债的会计核算》（1994 年 11 月 7 日）；《不动产、厂场及设备的会计核算》（1995 年 2 月 28 日）；《收入及其他财务资源的会计核算》（待定）。

焦点是提高联邦财务管理和管理决策所需的成本信息。

32. 在管理联邦政府项目过程中，成本信息在以下五个领域是关键的：(1) 预算和成本控制，(2) 业绩计量，(3) 决定开支并制定费用和价格，(4) 项目评估，以及 (5) 经济选择决策。上述每个用途都将在下文中讨论。

## 预算和成本控制

33. 项目作业的成本信息能作为基础估计在编制和评价预算方面的未来成本。一旦预算被批准并执行，成本信息能作为预算执行情况的反馈。使用成本信息，联邦管理者可以控制并减少成本，发现并避免浪费。例如，有了准确的成本信息，联邦管理者能够：

- 将成本和作业已知的或假定的收益进行比较，区分增值和未增值的作业，做出决策以减少投入到无效作业中的资源；
- 比较并决定特定作业或产出的实际和预算成本间差额产生的原因；
- 比较成本随时间的变化并确定其原因；
- 确定并减少多余产量的成本；
- 比较同类作业的成本并查出成本差异的原因（如果有的话）。

## 业绩计量

34. 计量业绩是提高项目效率、效果和项目结果的一种方法。1993 年《政府业绩和成果法案》(GPRA) 的一个明确的目标就是“通过系统要求联邦机构核算其项目结果，来提高美国人民对联邦政府能力的信心。”

35. 在效率和成本效果方面，成本计量是完整的业绩计量的一部分。效率通过相联系的投入产出来计量。它常常被表述为每主体产出的成本。当其自身的效果依靠产出和预定目标的实现程度来计量时，它通常与成本信息共同反映“成本效果”。因此，政府主体服务的成果和业绩通过以下方法评价：

(1) 对服务成果的计量，包括为提供服务投入资源的成本计量和非财务计量；

(2) 产出（提供服务的数量）和结果（服务的成果）的业绩计量；

(3) 与业绩相关的成果的计量，如每主体产出的成本或成本效果。

36. 因此,正如上文强调的那样,业绩计量既需要财务计量和非财务计量。成本是业绩计量的必要因素,但不是惟一因素。

## 决定开支以及制定费用和价格

37. 成本信息是制定费用和开支的重要基础。然而，定价和成本是两个不同的概念。定价是政策范畴的问题，有时由法定的规章条款决定，而另外一些时候是由管理或公共政策决定。因此，商品和服务的定价不必等同于特定原则决定的商品或服务的成本。然而，成本是政府定价的重要考虑因素。对于一些例外情况，管理与预算办公室（OMB）要求：[①]

- 关于政府在其统治能力范围内向特殊利益群体提供的商品和服务，其使用费应该能充分补偿这些商品和服务的完全成本；
- 关于政府在类似企业的状态下提供的商品和服务,其使用费不限于补偿完全成本,同时还可以产生一定的净收入。

38. 同样，成本信息对于计算一个政府机构向另一个政府机构提供产品和服务的报酬而言也是非常重要的。即使由于政策和经济方面的约束，费用或报酬不能补偿完全成本，但管理层需要意识到成本与价格的区别。通过这些信息，项目管理者能恰当地告知公众、国会以及联邦决策者有关提供商品和服务的成本。

① 管理与预算办公室公告 A—25,《使用费》(1993 年 7 月 8 日修改)。

### 项目评估

39． 项目所需联邦资源的成本是在与项目授权、修改和终止相联系的政策制定决策的重要因素。这些决策通常受到政策方面的约束,并常常需要考虑影响不同的社会经济部门的社会经济成本和收益。不过,所需的联邦资源的成本也是一个重要的因素。项目成本的信息能作为成本收益考虑的基础。

### 经济选择决策

40． 通常，机构和项目面临的决策涉及在众多措施中做出选择，例如：是内部处理某项目还是对外订约发包；接受还是拒绝某建议；继续还是终止某提供商品或服务。这些决策需要比较不同选择的成本。

## 管理成本会计概念

**管理成本应该是财务管理系统的基础部分，同时从实务角度来看，应该与该系统的其他部分形成统一的整体。管理成本的计算应该以适用于特定目的的核算、确认和计量为基础。为不同目标产生的成本信息应从公共的数据来源中提取，且其产出报告应该相互协调一致。**

41． 管理成本会计应该是恰当的财务计划、控制和计量的重要组成部分，这些行为是使用具有货币价值资源的机构和作业采用的。管理成本会计是财务管理系统的基础部分，因为它为预算会计和财务会计活动提供支持和数据，而其本身也为内部和外部的使用者提供有用的信息。

### 管理成本会计在财务管理中的角色

42． 管理成本会计是汇总、计量、分析、解释以及为采用相关方式的内部和外部团体报告有用成本信息的过程，这些相关方式指的是机构使用、核算、保护以及控制其资源以实现其目标。因此，管理成本会计是为预算会计和财务会计以及核算服务的，因为它帮助这些系统提供信息。同时，它也直接向管理层直接提供有用信息。这些联系列示在数据 1 中。

**数据 1：财务管理信息框架**

公共数据源

43． 财务管理系统内的信息流源于基本的信息源或公共的数据源。该数据源包括预算会计、成本会计和财务会计过程中所使用的所有财务信息和纲领性信息。这包括所有的财务和非财务数据，如环境数据（该种数据对预算和财务报告来说是非常必要的）①。公共数据源也包括对以前报告和反馈结果进行估价和决策的信息。其他类型的数据包括在以与信息的最终使用者相关的需求和目标为基础的数据中。

44． 公共数据源包括许多不同种类的数据。它不只是建立在标准总账体系下关于财务交易的信息（尽管这类信息占据了数据源的很大一部分）。很少有机构或主体将所有这些数据保留在一个系统或一个区域。而且，“数据源”这个术语的使用不仅仅意味着对原始信息计算机处理系统的简单运用。相反，该术语以包括许多信息源的宽泛方式使用。

45． 管理成本会计、财务会计和预算会计按其所需从公共数据源中抽取信息。这些被抽取数据中的每一个都将经过处理以满足报告有用信息的特定目标。

与财务会计的联系

46． 正如数据 1 中重叠部分显示的那样，管理成本会计和财务会计是紧密联系或互为一体化的。在某种程度上，这是因为成本会计作为一种方法历史进步的结果，这种方法是按照外部财务报告目标提供存货价值的要求进行具体记录的过

① 核心数据和环境数据的结构将在联邦会计概念第 1 号公告，《联邦财务报告的目标》，第 7 章中讨论，因此这里不再进行具体讨论。

程[①]。这还部分因为成本信息通常来源于财务会计目标记录的交易。

47． 当存货计价仍是两者基本关系中的一部分时，管理会计以几种其他方式服务于财务会计。根本而言，管理成本会计应通过提供累积产生经营费用的相关数据，来帮助财务会计决定本会计年度的经营结果。这些数据包括将资本化的成本按期间或使用年限进行分配。

48． 传统上，属于财务会计的管理成本会计信息已经演变为过去交易的成本和交易价值按会计期间和产出分配的成本。这些目标和用途紧密地与财务会计活动和传统的外部财务报告联系在一起。这种过去成本方面的问题已经在《联邦财务报告的目标》公告中得到普遍认可，该公告强调“财务会计与将过去交易的价值按照恰当的时间基础进行分配有着极大的联系。”[②]

与预算会计的联系

49． 管理成本会计也应为预算会计提供成本信息。然而，这二者并不像与财务会计那样紧密联系。这主要是因为管理成本会计通常是以权责发生制为基础记录、汇总和分配成本，这有别于预算会计使用的债务或现金收付制基础。

50． 然而，管理成本会计的确向预算会计为编制年度预算，以及为生产不同水平的产品所需而取得原材料、供应品、设备、人力资源和其他资源编制长期预算提供成本信息。管理成本会计还帮助作出许多预算决策，如那些与未来资本化支出和购买还是租赁相关的决策。

51． 委员会的授权并不涉及到推荐预算准则或预算概念，而且那些都不是本准则的目的，注意到这一点是很重要

① Coulthurst，Nigel 和 John Piper：《成本和管理会计的现状》，载《管理会计》，1986年4月。

② 联邦财务会计概念第1号公告，《联邦财务报告的目标》，第168段。

③ 建立联邦会计准则顾问委员会的谅解备忘录，1990年10月10日。

的[③]。然而，委员会承诺提供相关并可靠的成本会计信息，以支持预算计划、阐述和执行。

管理目的成本信息

52. 管理成本会计直接为管理层使用提供信息，有时还使用由预算和财务会计核算过程产生的数据。成本信息为许多不同目标而使用，这些目标通常被分为五类：业绩计量；成本降低和控制；报酬和使用费的确定或价格的制定；项目授权、修改和终止决策；对外发包或生产方式变更的决策。

53. 为了满足这些要求，管理成本会计应使用基本成本数据和非财务或纲领性的数据。例如，追溯产出数量和包括以员工人数或人工工时表示的劳动力数量的投入耗费量。有时成本分析得出的信息用来将实际和预定或期望成本进行对比。一个机构可以使用成本估计、成本研究和成本发现技术。

54. 然而，管理成本会计不仅与过去和未来的成本相关，其中它的一个最重要特征是使用当期的成本以帮助管理。管理成本会计当期成本方面的问题指的是《联邦财务报告的目标》所强调的“会计数据在*同一时期* 可以进一步的分派、分配或者在与单位作业或生产量、机构分部等相联系。这种类型的期间分配在一个被称作成本会计的会计分支中得到广泛发展。联邦会计准则委员会和政府会计准则委员会都未致力于这个会计分支，但联邦会计准则顾问委员会由于其独特的目标需要做到这一点。”[①] 管理成本会计信息属于当期成本，通常用于控制和减少这些成本，控制工作进度以及计量当期业绩。

报告关系

55. 合适的财务管理要求三种类型的会计过程协同工作以便为内部和外部的使用者提供有用的报告。联邦报告内部和

① 联邦财务会计概念第 1 号公告，《联邦财务报告的目标》，第 174 段。

外部的双重焦点已经在《联邦财务报告的目标》公告中建立。该公告强调“联邦会计准则顾问委员会和其发起者相信，对联邦财务报告目标的任何描述都应该考虑外部和内部使用者的需求以及他们所作的决定。”而且，公告还强调“联邦会计准则顾问委员会……既考虑到外部使用者，又考虑到内部信息使用者的信息需求。这部分是因为对联邦政府而言，其信息的内部使用者和外部使用者的区别在许多方面都不如其他主体显著。”该准则继续将财务信息的使用者分为四种主要类型：项目管理者、决策者、国会和公民。① 这些类别里既包括了内部使用者，又包括了外部使用者。

56. 联邦财务报告包括总目标报告和特定目标报告，以便满足四种使用者群体的要求。管理成本会计产生的信息出现在两种类型的报告中，并对它们构成影响。② 正如前面讨论的那样，管理成本会计应提供信息为财务会计和预算会计所用。那些信息在两种类型会计过程产生总体目标报告和特定目标报告时使用。

57. 管理成本会计也将产生自己的报告。通常这些报告是为内部使用者、特定项目和作业管理者设计的特定目标报告。然而，他们作为群体通常被认为是外部使用者。

58. 提供报告（管理成本会计在这方面扮演着重要角色）最重要的方面之一是业绩报告。计量和报告实际业绩以便与建立的目标体系作比较，这对于评价政府的受托责任来说是至关重要的。成本信息在建立战略目标、计量服务成果以及相关的努力与成果方面非常必要。与业绩计量和业绩报告相关的成本信息的重要性已经在《联邦财务报告的目标》公告中得到确认。该公告指出“实施成本会计的原因是帮助业绩计量”，同时还强调“成本与业绩计量的主题是相联系的，

---

① 联邦财务会计概念第 1 号公告，《联邦财务报告的目标》，第 23、25 和 75 段。

② 总目标报告和特定目标报告两种类型将在联邦财务会计概念第 1 号公告，《联邦财务报告的目标》第 7 章中讨论。

因为会计能在报告业绩方面做出大量的贡献正是依靠与作业或“成本目标”相关的成本。”[①]

## 会计和确认/计量方法的基础

59．成本可以以许多方式计量、分析和报告。特定的成本计量在考虑到其目的时才有意义。成本计量可以因计量的环境和目标的变动而变化。《联邦财务报告的目标》公告强调“委员会的焦点是发展关于报告联邦政府和其组成主体的财务经营、财务地位和财务状况以及其他有用财务信息的公认会计准则。这意味着成本和其他信息计量方法的变化，这些其他信息补充预算中可获得的信息（附加强调）。”[②]

60．而且，它还强调“在为特定目的界定成本的正确计量、分配和分派时，如何选择适当的会计方法以及是否使用完全成本计算法应被仔细考虑。”[③]它进一步补充“会计的权责发生制基础通常为成本与商品和服务的产量提供了更好的配比，但其特定用途的使用和应用应被仔细评价。”[④]

61．因此，管理成本会计应运用会计基础，以及运用适用于信息使用的确认/计量准则提供成本信息。当管理成本会计用于提供财务会计和财务报告使用的信息时，这些信息应该与会计基础和联邦会计原则要求的确认/计量准则相一致。传统上，这意味着权责发生制会计和历史成本计量原则的使用（特别对总目标报告而言）。

62．当管理成本会计用于提供编制和检查预算的信息时，成本数据应该与用于财务报告的会计基础和确认与计量方法

---

① 总目标报告和特定目标报告两种类型将在联邦财务会计概念第 1 号公告，《联邦财务报告的目标》第 7 章中讨论。第 174 和 192 段。

② 总目标报告和特定目标报告两种类型将在联邦财务会计概念第 1 号公告，《联邦财务报告的目标》第 7 章中讨论，第 191 段。

③ 总目标报告和特定目标报告两种类型将在联邦财务会计概念第 1 号公告，《联邦财务报告的目标》第 7 章中讨论，第 196 段

④ 总目标报告和特定目标报告两种类型将在联邦财务会计概念第 1 号公告，《联邦财务报告的目标》第 7 章中讨论，第 197 段。

相一致，但可以因满足不同的预算信息需要而调整。

63．特定目的成本研究和分析有时为决策而实施。在那些研究和分析中，管理层可能需要采用当期总目标财务报告以外的成本数据。例如，在计划决策方面，管理层可能采用重置成本和资本化成本。但其使用的基础和方法应适用于环境并应与预期的目标一致。

### 信息的调节

64．会计的不同基础将对相同的项目、作业和主体产生不同的成本。这将使成本信息的使用者感到迷惑。因此,使用不同会计基础或不同的确认和计量方法形成的报告应该是可以调节的,而且应该完整地解释这些基础和方法。不管提供报告的类型如何,成本信息应该最终可追溯至原始的公共数据源。

65．为了协调,所报告信息的差额应该是可确定的,且差额的原因应该是可解释的。在一些情况下,信息的差额应该无须过多解释而清晰易懂。但其他一些情况可能需要对有关差额进行陈述。在一些复杂的情况下,图表可以完整地解释差额。

66．长期以来人们已经认识到财务报告对不同会计基础报告的信息调节的必要性。联邦财务报告要求进行调节，以便显示和解释预算报告和按照公认会计原则编制的财务报告间的重大差额。

## 管理成本会计准则

### 成本会计核算要求

> **每个报告主体[①] 应该为管理信息的目的以规范的基础将作业的成本进行汇总和报告。成本可以通过使用成本会计系统或成本计算技术来进行汇总。**

① 见本公告有关责任分部的准则。

67. 成本信息对于有效的财务管理而言是非常重要的，并应该在联邦财务报告中扮演重要角色。管理成本会计核算过程是以高效且可靠的方式在持续经营的基础上提供成本信息的一种方法。

## 对建立在规范基础上的一致性成本会计的需要

68. 以“规范的基础”履行管理成本会计意味着，主体应该为管理信息的目标建立一个连续的、日常的且前后一致的成本核算和报告程序。一致且规范的成本会计需要满足联邦财务报告的第二个目标，该目标强调应该提供信息以便帮助使用者决定提供特定项目或作业的成本及其组成，以及成本的变化。该目标同时还要求报告联邦项目的业绩信息，以及这些与成本相关的业绩信息的跨期变化。

69. 对建立在规范性和一致性基础上的管理成本会计的要求支持当前的立法行为。1990年的《首席财务长官法案》(CFO)强调，机构的首席财务长官应该是为成本信息的报告和发展以及当期的业绩计量而设立。而且，1993年的《政府业绩和成果法案》(GPRA)要求每个机构为每个项目建立业绩指标，以便通过将实际结果和所设立的目标作比较的基础来计量或者评价相关的产出、服务水平，以及每个项目的成果。这些法令的实质要求报告主体以一致性和规范性的基础发展和报告成本信息。

70. 管理成本会计核算过程包括：从公共数据源收集数据、处理数据，以及在总体目标财务报告和特定目标财务报告上报告成本和产出信息。适当的程序和实务也应被建立，以便能够收集、计量、汇总、分析、解释以及交流成本信息。这能够通过使用成本会计系统或成本计算技术，以及其他的成本研究和分析方法来完成。成本会计“系统”是由一组为前后一致产生的可靠成本信息设计的方法和活动组成的。

## 基础的成本会计核算过程

71. 无论报告主体是使用成本核算系统还是使用成本计算

技术，它们所采用的方法和程序应该都是为施行至少最低水平的成本会计，以及提供成本信息的基本金额（这些成本信息是为实现与计划、决策、控制和报告相关的目标所必须的）。这些更为重要的成本会计的最低标准与本公告剩余部分的准则是相联系的。其他部分也很重要。

- 责任分部：成本信息应该按照责任分部来收集，这些责任分部已由管理层确定。产出应该按照每个责任分部来界定①。
- 完全成本：每个报告主体应该计量产出的完全成本，以致能够决定产出的总运营成本和主体成本。“完全成本”包括其他主体提供的商品和服务的成本（当适用的标准被满足时）②。
- 成本计算方法：使用的成本计算方法（如：作业成本法、分批成本计算法和标准成本法等）对于满足管理层的需要和经营环境来说应该是恰当的③。
- 业绩计量：成本会计应提供所需的信息，以便确定和报告服务成果和成绩，以及确定和报告为满足《政府业绩和成果法案》（GPRA）要求所需的信息或与提供这些信息的系统相关的界面。这包括投入和产出的数量以及为计量业绩所需的非财务信息。
- 报告频率：成本信息应该以及时的方式报告。而且对成本信息的报告应建立在与管理需求以及预算和财务报告的要求一致的规范基础上。
- 标准总账：管理成本会计应该与财务会计整合。这二者对基本的财务交易数据而言都须依靠标准总账。
- 信息的精度：对内部和外部使用者提供的成本信息应该是对估价和决策可靠且有用的。同时，不必要的数据精度也应避免。

---

① 见本公告有关责任分部的准则。

② 见本公告有关完全成本和主体间成本的准则。

③ 见本公告有关成本计算方法的准则。

- 特殊情况：管理成本会计核算过程应设计的适应管理层的任何特殊成本信息需求，这些需求可能是由不寻常和特殊的情况引起的。假如这些成本信息需要建立在规范的基础上，应对其采用恰当的处理程序。
- 文件管理：所有的管理成本会计业务、过程和程序应采用与适用的会计处理有关的指南和手册来证明。这些参考性文件应该略述可行的做法，为接下来的程序和实践提供指导，列出与标准总账相联系的成本账户和明细账户，并包括可使用的其他文件和形式的例子。

**成本会计核算过程的复杂性**

72．当每个主体的管理成本会计应满足上述基础时，本准则不再详述管理成本会计核算过程的复杂程度和复杂性。每个报告主体应为其建立在以下几个因素基础上的成本会计处理程序确定恰当的细节。这些因素包括：

- 主体经营的实质；
- 对成本信息精确度的要求和需求；
- 数据收集和处理的实用性；
- 电子数据处理设备的有效性；
- 采用、运行和维护成本会计程序的成本；
- 管理层的特殊信息需求。

73．一些主体可能发现，它们能购买基本的“非定制的”成本会计程序、系统或处理过程，或者可以适用其他联邦机构的程序、系统或处理过程。所有的主体应考虑为了使组成单元的成本信息的比较和合并更便利，可以使用相似的或兼容的成本会计核算过程。

**成本计算、研究和分析**

74．成本会计系统是一个连续且系统的成本会计核算过程，该过程是日常为多种对象汇总和分配成本或为满足管理层的需要而设计的。这样的系统对一些报告主体来说可能是最好的。

75. 一些主体不需要复杂的系统来实施详细的成本汇总和分配。它们需要按照本准则的要求有规律的汇总和报告成本，但它们可以通过特别的成本研究和成本分析方法来决定和分析成本。同时，一些主体可以使用报告成本和由成本研究补充的成本系统的结合体。

76. 某些情形下，通过使用特定成本研究或成本分析方法可以获取成本信息并且达到节省开支的目的。而且，成本计算是使用恰当程序决定生产商品或服务成本的一种方法。成本计算技术对于计算那些规范基础之外的成本可能是有用的。

## 责任分部

**每个报告主体的管理层应该界定和建立分部。管理成本会计应用于计量和报告每个分部产出的成本。假如有必要，还应实施特别成本研究以便决定产出的成本。**

77. 本准则强调每个报告主体的管理层应该界定和建立责任分部。本节解释责任分部的概念、形成分部的目的，以及如何建立责任分部。

### 界定责任分部

78. 责任分部是报告主体[①]的组成部分，该组成部分负责目标的执行、主营业务的指导，或者生产一个或一组相关商品和服务。而且，责任分部通常具备以下特征：

(1) 它们的管理层直接向主体的最高层汇报；

(2) 它们营运的资源和成果能清晰的与主体的其他分部区别开[②]。

① 本文件中提到的“报告主体”概念与联邦会计准则顾问委员会的推荐会计概念第2号公告，《主体与表述》(1995年5月) 中的定义表达相同的意思。

② 这两个特征使责任分部（正如在本文件中使用的那样）区别于成本中心。成本中心可以存在于一个机构的任何层次，且不用向最高管理层直接报告。正如下文介绍的那样，责任分部可以将成本中心包含在其中。

79．责任分部是实施管理成本会计的一个主体。主体可以采用中央会计系统或分部基础系统为每个分部提供成本信息。就每个分部而言，管理成本会计应该：

（1）界定和汇总产出，如果可行，将每种类型的单位产出量化；

（2）汇总生产产品所耗费资源的成本和数量；

（3）按产量分配成本，并计算每种类型产品的单位成本。

80．如果一些报告主体只执行单一的任务或只提供一种类型的服务，那么它们可以只设置一个责任分部。其他报告主体可以有几个责任分部。也就是说，联邦政府的分支机构本身可以是一个报告主体。而且同时，它也是其所属的高一级报告主体的责任分部。例如，林业局可以是一个报告主体，因为它满足报告主体的标准。同样地，它本身也可以建立一个责任分部。同时，林业局也可以被看做农业部的一个责任分部（林业局是农业部的一个部门）。

81．然而，对特定的报告主体而言，管理层应该建立一个或几个责任分部来管理成本会计的职能。

**设立分部的目的**

82．将一个主体分割成为几个分部的基本目的是确定的和报告责任分部生产和发出的服务和产品的成本。许多联邦部门和机构经营生产多种产品和服务的项目。主体范围的合计收入和费用核算将服务于主体的财务报告，但并不是出于成本核算的目的。为了确定每种服务或产品的成本，必须将主体划分为分部以便负责某种类型的服务或产品。那么，每个分部都能够作为一个媒介，以汇总发生的与该分部产出相配比的成本。每个分部能使用最适合其经营的成本计算方法。

83．设立分部的另一个重要目的是方便对成本的控制和管理。每个分部提供的成本信息将帮助管理者检验该分部消耗特殊资源和提供服务的成本。管理者能以美元价值和数量对所消耗资源或预算和标准对比形成的成本差异进行分析。由于每个分部采用特殊模式的程序和作业来生产产品，它们的管理者能够分析那些程序和作业以便利用产出价值来比较其成本。

84．对那些包含有不同业务流程部门的主体而言，单独提供反映重要部门信息的财务报告和反映主体全面信息的财务报告是值得的。[①] 一些主体可能发现各分部的汇总成本对于支持各部门的财务报告是非常有用的。

85．对于内部管理层而言，设立分部还能方便业绩的计量。由于每个分部负责某个任务的实施或负责某种产品的生产线，应能基于特定任务和经营方式为每个分部设立业绩目标。与每个分部相关的成本、产出和成果信息能用于计量业绩，以便与目标进行对比。分部业绩计量的结果也能支持有关整个报告主体或主要项目业绩计量的外部报告。

### 责任分部的设立

86．报告主体管理层应该界定和建立其责任分部。责任分部的设计应以下面的因素为基础：（a）主体的组织结构，（b）任务和职责范围，（c）产出（所发出的商品和服务），以及（d）预算账户和基金授权。但其中最主要的因素是报告主体的组织结构及其存在的责任部门，如局、行政部门、办公室以及某部门的分支机构。

87．例如，美国通用服务管理机构提供五种截然不同的服务：（1）管理公共建筑，（2）分配物资，（3）提供旅游和交通服务，（4）管理信息资源（包括交换和数据处理服务），以及（5）不动产的处置。这些服务领域中的每一个都能被设计为一个责任分部。在其他的服务机构中，退伍军人事务部为退伍军人提供健康服务，向退伍军人支付补偿金和退休金，并向他们提供住房贷款和住房贷款担保。这其中每一个

---

① 这一点在联邦会计准则顾问委员会推荐会计概念第 2 号公告，《主体与表述》的第 75—76 段中讨论。

项目都可形成责任分部。

88. 由于责任分部是主体的主要组成部分，一些责任分部可能会执行多个项目。一些项目也可能由两个或多个责任分部联合管理。因此，每个分部应为每个项目的每种类型的产出汇总成本。为了达到这个目的，责任分部内可以建立成本中心网络系统来汇总成本。每个成本中心的管理者将在其责任范围内通过所提供的信息来控制和管理成本。依靠经营模式和成本计量方法，成本中心可以按照不同的角度建立，如组织单位、经营过程和作业。

## 完全成本

**报告主体应在其总目标财务报告上报告完全成本。由责任分部生产产品的完全成本是以下项目的总和：（1）分部直接或间接用于产出所消耗资源的成本，以及（2）由其他报告主体或本报告主体中的其他责任分部提供服务的可确认成本。**

89. 本准则强调报告主体应在其总目标财务报告上计量和报告其产出的完全成本。“产出”意味着因资源的消耗而产生的产品和服务。责任分部产出的完全成本是为生产产品消耗资源的总和。这包括产出的直接成本和间接成本（无论其资金来源如何）。它还包括其他责任分部或主体提供支持服务所发生的成本。本准则不要求在联邦主体内部报告和特定目的的成本研究中提供完全成本报告。主体管理层能依照个案的情况来决定完全成本是否合适，是否应该用于内部报告和特定目的的成本研究。

### 直接成本

90. 直接成本是指能与产出明确辨认的成本。所有的直接成本应包括在产出的完全成本中。产品生产中典型的直接成本包括：

（a）直接从事产品生产的员工的薪金和其他津贴；

（b）生产中领用的原材料和物品；

(c) 与办公空间、设备、设施和公用事业相关专门用于生产产品的各种成本；

(d) 从其他分部和主体收到的用于生产产品的商品和服务的成本（参见有关“主体间成本”的下一节中的讨论和解释）。

**间接成本**

91．间接成本指的是联合的或公共的用于两种或多种类型产品，但又不能与任何产出明确辨认资源的成本。间接成本典型的例子包括总管理服务成本、总研究和技术成本，保险、租赁、员工健身和娱乐设施，以及为建筑、设备和公共设施的运作和维护发生的成本。有两种层次的间接成本：

(a) 发生在责任分部内的间接成本。这些间接成本应按照因果关系在产品间进行分配（假如这种分配在经济上是可行的）或者采取合理的分配方法。（参见在“成本计算方法”一节中有关成本分配的讨论。）

(b) 责任分部从其他分部或主体收到的支持服务的成本。支持服务应该首先直接追溯或分配于收到支持服务的不同分部。然后，再将其分配于产品。

92．报告主体和其责任分部可能发生一些总管理和行政支持成本，这些成本不可追溯或分配于分部和其产品。这些不可分配的成本是组织成本的一部分，它们应该在主体的财务报告中作为不可分配于项目的成本报告（如净成本报告）。①

**特定成本要素**

<u>员工津贴的成本</u>

93．员工津贴包括：

(a) 为部分津贴享有政府健康人寿保险金的在职员工提供健康和人寿保险津贴；

---

① 类似的解释在联邦会计准则顾问委员会的推荐会计概念第2号公告，《主体与表述》第95段中提供。

(b) 为所界定的养老金计划（如国内服务退休系统(CSRS)、公务员退休体系（FERS）和军队退休系统（MRS)）涉及的员工、幸存者和受赡养者提供的养老金津贴；

(c) 为已部分享有政府的健康和人寿保险金的退休员工、幸存者和受赡养者提供的健康和人寿保险津贴，在本准则中指的是“其他退休津贴”(ORB)；

(d) 为终止工作和无行为能力的员工提供的其他退职后津贴（OPEB)，这包括终止性支付、培训和咨询、持续的健康照顾，以及失业和在岗工人的补偿金。

94. 大部分员工津贴项目包括在人事管理署（OPM）和国防部（DOD）管理的信托基金中。信托基金的来源有三个方面：在职和退休的员工、雇佣机构和直接的拨款。信托基金的管理费用由基金的收益支付。

95. 联邦财务会计准则要求雇佣主体向为员工提供养老金和其他退休津贴的联邦政府计提成本，并在津贴取得时将成本作为费用确认。① 雇佣主体应确认那些费用，而不管津贴是由报告主体资助还是直接拨款至信托基金。本原则也适用于在职员工健康和人寿保险津贴以及军队人员相应的津贴。责任分部发生的员工津贴成本应直接追溯并分配于产品。

96. 退职后津贴成本包括终止性支付、咨询和培训、健康照顾以及支付给从前的或无行为能力的员工的补偿津贴。退职后津贴成本常常是由大规模的裁员或员工的在职伤害等事件引起。联邦财务会计准则要求，退职后津贴成本应作为一项期间费用报告。这个期间费用是指在该期间，由会计结算日当天或之前的事项引起的很有可能发生并且可以计量的未来资源流出或其他的资源耗费。②

---

① 联邦会计准则顾问委员会征求意见稿《联邦政府负债的会计核算》（1994 年 11 月 7 日），第 62—99 段。

② 联邦会计准则顾问委员会征求意见稿《联邦政府负债的会计核算》（1994 年 11 月 7 日），第 100—102 段。

97. 由于退职后津贴成本与退职后津贴事件的发生有关，(在许多情况下）与产品的生产无关，因此将某期确认的退职后津贴成本分配于该期的产出将会扭曲产出的成本。在特定目的的成本研究或成本计算中，管理层可以将退职后津贴成本分摊至过去的几年，以便决定退职后津贴接受者生产产品的成本。

公共资助和社会保险项目成本

98. 福利、保险和资助金项目的主要成本是由联邦政府向个人、州和地方政府转移的资源的成本。它们中的一些被称作“转移支付”。下面是一些典型的公共资助和保险项目：

- 资助金，如对州和地方政府的资助；
- 补贴，如农产品价格支持和稳定项目；
- 信用和保险成本，如家庭教育贷款项目和储蓄联合保险；
- 福利性支付，如对抚养无谋生能力子女家庭的资助(AFDC)；
- 社会保障，如老年人、幸存者和残疾人保障计划。

99. 这些项目的完全成本包括：(a) 已经或将要转化至个人、州或地方政府的联邦资源的成本，以及 (b) 经营项目的成本。这两种类型的成本应以联邦财务会计准则描述的核算基础来确认。这两种类型的成本应分开确认，以使每种成本都能用于不同的分析目的。

100. 由转移支付产生的成本应按照补助金、津贴、拨款津贴、信用补贴或保险担保协议下的损失支付水平来确定。它们也由符合条件的转移支付的接受者数量来确定。例如，AFDC 项目的成本依赖于每个家庭的平均支付额、符合条件家庭的数量以及联邦政府的支付份额（其中一些是由州和地方政府支付的）。这种类型成本的信息对于有关补贴或津贴的水平、接受者的符合条件以及转移支付如何进行等政策的决策是有用的。这些成本信息对于计量转移支付项目的成本影响也是有用的。

101. 另一方面，项目经营成本是管理项目和支付的成本。它们包括人力资源、供应品、设备和办公的成本。这些成本是与筛选符合条件的津贴接受者、为他们保留账户、付款和收款以及回答询问等相联系的。这种成本的信息对于计量项目经营的效率是有用的。

与不动产、厂场及设备相关的成本

102. **折旧费**。一般性的不动产、厂场及设备是用于生产商品和服务的。它们的消耗应确认为折旧费。责任分部发生的折旧费应包括在分部产生的商品和服务的完全成本中。

103. **将财产取得成本确认为费用**。取得和建立联邦任务和继承不动产、厂场及设备的成本可以在取得成本发生时费用化[①]。由于这些费用的确认与财产取得而不是商品和服务的生产相联系，那些费用不应包括在商品和服务的完全成本中。然而，它们是取得财产的主体或项目成本的一部分。

非生产成本

104. 责任分部可以发生并确认与事件而不是与商品和服务的生产相关的成本。这些非生产性成本的两个例子在前面已经讨论过：(1) 当OPEB事件发生时确认为费用的OPEB成本，以及 (2) 在取得某种财产时确认为费用的财产取得成本。其他的非生产成本包括重新成本，以及因非应计的设备弃置而产生的不会重复发生的清理成本。由于这些成本是在特定事件发生的期间确认，因此将这些成本分配于生产的商品和服务将扭曲生产成本。在特定目的成本研究中，管理层可以依靠将这些成本中的一部分分配至过去期间的产品，以便有理由决定产出的历史成本。这些分配在以下情况是合适的：(a) 经验表明成本在常规模式下会重复发生，并且 (b)

① 在联邦会计准则顾问委员会的征求意见稿《不动产、厂场及设备会计》中，委员会建议，取得或建造“联邦任务”和“继承”不动产、厂场及设备的成本应在成本发生时作为费用确认。参见征求意见稿，第98—117段，第29—34页。

成本和受益于这些成本的产品生产的关系能够建立。

## 主体间成本

> **每个主体的完全成本应包括从其他主体收到的商品和服务的完全成本。提供商品和服务的主体有责任通过账单或其他通知为接收主体提供这些商品和服务的完全成本信息。**
>
> **非完全偿还的主体间成本的确认对于下列原材料项目而言是有限的：（1）对于接收主体而言是重大的，（2）形成接收主体产出完整且必要的部分，以及（3）能以合理的精确度确认和配比于接收主体。主体为所有或大部分其他主体提供宽泛的和全面的支持服务不应被确认，除非这些服务形成接收主体经营或产出的重要并完整的组成部分。**

105. 正如前面的准则所强调的那样，为了核算报告主体生产的商品和服务的完全成本，报告主体应包括从其他主体收到的商品和服务的成本。了解这些成本对于最高管理层控制和评价经营环境是有帮助的。对其他信息使用者评估整个项目成本和业绩，以及项目中的资源分配和变化决策也是有帮助的。

**主体间成本**

106. 联邦政府内，一些报告主体依靠其他联邦主体帮助完成其任务。有时是一些支持服务，一些商品。有些合同可以由法律规定，其他一些合同由所涉及的主体间的相互承诺达成。依照计算方法可分为两类。

- 可补偿性商品和服务的提供。在这种情况下，某主体同意以协议价格向另一主体提供可补偿的商品和服务。补偿价格可以或不须足够补偿完全成本。通常合同由机构间的协议自动成立。周转性基金也包括在这一类型中，因为它们通常为向其他政府主体销售产品补偿成本而设立。这些基金依靠销售来自我维持，不接受额外拨款。然而，它们并不总能补偿完全成本。
- 不可补偿性商品和服务的提供。某主体为另一主体免费提供商品和服务。合同可以是自愿的、法律规定的或由提供主体的固有任务成立的。

107. 近来，正在考虑扩展联邦政府内主体间支持的概念。在该概念下，主体能以竞争的基础销售其产出。主体有权从联邦主体或私立供应商购买商品和服务。这被看做通过竞争提高政府效率的一种方法。这是因为无效率的政府供应者将被迫改善或停止提供这些商品和服务。这会导致更少的政府间联合支持服务的发生。在该概念下，要求所有的成本应在向其他主体销售商品和服务的价格产生时确认。

## 会计核算和实施指南

108. 假如一个主体向另一个主体提供商品或服务，无论完全的补偿是否收到，提供主体应继续在其会计记录中确认那些商品或服务的完全成本。所提供商品或服务的完全成本也应由提供主体向接收主体报告。

109. 接收主体应该在其会计记录中将所收到商品和服务的完全成本确认为费用，或如果恰当，确认为一项资产（如在产品存货）。非补偿或完全补偿的商品或服务的成本信息应能从提供主体获得。但假如这样的成本信息未被提供，或只被部分提供，接收主体应采用合理的估计。估计是有关收到商品或服务的成本（假如成本的估计不能取得，估计可以基于收到的商品或服务的市价）。就补偿小于完全成本的程度而言，接收主体应将差异在会计记录上确认为财务资源。[①] 主体间的费用或资产以及财务资源将会因合并所涉及主体的财务报告而抵消。

---

① 参见财务会计概念第 2 号公告《主体与表述》第 65 段。也可参见联邦会计准则顾问委员会征求意见稿《联邦政府负债的会计核算》第 62—99 段，第 26—46 页，该公告叙述了养老金和其他退休救济金(ORB)的会计核算。其他主体对主体的养老金和 ORB 成本的支付常常与提供商品和服务相联系。就养老金而言，向报告主体和薪金相关成本部分提供服务的报告主体员工由不同的主体支付养老金。养老金管理主体不向报告主体提供商品或服务(除了普通的养老金管理服务外)，但却直接支付它们的成本。差别是微妙但却重要的。但核算是相似的。本文件与“负债”征求意见稿涉及的养老金和其他退休救济金部分是一致的。

110．本准则有关主体间成本内容的执行应由不同的联邦主体采取实践的和一致的方式完成。因此，管理与预算办公室（OMB）在联邦会计准则顾问委员会工作人员的帮助下应该认同开始为主体确认特定的主体间成本。管理与预算办公室应发布确认这些成本的指南。这些特定的主体间成本应按照本准则（包括下面提到的确认标准）来确定。管理与预算办公室应考虑财政部、美国会计总署（GAO）和其他机构在形成实施指南过程中的信息和建议。可以预期，最大最重要的主体间成本将首先明确。当主体在准则实施过程中取得经验后，其他的主体间成本可以在将来的指南中确定或由将来的准则要求确定。

**确认标准**

111．理论上说，所有的主体间成本应被确认。当那些成本组成政府向非联邦主体为取得费用或使用费而提供商品和服务的投入值时，这变得尤为重要。费用和使用费应补偿那些商品和服务的完全成本。① 因此，主体间商品和服务的成本应由接收主体确认，以便决定向联邦政府以外销售商品和服务的费用或使用费。但这样的确认应该与上述管理与预算办公室发布的执行指南一致。

112．然而，当商品和服务在联邦政府内部转化时，情况常常变得不同，因为这种情况不涉及最终向联邦政府外部的销售。联邦政府整体上是一个经济实体。因此，期望报告主体间有一些作为相互帮助以实现其使命和经营目标而发生的商品和服务的流转，这是合理的。一些情况下，从其他主体收到的非补偿或完全补偿的商品或服务的成本不需要被确认为接收主体的成本部分。下面提供一些总体性的标准以帮助决定应确认或不应确认的主体间成本类型。

· 重要性：如其他会计准则一样，本准则的条款不适用于非重要事项。但在有关决定主体间交易的确认方面，

① 管理与预算办公室公告 A—25 叙述联邦主体收取的使用费。

这里使用的“重要性”指的是单个主体间交易，而不是指所有主体间交易的整体。**在该概念下，计划采用更受限制的确认概念，而不是相对于整体重要性的确认概念。**

在这里，重要性应根据主体间交易对接收主体的重要程度来考虑。交易的重要程度以及对它们的确认应根据下面的要素来判断：

· 对主体的意义：商品和服务的成本足够大，以至于管理层在决策时应意识到的成本。

· 与主体经营关系的直接程度：提供的商品或服务对于主体生产的产品而言是一个完整且必要的组成部分。

· 可辨认性：提供给主体的商品或服务的成本能以合理的精确度与主体配比。

对成本是否重要的确定需要进行深思熟虑的并以每项交易的特定事实和环境为基础的判断。

· 广泛的、全面的支持：一些主体向联邦政府的许多报告主体（假设不是所有的主体）提供广泛的、全面的支持。大部分情况下，这种支持涉及到总指南的提供以及（或）条款的建立。当成本不可补偿时，这种广泛服务的成本不应该被接收主体确认为费用（或资产）。因此，当向联邦政府的所有或大部分主体提供某种支持实质上是全面的时，本准则不适用。

我们可以从管理与预算办公室（OMB）为政府行政机构的所有部门建立政策并提供指南得到这种情况的例子。管理与预算办公室的成本不应该转移至所有的报告主体，因为所提供的服务是（1）在范围内是全面的和广泛的，（2）提供给行政机构的几乎所有报告主体，以及（3）与报告主体产出间的联系是不明确的和不直接的。

另一方面，在某些情况下，假如所提供的一些服务对接收主体的经营而言是整体性的，那么这些服务应确认，即使这些服务被认为实质上是广泛的和全面的。这些服务包括财政部的支票填写服务或司法部采取的法律行为。例如，当支票的签署对于主体的经营而言是整体性的（如国家税务局和社会保障管理局），接收主体应在其产品的完全成本中包括签署支票的完全成本。但假如支票的签署对于主体的经营而言是非重大的和偶发性的，主体通常不应确认成本。

113. 对于非补偿或非完全补偿的商品和服务的成本是否应该确认，应该通过判断来确定。上文列示的标准没有一条能单独完全或排他的确定，而应该结合起来考虑。最终，成本的包含或排除应基于每种情况下的特定事实和环境，并应考虑包含或排除将改变或影响依靠所提供信息的理性人行为和决策的程度。

## 核算举例

114. 以下的图表提供了接收主体（机构 R）的会计分录的例子，这些分录是为确认在非补偿基础下从提供主体（机构 P）接受的服务费用而编制的。例子中机构 P 的这些服务的完全成本是 $ 100 000。

115. 机构 R 确认“机构 P 提供服务的费用”等于收到服务的完全成本。它也确认财务资源“机构 P 提供的服务”等于不可补偿的金额（本例中是 $ 100 000）。机构 P 确认“向机构 R 提供的服务费用”等于所提供服务的完全成本，并贷记“已耗用拨款”。

**表 1 机构 R 的会计分录**

| | 借方 | 贷方 |
|---|---|---|
| 机构 P 提供的服务费用 | 100 000 美元 | |
| 机构 P 提供的服务 | | 100 000 美元 |

本例说明成本被确认为费用，根据本文的讨论，也可被确认为资产。

**表2 机构P的会计分录**

| | 借方 | 贷方 |
|---|---|---|
| 向机构R提供服务的费用 | 100 000美元 | |
| 拨入资本 | | 100 000美元 |
| 国库基金余额 | 100 000美元 | |
| 已耗用拨定资本 | | 100 000美元 |

## 成本计算方法

**责任分部消耗的资源成本应按资源的类型汇总。责任分部生产的产品应汇总，如可行，还应对主体产品进行计量。直接或间接与产品生产相关的资源完全成本，应采用最适用于分部经营环境并应一致使用的成本计算方法或成本计算技术分配至产出。成本分配应按先后顺序采用下列方法来实施：（a）只要可行和经济上适用，采用直接可追溯成本，（b）按因果基础分配成本，或（c）按照合理且前后一致的基础分配成本。**

116．本准则叙述了两个方面的成本计算方法：成本汇集和成本分配。这两种方法将在下面解释和讨论。

### 成本汇集

117．成本汇集是采用有条理的方式收集成本数据的过程。本准则要求成本应按照责任分部汇集。汇集是为每个责任分部发生的成本而进行的，它不涉及其他支持分部的成本分配，这一内容将在本节的后半部分讨论。

118．在本文件有关“责任分部”的部分中，有下列解释“责任分部是报告主体的组成部分，这部分负责所订目标的执行，指导主营业务，或者生产一个或一组相关产品或服务。”责任分部的成本汇集并不意味着每个责任分部应该有自己的会计体系。报告主体可以有一个中央会计系统，但该系统应该能够确定责任分部的成本。

119． 本准则也要求所汇集的成本应按资源的类别来分类，如员工成本、原材料成本、资本成本、公用事业成本以及租金成本等。当适当并符合成本效益原则时，有关不同类型成本的数量主体信息应被保持。例如，工作天数可以用来报告工作人员的薪金和津贴，而汽油消耗的加仑数可以用来报告汽油的成本。数量主体对于成本分配而言是非常有用的，且对于资源使用中的效率计量是不可缺少的。

**成本分配**

120．“成本分配”概念指的是确定与报告期和成本对象相关的汇集成本的过程。成本按期间分配是指在每个报告期内将成本确认为费用或资产。它由资产和费用确认的会计准则来规范，这不会在本文件中讨论。本节讨论成本按成本对象的分配。本文件中使用的“分配”一词包括归集成本（如直接追溯法、因果基础法等）和成本分配的不同方法。

121．“成本对象”概念指的是需要计量成本的作业或项目。① 广义而言，成本对象可能是一个机构的分支、项目、作业、任务、产品、服务或消费者。但责任分部成本核算的目的是计量其产出的成本。因此，责任分部的最终成本对象是其产出：分部生产和支出的商品或服务、分部执行的使命或任务，或者责任分部服务的消费者或市场。在成本分配程序过程中可能使用中间的成本对象。

122． 主体的一些责任分部可以向同一主体内的其他分部提供支持服务或发出中间产品。支持服务和中间产品的成本应分配至接收服务和产品的分部。这指的是主体内成本分配。同时，为了遵守前面章节讨论的主体间成本准则，主体应确认从其他联邦主体获得的商品和服务的主体间成本。主体间成本也应分配至使用主体间产品和服务的责任分部。

---

① 一些文献（如成本会计准则委员会 CASB 的文件）使用相同意义的“成本对象”概念。

123. 因此，关于每个责任分部，应分配至产出的成本包括：(a) 责任分部内发生的直接和间接的成本，(b) 其他责任分部分配至本责任分部的成本，以及 (c) 由接收主体确认并分配至分部的主体间成本。如果一个责任分别只生产一种产品，用以生产产品的资源成本应分配至这个产品。

124. 本准则试图建立成本分配的一个原则，而不是方法体系。也就是说，成本分配可以依照成本计算和研究来进行，也可以在常规基础的系统内进行。总的来说，成本应按先后次序采用下面列示的方法之一分配至产出：

(a) 如果经济上可行，采用直接可追溯成本；

(b) 以因果基础来分配成本；

(c) 以合理并一致的基础分配成本。

125. 这些原则适用于所有层次成本分配，包括：(1) 将主体间成本分配至分部，(2) 在主体内的分部间分配支持服务和中间产品的成本（主体内成本分配），以及 (3) 将直接和间接成本分配至产出。

<u>将成本直接追溯至产出</u>

126. 直接追溯适用于直接用于产出生产的资源。例如，用于生产的原材料、直接生产产出的员工、专门生产产出的设施和设备，以及从其他主体收到并直接用于产出生产的商品和服务等资源。

127. 直接成本追溯法通常依靠对资源主体（如花费在工程或作业上的人工工时或交通任务消耗汽油的加仑数等）消耗的观察、计算以及（或）记录。直接追溯也适用于为特定产出耗用的特殊资源。

128. 直接成本追溯法常常减少对成本分配的扭曲，确保其准确性。但它可能是一个较昂贵的程序。它应该只有在经济上可行时，仅仅对需要说明产出成本的真实组成的项目采用。例如，通常不必要将办公用品（钢笔、纸张、电脑磁盘等）的成本追溯至作业或产出。这样做的成本往往会超过在资源分配准确性方面提高所带来的好处。

以因果的基础分配成本

129．对于不可追溯至产出的成本而言，采用因果基础来分配成本是更恰当的。正如前文所提到的那样，责任分部的最终成本对象是其产出。就不可追溯至最终成本对象（产出）的成本而言，应建立中间对象作为资源成本和产出间的联系。该联系反映资源成本和产出二者间的因果关系。对产出有相似因果关系的成本应分组为成本库（这种相似的关系在相关文献中被称为“归集同质成本库的概念”）。

130．直接用于产出的生产或为产出的生产提供支持的作业或工作要素通常被作为中间对象。这一方面是基于产出需要某种作业实施的前提，另一方面是基于作业导致成本的事实。因此，作业被当做因果间的联系。（也可参见本节后面有关作业成本法的讨论。）成本会计准则委员会在其政策公告中表达了类似的观点：

> “对所归集的成本和受益的成本对象间关系的首选表达是对成本归集体现出的单个行为或一系列行为所需作业（投入）的一种计量。这种关系能在单个行为或一系列行为与受益的成本对象间存在直接并明确关系的情况下计量。”①

131．例如，计算机技术部门为机构的其他部门提供技术支持。该部门的成本按照因果基础通过两个步骤分配至其他部门。在第一步中，成本被分配至本部门的作业，如硬件安装和维护、软件的设计和安装或程序调试。在第二步中，这些作业的成本按照技术服务的消耗被更进一步分配至其他部门。

132．有时，中间产品而不是服务能被作为成本和产出中的联系使用。例如，医院实验室的成本首先被分配至它所进行的不同药物测试。然后，测试成本被分配至医院定制测试的运作主体。

① 成本会计准则委员会（CASB）《目标、政策和概念的重述》第2915段。

分派成本

133．有时，以因果基础直接追溯或分配成本不具有经济上的可行性。这些包括总管理费用和支持成本、折旧费、租赁费、维修费、保险费以及与共同用于不同分部设备相联系的公用设备。

134．这些支持成本能按照比例分配的基础在分部和产出间分派。成本分派包括两个步骤，第一步将支持服务的成本分派至分部，第二步将这些成本分派至各个分部的产出。成本分派通常基于相关的公共分母，如员工数目、办公面积的英尺数或分部发生的直接成本的金额等。

135．假定人事部本会计年度的总成本为＄500 000，它以分部的员工人数分派至两个分部：分部 A 有 300 个员工，而分部 B 有 200 个员工。按比例分派的基础，分部 A 应分派人事部成本的 60%，或＄300 000，而分部 B 应分派人事部成本的 40%，或＄200 000。分派结果如下：

**表 3　人事部成本的分派**（单位：美元）

| 分部 | 员工人数 | 百分比 | 分派金额 |
| --- | --- | --- | --- |
| A | 300 | 60 | ＄300 000 |
| B | 200 | 40 | ＄200 000 |
| 合计 | 500 | 100 | ＄500 000 |

136．就成本分派的目标而言，间接成本可分为成本库，每个库属于一个成本分派基础。归集至一个库的成本应该具有相似的特征。分派基础应前后一致，以便各期成本的比较。

137．成本分派是将间接成本分配至成本对象的相对简单的方法。成本信息的使用者应该意识到产品成本计算的扭曲常常源于主观的成本分派。在大部分情况下，间接成本和分派基础之间几乎没有相关性，分配是主观的。为了帮助成本分析和成本计算，成本会计应将能追溯或分配至产出的成本和分派至产出的成本区分开。

分配共用成本

138．设备和人力资源可能由两个或多个作业在同一时间或一个会计期间的不同时间共同使用。例如，为战争准备而维护的军用飞机在和平时期用于运输货物。另一个例子是一个设备可用于生产两个或多个产品。

139．本节中讨论的成本分配原则应适用于将成本分配至分享资源的作业或产出。能直接追溯至每个服务（产出）的成本应直接分配。这些包括每个作业的直接经营成本例如，对于和平时期使用军用飞机运输货物，其燃料或供应物的成本、运输货物的附加人员的成本以及其他运输附带成本应直接分配至运输服务。

140．为了决定每个共享资源的作业或产出的完全成本，间接的共用成本应分配至那些作业。“共用成本”概念指的是维护和经营设备和其他资源的成本，这些成本不能直接追溯或分配至共享资源的任何作业或产出。[①] 共用成本应以因果基础或通过可行的合理的分派分配至作业。

141．有时管理层可能发现明确分享资源的主要和次要作业是有用的。主要作业是主要的目标或任务的，其资源是可以得到的。次要作业是所履行的不会影响主要作业的那些作业。管理层能够决定两种类型的成本：（1）主要作业所必须的成本以及甚至没有次要作业也不可避免发生的成本，以及（2）次要作业引起的成本以及增加主要作业的成本。这种类型的成本信息可以通过成本计算产生，并可帮助管理层进行资源分配决策和生产能力利用决策。

成本效益方面的考虑

142．通过本节的讨论，应强调成本汇集和分配方法应在经济上可行时使用。假如执行某种方法的效益超过其成本，则该方法是经济上可行的。假如需要大量的资源，且为使用者

① 该定义是从有关管理会计的第1号公告《管理会计术语表》中改编得来，该书由会计师全国联合会出版（Montvale，New Jersey：1991），见第15页。

提供的信息是毫无价值的，那么使用成本计算方法就无益处。

143. 作为一个总的原则，直接追溯的成本和按因果基础分配的成本比成本分派的成本要高得多，这是因为它们需要对成本和作业进行细致的分析和记录。然而，因为它们能提供比成本分派更可靠的成本信息，所以它们更合适一些。

## 选择成本计算方法

144. 本准则不需要使用特殊类型的成本计算系统或成本计算方法。联邦主体正从事一些范围广泛且不同的经营活动。适用于一种经营活动的成本计算方法可能对另一种活动并不适用。在许多联邦机构，成本会计实务是相对较新的或正处于实验阶段的。由于成本会计尚处于较早阶段，因此无法判断哪一种成本系统适用于特定类型的经营活动。随着对成本会计的运用和研究的不断深入，报告主体和责任分部可能会发现核算其经营活动的更合适的成本计算系统。

145. 机构和项目管理层在选择某种适合其需要的成本计算系统上处于最佳位置。在选择过程中，管理层应评估可选择的成本计算方法，并选择那些在其经营环境下能提供最好结果的成本计算方法。

146. 准则要求成本计算方法一旦被采用，就应该前后一致地使用。一致使用提供年度间可比的成本信息。但该要求并不排除对系统和方法进行必要的改进和更新（只要任何变化的影响都得到证明和解释）。相反，改进是受鼓励的。

147. 有几种成本计算方法在私立部门和一些政府主体的使用是成功的。其中的四种站在使用机构的角度考虑，将在下面作简要的介绍。应特别注意的是，作业成本法作为有效的管理工具已经被生产和服务行业广泛地接受。联邦主体被鼓励在他们的自身经营中研究其潜能。在接下来的段落中，作业成本法将和其他一些较著名的成本计算方法，如分批成本计算法和分步成本计算法，一同被介绍。标准成本也作为一种重要的成本管理工具被提到。应注意到那些成本计算方法不是互相排斥的，这一点很重要。作业成本法和标准成本法都适用于分批成本计算法或分步成本计算系统。

作业成本法（ABC）

148．ABC法注重生产循环的作业，建立在（a）产出需要作业来生产，以及（b）作业需要消耗资源的前提下。ABC系统使用成本动因在作业和产出间分配成本。ABC的成本分配是一个两阶段的过程。第一阶段将资源的成本分配至作业，而第二部分将作业成本分配至产出。

149．ABC系统的实施需要四个主要步骤：（1）明确责任分部生产产出的作业；（2）将资源分配至作业；（3）明确履行产出的作业；（4）将作业成本分配至产出。每一步骤都简短解释如下：

（1）明确作业。该步骤需要对每个责任分部的经营过程作深入的分析。每个过程应包括生产所需的一个或多个作业。作业可能被分为单位水平作业、批量水平作业、产品维修作业和设备维护作业。[①] 管理层可以将相联系的小作业联合为更大的作业，以避免过重的成本计算负担。

（2）将资源的成本分配至作业。该步骤分配资源成本至第一步明确的作业。资源成本包括通常记录在总账户中的直接成本和间接成本。依靠可行性并考虑成本效益原则，资源成本可采用三种方式分配至作业：（a）直接追溯；（b）以调查、检查或统计抽样的方式来估计；（c）分配。

（3）明确产出。该步骤应明确责任分部履行作业和消耗资源的所有产出。产出可能是产品、服务或消费者（联邦主体需要提供商品或服务的个人或主体）。遗漏任何产出将导致其他产出的成本负担加重。

（4）将作业成本分配至产出。该步骤中，作业将分配至

① Cooper，Kaplan，et al.，第20页。

使用作业动因的产出。作业动因以单个产出所耗或所需作业的基础将作业成本分配至产出。例如，动因可以是为生产特定类型产出所实施的作业次数（交易动因），或者作业实施的时间长度（持续动因）。

150. ABC 法能与分批成本计算法或分步成本计算法联合使用。例如，向公众的直接贷款包括一系列的过程，如贷款来源、个人申请的信用审核、准备贷款相关的文件、担保物估价、贷款偿还、计算使用费和阶段性偿付、保持记录以及收款。这些是直接影响个人贷款的“第一种类型”的作业。ABC 适用于这种类型的作业。

151. 直接贷款业务还包括“第二种类型”的作业，如贷款官员为检查和研究贷款组合以及作出影响整个组合的政策变动而实施的作业。假如 ABC 法不被使用，贷款的成本将由官员以贷款偿还的数量或以处理所有贷款所花的人工小时数为基础分配至直接贷款。但这样的分配趋向武断，因为一些贷款可能比其他贷款需要更多时间。在 ABC 法下，官员们将贷款成本首先分配至他们审核的组合和他们所实施的测试作业，然后作业成本再被分配至所实施作业的贷款组。

152. 使用 ABC 法的主要优点是可以避免和降低对间接成本的主观分配而造成对产出成本的歪曲反映。通过作业追溯成本，ABC 法能提供更准确的服务或产出成本。私立部门的经验显示 ABC 可以通过提供准确的成本计量，帮助改善产出成本计算、战略定价和利润规划。

153. ABC 法鼓励管理层评估作业的效率和成本效益，这一点也很重要。一些 ABC 系统按照作业对机构或产出的增值程度对其进行分层。管理者使用这样的价值分层方法来关注其成本降低项目。ABC 法鼓励管理层确定和检查（a）真正需要何种作业（增值作业）来完成一项任务、提供服务或满足顾客的需求，（b）作业如何进行调整以达到成本节约或产品改善的目的，以及（c）什么作业实际上不增加服务或产品的价值（非增值作业）。ABC 法结合周期分析和增值分析。

分批成本计算法

154． 分批成本计算法是将成本汇集和分配至分散批次的一种成本计算方法。“批次”指的是产品、工程、任务或相似的产出组。

155．每个批次有一个数字或序列来汇集成本。所花资源能按照批次的序列来确定。成本应在经济上可行的程度下追溯至单独的批次。不能直接追溯的成本应按照因果基础或分派的基础分配至批次。

156． 分批成本计算法对于责任分部生产特殊订单的产品或者实施在期间、复杂程度或投入要求上有特殊要求的工程和任务而言是很合适的。联邦政府中适用分批成本计算法的典型情况有法律案件、审计任务、研究计划以及船只、飞机或汽车的修理工作。

分步成本计算法

157． 分步成本计算法是以单个处理分部（履行生产步骤的机构分部）来汇集成本的一种方法。这些处理分部致力于连续的生产流，每个分部都为最终产品的完工作出贡献。处理分部的产出或者变成下一个处理分部的投入，或者变成最终产品的一部分。

158． 每个分部汇集成本，将成本分配至其产出，并计算产出的单位成本。在每个期间，分部都将编制成本和产品报告，列出成本、完工数量以及在产品数量。当一定数量的完工单位从一个分部转移到下一个分部，那些单位的成本也被转化，最后被包括在最终产品的成本中。因此，成本流随着产品的物质流一起流转。完工产品的单位成本是所有分部单位成本的总和。

159． 分步成本计算法对具有以下特征的商品或服务而言是合适的：(a) 生产涉及常规的处理模式，(b) 产出由类似物品或服务构成，以及 (c) 所有的物品或服务通过相同的处理程序生产。在私立部门，分步成本计算法被诸如面粉制造业、钢铁锻造业、石油精炼业以及化工处理业行业所采用。在政府部门，它可以用于具有反复处理过程的一些作业提供大量相似的商品和服务。授权利益支付就是这样一个例子，该作业涉及审核申请人是否合格、计算受益金额以及签署支票等一系列连续的过程。

标准成本计算法

160．标准成本是仔细斟酌预先制定或预期发生的成本，该成本适用于作业、服务或以单位为基础的产品。Horngren这样形容标准成本计算法：

> "一系列的标准说明了，如何在非财务条件（如分钟、英尺数）下完成任务，并指出应发生多少成本。作为一项正在发生的工作，应将不同的任务或作业发生的实际成本与标准成本比较，以便揭示差异。该反馈信息将帮助使用者更好地遵守标准、改变标准以及实现目标。"①

161．许多机构通常检查和更新标准以确保它们能有助于在可达到的范围内提高效率。

162．标准成本计算法帮助管理者制定预算、控制成本以及业绩计量。它能与分批成本计算法、分步成本计算法和作业成本计算法联合使用。它适用于特别的产出或作业，它也便于责任分部将特定期间产出的实际成本合计与标准成本合计进行比较。标准成本计算法在联邦政府适用的特定情况是那些以一致和重复的基础提供产品和服务的业务。联邦机构被鼓励在那些情形下使用标准成本计算法。

---

① Horngren，Charles T. 和 George Foster，《成本核算——管理的重点》，第7版，Prentice Hall，Englewood Cliffs：New Jersey，1991，第222页。

# 附录：结论的基础

## 概念和准则的实质

163. 会计概念和会计准则的差异是重大的。概念公告比准则公告更加全面。准则意图作为特定的指南，具有实质的权威性。概念通常不包括特定的建议，当委员会的发起者发布这些建议时，这些特定的建议将成为对联邦机构的权威要求。相反，概念对委员会和其他机构提供总的指南。它们的意图是帮助财务信息的编制者和使用者更好的理解联邦会计和财务报告。而两者间的区别可以很容易的确定，事实上，概念和准则间的界线常常是宽广的并有许多需要解释的灰色地带。

164. 当委员会开始开发管理成本会计的项目时，它便期望推荐的概念公告能够发布。由于联邦机构对成本会计的使用不足，概念公告将为委员会和联邦财务报告的编制者提供该领域全面的指南，并为委员会未来发展准则的方向提供指导。然而，当委员会和其工作人员开始该项目的工作时，需要为成本信息的产生制定推荐准则，这一点很清楚。

165. 需要成本会计准则是因为财务信息的使用者，特别是纳税人和国会议员，开始更关注政府项目、产出和作业的成本。降低政府的开销、控制赤字以及提高政府的功效都使得政府的真实成本信息变得有必要。另外，《首席财务长官法案》（CFO）和《政府业绩和成果法案》（GPRA）的通过都要求政府机构提供成本信息并作为其财务管理和报告提高的一部分。而且，“国家业绩回顾”（NPR）的发布也要求委员会加速推荐的成本会计准则的制定。

166. 委员会建立了成本会计的特别工作组为成本会计项目提供建议和指南。在特别工作组中，有许多精通私立部门成本会计和有限的联邦成本会计业务的专家。特别工作组也建议制定成本会计准则。

167. 委员会发布征求意见稿作为准则的推荐公告。但委员会知道，由于成本会计在联邦政府领域的运用相对较新，最终的公告必须包括一些概念性的资料。尽管征求意见稿不对其中一部分是否应当作概念公告发表任何意见，但该问题还是在 1994 年 11 月和 1995 年 1 月举行的听证会中被提出来。同时，一些邮寄其意见的受访者也提到了这一点。

168．大部分有关该问题的意见强调，它们实际上都在某种程度上将征求意见稿视为概念性的。那些意见稿中的许多都认为这样处理是合理的，并支持征求意见稿提供的文件和概念性资料。由于文件的概念性实质，一些受访者关心对一些准则审计的能力。其中几个建议最终的公告应被分为概念公告和准则公告两部分，而且二者将在一个公告中发布。

169．委员会决定最终公告的一部分将包括描述概念的信息，而其他部分则更好的用来表述准则。因此，最终的公告应该是“混合性的”文件发布，它包括概念公告和准则公告。文件的标题将改为《联邦政府管理成本会计概念和准则》。(委员会决定将征求意见稿中作为第一项准则描述管理成本会计、财务报告和预算关系的有关资料以概念公告的形式提出。而其他资料就其实质更大程度上是准则公告。)

## 成本会计、财务报告和预算间的关系

170．委员会认为对于财务报告的编制者和使用者而言，理解成本会计与传统的财务会计、财务报告和预算的关系是重要的。它将成本会计视为主体财务管理系统的基础部分和不可分割的部分。因此，委员会将有关这种关系的准则包括在征求意见稿中。

171．准则提到了管理成本会计在财务管理中的地位，并解释了它提供的成本信息与预算、财务报告、管理控制和许多决策过程是什么关系。该准则讨论了成本会计、财务会计和预算的公共数据源的使用。它解释了根据信息预定的用途，在使用不同的会计基础和不同的确认和计量方法情况下成本是如何决定的。它还强调在各种财务报告中披露的不同成本信息需要协调一致。该准则强调所有成本信息不管其如何披露，都应追溯至原始的公共数据源。

172．大部分就该准则提供意见的受访者强调，所提出的细节水平应恰好满足委员会在高水平论述成本会计的要求。大部分受访者同意将成本会计数据从公共的数据源（该数据源也是财务和预算的数据源）中抽出的要求。一些受访者也关注，“数据源”术语的使用与自动化或计算机应用业务的关联性太大，且该术语可能会导致误解。然而，委员会相信该术语已得到充分的解释。实际上，征求意见稿清晰地指出，该术语并不意味着使用资源信息的计算机应用系统。

173．报告间的数据协调（这些报告包含不同会计基础提供的成本信息或使用不同的确认和计量方法）得到受访者的完全支持。他们指出，协调不同成本信息的能力对于确保数据完整、避免混淆财务报告的使用者和支持受托责任而言是必须的。

174．关于征求意见稿是应作为概念公告还是应作为准则公告的问题，受访者表示，这项有关成本会计和其他财务管理活动关系的准则就其实质而言基本上是概念性的。委员会同意并得出本节是解释性的结论，认为本节是解释成本会计如何提供有用的信息，以及如何与整个财务管理系统相适应的问题，而不是提出对主体要求的准则。委员会决定该资料将在最终公告中作为推荐概念提出。

## 成本核算的要求

175．成本会计特别工作组建议征求意见稿应包括要求每个报告主体为其业务建立成本核算系统和程序的准则。他们相信，这对于确保所要求的成本信息的产生是有必要的。

176．委员会同意将准则包括在征求意见稿中。准则以广义的方式定义“系统”，以简化为一致产生可靠成本信息而设计的方法和作业的系统分组。征求意见稿的解释和讨论部分包括帮助管理者决定其成本核算系统复杂程序几个因素。应注意系统可能在以下方面受到约束：（1）主体经营的实质，（2）成本信息所需的精确度，（3）数据收集和处理的实用性，（4）电子数据处理的可靠性，（5）系统本身的期望成本，以及（6）任何需要的管理信息。

177． 征求意见稿也列示出管理成本核算系统应遵守的十个最低标准。其中的四个标准与征求意见稿的其他准则直接相关（责任分部、完全成本、成本计算方法和未使用生产能力的成本）。剩下的六个标准是与确保所产生的成本数据可靠、一致和有用相关的。这些标准是（1）确保帮助业绩评价的能力，（2）建立在及时和一致基础上的报告信息，（3）将成本核算和标准的总账系统整合，（4）决定合理、有用的数据精确度水平，（5）提供管理需求的特别信息，以及（6）通过手册和指南为系统提供文件。准则也考虑使用成本计算技术和特殊成本研究和分析。

178． 许多受访者支持成本核算系统的要求。他们强调这样的要求对于确保准确的成本数据记录而言是必要的。他们还指出主体本身具有对成本系统的要求将帮助机构更容易满足《首席财务长官法案》和《政府业绩和成果法案》的要求。一些受访者指出准则应考虑小主体的例外性（因为对它们而言建立完整的成本核算系统是不符合成本效益原则的）。委员会决定，由于准则应适用于所有的联邦业务，因此这样的例外条款将不合适。而且，小主体在大部分情况下实施管理成本核算都容易得多。

179． 对准则持否定意见的那些受访者提供了一些理由。其中几位是有关会计准则制定机构是否需要或决定会计数据如何产生的。他们指出，其他的会计准则制定机构也只强调需要哪些信息以及信息如何在财务报告中列示，而不涉及信息如何产生的问题。

180． 委员会相信，不应受其他准则制定者做法的限制。其他准则的制定者目前关心的是主体的外部报告。这一点是可理解的，因为他们的目标是确保财务状况和经营成果以公允、可靠和一致的方式披露给财务报告的使用者（主体外部的使用者）。

181． 联邦会计准则顾问委员会是不同的，因为它确定联邦政府财务报告的一些使用者是政府内部的。在给定联邦政府的性质和规模的情况下，其内部使用者常常不具有同样的成本信息使用权，而这种使用权在商业企业中是可靠的。而且，委员会认为成本会计信息对于内部和外部使用者同样至关重要。委员会以前在其“财务报告目标”中曾确定，成本信息应被报告以满足国会、联邦决策者和其他人的要求。

182．一些受访者关心成本核算系统的要求，以及系统的标准将不能给予管理层足够的灵活性。他们似乎将对该系统的要求考虑为，成本核算活动应通过计算机自动进行，且当某人使用它时，软件应升级并在一个“成熟的”系统中使用。他们相信，在一些非正式的程序和方法就足够的情况下可能并不需要如此详细的系统。

183．委员会不准备为每一个联邦机构描述管理成本核算系统。它相信，征求意见稿中建议的准则对于在系统设计方面的管理灵活度而言是给予充分自由的。但委员会的确认识到，“系统”术语可能暗示对计算机应用和复杂方法的某种要求。

184．其他一些受访者认为建立成本系统的要求是管理与预算办公室和联合财务管理改进计划的责任。一些受访者关心准则可能与联合财务管理改进计划为成本系统制定要求责任的重叠程度。当要求委员会提供成本核算准则时，NPR 建议为成本核算系统制定要求是联合财务管理改进计划的责任。①

185．委员会建议对系统的要求应确保成本信息以可靠和一致的方式产生和报告。重点不在于信息是否通过系统的使用或通过其他技术产生。委员会相信，在许多情况下，成本核算系统将作为所需成本信息的自然结果来建立。许多政府机构是非常大且复杂的组织形式，认为它们可以不依靠某种系统而取得成本数据是不现实的。而其他一些小机构确实可能

① 副总统办公室：《提高财务管理》，《国家业绩回顾》的随附报告（1993 年 9 月），第 24 页。

不需要依靠某种系统，通过常规、一致和可靠的方式来取得成本数据。

186. 因此，委员会将准则改为强调成本核算信息应该以可靠和一致的方式产生。这可以通过使用成本核算系统或成本计算技术来实现。在任何一种情况下，原始准则的主要意图被保留下来。另外，应由委员会还是其他机构为成本“系统”制定要求的问题已经得到解决。

## 责任分部

187. 正如在征求意见稿中说明的那样，责任分部是负责执行使命、指导主营业务，或者生产一种或一组相关产品和服务的报告主体的组成部分。

188. 征求意见稿中使用责任分部的建议是基于这样的观点，即大部分联邦部门和机构从事多种业务或生产多种产品和服务。而且，机构履行的业务在所需的资源和经营形式等方面有着重大的区别。征求意见稿使用退伍军人事务部（VA）作为一个例子。在 VA 的各项业务中，VA 向退伍军人提供医院和护理机构，为他们提供健康服务。同时，它还提供直接的住房贷款和贷款担保项目。这些业务在经营形式上是完全不同的。委员会相信，对于致力于多种业务的主体而言，明确责任分部对于明确生产作业的特定业务所消耗的资源而言是有必要的。

189. 大部分受访者支持责任分部的要求。他们认为，责任分部的设立为追溯和分配成本至产出提供了一个基本的框架。他们也相信，责任分部的设立使管理层能更灵活的选择最适合业务的成本计算方法。受访者还强调责任分部产生的信息能用于计量业绩和评价受托责任。

190. 然而，几位受访者表示反对使用责任分部。其中一个意见是，责任分部建立了不必要的层次，该层次与财务报告和预算体系造成冲突。委员会不同意这种观点。责任分部不是也不应该是组织和预算结构的一个额外层次。它是通过现有结构中的各种组成主体取得经营产生的数据的一种会计机构。组织和预算结构能因更好的管理而改变，但不会因会计核算的方式而发生改变。核算可能影响但不会导致这样的变化。

191．委员会相信，分部的核算将为项目管理者和其他会计报告的使用者提供有用的信息。主体范围的财务报告将从整个主体的财务状况和经营业绩的角度提供信息。尽管这样的报告对于许多目的来说都是有用的，但对于管理而言意义并不重大。管理成本会计的基本运用是将成本和作业以及产出进行配比。设立分部的目的是将主体范围的数据按照业务和其产出进行分类。与每个分部相关的信息应能向管理者和财务报告的其他使用者说明分部的特定产出、实施的作业，以及生产产品消耗的资源。

192．而且，分部报告应不与主体范围的财务报告发生冲突。它们能使用共同的数据资源，如从标准总账或预算执行报告中获取的会计数据。为了实施分部会计和报告，总会计或预算执行数据应能追溯并分配至分部。联邦财务会计概念第2号公告“主体与表述”讨论了与分部会计和报告相似的报告方法：

> “一些机构甚至是分支机构，其单个或多个项目或其他组成主体的作业对于财务报告的阅读者而言与主体的整体作业同样重要。这对于由众多的局、行政部门、机构和服务设施等组成的部门来说显然是真实的（特别是当它们的项目不相类似时）。在那些例子中，应考虑单个重要的组成成分和整个主体的资产、负债、收入和费用等要素报告的优先性。”①

193．另一个不赞成设立责任分部的意见是，设立分部的要求是过度指定性的，并将约束机构管理层对不同成本收集方法的选择。委员会相信准则将给予管理层在建立成本核算方面充分的灵活性。正如准则所叙述的那样，每个主体的管理层应决定分部该如何界定，如何将相似的产品和服务归入同

① 联邦会计准则顾问委员会推荐会计概念第2号公告《主体与表述》，第75页。

一分部。

194．而且，分部是主体最大的组成成分。管理层能在每个分部中灵活使用任何成本收集方法。在某个分部中，管理层可以将分支主体、活动、工程、经营过程、作业或它们的联合体界定为成本中心来汇总成本。较低水平汇集的成本能以分部水平进行再汇集。

195．实际上，分部可以包括多水平的责任分部或成本中心。例如，假如退伍军人的健康服务应被界定为退伍军人事务部（VA）的一个责任分部，该分部可以将其医院、诊所和护理机构界定为责任中心。每个医院、诊所和护理机构可以更进一步将其活动主体、作业或经营过程界定为成本中心。

196．一些受访者正确地指出，对广义责任分部而不是传统的成本中心的需要，将为主体使用作业成本法或任何合适的成本计算方法提供机会。

197．几位支持使用责任分部的受访者将推荐准则的措辞解释为对每个分部履行管理成本会计的要求。他们指出，对于一些主体而言，采用集中的管理成本核算更有效且更经济。这样的集中核算能通过分部汇总成本并在分部间进行分配。受访者要求，该措辞应修正为提供这种灵活性。

198．委员会赞同该要求。委员会相信主体的管理层应具有一定的判断力，即只要向管理者和其他使用者提供分部成本信息，管理层就应能决定管理成本核算在主体水平实施还是在分部水平实施。因此，本公告推荐的准则并不要求责任分部必须采用管理成本核算。

## 完全成本

199．正如征求意见稿叙述的那样，责任分部生产产出的完全成本是产出的直接成本和间接成本的总和，包括其他分部和主体提供的支持服务的成本。

200． 责任分部的产出可以被当做成本对象。[①] 但在大部分情况下，中间对象（如作业、程序、工程、项目或组织主体）的完全成本也应被计量，以便得出它们产出的完全成本。（参见征求意见稿第 173 段）与产出和中间对象相关的完全成本信息在计量效率和成本效益原则方面是有用的。

完全成本信息的有用性

201． **项目评估和授权**。大部分受访者支持完全成本准则。他们认识到，确定和报告项目的完全成本是特别重要的。项目的完全成本信息能在项目评估过程使用。这样的评估将项目的完全成本与其产出和成果联系在一起。应对国会和联邦政府各层次的决策者以及公众提供项目和其产出的完全成本。当项目产出和成果的完全成本信息被使用时，完全成本信息能帮助国会和联邦执行者进行项目授权和调整方面的决策。

202． **成本意识**。大部分受访者也赞同，准则在提高成本意识方面有优势。主体和分部管理者应意识到发生并分配至经营活动的成本。如果缺乏成本意识，管理和控制成本都是不可能的。没有会计准则对完全成本的要求，完全成本信息不可能可靠，也不会可靠。

203． **为政府商品和服务设定费用和价格**。许多受访者赞同，完全成本应被当做政府提供商品和服务的使用费和补偿费制定的主要基础。正如在征求意见稿中指出的那样，使用者费用（价格或使用费）应能完全补偿政府作为统治者提供的商品、服务和资源的完全成本，这是一项联邦政策（除了某些特定情况外）。[②] 该政策更进一步指出，当政府在企业型状况下，而不是以统治者的权威销售商品和服务，使用费应该以市场价值为基础，并应产生超过完全成本的净收益。政策的目标是：（1）确保政府以自我维持的方式提供商品和

① “成本对象”被界定为作业、产出或成本需计量的项目。广义而言，成本对象可能是分支机构、活动、任务、产品、服务或顾客。参见术语表。

② 管理与预算办公室文件第 A—25 号，使用费。

服务，（2）提高国家资源分配的效率，以及（3）允许与私立部门提供的可比商品和服务进行公平的竞争。

204. 为了贯彻该政策，完全成本信息是必要的。只有可靠的完全成本信息，管理层才能确保使用费能完全补偿成本。[①] 即使在一些例外情况下，使用费因法律的原因被免除或受到限制，提供商品和服务的机构仍将需要完全成本信息以便评价成本未被补偿的程度。

205. **进行成本比较**。受访者赞同，产出的完全成本为成本比较提供了有根据的基础。其中的一位受访者强调以完全成本基础计算产出的主体成本的重要性。委员会同意这种观点。假如产出能以主体进行计量，其主体成本应按照完全成本基础计算。

206. 以完全成本计算的服务或产出的主体成本，能与联邦政府或私立部门的其他主体生产的相似服务或商品进行比较。如果比较不以完全成本为基础，那么它就是无根据的。

207. 一个可靠的成本管理工具是趋势分析。使用趋势分析，应检查一段连续时期的服务或商品的主体成本以便找出增或减的趋势。只有当所有时期的主体成本都以一致的基础计量，如完全成本基础，这种分析才是合理的。当完全成本基础使用时，分析者能进一步检验主体成本的组成，如直接人工或原材料成本、制造费用和其他分部和主体提供的服务成本。通过检查完全主体成本的不同成分，项目管理者能查明导致成本增加或减少的特殊成分。

208. 假如作业成本法被使用，成本的组成主体将与作业联系。对作业成本法成本组成主体的趋势分析能提供与作业效率相关的信息。管理者还能分析单个作业对项目产出和项目

① 但本文件中所讨论的确定完全成本的准则不应该被解释为设定使用费和价格的准则。联邦主体通常应遵守定价政策有关的法律和规范，而对于特殊类型的商品和服务也是一样。那些法律和规范（包括管理与预算办公室文件 A—25）可以规定除了本准则中讨论的完全成本以外的成本计算要求。本准则中界定的完全成本能够作为管理决策参考的一个观点。但它并不意图取代任何成本计算概念，这些概念是法律要求或允许管理层在商品和服务的定价中使用成本计算概念。

对象的增值程度。

完全成本信息的局限性

209．几位受访者提醒委员会小心对完全成本“不加批评的吹捧”。他们指出完全成本并不是与所有的决策情况都相关。他们解释道，一些决策需要其他的成本概念，如变动成本、差额成本或边际成本。因此，他们中的一些人认为委员会不应该异乎寻常的强调完全成本。

210．委员会意识到，不同成本概念应为不同的目的而使用，以便成本概念的使用与特定的成本决策相联系。因此，委员会在征求意见稿中详细的讨论了完全成本的局限性和有用性。（参见征求意见稿第133—146段。）引用Anthony和Young的文章，征求意见稿指出完全成本不适用于可选择的决策，如（1）对增加还是减少产品或服务的决策，（2）内部生产还是外包的决策，以及（3）接受还是拒绝特殊要求的决策。对于这些决策而言，恰当的信息应该是差额成本。①

211．但完全成本准则是一项会计准则，而不是成本分析或决策标准。它要求成本信息通过成本核算来汇编和报告。它绝不限制在所有情况下成本分析和决策只能单独使用完全成本。委员会相信，当完全成本信息，而不是其中一部分，被可靠使用，分析者和决策者将利用全面的数据源来产生分析中需要的成本概念。

212．一些受访者指出，完全成本需要复杂的成本分配和分派程序。委员会相信，间接成本的分配是取得完全成本的必要程序。它能通过恰当的成本计算方法实现。正如征求意见稿有关成本计算方法一节所述，一些现代的成本计算方法使得合理的且可靠的分配成为可能。但委员会应该意识到，完全成本信息，如其他会计信息一样，只能根据其编制的好坏

① Robert N. Anthony 和 David W. Young:《非营利机构的管理控制》第5版，Burr Ridge, Illinois D. Irwin Co.，1994，第235页。

来决定它的好坏。例如，假如主观和非理性的成本分配被过度使用，完全成本信息可能是不可靠且不准确的。因此，委员会推荐成本计算方法准则。项目管理者应审查用来得到成本信息的成本计算方法和技术。

包括或不包括某种成本

213． 许多受访者反对包括发生的员工福利成本和其他主体提供的未补偿的服务成本。（主体内部成本的主题将在下一节讨论。）他们争辩道，这些成本不由预算资源提供，超出了他们的控制。大部分的员工福利成本，包括产生的退休福利成本，都由 OPM 和 DoD 管理的信托基金提供资金。委员会相信，作为一条原则，完全成本应包括用于某项目、作业和产出的全部资源的成本，而不管资金的来源。就财务报告而言，委员会强调它的立场，通过保险统计基础确定的员工养老金和其他退休金的完全成本，包括直接投资于信托基金的部分，应在雇主主体财务报告上确认为费用。[①] 委员会还未发现能违背管理成本核算中这条原则的好的理由。

214． 征求意见稿指出，一些成本应被确认为期间费用，而不是商品和服务的成本（产出成本）。这样的例子包括“退职后津贴”（OPEB）的成本、机构成本，以及取得联邦“使命”和“继承”厂房及设备的成本（该成本将在取得时确认为费用）。[②] 这些成本将确认为相关事项发生期的费用，并被当作“期间费用”。征求意见稿解释道，由于这些费用在其发生期与产出无关，因此它们不应包括在产出的成本中。

215． 例如，OPEB 成本在生产能力利用水平降低或员工受

---

① 联邦会计准则顾问委员会征求意见稿《联邦政府负债的核算》（1994 年 11 月）80—99 段，32—46 页。

② 联邦会计准则顾问委员会征求意见稿《不动产、厂场及设备的核算》（1995 年 2 月 28 日）98—115 段，29—33 页中解释的“联邦使命 PP&E”和“继承资产”。

伤时确认为当期的费用。[1] 将整个 OPEB 成本分配至当期的产出是不恰当的。几位受访者的观点认为，OPEB 成本应包括在完全成本中。OPEB 成本和其他期间费用无疑的成为主体或项目完全成本的一部分。同时，它们还是员工为产品生产作贡献的许多年内所生产产出的完全成本的一部分。但它们不是其发生当期的生产成本。因此，委员会总结道，在成本研究的过程中，如满足下列情况，管理层可能将期间费用中的一些，如 OPEB 成本，分配至一定数量过去期间的产出：(a) 有经验显示 OPEB 成本以常规的形式重新发生，以及 (b) OPEB 成本和过去期间产出的关系能被建立。委员会发现没有理由改变这个状况。

216. 一些受访者主张,完全成本应包括未使用的生产能力成本。正如下文有关未使用生产力成本解释的那样,委员会决定不推荐有关未使用生产力成本计量的准则。因此,为了确保有效的成本比较,完全成本应排除未使用的生产能力成本。

可控成本和不可控成本

217. 一些受访者相信，责任分部的管理者应只对他们能控制的成本承担受托责任，其业绩不能依靠超出其控制范围的成本进行评价。他们发现完全成本报告将使可控和不可控成本间的界线变得模糊。出于业绩计量或其他目的，一些主体应区分与单个责任分部或成本中心相关的可控成本和不可控成本。完全成本信息不必干扰这种区别。本准则不需要为内部报告使用完全成本。假如一些主体为内部报告选择完全成本，内部报告能提供有关单个分部的可控成本和不可控成本的区别。

218. 最终，大部分成本在特定的主体水平上是可控制的。假如它们中的一些在机构的较低水平是不可控的，它们可以在较高的水平得到较好的控制。每个分部应关注按因果关系

① 联邦会计准则顾问委员会征求意见稿《联邦政府负债的核算》(1994 年 11 月 7 日) 100—102 段，47—48 页。

分配至它的成本。这些成本常常因分部的要求和从其他分部或主体获得服务的使用而发生。尽管服务接收主体无法控制服务产生的效率，但它能通过改变服务的需求来影响成本。就一个主体的最高管理层而言，完全成本报告为其提供主体的各种成本（包括总管理成本）如何发生和分配至主体各分部的全面报告。完全成本报告还使主体的最高管理层意识到从其他主体收到的服务成本。管理层能密切地审核成本，并决定是否需要采取措施来控制它们。

集中核算

219．征求意见稿建议的准则叙述道，“责任分部应能计量其产出的完全成本”。几位受访者指出，主体能通过集中核算，而不是单个分部，更有效地计量分部、项目和其产出的完全成本。他们更进一步地指出，对于分部以常规基础（如按月的基础）计量和报告其作业和产出的完全成本而言，是不符合成本效益原则的。委员会同意，许多主体可以发现通过集中核算能更经济、更有效地计量完全成本。而且委员会相信，对主体的管理层而言，应决定完全成本信息应以何种频繁程度在其内部报告中可靠反映。因此，准则的措辞已被改变。对完全成本的要求现在限制用于总目标财务报告等外部报告。

成果的成本

220．受访者建议，除产出的完全成本外，准则还要求报告项目成果的完全成本。正如征求意见稿讨论的那样，委员会相信，项目的业绩计量需要三个主要的要素：项目的完全成本、产出和成果（参见征求意见稿37—38段）。项目和产出的完全成本一旦按照本准则计量，就应与项目的产出相联系以便计量其成本效率。

221．本准则不要求对成果成本的直接计量，因为在大多数情况下，项目成果需要采用超出本准则所讨论范围的方法来计量。GPRA将“成果计量”界定为“对项目作业的成果与其预期目标比较所进行的评价”。[①] 许多项目的政策目标和预期的结果实际上是社会经济学的或科学的,或者涉及到国防领域。项目结果的评价要求在那些领域的专业知识。因此,与成本和产出不同,成果通常不以数量或货币的形式计量。

222．　而且，与成本和产出不同，它们按每个会计和报告期间来计量（如一个季度或一年），而成果的计量实质上是长期的。例如，参议院对 GPRA 的报告强调，“成果计量只有某项目或工程到达终止点（通常项目整个经营期处于不确定长度的状态至少会持续几年）或完工时才能进行。”尽管所有的项目都消耗货币，其中一些项目可能产生积极结果，而其他一些可能不产生结果或产生负结果。

223．　由于计量成果的复杂性，本准则讨论的成本计算原则和方法不能用于计量成果的成本。委员会相信，项目及其成果的完全成本应采用适用于成本和成果的方法单独计量。一旦其中一个被计量，那么它们能联系起来审查项目是否符合成本效益原则。

## 主体间成本

224．　在联邦政府中，一个机构向另一个机构提供商品和服务是很平常的事。有时，这是法律所要求的，而通常这是一种为所涉及的机构和整个政府指导业务的有效方法。在许多情况下，收到这些商品和服务的机构将按照某种达成的价格来补偿提供机构。但在这种情况下往往是没有使用费的，或使用费不够补偿提供机构的完全成本。当这样的“使用费”或低于成本的项目用于接收主体的生产，其结果是低估了接收主体最终产品的完全成本。

### 对非补偿成本的调查

225．　委员会认识到，这些非补偿或完全补偿的商品和服务可能会扭曲报告主体对其产出完全成本的确定，但这种情况

---

① 1993 年的《政府业绩法案》,PL103—62,第 4 节。

发生的程度是不确定的。为了确定主体间非补偿成本的例子，委员会对联邦机构开展了有限的调查。其中 22 个机构答复了调查请求，13 个指出它们提供的不可补偿服务或商品的某种类型。这些涉及到大范围的业务，但发生成本中的大部分是薪金以及与薪金相关的员工福利。在大部分情况下，成本依靠对提供主体的直接拨款获得补偿；但那些机构不能确定涉及的总金额。其中几个机构估计，这些金额从每年＄36 万到＄1.8 亿不等。在调查中明确的非补偿主体间业务的几个例子列示如下：

- 农业部：提供市场数据、农药数据、食物规格信息、水资源供应预测，以及其他农业信息。36 个联邦机构有规律地收到全部信息或这些信息中的一部分。
- 商业部：向几个机构提供核算和赠款管理服务、计算机存取和报告以及咨询服务。
- 国务院：为其他机构在美国和国外的建筑行为提供空间和便利。
- 总务管理局：在一些情况下，它向其他机构提供政策和规范的开发服务、财产管理服务，以及合同裁定和管理服务。
- 国家科学基金会：为国防部管理有关工程和计算机科学的研究补助项目。

226. 委员会注意到，该调查仅限于不同机构间的非补偿成本。正因为这样，其结果不必体现不同报告主体间交易和成本的所有种类和金额。该调查还限于机构能够容易确定以便能迅速回答问卷的非补偿成本。不过，这暗示着一些非补偿成本在金额上是重大的。

确认的有用性

227. 一些受访者指出，主体间[①] 成本对于管理者来说有

① 正如在完全成本准则中讨论的那样，完全成本设想主体间成本和主体内成本适用于责任分部。该准则详细描述主体间成本。主体内的成本计算通过报告主体内按用途选择的成本计算方法来完成，因为这些成本在责任分部间转移。

用性很有限，因为他们不能控制其他机构提供项目的成本。在一些情况下，他们不能控制用于生产其产品的主体间商品或服务的数量。

228. 委员会意识到，非补偿成本或完全补偿成本的确认通常对不同水平的管理层的有用性程度是不同。但正如完全成本准则中提到的那样，为了全面核算报告主体生产的商品和服务的成本，主体将需要包括从其他主体收到的商品和服务的成本。成本降低和控制、业绩评价以及程序的提高都依靠对生产产出的完全成本的认识，包括其他联邦主体发生的生产成本。这些成本对于主体最高管理层（对于生产线管理人员而言，其作用是次要的）用于控制和评价经营环境，以及有关如何最好地获得那些商品和服务的决策而言是最重要的。对完全成本的认识（包括主体间成本涉及的范围）对于外部使用者而言，特别是国会和纳税人，在有关政府不同项目的选择和资源分配的决策也是重要的。

229. 另外，委员会相信，如果没有对非补偿和完全补偿主体间成本的确认，接收主体几乎没有动机控制这些资源的用途。当它们对接收主体表现出“免费的”，其成本应在政府的某处进行汇集。假如接收主体承担这些成本，那么最高管理层将更有动机来节约和控制这些资源的使用，同时对如何取得这些资源并在何处取得这些资源做出更好的决策。这对于纳税人而言有助于减少整体成本，并有助于责任分部提供与完全成本相关的其他利益。

230. 当主体生产商品和服务并向联邦政府以外销售时，对所有主体间成本的确认也是重要的。对于销售时就补偿政府完全成本的主体而言，对成本总和的认识（包括其他联邦主体发生的成本）对于制定恰当的价格而言是至关重要的。

估计的使用

231. 准则界定提供主体的责任是向接收主体提供商品和服务的非补偿或完全补偿完全成本的信息。由于只有提供主体才有这样的信息，因此这样处理是恰当的。完全成本准则的执行应使提供主体相当容易满足其规定。假如因某些原因，提供主体不能或没有提供成本信息，接收主体除了通过估计以外无法确认成本。

232. 委员会预计到这种可能性，并要求接收主体在成本信息未被提供时使用对商品和服务的成本估计。估计应该是合理的，并应该以确定提供主体发生的现实成本为目的。假如这样的成本估计不能实现，接收主体可以以对商品和服务市场价值的估计为基础。

233. 一些受访者强调，估计的使用有太多疑问且太不可靠，并指出接收主体没有足够的信息作出这些估计。一些受访者关心，估计的使用将导致报告主体间有关成本的争吵。其他受访者关注，一些主体没有经验丰富的人员来进行估计。少数受访者关注估计使用的审计内涵。

234. 一些受访者关注在实施估计方面市场价值可能的使用形式。其中一些受访者指出，政府型商品和服务通常不由政府外部的主体生产，因此这样的市场价值可能不存在。其他受访者也指出，市场价值通常不代表与实际成本间直接的关系，或者因市场价值变动过快而失去任何意义。

235. 委员会意识到与估计使用相关的一些问题。但提供主体对本公告中其他管理成本会计准则的执行应尽可能地减轻接收主体对主体间成本估计的需求。委员会还相信，假如主体间成本满足准则制定的确认标准，且成本信息尚未收到，那么使用合理的成本估计比完全不进行确认更可取一些。

236. 估计常常在会计和财务报告中使用。基于估计的成本确认不再是新的方法，而且只要估计合理且以合理而系统的方法为基础，估计就是可靠的。委员会也意识到，估计的使用意味着职业判断的使用。这并不否定估计对财务信息使用者的价值，也不应该表示存在与审计要求相联系的任何问题。

237. 委员会意识到，许多主体间商品和服务的市场价值并不总能可靠取得。假如这样的价值可以得到，且没有制定其他的基础，这样的价值就能成为成本估计的合理基础。虽然市场价值与产品成本可能不直接相关，而且市场价值可能变动，但这些市场价值也可以作为联邦主体为了从非政府资源取得主体间商品和服务而必须发生成本的相当可靠的指南。当决定所有估计时，将市场价值作为估计基础使用需要采用判断和职业关注。

238．委员会意识到，还存在一些执行中的问题，如不同意提供主体的估计成本或者不允许缺乏训练的人员进行估计。这些问题的实质是实务性的，管理层可以解决。在执行新的或变更的会计政策时也可能面临一些问题，如对系统或方法以及培训提出了新的要求。提供主体和接收主体密切联系以便解决任何成本计算问题，这正如它们解决任何与环境相联系的非会计问题一样。

确认标准

239．委员会非常清楚对每个非补偿或完全补偿主体间成本进行确认是不可能的。联邦政府是非常大且复杂的主体，为了自然和合理的方法完成任务和目标而期望业务间的一些商品和服务的流转，这一点也是正常的。委员会决定，这里仅讨论某些非补偿或完全补偿的主体间成本。因此，本准则确认标准，用于那些认为是最重大和最重要的项目。

240．该标准指出主体间非补偿主体间成本的重要性原则，即是否对所有主体广泛而重要的支持的一部分，是否需要帮助非政府主体的定价。重要性标准在向接收主体提供的项目是重要的情况下考虑其重要性程度。在该标准下，主体间成本是否被确认依靠下面三点。第一点是对接收主体的重大程度，如项目是否足够重要以至于管理层在决策情况下应意识到项目的成本。第二点是商品和服务作为接收主体产出组成部分的完整和必要程度。第三点是商品和服务以合理的精确度与接收主体配比的程度。

241．广泛的而重要的支持标准承认，一些主体的使命就是向全部或大部分其他联邦主体提供支持。广泛的而重要的服务成本在其未被补偿时不应由接收主体确认。但假如服务是接收主体经营和产出的整体和必要的组成部分，则那些成本应被确认。

242. 该标准还承认，某些情况下由于可能对非政府主体的最终定价构成影响，主体间成本需要被确认。假如联邦主体向非联邦主体销售产出，这通常需要补偿商品和服务的完全成本。当成本不是最终定价惟一的决定因素时，对以政府为整体的产品实际完全成本的熟知，对于确保能按照补偿所有成本的水平来制定合适价格而言是有必要的。

243. 大部分受访者赞同该标准。但一些受访者关注的是该标准应如何解释，以及准则的实质是否太具总括性了。委员会意识到这些标准的运用需要深思熟虑的判断，并注意到每种情况下特定的因素和环境应被考虑。该问题和实施中应关注的其他问题一起指导委员会对"实施中存在的问题"中讨论的实施情况作出特定决策。

合并

244. 本准则要求，当非补偿和完全补偿的主体间成本被确认时，接收主体应将收到的商品和服务的完全成本确认为费用（或资产），而且对于补偿低于完全成本的部分应被确认为财务资源。当然，同时提供主体继续在会计记录中确认提供的商品和服务的完全成本以及任何抵消的补偿。一些征求意见稿的受访者关注成本"双重计价"的可能性，以及在合并中出现的有关这些交易抵消能力的其他问题。

245. 提供主体和接收主体都是独立的报告主体。每个主体都应在其会计记录和财务报告中确认经营的真实成本和取得的任何收益。提供主体在提供商品和服务的过程中发生成本，即使这些商品和服务是向其他主体提供的。它可能收到部分支付或补偿。这些交易和事项应在其会计核算中得到反映。作为独立的报告主体，接收主体也应确认产品的总成本。最终与产出相关的非补偿或完全补偿的商品和服务的完全成本应在产品的成本中反映。对于那些成本未被弥补的程度，接收主体正在利用一项单独的财务资源，即提供主体。

然后，这个事实也将反映在会计核算中。其结果是确认的成本而未实际支付的成本被投入的财务资源抵消。由于主体的财务状况未受影响，产品的真实成本得到反映。

246. 成本"双重计价"的惟一可能性出现在为包括提供主体和接收主体的报告主体编制合并财务报告时。在编制这样的报告时，准则建议抵消主体间的交易。实际上，这与已完全弥补交易的抵消没有区别。惟一的要抵消的额外交易是对接收主体投入的财务资源的确认。假如主体间成本的支付已发生，报告主体和接收主体的成本确认以及任何实际的补偿都将被抵消。

247. 委员会认识到，为编制合并报告应抵消的交易的辨别和追溯变得复杂和困难。但这是管理层通过交易编号和其他一些确定方法的使用应该能克服的实施中的问题。它可能需要目前使用的方法和系统发生变化，还可能需要额外的人员培训。委员会已经决定采用某种方法使下面讨论的实施中存在的问题简化。

实施中存在的问题

248. 正如上面讨论的那样，委员会认识到，在实施关于主体间成本计算的准则过程中可能存在一些问题。非补偿或完全补偿的主体间成本的确认对于联邦主体来说是一个新概念，涉及到考虑成本的新的方法。准则在联邦主体间的运用可能是不一致的，该问题的确存在。另外，在进行成本估计的过程中，在修正包括这些要求的会计系统和程序的过程中，以及在培训人员完成任务时都可能存在一些问题（特别是在最初时）。而且，委员会意识到，由于会计程序可能是复杂的，一些问题是关于为编制合并报告而发生的主体间成本抵消交易的。

249. 作为这些问题和关注的结论，委员会表示，需要采用一种可计量的、逐步的和实用的方法来实施本准则。因此，委员会决定，在实施准则的过程中，管理与预算办公室在联邦会计准则顾问委员会工作人员的帮助下应为开始确认的主体确定特定的主体间成本，然后管理与预算办公室应发布指南以明确那些成本。管理与预算办公室在制定指南的过程中应考虑包括确认标准准则的要求，还应考虑国库、美国会计总署和其他机构提供的建议和信息。委员会期望最大和最重要的主体间成本应被首先确认，接下来其他的可以作为主体在运用准则中取得的经验。这种方法被看做确保准则的运用和实施一致的实用方法，并为克服其他可能产生的实际问题提供时间和经验。委员会还可以在未来可能的推荐准则中建议特殊的主体间成本的确认。

## 成本计算方法

250．征求意见稿讨论了成本的汇集和分配原则。征求意见稿指出，成本应按责任分部汇集，汇集的成本应按资源的类型（如人工成本、材料成本、资本成本、设备成本和租金成本等）分类。征求意见稿强调，“责任分部的成本汇集并不意味着每个责任分部应该有自己的会计系统。报告主体可以采用中央会计系统，但该系统应能按责任分部确定成本。”(参见征求意见稿 170 段)

251．征求意见稿讨论三种成本分配原则：(a) 只要可能且经济上适用采用直接追溯成本，(b) 以因果关系分配成本，或 (c) 按合理和一致的基础分派成本。这些原则适用于分部向其他分部提供服务的成本，以及将分配成本至分部的最终产品。

252．征求意见稿提供了对可靠的成本计算方法的简要的描述：作业成本法（ABC)、分批法、分步法以及标准成本法。征求意见稿指出，这些成本计算方法都不是互斥的。例如，标准成本法能与 ABC 法一起使用。而标准成本法和 ABC 法可联合用于分批法或分步法。

253．大部分受访者相信，对责任分部成本汇集的要求是合适的。一些人指出，成本以低于分部的水平汇集，如分部内的成本中心、步骤或作业。只要成本在分部的水平汇集，那么这样的汇集与准则是一致的。其中一些受访者指出这些要求目前是可行的，这是因为系统是按照分部和资源类型汇集费用而设计的。但其他受访者强调，它们应升级其总会计系统，以便满足准则的要求。

254. 所有的受访者都赞同成本分配原则。一位支持该原则的受访者指出，该原则应按照优先顺序明显分出不同等级。委员会意图在该原则间表达出这种优先顺序。它在推荐准则中强调，直接成本的追溯应在“可行和经济上实用”的情况下使用。委员会进一步在征求意见稿中指出，“对于不直接追溯至产出的成本而言，按照因果基础的分配更可取。”（参见征求意见稿 182 段）但出于成本效益原则的考虑，按照分派来分配成本是不可能避免的。委员会强调，成本分派应在合理的基础上实施。它也警告，分派可能是武断的，因此可能会导致扭曲（参见 190 段）。为了使优先顺序更明显，委员会为准则增加一些内容，指出该原则应按优先顺序列示。

255. 所有的受访者都赞同对可靠的成本计算方法的描述。他们中的一些指出，所包括的原始资料是清楚的，并提供了充分的指南。受访者赞同委员会的立场，由于联邦业务是非常多变的，此时要求为特定类型的业务采用特定的成本计算方法是不实际的。但要求每个主体选用最适用于其经营的成本计算方法并一致使用该方法是合适的。

256. 委员会鼓励政府主体研究 ABC 法在其经营过程中的潜在使用（征求意见稿 20 段）。这一点也被受访者接受。十八位受访者支持 ABC 法。他们中的大部分人说，当与其他的成本计算方法联合使用时，ABC 法是有效的。七位来自联邦机构的受访者指出，他们相信 ABC 法对于联邦机构的业务是适用的，并称正在考虑使用该方法。另外，两位受访者指出，标准成本法的使用也应被鼓励。委员会继续相信，当联邦机构持续发展其管理成本计算方法，更多成熟和精确的成本计算方法，如 ABC 法和标准成本法，应被考虑并用于减少武断的成本分派，提高完全成本信息。

257. 委员会考虑，成本计算方法一节应建议作为概念公告还是准则。它得出结论，该节应是准则。委员会相信，本节包括的成本汇集和分配原则是可定义的，应由联邦主体遵守。只有依靠坚持原则和对成本计算方法的持续提炼，可靠的完全成本信息才能获得。

## 未使用生产能力的成本

258. 征求意见稿建议准则（如果可获得）要求主体计量未使用经营能力的成本，并将它报告为一项单独的费用。为了达到这个目的，一些主体（如国防部）应将经营能力从“准备就绪的生产能力”中分离出来，该生产能力是为战争和紧急动员而不是为普通的经营准备的。经营能力能在“可用的生产能力”概念下计量，该概念是可靠的生产能力所能生产产出的最大数量（考虑正常的停工和中断）。未使用的生产能力是可用生产能力超过实际产出的部分。

259. 许多受访者赞同所推荐要求的重要性。它们强调，生产能力成本信息在联邦机构提高成本和生产能力管理方面非常有用。几位来自私立部门的受访者敦促建议应立即被采用。

260. 但大部分来自联邦机构的受访者强调，对生产能力的计量涉及到一些非常复杂的问题，且在此时实施是不可行的。假如取得推荐的要求，机构将面临两种主要类型的困难。第一，它们缺乏对界定和计量不同类型生产能力的指南。例如，来自国防部的受访者强调，提高标准用于区分国防营运能力成本和动员能力成本是困难的。从事行政管理、政策制定和常规业务的民间机构也指出在界定它们的可用生产能力上有困难。第二，许多机构的受访者强调，他们没有提供可靠生产能力计量的核算能力。缺乏这样的核算能力，未使用生产能力成本可能被不恰当地估计，所得的信息可能会产生误导。

261. 许多受访者出于成本效益原则的考虑也反对推荐准则。他们估计，生产能力成本的核算要求充分的时间和努力去实施。这就要求使用它们有限的会计人员和装备。来自一些机构的受访者未察觉到它们存在超生产能力问题。因此，生产能力核算的结果（假如能产生）是否能用于提高机构的经营水平还非常不确定。

262． 考虑了对征求意见稿的回复后，委员会确信建议将生产能力会计作为准则或概念公告都是不成熟的。委员会意识到，联邦机构只有核算的有限人力和其他资源。它们应将那些有限的资源投入到财务报告的编制和建立更基本的管理成本会计要素中。因此，此时实施生产能力成本计算是不符合成本效益原则的。

263． 管理生产能力成本是成本管理的一部分。尽管本文件不推荐准则计量生产能力成本，但完全成本准则要求的完全成本信息将有助于管理层明确生产能力使用问题。一些受访者强调，生产能力会计概念将对于资本集中的工业型业务和提供以主体计量重复服务的业务。委员会意识到，私立的会计团体存在对该主题持续的研究努力。因此，委员会可能在未来考虑生产能力会计。

## 生效日

264． 委员会认为，联邦政府将长期需要管理成本会计。由于本准则是高度概括性的，且只提到了最高水平的成本会计，委员会感到它们应该被迅速实施。管理成本会计开始得越早，在管理和控制联邦项目和业务方面体现出的收效就越早。委员会还相信，未来的生效日将不会迅速改变政府否定成本会计的趋势。因此，在征求意见稿中，生效日设置为1995年9月30日后开始的会计期间（如开始于1996年的会计年度）。

265． 大部分受访者认为该生效日太早，并说他们预见到在9月30日实施中的问题，并给出了许多推迟实施的原因。其中主要的原因是（1）在1995年9月30日取得财务系统改造所必须的资金是困难的，（2）缺乏经过训练的会计人员和设备，以及（3）需要时间完善和调整成本核算方法和系统以及提高管理意识和支持。受访者建议实施日在征求意见稿给定的1996年生效日后的一到五年的范围内。

266. 委员会意识到，许多受访者对资金的提供、培训和成本计算作业发展的关注是合理的。但它也认识到，联邦机构应能迅速提供成本信息以便满足GPRA的要求。它还指出，报告主体不必拥有成熟的成本核算系统以满足本准则的要求。假如必要，当通过短期的其他方法提供基本成本信息时，联邦机构应能采取渐进的方法来完善成本系统。

267. 不过，委员会赞同，由于成本会计对于大部分联邦机构是相对较新的概念而建议的实施日又非常接近，因此征求意见稿中的实施日对于许多机构而言都可能是个问题。因此，委员会决定将实施日推迟一年，使准则在1996年9月30日后开始的期间生效，当然鼓励更早的实施。

## 术语表

268. 在开发管理成本会计项目的前期，特别任务组决定，许多问题源于成本会计使用表示不同事物的相似术语。它得出结论，成本会计术语的一致使用对于避免混淆和误解是有必要的。因此，它建议委员会在征求意见稿中增添一个术语表，该表用于界定许多使用的成本会计术语。

269. 委员会赞同该建议。它也决定，在联邦政府中建立标准成本会计术语表非常重要，术语表不仅包括准则所用术语的定义，还包括其他重要的成本会计术语的定义，即使那些术语不直接在本准则的正文中使用。该术语表作为联邦政府所用的标准的和一致的成本会计术语的开端。

270. 这些意见来自于惟一一位关注术语表的征求意见稿受访者。该受访者并未建议改变术语表提供的任何一个定义，而只建议增加一些定义。委员会决定，术语表暂时是充分的，并应作为附录保持在最后的公告中。委员会还决定，在以后期间联邦机构取得提供成本信息的经验时，且在附加标准定义的需求变得明显的情况下，委员会可以发布术语表的补充条款。

# 联邦财务会计准则第 5 号公告（SFFAS NO.5）
# ——联邦政府负债的会计核算

## 基本情况

颁布日期：1995 年 12 月 20 日

生效日期：适用于自 1996 年 9 月 30 日以后开始的会计年度

参考第Ⅰ卷：联邦财务会计准则第 1 号公告，《特定资产和负债的会计核算》（提供关于其他负债的信息）

联邦财务会计准则第 2 号公告，《直接贷款和贷款担保的会计核算》（提供贷款担保负债的信息）

联邦财务会计准则第 6 号公告，《不动产、厂场及设备的会计核算》（提供关于清理成本负债的信息）

参考第Ⅱ卷：资本租赁（C40），或有事项（C60），互换负债（E40），联邦政府债务（F10），保险和担保项目（I40），负债（L40），不可互换负债（N20）和养老金、其他退休福利以及其他离职后福利（P20）

解　　释：第 2 号说明书，对国库裁定基金交易的会计处理

影　　响：不影响其他准则

所受影响：联邦财务会计准则第 7 号公告第 36 段（b）指出，在对按定单制造的产品或提供的服务有关合同的损失进行处理时相对于一般准则而言，存在着例外事项。

联邦财务会计准则第 8 号公告，第 116 段和 117 段指出，在进行额外的调查研究之后才考虑社会保险的问题；这一点与在此公告第 6、104 和 105 段中所表达的意图不同。

## 概述

此公告将“负债”定义为由于过去发生的交易或事项[①]所导致的可能在未来产生资源流出或其他的牺牲的资源。此公告对不包括在下列公告中的联邦政府负债制定了会计准则，联邦财务会计准则第 1 号公告《特定资产和负债的会计核算》，第 2 号公告《直接贷款和贷款担保的会计核算》以及第 6 号公告《不动产、厂场及设备的会计核算》。

此公告界定了与不同类型的事项和交易相关的负债的确认标准。

· 由于互惠或“交换”交易（也就是交易一方将价值转移给另一方，并同时从另一方收取价值作为回报）产生的负债应于当一方已承诺在未来支付货币或其他资源，从而收取货物或服务时确认（例如，联邦政府职员为获得报酬而提供服务）。

· 在非互惠转移或“非交换”交易中（也就是，交易中的一方在交易中收取了价值但无需直接支付或承诺回报价值，例如援助或某些津贴项目），对于在报告日未付的任何到期金额应确认为负债。此类负债包括联邦政府主体支付的符合项目合同条款要求的福利、货物或服务[②]在其报告日的到期金额，而无论这些金额是否报告给联邦政府主体（例如，对于医疗部门已提供的服务，其预计的医疗补贴将由联邦政府筹集，即使还没有上报联邦政府，也同样要归入此类负债。）。

· 政府相关事项是不以交易为基础的事项，它涉及联邦主体及其环境的相互作用。该事项可能超出主体的控制。如果资源的未来流出是很有可能的或可计量的（见第 33 段和 34 段很有可能和可计量的定义）或以后其变得很有可能或可计量，对于当事项发生时由政府相关事项导致的资源的未来流出应确认为负债。例如联邦政府主体意外导致私人财产遭受损

① 按照此公告中的准则，确认的负债包括能被预算资源补偿的负债和不能被预算资源补偿的负债。能被预算资源补偿的负债是在特定的年度内能够被可用的预算资源补偿的负债，可用的预算资源不仅包括新的预算授权而且包括为特定目的来补偿负债的其他可用资源。不能被预算资源补偿的负债包括发生的这样一些负债，即这些负债不能通过国会拨款或目前报告主体的盈利，以形成用于偿还负债的收入或其他必要的资金来源。尽管预期有政府拨款，但是是否有政府拨款完全由国会控制。（摘录于管理与预算办公室公告 No.94—01，《政府机构财务报告的形式和内容》）

② 按项目合同条款提供货物或服务的形式，例如，承包人向代表灾难救济受益人的政府提供服务。

失的事项，当事项发生时现行法律和政策某种程度上使联邦政府对损失的赔偿变得很有可能并且赔偿的金额能够可靠地估计，就会产生负债。政府相关事项也包括联邦政府运转所产生的与联邦政府财产有关的废物有害或影响政府自有财产的意外事件和灾难。

政府知晓事项是对联邦政府财务有影响的事项，因为联邦政府选定对这些事项做出反应。当联邦政府正式承担事项的财务责任并且有非交换或交换性交易发生时，对政府知晓事项所导致资源的未来流出应确认为负债。在报告日对于未付的任何到期金额应确认非交换性交易的负债，当提供货物或服务时，应确认为交换性交易的负债。负债包括联邦政府主体为偿还按项目合同条款提供的资源、货物、服务在联邦政府主体报告日应付的金额，无论这些金额是否已经报告给联邦政府主体（政府知晓事项的范例包括非联邦主体引起的有毒废物损害和自然灾害导致的损害）。

除了讨论负债确认的一般原则之外，该公告还包括几个特定的联邦负债会计准则，它们是：或有事项、资本租赁、联邦债务、养老金、其他退休福利和其他离职后福利，以及保险和担保项目。

# 目　录



注：第1段和第8至18段被省略。

## 范围

2． 此公告清楚地说明了一般原则应能够对通用目的联邦财务报告的编制者提供指导。它也提供了关于由递延报酬、保险和担保（除社会保险之外）、某种津贴和一些其他交易所导致的各种负债的详细指南。该公告涉及的负债不包括在联邦财务会计准则（SFFAS）第1号《特定资产与负债的会计核算》和联邦财务会计准则第2号《直接贷款和贷款担保的会计核算》之中。

3． 在此文献中负债的概念与第1号和第2号公告中的概念一致。此定义修正了在联邦财务会计准则第1号公告中陈述的定义。此公告为不包括在联邦财务会计准则第1号公告和第2号中的负债制定会计处理方法。第1号公告只着手解决在正常经营中经常发生的选定负债和在一个会计年度内到期的负债。在第1号公告中涉及的负债是应付款项、应付利息和其他流动负债，如应计工资、应付福利和未实现收入①。

4． 第2号公告着手解决具体由直接贷款和贷款担保引起的负债。贷款担保是为"非联邦政府债务人对非联邦政府贷款人的债务承担偿付全部或部分本金或利息的担保、保证、抵押，不包括对在金融机构的存款、股份或其他可提款账户的担保责任。"②

5． 此公告中"负债"的一般概念性定义在某些方面与财务会计准则委员会（FASB）所描述的相似。但是FASB为了在上下文中应用这个概念，对私人部门的概念做了一定的修正。同样，处理养老金、其他退休福利和离职后福利的具体会计准则也会与FASB发布的准则不同，这在"结论的基础"中会予以解释。

6． 此公告要求对现有负债进行披露。然而，此公告并没有

---

① 摘录于联邦财务会计准则第1号公告，《特定资产与负债的会计核算》（1993年3月30日），第96段。

② 在联邦财务会计准则第2号公告，《直接贷款和贷款担保的会计核算》（1993年8月23日）第46段中引用的管理与预算办公室公告，No.A—11。

完全解决与未来财务报告期间相关的包括社会保险[①] 在内的经管责任的信息披露问题。依照现在正在研究的准则，这些信息可能在补充经管责任报告中予以披露。（见联邦财务会计准则第 8 号公告，《补充经管责任报告》。关于预计现金流出量的信息对于制定关于公共政策的决策是至关重要的，公共政策包括现行法律允许的福利水平和清偿负债所必须的收入水平。

7． 社会保险项目[②] 的确认向委员会提出了重大的理论和实务问题。负债准则意见稿的征求过程提出了社会保险所面临的现有状况。重新考虑这个问题后，委员会得出结论即关于社会保险项目性质的理论具有何种技术上的优点，关于社会保险能否有足够的信息以一种单一的实时发生的数额在资产负债表上反映就值得怀疑。委员会修正了准则意见稿，要求采取几种计量方法对社会保险进行列示。考虑社会保险的敏感性和数量，委员会认为关于准则的新的提议应进行额外的披露，以便使用者能够对其进行复议和评论。委员会认为此理念及其备选方案并没有足够详细地提供给使用者团体。因此，有关社会保险的讨论已经从负债准则中分离出来，并在《补充经管责任报告》征求意见稿中进行陈述。

第 8 至 18 段省略。

## 负债准则

### 负债的定义和确认的一般原则

19． 为联邦核算目的的负债是由于过去交易或事项所导致的很有可能的资源未来流出或其他牺牲。联邦财务报告的一般目的应确认[③] 由以下事项所引起的资源很有可能的和可

---

① 经管责任在《受托责任的补充报告》中得到进一步的讨论。

② 社会保险项目是通过专用税金筹资的强制性的收入转移项目，在有些情况下也包括联邦政府的一般收入。

③ 确认意味着在基本财务报表上报告其金额。

计量的未来流出或其他牺牲：(1) 过去交换性交易，(2) 政府相关事项，(3) 政府知晓事项，(4) 非交换性交易依照现行法律和适用的政策，此类事项引起的负债是在报告日应付的未支付金额①。

**事项和交易**

20．过去事项（包括交易）的存在对负债的确认是至关重要的。事项是对主体产生财务后果② 的事件。事项可能是发生在主体内的内部事项，如将原材料转化成产品。事项也可能是涉及报告主体与其环境之间相互作用的外部事件，例如，与另一主体的交易，自然行为，偷盗，故意破坏艺术品的行为，由于疏忽、意外导致的伤害。

21．作为在此公告中使用的一个术语，**交易**涉及价值的转移。交易可能是交换性交易，或是非交换性交易。交换性交易与非交换性交易之间的区别对于联邦会计中负债的确认标准是非常重要的。

22．当交易的一方牺牲价值并同时收取价值作为回报时，此交易属于**交换性交易**。在此类交易中存在资源或提供资源的承诺的双向流动。在交换性交易中，当一方承诺在未来提供货币或其他资源而收取货物或服务③ 时，负债应被确认。

23．交换性交易的一个实例是联邦雇员为获取报酬而提供服务，报酬包括工资和未来退休福利。因为双方（雇员和雇主）收取并牺牲了价值，所以此交易属于交换性交易。在交换发生的期间，应确认费用。报酬负债包括未付的已实现工

① 此公告中使用的术语“非交换性交易”与财务会计准则委员会中的术语“非互惠转移”具有某种程度的相似性。也就是说，它暗含着双方间的资源、服务或承诺是单向流动的。尽管一些会计人员广义地使用此术语，在“非交换性交易”中的“交易”不包括重分类、结账、与会计记录相似的“内部”分录。“可能”意味着可能发生。“可计量”意味着能够合理地估计。

② “后果”定义为有意义的或重要的事情。

③ 在财务会计中没有收取货物和服务的尚未履行合同一般不能确认为负债，尽管在政府预算会计中它们一般确认为债务。

资和与本期服务相关的未来退休福利的成本。

24． 当交易的一方收到价值但并没有向对方直接或承诺回报价值时，此交易属于**非交换性交易**。在交易中存在着资源或承诺提供资源的单向流动。对联邦非交换性交易，应对报告日的任何应付未付金额确认为负债。负债包括联邦主体为偿还按项目合同条款提供的福利、货物或服务[①] 在其报告日应付的金额，无论这些金额是否已报告给联邦主体。（例如，对于已提供服务的医疗部门，应归于其的估计医疗补助将由联邦主体进行筹资，即使还没有报告给联邦主体，也同样要归入负债。）

25． 许多援助和特定津贴项目都是非交换性交易。当联邦政府建立了津贴项目或对州政府和地方政府给予援助时，支付款项的提供是由联邦法律决定而不是由交换性交易决定。

26． **事项**定义为对主体产生财务后果的事件。对于联邦财务报告，一些事项可能不是以交易为基础，这些事项可能被分为两类：（1）政府相关事项或（2）政府知晓事项。

27． **政府相关事项**是不以交易为基础的事项，它包括联邦主体及其环境的相互作用。该事项可能超出联邦主体的控制。一般而言，与政府相关事项有关的负债应与在交换性交易中发生的负债，以相同的基础进行确认。例如，联邦主体意外导致私人财产遭受损失的事项，当事项发生时，现行法律和政策使联邦对损失的赔偿变得很有可能，并且赔偿的金额能够可靠地估计[②]，就会产生负债。

28． 政府相关事项：

---

① 根据项目合同条款，以一定的形式提供货物或服务，例如，承包人向代表灾难救济受益人的政府提供服务。

② 源自政府侵权行为的针对美国政府的大部分索赔都依照《联邦侵权赔偿法》（FT-CA）进行裁决，该法为按行政和司法途径解决赔偿问题提供了依据。在限额之内的行政裁决赔款从政府机构拨款中支付。超过限额的行政裁决赔款从判决拨款中支付。由司法部作出的法庭裁决和协议解决的赔偿额无论金额多少都从判决拨款中支付。该法规定，对某类事项，政府不必为在30段中描述的每个单独事项分别承担财务责任。

(1) 法律或规章要求清除联邦政府运转所导致的有危险的废物。在结账日开始进行有效的清理（也就是，移置、容纳、处置）[①]。

(2) 由于联邦政府运转导致的非联邦财产的意外损害。

(3) 诸如联邦政府运转或自然力等因素[②] 所引起对联邦财产的其他损害。

29. 如果资源的未来流出或其他牺牲是很有可能的，并且负债能够计量，或在以后是很有可能发生的并且能够计量的，那么政府相关事项所导致的负债应在事项发生的期间予以确认。

30. **政府知晓事项**是不以交易为基础并能对联邦政府产生财务后果的事项，这是由于联邦政府选择对这些事项做出反应。联邦政府对维护公众的福利负有主要的责任。联邦政府已建立计划来满足大众的公共需要，并承担责任，而在法律上，联邦政府并没有承担这些责任的优先的义务。

31. 因此，许多事项引起的成本，例如非联邦主体和自然灾害引起的有毒废品的损害，可能最终成为联邦政府的责任。但是，直到政府正式对这些事项引起的成本承担一定程度的财务责任和交换或非交换性交易发生时，这些成本才符合“负债”的定义。换言之，当至少满足下列两个条件时中的一个时，联邦主体才确认负债和费用发生：(1) 国会已经拨出或批准使用（也就是说，通过立法授权）资源；(2) 发生了交换（例如，承包人进行了修理）或在报告日非交换金额没有支付（例如，直接支付款项给受灾人），无论哪种情况发生，均可确认为负债。

32. 下面的例子阐述了政府知晓事项的负债确认。龙卷风袭击了美国的一个小镇，国会拨出基金来进行救灾。这个事

---

① 参考联邦财务会计准则第 6 号公告，《不动产、厂场及设备的会计核算》，可以得到有关清理成本的详细资料。

② 有关资产评估和资产减值的计量（计量将会发生的损失）的问题超过了本公告的范围。参考联邦财务会计准则第 6 号公告，《不动产、厂场及设备的会计核算》，可以得到有关联邦财产减值或损失的详细资料。

项对联邦政府产生了财务后果，因为联邦政府决定向该小镇提供救济。拨款引起的交易应确认为交换性交易或非交换性交易，如灾难贷款、对居民的及时援助和联邦主体雇佣的承包人所做的工作。就交换性交易而言，当货物运抵时或工作完成时，提供给联邦主体的货物和服务的应付款项应予以确认。就非交换性交易而言，对在报告日应付的任何未支付金额应确认为负债。负债包括联邦主体为偿还按项目合同条款提供的福利、货物或服务在其报告日应付的金额，无论这些金额是否已报告给联邦主体。

**很有可能在未来流出的资源或牺牲的其他资源**

33. "很有可能"是指在可利用的证据或合乎逻辑的基础之上能够合理地预期或认为很可能发生的一种情形。资源的未来流出或其他牺牲的可能性是以当前的事实和环境为基础所做出的评价。当前的事实和环境包括为联邦主体运转提供一般授权和为基金项目提供特定预算授权的法律。如果预算授权没有提供，但如果（1）其与主体持续经营相关，（2）其属于例行提供的预算授权，资源的未来流出或其他牺牲可能仍然满足可能性的标准。因此该定义适用于能被预算资源补偿的负债和不能被预算资源[①]补偿的负债。

**可计量性**

34. "可计量性"是指一个项目具有能以货币单位充分可靠地进行量化的属性，这种可靠性可以合理地估计。在财务报告中报告的负债通过由不同准则规定的不同属性进行计量。在现行实务中几种不同的计量属性用于不同的项目（例如，公允市场价值、现行成本、现值、期望价值、清算价值和历史成本）。

① 见联邦财务会计准则第 1 号公告，《特定资产与负债的会计核算》（1993 年 3 月 30 日），见附录 A，第 95 段。

## 或有事项

35．或有事项是指与主体的可能利得或损失的不确定性有关的一种状况或处境。这种不确定性只有通过一个或若干个未来事项的发生或不发生来证实。不确定性的消除可能导致一项利得（也就是，资产的获得或负债的减少）或是一项损失（也就是，资产的损失或减值或是负债的增加）。①

36．此公告没有涉及或有利得，也没有涉及有可能造成非金融资产减值的或有事项的计量。当或有损失（也就是，或有负债）存在，未来事项能证实损失或负债增加的可能性从可能性极小到很有可能。可能性分类如下：

- 很有可能：未来证实事项的发生的可能性极大。
- 合理可能：未来证实事项的发生的可能性介于很有可能与可能性极小之间。
- 可能性极小：未来事项发生的可能性非常小。

37．一些或有损失的例子如下：

- 应收账款可能无法收回；
- 未决诉讼或可能失败的诉讼；
- 可能的赔偿和摊派税款。

### 或有负债的确认标准

38．当下列三个条件同时满足时②，才确认或有负债。

---

① 或有事项与在会计审计教材中所提到的“日后事项”不同。日后事项是在资产负债表日后，但在财务报告和审计报告发布前发生的事项或交易，其对财务报告有重大的影响，因此要对其在财务报告中进行调整和披露。

② 对估计负债的分析单位可能随报告主体和交易或事项的性质的变化而发生变化。确认的负债可能是对单个的交易或事项的估计，也可能是对一组交易或事项的估计。例如，联邦财务会计准则第2号公告，“适用于以团体为基础的直接贷款和贷款担保，如某一组或某一风险类别的直接贷款和贷款担保。现值核算不应用于单独的直接贷款和贷款担保，除非该直接贷款和贷款担保构成了某一个组别或某一风险类别。”联邦财务会计准则第2号公告，《直接贷款和贷款担保的核算》，第21段。参见本文中关于保险和担保的准则，可以得到有关已发生但未报告（IBNR）的赔偿额的详细描述。

· 过去事项或交换性交易已经发生[①]（如，联邦主体违背了与非联邦主体签订的合同）。

· 资源的未来流出或其他牺牲是很有可能的（如，非联邦主体要求联邦主体对违约进行赔偿，联邦主体的管理层认为很有可能支付赔款给原告）。

· 资源的未来流出或其他牺牲是可计量的（如，联邦主体的管理层确定了估计的赔偿金额）。

39．估计的负债可能是特定的金额或是在一定范围内变化的金额。如果在此范围内的某金额比范围内的其他金额能更好地对负债进行估计，则按此金额确认负债。如果在此范围内对负债的估计比没有范围内的其他金额更加适合的金额，那么应按此范围内的最小金额确认负债，并要对金额的变化范围和或有事项的性质进行披露。

**或有负债披露的标准**

40． 即使确认或有负债的条件没有同时满足，但损失或额外损失的发生是合理可能的，也应对或有负债进行披露。在文中“披露”是指以附注的形式来报告信息，附注是基本财务报告不可分割的一部分。

41． 披露应包括或有事项的性质和可能负债的估计额、可能负债估计额的范围或无法估计可能负债的金额的原因。

42． 在一些情况下，某些事项可能被认定为或有事项，但是由于不确定性的程度过高，因此不必在通用联邦财务报告中进行报告（也就是，确认或披露）。特别地，尽管法律要求在特定目的报告中对可能性极小的或有事项进行披露，但在联邦财务报告中不必对其进行报告。如果可能性极小的或有事项的信息及与其有关的信息已包括在通用联邦财务报告

① 对于引起非交换或交换性交易的政府知晓事项，必须有联邦政府正式承担财务责任的表示，如国会已经拨出或批准使用（也就是说，通过立法授权）资源。此外，当提供货物或劳务时，政府知晓事项所引起的交换性交易将确认为负债。对于非交换性交易，在未支付金额应付的时点上确认负债。因此，政府知晓事项不满足确认为或有负债的必要标准。

中（大规模保险和担保的面值），应以某种方式对该信息作出说明，以避免误认为此金额的损失可能发生。

## 资本租赁

43．**资本租赁**是指将全部与所有权相关的报酬和风险都转移给承租人的租赁。如果在租赁发生时，至少满足下列四个标准中的一个，承租人就应将此租赁归类为资本租赁：

- 在租赁期结束后，将租赁资产的所有权转移给承租人。
- 承租人有购买租赁资产的选择权，其购价低于行使选择权时的公允价值。
- 租赁期等于或超过租赁资产估计经济寿命的75%。
- 租金和代表执行成本的付款额之外的其他最低付款额的现值等于或超过租赁财产公允价值的90%。

当租期开始的时间在租赁资产估计经济寿命的最后25%的期间内时，最后的两个标准不再适用。当租赁不满足上述的至少一个标准时，其应被归类为经营租赁。

44．承租人对资本租赁作为负债的记录金额是租赁期内的租金和代表待执行成本的付款额之外的其他最低付款额的现值，待执行成本由出租人支付[①]。然而，如果这样确定的金额超过了租赁资产在租赁开始时的公允价值，那么应按公允价值对负债进行记录。如果代表执行成本的最低付款额不能在租赁条款中确定，那么对此金额应予以估计。

45．通常，用于确定最低付款额的现值的贴现率是承租人的增量借款利率，除非（1）承租人可以获知出租人算出的内含利率并且（2）出租人的内含利率低于承租人的增量借款利率。如果上述两个条件同时满足，承租人应使用内含利率。承租人的增量借款利率应是期限与租赁期接近的国库券的利率。

46．在租赁期内，每笔最低付款额应用于减少付款义务和

① 资本租赁取得的不动产、厂场及设备的一般成本应等于资本租赁开始时确认的负债的金额。见联邦财务会计准则第6号公告，《不动产、厂场及设备的会计核算》。

支付利息费用，因此对剩余负债余额使用固定的期间利率[①]。

## 联邦债券和相关利息成本

47. 该准则适用于美国国库或其他联邦政府机构发行的所有证券或其他债务证券。它包括发行给公众的债券和联邦政府账户之间转移的债券[②]。

48. 对联邦债务的会计处理应确定联邦政府在特定时点上未偿还债务的金额及其每个会计期间的相关利息成本。这就要求最初发行时以它们的销售价格或销售收入确定证券的价值，在证券到期时以支付给持有者的金额确定证券的价值，并在此间隔期内以一种公允的方式来报告联邦政府的负债。

### 对联邦债券的会计处理[③]

49. 为到达核算的目的，联邦债务证券分为两类：固定价值证券和可变价值证券。

#### 固定价值证券

50. 固定价值证券在发行时就已知到期日和赎回价值。固定价值证券应以初始面值减去未摊销的折价或溢价作为其价值。以面值销售的证券没有折价或溢价，所以应以面值作为其价值。以折价销售的证券的价值在销售日至到期日的期间内会上升，以溢价销售的证券的价值在销售日至到期日的期间内会下降。可采取直线法和利息法[④] 对折价或溢价进行

---

① 管理与预算办公室公告，No.A—11，《年度预算预测的编制与提交》，对购买租赁和其他资本租赁的预算授权、支出的计量和预算债务进行了解释。公告 A—94，《联邦政府项目成本效益分析的贴现率和指南》，提供了界定购买租赁或其他资本租赁的必要条件和需要遵循的分析方法。

② 这包括但不限于美国财政部向信托基金发行的债务、政府机构向财政部所借款项以及向其他信托基金借得的信托基金。

③ 表 2 列出了联邦债务证券的各个种类和范例。

④ 用利息法进行摊销的解释和范例，见联邦财务会计准则第 1 号公告的附录 B。

摊销。在下列情况下，无论那种方法都可接受：

· 一年期或一年内应付的短期证券；

· 按直线法摊销的金额和按利息法摊销的金额没有重大差异的长期证券。

51．在其他情况下，对折价和溢价的摊销都应使用利息法。

可变价值证券

52．可变价值证券在发行时不知其到期日和赎回价值。可变价值证券的价值能按证券出售时的条款或规定变化。应在发行时确定这些证券的价值，然后在证券销售的特定条款或规则的基础上以现值对其进行定期重估。

**相关利息成本**

53．联邦债务的相关利息成本包括：

· 在会计期间内发生的名义利息的应计（分派）份额；

· 每个会计期间固定价值证券折价或溢价的摊销额（应使用相同的摊销方法对相关债务进行会计处理）；

· 会计期间内可变价值证券的现行价值的变化。

**到期前赎回**

54．此类证券具有到期前赎回的特点，在证券持有者提交时此类证券即被回购。已清偿债务的回购价格和净账面价值之间的差额应在清偿债务的期间确认为利得或损失。

**联邦政府发行的旧通货**①

55．依照联邦法律，联邦政府发行的、没有被赎回或注销的旧通货应以其面值作为联邦负债，但不计提利息。

① 旧通货包括国家和联邦储备银行票据、过期活期贷款、过期的系列通货以及依照31 U.S.C.5119 归类为公众债务的现金存单。

**表2　联邦债务证券的种类和范例①**

| 联邦债务证券 | | | | |
|---|---|---|---|---|
| 债务种类 | 子种类 | 期限 | 赎回 | 核算方法 |
| 有价债券 | 短期国库券 | 1年 | 到期时赎回 | 以面值减去未摊销的折价的金额确认为负债<br>采用直线法摊销折价 |
| | 中期国库券 | 2—10年 | 到期时赎回 | 以面值减去未摊销的折价或加上未摊销的溢价的金额确认为负债<br>采用直线法摊销折价和溢价 |
| | 长期国库券 | 10—30年 | 到期时赎回 | 以面值减去未摊销的折价或加上未摊销的溢价的金额确认为负债<br>采用直线法摊销折价和溢价 |
| 非有价债券 | 政府会计系列：<br>面值 | 各种期限 | 见票即赎 | 面值，没有需要摊销的溢价或折价 |
| | 以市场为基础 | 各种期限 | 见票即赎 | 以面值减去未摊销的折价或加上未摊销的溢价的金额确认为负债<br>采用利息法摊销折价和溢价 |
| | 美国储蓄债券：<br>E/EE债券 | 10—40年 | 提交后6个月赎回 | 现行价值 |
| | H/HH债券 | 10—30年 | 提交后6个月赎回 | 面值，没有需要摊销的溢价或折价 |
| | 州和地方政府债券 | 各种期限 | 见票即赎 | 面值，没有需要摊销的溢价或折价 |
| | 国内系列：<br>零票面利率债 | 20—40年 | 到期赎回 | 以面值减去未摊销的折价或加上未摊销的溢价的金额确认为负债<br>采用利息法摊销折价和溢价 |

① 该表只是为了阐述现行实务，不具有权威性。

（续表）

| 联邦债务证券 | | | | |
|---|---|---|---|---|
| 债务种类 | 子种类 | 期限 | 赎回 | 核算方法 |
| 非有价债券 | 国外系列：短期国库券 | 1 年 | 见票即赎 | 以面值减去未摊销的折价的金额确认为负债<br>采用直线法摊销折价 |
| | 零票面利率债券 | 20—30 年 | 到期赎回（1 bond）<br>见票即赎（2 bonds） | 以面值减去未摊销的折价的金额确认为负债<br>采用利息法摊销折价<br>现行价值 |

## 养老金、其他退休福利和其他离职后福利

56. 政府公务员和军人以及退伍军人[①]的雇员福利包括养老金和不属于养老金的离职后福利和退休福利。养老金计划[②]为退休人员提供福利，也为死亡、残疾或因其他原因在退休前终止工作的雇员提供福利。养老金计划也包括向幸存者和受赡养者提供的福利，该计划包含早期退休或其他特殊情况。保险精算师计算的包括其所有供应在内的养老金计划的负债和费用是养老金计划的负债和费用估计金额的一部分。

57. 除养老金福利之外或作为养老金福利的替代，离职后和其他退休福利负债的发生可能超出了养老金计划的范围。不属于养老金的离职后福利（OPEB）包括提供给以前的或非现役的（但没有退休）的雇员、其受益人和受赡养者[③]的所有类型的福利。非现役的雇员是指当前没有向其雇主提供服务，但没有退职的雇员，他们没有资格获得即期养老金，他们包括暂时解雇或伤残的雇员。其他离职后福利包括

① 包括在养老金中的退伍军人的补贴是与退伍军人以前提供的军事服务直接相关的可计量的福利计划，其并不属于包括在普通基金福利计划中的福利类别。例如，为伤残退伍军人支付的补偿性福利（也就是，退伍军人事务部伤残补偿福利）是雇员福利，然而津贴福利（也就是，退伍军人事务部养老金）作为普通基金福利进行会计处理。（见附录 A：结论的基础。）

② 该准则致力于“限定的福利计划”，其对受到诸如年龄、服务年限、补偿额等因素限制的未来福利作出定义。福利的金额由包含在计划的福利公式中的若干未来事项决定。

③ 特殊退职福利（例如特别授权离职的激励计划）认为是其他离职后福利，也应确认为其他离职后福利。

由雇主所在实体[1] 提供的继续支付的工资、解雇福利、咨询和培训服务、继续提供的保健服务或其他福利以及失业和工人的补助金福利。

58． 不属于养老金的退休福利（ORB）是向退休人员或其受益人提供的不属于养老金计划的所有形式的福利，如健康保障和人寿保险。退休人员的保健福利是其他退休福利的主要内容。它提出了独特的计量问题。

59． 由于雇员提供的部分服务为其带来了由该计划提供的递延补偿（如未来养老金和医疗福利），因此养老金福利、其他离职后福利和其他退休福利是交换性交易。对于养老金和其他退休福利，在雇员提供服务时应确认费用。对其他离职后福利，在会计事项发生时确认费用。在期末没有支付的成本就是负债。

60． 该公告的意图是为了详细说明会计目标。对于养老金和不属于养老金的退休福利，如果估计法、平均法或一些能够减少应用此公告的成本的方法的结果，与详尽应用此准则的结果不存在重大差异，则可以采用。

## 养老金

61． 养老金福利包括通过养老金计划筹资的所有退休、伤残和幸存者福利，同时还包括没有资金资助的养老金计划。联邦公务员和军人的福利包括在下列三个限定的福利计划之中：行政人员退休系统（CSRS），联邦雇员退休系统（FERS）和军人退休系统（MRS）。联邦雇员在一定程度上由社会保险项目（例如，社会保障）来补偿，对他们支付给该项目的税金和他们最终收到的福利的会计处理，与对其他计划的参与者的会计处理应置于同一基础之上。然而，政府

① 在此公告中使用的术语“雇主实体”和“行政实体”是为了区别雇佣联邦雇员和由此产生的包括养老金成本在内的成本的实体和对养老金或其他雇员福利进行核算和管理的实体。例如，收到“工资和费用”拨款的实体是雇主实体，而人事部是行政实体，这是因为它管理着公务员的退休福利计划。

机构支付给社会保险计划的金额是营运成本。相似地，联邦雇员在一定程度上由限定缴款计划（也就是，储蓄存款计划，与401（k）相似）来补偿，联邦政府支付给该计划的款项作为费用，但在本准则中不涉及此缴款计划。

62．本公告为养老金费用和联邦政府雇主实体和行政机构的相关养老金负债的会计处理制定准则。

养老金计划的会计处理

63．这部分对联邦养老金计划的会计处理做出了说明。管理此计划的实体（也就是，行政实体）应按照准则对该计划进行会计核算和报告①。在以后的部分中将阐述联邦雇主实体的会计处理。

64．**分配方法**——"累积正常账龄"精算法用于计算行政实体的财务报告中的养老金费用和负债以及雇主实体财务报告中的费用。累积正常账龄法是一种以集团盈利或服务的水平为基础的，对预计福利的精算现值在已入账年限或假定还可使用年限之间进行分配的方法；并且应当以盈利的标准百分比水平为基础，将其应用于养老金的计算。分配到评估期间的精算现值称之为"正常成本"。在评估日，未来正常成本的精算现值没有提供的部分称之为"应计精算负债"②。如果能够解释不能使用累积正常账龄法的原因，并且两者的结果没有重大差异时，那么可以使用其他的精算方法。

65．**假设**——对于为三个主要的联邦计划（CSRS、FERSHE和MRS）编制的财务报告，在计算养老金费用和负债时应使用最佳精算估计假设。所有精算假设的选择都应参考精算实务准则第4号《养老金义务的计量》，精算准则委员会③不时地对该准则进行修订。因此，精算假设应以相关

---

① 除了编制通用财务报告的准则的基本要求之外，联邦计划应每年依照P.L. 95—595进行报告，P.L. 95—595要求对可用于福利的净资产、累积福利和其他问题做出陈述。

② 摘录于精算实务准则第4号，《养老金义务的计量》（1990年1月），第31页。

③ 精算准则委员会是美国精算学术委员会的下属机构，专门制定精算实务的职业准则。

团体的实际经验为基础，可靠的经验数据在一定程度上是可以利用的，但是也应注重长期未来趋势。尽管应重点关注所有假设的总体影响，但是也应单独考虑每个精算假设的合理性，假设自身的优劣性，以及与其他假设的一致性。

66. 除了遵守上段所述的指南，考虑到现行和预期投资计划的性质和组合以及用于确定资产精算价值的基础，利率假设应建立在某一计划的预期长期投资收益率的基础上。如果计划没有基金资助，还应考虑其他长期假设（例如，联邦政府长期借款利率）。潜在的通货膨胀率应与其他经济假设一致。养老金的贴现利率应等于计划资产的预期长期报酬率。

67. 行政实体应披露其使用的假设。行政实体应彼此协商，以便在财务报告的假设方面尽可能保持一致。较小的联邦行政主体可以使用适合于自己的三个主要计划的相应假设，也可使用他们自己的假设。如果他们使用的假设与三个主要计划不同，应在附注中对这些假设与计划有何不同、为什么不同做出解释。

68. **资产**应与养老金负债分开列示，而不是只报告净负债。联邦养老金计划的资产以取得成本计价，如果合适的话，应对其进行摊销。对有价证券的投资和市场基础证券的投资，投资的市价应予以披露[①]。

69. **过去服务成本、前期服务成本和精算利得及损失**——当启动新计划时，确认的追溯福利将产生过去服务成本。在计划修订中确认的追溯福利将产生前期服务成本。计划修订也可能减少归属于前期服务的福利。并在一定程度上减少以前确认的福利。对这些利得的会计处理应与追溯福利增加额的会计处理一致，这将在下一段予以解释。精算利得或损失是由于下列事项导致的养老金负债余额的变化：（1）实际发生情况与以前采用的精算假设不同（2）精算假设发生变化。

70. 行政实体应及时确认所有的过去和前期服务成本（或利得），不需要进行摊销。与其相似的是，行政实体应即时

---

① 见联邦财务会计准则第1号公告，《特定资产与负债的会计核算》。

确认所有的精算利得和损失，不需要进行摊销。

71. **行政实体的会计处理**——行政实体应在其财务报告中以累积正常账龄精算法对养老金负债进行会计核算和报告。负债是以预计工资和预计服务为基础的所有未来养老金福利的精算现值减去此计划中雇员提供的未来正常成本缴款额的精算现值。预计工资应反映对单个雇员的未来报酬水平的估计，包括一般物价水平的未来变化、生产率、资历、提升和其他因素。

72. 行政实体应将下列项目的净额归入养老金费用：

- 正常成本。
- 养老金负债在本期的利息。
- 计划修订（或启动新计划）所导致的前期（或过去）服务成本，如果存在。
- 本期的精算利得或损失，如果存在。

应对每个单独的项目进行披露。

73. 行政实体应对从雇主实体收取的总金额列为收入，这些金额是来自于下列方面的缴款：

- 雇主实体；
- 雇主实体的雇员①。

雇主实体的缴款代表了政府机构之间的收入②。

在下面名为"核算说明"的部分中将举例说明行政实体（和雇主实体）的会计处理。

**雇主实体的会计处理**

74. 联邦雇主实体应在其财务报告中确认养老金费用，其金额等于会计期间内的雇员的服务成本③ 减去雇员分摊的金额。服务成本的计量应使用某一个计划的精算成本法和假

① 行政实体可能也通过普通基金进行筹资，用来补偿雇主实体没有提供缴款的前期成本或其他成本。

② 政府之间的收入应在政府合并财务报告中消除。

③ "服务成本"定义为在会计期间内通过养老金计划的福利公式归属于雇员提交服务的福利的精算现值。该术语与"正常成本"同义。

设，因此该计划或行政实体必须提供可以为雇主实体采用的系数。

75. 雇主实体的养老金费用是下列两项的结余：(a)“国库基金余额”对养老金计划的缴款的下降额，如果这并不等于全部养老金费用，则还应包括（b）代表政府之间的估算授权筹资来源的账户中金额的增加额，例如，“估算筹资—其他政府机构支付的费用”。后者代表通过养老金计划的行政实体直接筹资的金额。

76. 在某些特殊的情况下，雇主实体同时也是行政实体，也就是，当没有单独的养老金计划时（如，海岸警卫队），雇主实体应为所有的成本项目报告负债并确认费用。负债和费用应作为前文中叙述的与外部雇主实体无相关交易的行政实体的负债和费用来核算。

**核算说明**

77. 表1—4举出了一个实例，在此例中，雇主实体按照在会计期间内归属于雇员的服务成本减去雇员自己应缴款的差额，对“雇主的养老金费用”进行确认。在此例中费用不仅仅是法律要求雇主实体支付的缴款。雇主养老金费用和雇主的缴款之间的差额应作为筹资来源（“估算筹资—其他主体支付的费用”）在雇主实体中贷记。雇主实体将自身的缴款和雇员的缴款转拨到行政实体。

78. 行政实体对下列项目确认为收入：(1) 雇主实体的缴款，(2) 雇员的缴款，(3) 计划的投资的利息。行政实体将养老金成本项目的净额确认为费用：

实例的假设条件如下：

- 会计期间内雇员正常成本的总额为＄160 000。
- 雇主的养老金费用为＄100 000。雇主实体将在从计划或行政实体处收到的信息的基础上计算养老金费用。雇主实体养老金费用等于其雇员养老金的服务成本的份额。
- 按照现行法律，雇主实体有权在其拨款额度内为雇员养老金基金支付＄60 000。

- 雇员向养老金基金缴款＄60 000。
- 在这些交易中没有向行政机构提供普通基金拨款，在实际业务中可以向行政机构提供普通基金拨款。

分录＃1——雇主实体记录养老金费用的分录：

| | | |
|---|---|---|
| 借：雇主养老金费用 | ＄100 000 | |
| 贷：使用的拨款 | | ＄60 000 |
| 估算筹资—其他主体支付的费用 | | ＄40 000 |

**表1**

**应在净财务状况变动表中列示的雇主实体的其他筹资来源**

筹资来源：①

使用的拨款…………………………………… ＄60 000

估算筹资…………………………………………… ＄40 000

注：估算筹资包括（1）依照法律转拨到行政实体的雇主实体的缴款（不包括雇员缴款）和（2）在从行政实体处收到的信息的基础上计算的雇主的养老金费用之间的差额。雇主的养老金费用如下所示。

**应在净成本表中列示的雇主实体的成本**

成本：

雇主的养老金成本…………………………… ＄100 000

注：这是雇主实体的雇员养老金的服务成本。雇主实体将使用计划或行政实体提供的系数来计算此金额。转拨到行政实体的金额是按照计划的条款从雇员工资中扣缴的款项。雇员的缴款不属于雇主实体的费用。

**注：上表以及在下文中关于养老金和其他退休福利的图表的提供，仅仅是为了举例说明的目的。对依照首席财务长官法案编制的财务报告的格式和内容进行规定是管理和预算部的责任。**

分录＃2——行政实体记录向雇主实体缴款的分录：

| | | |
|---|---|---|
| 借：国库基金余额 | ＄120 000 | |
| 贷：退休项目收入 | | |
| —收到雇主实体的缴款 | | ＄60 000 |

① 联邦财务会计概念第2号公告《主体与表述》指出了收入和其他筹资来源报告方式的变化。这一说明反应了一个全新的概念。

退休项目收入—收到雇员的缴款 $ 60 000

分录＃3——行政实体记录投资于国库券的利息收入的分录：

借：国库基金余额 $ xxx xxx

贷：利息收入 $ xxx xxx

表2

**应在净成本表中列示的行政实体的收入**

| | |
|---|---|
| 减其他已获取的收入： | |
| 收到雇主实体的缴款…… | $ 60 000 |
| 收到雇员的缴款…… | 60 000 |
| 投资利息…… | xx xxx |
| 其他已获取收入总计…… | $ xxx xxx |

注：缴款是从雇主实体转移到行政实体的金额，其代表雇主实体为其雇员缴纳的养老金款项及雇员为自己缴纳的养老金款项。

分录＃4——行政实体记录其养老金费用的分录：

借：养老金费 $ xxx xxx

贷：养老金负债 $ xxx xxx

表3

**行政实体的养老金费用**

| | |
|---|---|
| 正常成本…… | $ 160 000 |
| 养老金负债的利息…… | xxx |
| 前期服务成本（利得）（如果存在）…… | xxx |
| 精算利得（损失）（如果存在）…… | xxx |
| 养老金费用总计…… | $ xxx xxx |

注：$ 160 000代表了精算师计算的本例中雇主实体100%的正常成本。按照法律，此金额中的$ 60 000由雇主实体缴纳，$ 60 000由雇员自己交纳。剩余的$ 40 000是养老金的负债（由未来筹资来源支付）。应按照第72段的规定在净成本表中报告养老金费用。

**表 4**

| 行政实体的养老金负债 | |
| --- | --- |
| 期初余额…… | $ xx xxx xxx |
| 加：发生的附加养老金费用（在表 3 中计算）…… | xxx xxx |
| 减：支付给受益人的金额…… | xxx xxx |
| 期末负债余额…… | $ xx xxx xxx |
| 注：负债余额应在行政实体的资产负债表中报告。 | |

## 其他退休福利（ORB）

79．其他退休福利包括所有不属于养老金计划福利的其他退休福利①。其他退休福利是雇主向以前的雇员或退休雇员的受益人提供的不属于养老金计划的福利。在联邦政府中主要的其他退休福利是退休保健福利。退休保健福利是本部分的焦点②。

80．未来保健福利提出了独特的计量问题。由于保健福利取决于提供和利用保健的模式的变化、医疗服务的价格趋势和如同医疗补助（A 部分）一样的社会保险项目提供的福利的变化，因此它比养老金更不确定。医疗计划在享受福利的权利方面与养老金计划不同，在养老金计划中，在固定的服务年限后雇员仍有权领取福利支付额。但为了领取其他退休福利，雇员必须放弃组织提供的保健福利。

81．该公告为其他退休福利的费用、联邦政府雇主及行政机构的相关其他退休福利负债的会计处理制订准则。

### 其他退休福利计划的会计处理

82．**分配方法**——累积正常账龄精算成本法应用于计算行

---

① 见附录 A：结论的基础，其中有关于退伍军人的医疗成本报告的讨论。

② 人寿保险的会计处理在负债准则中以单独的章节进行阐述。然而，个人和雇主实体支付的保险费不能完全补偿雇员的退休人寿保险成本，雇主实体将对本章节中叙述的附加成本进行会计处理。

政实体财务报告中的其他退休福利费用和负债以及雇主主体财务报告中的费用。在介绍养老金的部分中已指出，累积正常账龄法是一种以集团盈利或服务的水平为基础对预计福利的精算现值在已入账年限和假定还可使用年限之间进行分配的方法。它也可以按照每个雇员提供的服务而应用于其他退休福利的计算。分配到评估期间的精算现值称之为正常成本。超过在评估日的未来正常成本缴款的精算现值的部分称之为应计精算负债①。与联邦养老金不同，退休人员保健福利不依赖于单个雇员的未来工资水平，但是它以每人为基础分配给每个雇员。如果能够解释不能使用累积正常账龄法的原因，并且两者的结果没有重大差异时，那么可以使用其他的精算方法。

83． **假设**——为编制其他退休福利计划的财务报告而计算的金额应反映：（1）与用养老金使用的一般精算假设和经济假设相一致，（2）保健成本趋势假设与医疗保险预测或对计划涉及到的人员的其他授权资源的拨款相一致。如果该计划正在筹集基金，或在未注资计划的其他长期假设（例如，联邦政府长期借款利率）之下，则用于贴现预计福利的利率应等于计划资产的预期长期报酬率。行政实体应披露其所使用的假设。

84． **应计期间**应以预期退休年龄为基础，而不是以雇员开始符合条件时的年龄为基础。

85． **资产**应与其他退休福利负债分开列示，而不是只报告净负债。联邦其他退休福利计划的资产以取得成本计价，如果合适的话，应对其进行摊销②。对有价证券的投资和市场基础证券的投资，投资的市场价值应予以披露。

86． **过去服务成本、前期服务成本和精算利得和损失**——其他退休福利的准则与养老金的准则相同。当引进新计划

---

① 摘录于精算实务准则第4号，第31页。也可参考精算实务准则第6号，《计量和分配退休人员保健和死亡福利的精算现值》，精算准则委员会（1998）。

② 见联邦财务会计准则第1号公告，《特定资产与负债的会计核算》。

时，确认的追溯福利将产生过去服务成本。在计划修订中确认的追溯福利将产生前期服务成本。计划修订也可能减少归属于前期服务的福利。这会产生利得，在一定程度上减少以前确认的福利。对这些利得的会计处理应与追溯福利增加额的会计处理一致。精算利得或损失是由于下列事项导致的其他退休福利负债余额的变化：（1）实际发生情况与以前使用的精算假设不同（2）精算假设发生变化。

87．行政实体应即时确认所有的过去和前期服务成本（或利得），不需要进行摊销。与其相似的是，行政实体应即时确认所有的精算利得和损失，不需要进行摊销。

88．**其他退休福利计划的会计处理**——对其他退休福利计划的会计处理应与前面描述的对养老金的会计处理相似。行政实体应在其财务报告中以累积正常账龄法对其他退休福利负债进行会计处理和报告。负债是所有未来福利的精算现值减去此计划中雇员提供的未来正常成本缴款的精算现值。行政实体应将下列项目的净额报告为其他退休福利费用：

- 正常成本；
- 其他退休福利负债在本期的利息；
- 计划修订（或引进新计划）所可能导致的前期（或过去）服务成本；
- 由于医疗通货膨胀率假设的变化所引起的任何利得或损失；
- 本期其他可能的精算利得或损失。

应对每个单独的项目进行披露。

89．行政实体应将从雇主实体收取的金额的总和报告为收入，这些金额是来自于下列方面的缴款：

- 雇主实体；
- 雇主实体的雇员。

雇主实体的缴款代表了政府机构之间的收入[①]。在下面名为“核算说明”的部分中将举例说明行政实体（和雇主实

① 政府之间的收入应在政府合并财务报告中消除。

体）的会计处理。

**雇主实体的会计处理**

90．联邦雇主实体在其财务报告中以与养老金的会计核算和报告相似的方式对其他退休福利进行会计核算和报告。联邦雇主实体应确认其他福利费用，其确认金额等于会计期间内的雇员的服务成本[①]减去雇员缴纳的金额。服务成本的计量要求使用计划的精算成本法和假设。计划或行政实体必须以每个雇员为基础向政府机构提供成本系数。

91．雇主实体的其他退休福利费用是被下列两方面的金额相抵的余额：(a) 雇主实体“国库基金余额”对其他退休福利计划的缴款的下降额，如果这不等于全部其他退休福利费用，则党政军应抵减掉 (b) 代表政府之间的授权筹资来源的账户中金额的增加额，例如，“估算筹资—其他主体支付的费用”。后者代表直接通过其他退休福利计划筹资的金额。

92．在某些特殊的情况下，雇主实体同时也是行政实体，雇主实体应为所有的成本项目报告负债并确认费用。例如，实体以离职付款为基础支付退休人员的其他退休福利。负债和费用应作为前文中叙述的与外部雇主实体无相关交易的行政实体的负债和费用来核算。

**核算说明**

93．表5—8举出了一个实例，在实例中雇主实体确认“雇主的其他退休福利费用”的金额等于会计期间内归属于其雇员的服务成本。在本例中，雇主实体和雇员都没有向计划缴款。雇主实体的其他退休费用被联邦实体记入贷方的“估算筹资—其他实体支付的费用”所抵消。行政实体对来自于普通基金的缴款确认为收入和其他筹资来源。行政实体应将所有其他退休福利费用确认为费用。

---

① “服务成本”定义为在会计期间内由雇员提供的服务而产生的福利的精算现值。该术语与“正常成本”同义。

假设如下：

- 会计期间内雇员的正常成本总额为＄10 000①。
- 雇主的其他退休福利为＄10 000。雇主实体应从该计划和行政实体获取的系数为基础计算其费用。例如，计划供应系数为每个雇员（或者全职的其他人员）＄100；如果雇主有100个雇员，费用将为＄10 000。（雇主的其他退休福利费用等于其雇员退休保健的服务成本。）
- 雇主和雇员没有向基金缴款。退休保健的成本是在离职付款的基础上，由普通基金拨款直接支付给行政实体。

分录＃5——雇主实体记录其他退休福利费用的分录：

借：雇主实体的其他退休费用　　　　＄10 000

　　贷：估算筹资—其他实体支付的费用　　　　＄10 000

**表5**

**应在净财务状况变动表中列示的雇主实体的其他筹资来源**

筹资来源：

由其他实体支付的估算筹资费用……………………＄10 000

注：由其他实体支付的估算筹资费用包括了下面列示的雇主实体的雇员每年的费用。

**应在净成本表中列示的雇主实体的成本**

成本：

雇主的其他退休福利成本………………………＄10 000

注：这是雇主实体的雇员每年的其他退休福利的服务成本。雇主实体将用行政实体提供的系数来计算此金额。

① 这是归属于政府的金额，由于这是未来退休人员的未来医疗保健成本的份额。尽管这个简单的例证没有列示普通基金之外的缴款，但目前退休人员为其健康保险支付的保险费支付了该项目的部分成本。联邦退休公务员大约支付健康福利保险费总额的25%～30%。

**表 6**

**应在净财务状况变动表中列示的行政实体的其他筹资来源**

筹资来源：

使用的拨款……………………$ xx xxx

注：在本例中，由于没有要求雇主实体和其雇员缴纳款项，所以必须用来自普通基金的拨款支付所有福利。

分录＃6——行政实体记录其他退休福利费用的分录：

| | |
|---|---|
| 借：其他退休福利费用 | $ xx xxx |
| 贷：其他退休福利负债 | $ xx xxx |

**表 7**

**行政实体的其他退休福利费用**

| | |
|---|---|
| 正常成本……………………………………………… | $ 10 000 |
| 其他退休福利负债的利息………………………………… | $ xx xxx |
| 前期服务成本（利得）（如果存在）………………………… | xx |
| 精算利得（损失）（如果存在）……………………………… | xx |
| 其他退休福利费用总计……………………………………… | $ xx xxx |

注：$ 10 000 代表了在本例中由精算师计算的应归属于雇主实体的 100% 的服务成本。应按照第 88 段的规定在净成本表中报告其他退休福利费用（在上面已计算）。

**表 8**

**行政实体的养老金负债**

| | |
|---|---|
| 期初余额……………………………………………… | $ x xxx xxx |
| 加：发生的附加养老金费用（在表 7 中计算）…………………… | xx xxx |
| 减：对受益人的支付额………………………………………… | xx xxx |
| 期末负债余额……………………………………………… | $ x xxx xxx |

注：负债余额应在行政实体的资产负债表中报告。

## 其他离职后福利（OPEB）

94. 其他离职后福利是提供给以前的或非现役的（但没有退休）雇员、其受益人和受赡养者的福利。非现役的雇员是指当前没有向其雇主提供服务但没有退职的雇员，包括暂时解雇或伤残的雇员。其他离职后福利包括由雇主实体提供的继续支付的工资、解雇福利、咨询和培训服务、继续提供的保健服务或其他福利、失业、工人的补助金以及退伍军人的伤残补助金福利。

95. 当资源的未来流出或其他牺牲是很可能的并且可以计量时，雇主实体应以在报告日或报告日以前发生的事项为基础，对其他离职后福利确认费用和负债。例如，大规模裁员可能要求雇主实体支付遣散费、失业补助金和未来期间的支付额。相似地，工伤可能要求雇主实体向联邦工人的补偿计划支付短期或长期的补偿额。长期的其他离职后福利负债应以未来支付额的现值计量。这要求雇主实体估计未来支付额的金额和时限，并采用期限与支付期间相似的国库券借款利率对未来流出量进行贴现。

96. 许多其他离职后福利是短期的，这是因为在不久的将来将支付这些福利。然而，有些其他离职后福利是长期的。例如，对于有些伤害行为，工人的补助金或退伍军人的伤残补助金负债可能是长期的，因为要求联邦雇主实体对此计划在若干年内进行补偿①。同样，某些特别授权的离职激励计划也能够提供可以延续到未来若干年的支付额。

## 保险和担保

### 联邦保险和担保项目的性质②

97. 保险和担保项目是联邦政府为个人和实体防范特定的

① 联邦雇员项目和联邦工人补助金项目都通过联邦雇主的直接补偿来进行筹资。

② 在联邦政府中，保险和担保的许多方面经常混合在相同的项目中。因此，该公告将其作为单一的行为类型。

风险而提供的联邦项目。许多保险和担保项目的建立是为了承担私人企业不能或不愿承担的风险［至少项目的受益人能够承担其价格（在有些情况下）或愿意支付其价格（在另外的情况下）］或为了实现特定的社会目标而提供保险。项目参与者为特定的服务支付费用或保险费。这些基金通常是以联邦政府内的周转基金的形式持有。参与者遭受的损失从此基金中支付。许多项目收到拨款以支付额外的索赔，并且这些项目有权从国库借取资金。

98．为了便于会计处理，私人企业保险和担保合同通常分为两类。第一类提供固定期限的保险防护。保险公司可能在保险期末撤消保险项目或调整保险项目的内容，例如，通过调整收取保险费的金额或改变提供保险项目的条件。许多私人保险公司提供的财产保险和健康保险属于这种类型。

99．第二类保险和担保合同是在此合同下保险公司不能撤消保险或保证投保方有权更新合同。直到投保事项发生或不再发生时或投保方允许终止保单时,保险公司提供的保险项目才不需要延期。属于此类的私人保险公司提供的保险包括终身的和具有可更新条款保证的人寿保险、养老金保险和产权保险。

100．联邦项目为个人和主体提供防范许多类型风险的保护。包括人寿保险、医疗保险，以及防范诸如水灾和其他自然灾害、战争和破产等风险引起的财产（住宅、农作物和飞机）损失和其他资产（存款和养老金福利）损失的保险。

101．对于联邦保险和担保项目，通常没有明确的合同。例如，联邦政府通过养老金福利担保企业（PBGC）履行着养老金福利的保险公司的职责，虽然在联邦法律中暗含着雇主和养老金计划的“合同”，但是PBGC和雇主之间没有明确的合同。此外，PBGC没有权力设定保险费，也没有权力改变保险项目的条款，尽管它可以建议国会改变条款。为了能够达到该项目不需要来自于总收入的拨款就能够自筹经费的法定目的[①]，国会有时会提高保险费或改变其他因素，如筹

① 有关PBGC的更多细节见《养老金福利担保企业》，国会预算部，1993年1月。

集养老金计划基金的规定。拥有限定福利养老金计划的公司必须参与限定福利养老金计划，但可以（有时的确）选择终止它们的限定福利养老金计划。

102．联邦保险项目与私人保险业不同，因为它们受到与私人保险公司不同的市场竞争力（例如，业务和资本的竞争）和规章限制（例如，资本化的要求）的支配。特别地，联邦保险业与私人保险业不同之处在于它不是以盈利为目的。有些项目运行时宁愿遭受损失，如按为健康参与者设定的保险费向伤残退伍军人提供人寿保险。其他项目会提供对灾难性风险或系统风险的保险，在这些项目中巨额损失将会突然发生，如战争风险或存款保险。联邦保险项目至多只能偿付预期成本，从而使联邦保险项目极易受不利意外事件的打击。

103．由于这些原因，在联邦保险和担保项目的会计处理中，主要问题是什么时候确认预期净损失。在这个方面，联邦保险项目与联邦担保项目相似。联邦政府由于社会政策的原因在条款和规则方面扩充了信贷的内容，以资助特殊的债务人或鼓励特别的行为。只要联邦直接贷款和贷款担保的义务已发生，联邦政府将承担由违约或利息补贴导致的任何损失，这是信贷扩充后固有的条款和规则。同样地，当联邦保险扩展到额外的投保方，联邦政府应对额外的固定保险期间承担其义务，或有义务补偿资产的额外金额。

**联邦保险和担保项目负债的会计处理**

104．所有联邦保险和担保项目（除社会保险和贷款担保项目[①]之外）应将由已发生的投保事项引起的在报告日没有支付的赔偿额确认为负债。当涉及损失的不确定性的现有条件、情形或一系列环境存在时，当不确定性将最终通过一个

---

① 社会保险被认为是不同类型的项目，它不被包括在保险和担保项目之中。参考联邦会计准则顾问委员会 征求意见稿中的社会保险的讨论，补充经管责任报告。对所有贷款担保项目的会计处理应遵循联邦财务会计准则第 2 号公告，《直接贷款和贷款担保的会计处理》(1993 年 8 月 23 日)。

或若干个可能的未来事项予以证实时，当资源的未来流出或其他牺牲是很可能并可计量时，准则要求确认已知的负债，并对或有负债的应计项目进行确认。保险和担保项目应将期间内发生的所有赔偿额确认为费用，包括没有报告的赔偿和满足确认标准的或有事项。人寿保险项目除应将未支付的赔偿额确认为负债之外，还应将未来保险单福利确认为负债（当前与投保事项有关的投保方的负债，投保事项是指诸如死亡或伤残之类的事项）。（见或有事项章节中或有负债披露的标准。）

105．假定风险信息对于所有的联邦保险和担保项目（除了社会保险、人寿保险和贷款担保项目之外）都是很重要的，那么假定风险信息将在经管责任报告中予以阐述。预期风险一般以如下方式进行计量：假定用保险或担保范围内的内含风险基础上的未支付预期损失减去相关保险费的现值来计量。

**政府企业管理的保险和担保项目的附加披露**

106．当依照FASB的准则披露的关于政府企业实施的联邦保险和担保项目的财务信息包含在较大的联邦报告实体的通用财务报告中时，该实体应将按照本文中提到的假定风险法（见第105段）报告的金额和金额的定期变化报告为必要的经管责任信息（RSSI）。换言之，除了将由已发生的投保事项引起的未支付赔偿额（包括符合确认标准的或有负债）报告为负债之外，报告主体还应将假定风险的信息报告为必要的经管责任信息（RSSI）。

**该准则应用的说明**

107．表9举例说明了适用于六个联邦保险和担保项目的负债确认、披露和补充报告准则。其中两个项目是水灾和农作物保险，它们提供固定期间的年度保险。第三个项目是存款保险，也被认为是提供固定期间的年度保险，尽管实际上保险公司有不断更新其保险项目的选择权[1]。列举的第四个项目是私人海外投资保险，它提供固定期间的长期的书面合同。第五个项目是人寿保险，在实际中这是不能被保险公司撤消的，并且保证投保方能够展期的保险项目，投保方可以不断的展期，一直到投保事项已经发生或投保方撤消了保险单。最后，在本例中的养老金福利担保项目是不可撤消保险的一个例子。即使国会终止了此项目，该保险项目依然有效，与雇员已获取的担保养老金福利有关的养老金保险具有不可撤消的特点。

108. 表中的第（3）栏列出了准则要求对除人寿保险之外的保险和担保项目确认负债的时点。第（3）栏确认了由已经发生的投保事项所引起的所有的未支付赔偿额和预期赔偿额，已发生的投保事项可能是水灾、农作物灾害、海外投资损失、银行停业和破产、死亡或养老金计划终止。未支付赔偿额负债是清偿与在报告日或报告日以前发生的投保事项有关的赔偿所需要的估计金额。此负债包括已确认的或有负债，当涉及损失的不确定性的现有条件、情形或一系列环境存在时，当不确定性将最终通过一个或若干个可能的未来事项予以证实时，当资源的未来流出或其他牺牲是很可能并可计量时，就应确认或有负债。

109. 期末的负债应为已发生的投保事项固有的预期未支付净损失，包括所有赔偿额——已报告的赔偿额和已发生但未报告（IBNR）的赔偿额——和符合确认标准的或有负债。当支付额和损失递延到以后的会计年度时，净损失应以现值为基础计算以反映货币的时间价值。在报告期间发生的赔偿的费用应在报告期确认。由现值计算、持续的复核过程所引起的估计赔偿成本的变化和估计赔偿额和实际赔偿额之间的差额应确认为估计额发生变化或支付赔偿额的期间的营运费用。

---

① 实际上，FDIC 的选择权用于续保或是承担机构的损失；只有国会才能减少或撤消存款保险项目。

110．人寿保险项目负债的确认包括在第（3）栏和第（4）栏中。表中的第（4）栏列出了准则规定的人寿保险负债确认和其他保险和担保项目的补充报告的时点。补充报告的金额代表了以由保险项目引起的以假定风险为基础的未支付的预期损失与相关保险费的差额的现值。

**表 9** ［注：下划线项目是已确认的负债］

| 负债确认、补充信息和披露 | | | |
|---|---|---|---|
| （1）<br>保险的类型 | （2）<br>项目的实例 | （3）<br>已发生的投保事项 | （4）<br>假定的风险 |
| 固定期间，每年 | 国家水灾保险 | <u>期末对水灾损失的赔偿额，以及已发生但未报告的赔偿额。</u> | 以由保险项目或担保范围引起的假定风险为基础的，未支付的预期损失与相关保险费的差额的现值。 |
| 固定期间，每年 | 联邦农作物保险 | <u>期末对损失的赔偿额，以及已发生但未报告的赔偿额。</u> | 以由保险项目或担保范围引起的假定风险为基础的，未支付的预期损失与相关保险费的差额的现值。 |
| 固定期间，每年 | 联邦存款保险 | <u>报告期期末的赔偿额以及正处于停业的存储机构的成本的现值；以及机构的可能成本的估计损失，这些机构是指在名义上还没有破产，但整顿过程已经证实其已经破产或基本上破产或在可预见的未来可能破产的机构。</u> | 以由保险项目或担保范围引起的假定风险为基础的，未支付的预期损失与相关保险费的差额的现值。 |
| 固定期间，若干年 | 海外投资保险 | <u>期末对损失的赔偿额，以及已发生但未报告的赔偿额。</u> | 以由保险项目或担保范围引起的假定风险为基础的，未支付的预期损失与相关保险费的差额的现值。 |

（续表）

| 负债确认、补充信息和披露 | | | |
|---|---|---|---|
| （1）<br>保险的类型 | （2）<br>项目的实例 | （3）<br>已发生的投保事项 | （4）<br>假定的风险 |
| 不可撤消的或可展期的 | 养老金福利保险 | 赔偿额以及已发生但未报告的赔偿额；以及对已终止计划或很可能终止计划的无基金资助的担保福利的现值。 | 以由保险项目或担保范围引起的假定风险为基础的，未支付的预期损失与相关保险费的差额的现值。 |
| 不可撤消的或可展期的 | 退伍军人人寿保险 | 赔偿额以及已发生但未报告的赔偿额（必要时包括现行现金价值的储备）。 | 未来保险单福利的负债（有效保险单的净精算现值）。<br>未来保险单福利的负债的所有项目应在附注中分别披露，在附注中应描述每个项目的金额并解释其预计用途和其他潜在用途（例如，减少保险费，确定和宣告可使用的红利，以及减少与管理成本和补贴有关的联邦政府拨款）。 |

说明：现值（PV）
精算现值（APV）

注：确认的负债包括任何符合确认标准的或有负债。
该例是为了说明各种项目的实例，以及各种负债如何确定。该表不具有权威性。

111．保险项目是持续的并被认为具有长期的特性。因此，从广义的、长期的角度看，应确认负债（第3栏）与报告为补充信息的金额（第4栏）在概念上可能彼此不同，彼此也存在重大差异。从广义的角度看，第（4）栏是对这些项目的未来成本的长期计量和概率性的估计。

112．对于不可撤消的或保证能够展期的保险，第（3）栏与第（4）栏之间也会出现差异。因此，对养老金担保，第（3）栏列出了由已终止计划或很可能被终止的计划导致的损失的现值。这是确认为负债的金额。第（4）栏列出了由担保和既定福利金额的保险事项引起的假定风险的固有预期损失的净现值。这个数额被报告为补充信息。它一般比负债的金额高，因为它包括为预期出现的附加损失提供的准备，因为有些目前财务状况较好的计划保证人在未来可能面临着因养老金资产太少而不能偿还担保的既定福利所导致的破产。

113. 人寿保险项目的负债包括对未偿还的赔偿额［包括已发生但未报告的赔偿额（也就是，第3栏）］确认的负债和对未来保险单福利净流出量确认的负债（也就是，第4栏）。未来保险单福利的负债代表了支付给现有投保方的未来流出量预期现值减去向投保方收取的未来净保险费的预期现值。用于对负债进行估计的财务或精算方法包括在签订保险合同时适用的假设，例如预期投资收益率、死亡率、发病率、终止期和费用，这些假设应与现有法律和相关政策一致（见下文中特定的终身保险准则）。由定期重估导致的未来保险单福利净流出负债的变化在变化发生的期间确认为费用。当相关法律或政策改变时，将确认它们发生的变化的影响。

114. 可以用合适的精算或财务方法对以假定风险为基础的预期损失进行评估，这些方法包括在评估时可有效地应用于经济、法律和政策环境的信息和假设之中。由于未来事项是不确定的，所以也应报告预期估计额的不确定性范围的指标，包括对主要假设变化的估计的敏感性指标。

**终身保险**

115. 一些退伍军人人寿保险项目是终身保险①。除了控制私人企业的规则和市场力量和这些联邦项目不同，这些保险项目按与私人企业相似的方式经营互助人寿保险企业②。向退伍军人人寿投保方发行分红保险单，这些保险单的一部分盈利以红利的形式返还给投保方。下文着手解决终身保险项目的会计处理问题。

---

① 终身保险在投保人的有生之年提供保险，只对投保人的死亡支付款项。通常为这类保险交纳一定标准的保险费。每年交纳保险费，或更加频繁地交纳。

② 互助公司是没有私人所有权利益的法人主体，其经营是为了投保方和受益人的福利。在许多情况下，互助公司只发行分红保险。在互助公司中，参与分红的投保方有对董事会或理事会成员的投票权。在一些州，保险法对互助公司的清偿做出了如下规定：净资产在公司现有的投保人和对这些资产没有求偿权的以前投保人之间分配。

116．保险公司收取的保险费用于支付福利和其他成本，并通常将余额投资于有额外收入的项目。这些资产是国库基金余额或投资。退保现金价值和未来保险单福利负债包含在负债中（也指保险单储备）。退保现金价值是支付的保险费或即时撤消的保险单的其他可收回金额。未来保险单福利负债是支付给投保方的未来流出的现值减去未来有关保险费的现值的金额。一般来说，对于终身保险，未来保险单福利的负债应不低于计入投保方福利中的退保现金价值。

联邦终身保险项目的负债的会计处理

117．当拥有终身保险项目的所有联邦报告实体报告未来保险单福利时，除遵循下面叙述的披露要求之外①，还应遵循在私人企业准则（这些私人企业准则会被修订）中规定的要求。

118．与分红人寿保险合同有关的未来保险单福利负债应等于下列项目的总和：

a. 死亡和人寿保险费福利的标准保险费净储备，

b. 最终红利负债，

---

① 适用的私营企业准则如下，FASB SFAS 第 60 号《保险企业的会计核算和报告》，FASB SFAS 第 97 号《保险企业对某些长期合同和销售投资的已实现利得和损失的会计核算和报告》，FASB SFAS 第 120 号《互助人寿保险企业和保险企业对某些分红合同的会计核算和报告》以及 AICPA 财务状况表（SOP）95—1《对互助人寿保险企业的某些保险业务的会计核算》。

对于拥有“互助企业”类型的终身保险项目的联邦主体，应遵循 FASB SFAS 第 120 号的规定。SFAS 第 120 号规定互助人寿保险企业应对分红人寿保险合同采用 FASB SFAS 第 60 号或第 97 号，除非这些合同同时满足下列条件：

- 合同是长期分红合同，以保险公司的实际经验为基础向投保方支付红利。
- 每年向投保方支付红利的方式为确定可分割盈余，并以与该合同对可分割盈余贡献的近似比率分配该盈余（一般在精算专著中是指贡献原则）。

如果分红人寿保险合同符合上述条件，应采用 SOP 95—1。

c. 保险费不足的金额。[①]

119. 为比较在签订合同时采用精算假设（合同假设）的未来保险单福利负债和使用现有经济状况和经验数据（现有条件）假设的未来保险单福利负债，应对其做出评估。在确定经验数据时应使用实际死亡率、发病率和终止期。鉴于经济状况，现有和预期投资的性质和组合应与预期长期收益率一同考虑。

120. 如果使用现有条件的未来保险单福利负债超过了使用合同条件的未来保险单福利负债，保险费不足的情况就会发生。两者之间的差额应在当前期间确认为营运费用。

终身保险的补充披露

121. 未来保险单福利负债的所有项目（也就是，死亡和人寿保险费福利的标准保险费净储备和最终红利负债）应在附注中分别披露，在附注中应描述每个项目的金额并解释其预计用途和其他潜在用途（例如，减少保险费，确定和宣告可使用的红利，以及减少与管理成本和补贴有关的联邦政府拨款）。

---

① 未来保险单福利的负债应与 SOP 95—1 要求的负债一致。有担保的未来死亡险种的人寿保险福利的现值超过未来净保险费的现值的金额是标准保险费净储备。标准保险费净储备应以红利基金的利率（如果可以确定）和对在合同中叙述的退保现金价值进行计算时采用的死亡率为基础计算。红利基金利率是在保险中用于确定红利基金金额的利率。它不仅是用于计提红利基金利息的利率，也可用于确定支付给单个投保人的红利中的利息的金额。最终红利是在合同终止（例如，死亡、退保或到期）时计算和支付给投保方的红利。如果最终红利的支付是可能的并且其金额能够合理地估计，则应确认负债。（AICPA SOP 95—1，术语表，第 33 页）

# 附录 A：结论的基础

122．该附录总结了在对此公告得到结论的过程中，委员会认为比较重要的需要考虑的事项。包括采用某些方法而不采用其他方法的原因。个别成员认为某些因素比其他因素更重要。

123．此公告着手解决联邦报告实体的通用财务报告中负债的确认和计量问题。联邦政府独特的环境，最显著的是它作为公民行使他们最高权力的工具，意味着为了准确地说明应计制概念如何应用于联邦财务报告，委员会不得不解决一些新问题。

124．委员会对负债的商讨以下列观点为基础：交换性交易或非交换性交易的差别，报告联邦政府提供的服务成本的重要性，信息对决策者的影响。这些观点在下文中将予以解释。

125．联邦财务报告的许多使用者熟悉财务会计准则委员会（FASB）为私营企业主颁布的会计概念和会计准则以及政府会计准则委员会（GASB）为州政府和地方政府主体颁布的会计概念和会计准则。如果两者的差异不能明确地解释，这些使用者会假定联邦政府使用同一概念和准则。该附录比较了联邦准则中的某些观念和指导私营企业和美国州政府以及地方政府的财务报告中的负债确认和计量的观念。最后，该附录也解释了下列特定结论的基础：社会保险、或有事项、联邦雇员养老金、其他退休福利、其他离职后福利以及保险和担保项目。

## 交换性交易和非交换性交易

126．在联邦财务会计概念第 1 号公告，《联邦财务报告的目标》中指出："会计过程开始于记录政府（或者是下属于政府的主体）和其他主体之间的交易的信息，也就是，资源的流入和流出或承诺提供资源"[①]。在一些交易中，价值的对价是可交换的：这是互惠的或双向流动。其他交易，例如援助和其他转移支付是非交换性交易（也就是，非互惠的交易——通常是单向流动）。

127. 联邦政府是国民行使他们至高无上的权利的工具。在此角色中，联邦政府有责任以国家的标准采取集体行动来"提高公共福利"。因此政府承担了许多作为主体的政府与其他主体之间的不涉及互惠转移的项目，例如灾难救济、对州政府和地方政府的拨款以及对个人的其他转移项目。"联邦政府有承担这些负担的倾向，因为社会通过政府机构来完成资源在公民之间的转移以提高他们的福利。

128. 事实上，纳税人或捐赠人可以得到多种福利，例如在安全可靠的环境里生活；生活标准的改善；还可以得到一些特殊的福利，例如游览国家公园或在高速公路上行进。但是一般不认为单个纳税人或捐赠人得到的福利比为福利支付的对价更有价值。因此，这些交易归类为非交换性交易。对于此公告，交换性交易与非交换性交易之间的区别的重要性由交易引起的义务的性质决定，当交易的一方向另一方提供了产品或服务并获得了另一方将以有价值的某物予以交换的承诺时，义务就产生了。

129. 在与各种项目有关的交易循环内，义务以不同的方式在不同的时点上成为对联邦政府合法的可执行的索赔权。在区别各种项目时，一个重要因素就是辨别交易是否包含在项目中。例如，联邦政府没有签订合同而收取了货物或服务，并做出了不兑现合同的专横的决定。相似地，在现行法律下，联邦政府可能对其引起的某些损失和伤害承担财务上的责任。

130. 在其他情况下，义务与其说是合法的可执行索赔权利不如说是一件令人感觉公平的公共政策。尽管援助、补贴或收入转移很可能支付或很可能在未来继续支付，但是这些援

① 联邦财务会计概念第 1 号公告，《联邦财务报告的目标》，第 16 段。

助、补贴或转移的接受者没有权利在未来向联邦政府收取该支付额，因为他们收取的支付额是作为他们完成的服务的交换。

131. 然而，对持续执行与这些项目有关的现行政策所要求的未来金额做出合理估计是可能的。这些估计与某些决定有关，并应披露或报告，这将在补充经管责任报告中进行讨论。然而，在委员会的定义部分，未来非交换性交易支付额的估计不应确认为当期的负债。另一方面，由于过去事项引起的但在本期期末应付的未支付的金额应确认为负债。

132. 对于联邦负债，资源的未来流出是可能的，所以在所有其他事项引起对联邦政府合法的可执行索赔之前应在通用联邦财务报告中将其确认为会计负债①。这种独立的会计负债的两个重要例子是为获取联邦工人的服务而承诺付出的养老金和退休保健福利。

133. 即使政府没有支付现金或其他财务资源，在服务已经和未来支付额及保健福利的承诺相互交换的情况下，交易实质上已经发生。在财务报告中，应将这些费用正确地分配到当期。例如，这个交换意味着通用联邦财务报告应确认为向联邦退休工人提供保健承诺所产生的财务影响，这是因为在联邦工人提供服务的期间义务已经发生，不管预算是否包括对此项目的准备款。即使没有拨款，从而不能清偿在财务报告中报告的联邦政府的无基金资助的负债，这也是真实的。作为一个独立自主的主体，联邦政府能够取消不是因合同而发生的所有负债的支付。

## 关于社会保险的结论

134. 社会保险项目的义务的确认、计量和列示使委员会面临着重要的理论和实务难题。从理论上讲，委员会考虑了社会保险项目是否导致了交换或非交换性交易，或是否包含交换或非交换性交易。委员会也考虑了营业表和资产负债表之

① 尽管预期有拨款，但是是否拨出款项完全由国会控制。

间的关联问题，特别是报告资产负债表中年度之间的变化的过程是否会影响营业表绩效的衡量。最后，委员会还考虑了确定假定义务的合适计量方法的难点，即计量方法是否应在资产负债表中或附注中列示。

135. 在《联邦政府负债的会计处理》的征求意见稿中，委员会的大多数人推断出社会保险项目是执行政府统治职责的项目，它通过强制专用税款筹资。委员会赞成将社会保险义务定性为非交换性交易，并且限制对报告日应付的未支付金额的负债进行确认。然而，绝大多数受访者同意另一种观点：社会保险项目既含有交换性交易的特性，又含有非交换性交易的特性，至少需要按对福利接受者的未来支付额的现值确认负债。

136. 重新考虑这个问题，委员会推断出从资产负债表和净成本表的角度出发，最合适的方法是：(1) 在资产负债表中的负债部分和权益部分之间的单列部分中设置一个名为“社会保险义务”的分项。(2) 在附注中披露由几种对义务进行计量的方法导致的补充数据。(3) 在净成本表中报告当前财务资源的每年流出量。委员会也认为由于社会保险的敏感性和重要性，新的见解应当接受额外的意见，以让使用者复议和评论。委员会认为该观念和备选方案没有充分详细地提供给使用者。因此，有关社会保险的讨论已经从负债准则中分离出来，并合并到补充经管职责报告中。

## 在通用联邦财务报告中沟通信息的影响

137. 联邦会计准则顾问委员会承认关于很可能的和可能的未来联邦支出的信息在关于各种联邦项目的许多特定目的报告中可得以使用。在这种意义上，依照此公告编制的财务报告不可能揭示全新的信息。为各种行政机构、国会委员会、私人利益集团、“智囊团”以及大学工作的分析师知道这种信息，并且有着较深的了解。然而，委员会认为在通用联邦财务报告中列示负债和经管责任在几个方面是有价值的。至少有下列四个原因：

138．首先，分析师知道某些项目的许多信息，但仅限与这些项目。目前对整个联邦政府而言，将编制的全面信息以可比较的基础集合到一起是很困难的。在很多情况下，将信息的重要组成部分在可比较的基础上集合在一起，也是很困难的。通用联邦财务报告试图提供一种列示全面信息的方法。

139．其次，许多信息对决策者个人没有任何影响，例如项目经理，除非这些信息是以一种能够引起甚至是要求决策者适当注意的方式传达给决策者。例如，在精算报告或在《美国政府预算》的叙述部分中传达的关于联邦养老金计划和退休福利计划的信息可能对某些国会决策有影响，但是不可能影响经理作出决策，如是否使用联邦雇员、投资节省劳力的设备或不承担完成特定任务的义务。如果信息要产生这些影响，它必须以与业务直接相关的方式报告给对业务负责的经理。将通用联邦财务报告中报告的费用和负债与责任中心的产出联合起来就能完成这个直接的关联。

140．再次，在有些情况下，集合和报告这些数据的基本要求将会影响联邦经理，他们与所有人一样管理他们所计量的项目。例如，一些观察员认为遵循 FASB 第 106 号公告《雇主对养老金以外的离职后福利的会计处理》导致企业经理和其他人将更多的注意力集中于对向退休人员提供保健承诺的成本进行管理的需要，甚至是对在公告生效前承诺成本进行管理的需要。

141．最后，依照联邦会计准则编制和审计的财务报告具有一定的可信性并能引起各种使用者的注意，从而影响联邦公共政策的决策。它是《美国政府预算》提供的信息的补充信息来源。编制、审计和公布年度财务报告的过程会产生重要的间接利益。经验说明这些过程提高了信息和控制系统的可靠性，因此它们通常扩大了决策和会计责任的范围。

## 与非联邦主体使用的负债确认原则的关系

142．FASB 阐述了指导美国私营企业主体确认负债的基本原则[①]。政府企业在其单独报出的财务报告中遵循了这些准则。本公告的许多读者可能熟悉这些原则。联邦财务报告的许多使用者习惯于阅读按照这些原则编制的其他财务报告。

143．联邦会计准则顾问委员会中负债确认的原则与FASB不同。两者之间的差异可看做是联邦政府统治性质所要求的必要修订。联邦会计准则顾问委员会为在报告模式范围内的负债准则而冥思苦想，这种报告模式比私营企业组织使用的报告模式更加强调公开地报告经管责任。这种报告模式是必需的，因为联邦政府对国家的总福利负责并自愿承担随之而来的义务。

## 关于或有事项的结论

144．在征求意见稿中，委员会询问了下列问题："当估计的负债（或有负债）是在一定范围内变化的金额时，如果在此范围内没有一个金额比其他任何金额更适合对负债进行估计，是否能够以平均值或期望值（统计中使用的术语）而不是以最小金额确认为负债。"大部分受访者首选期望值，最小金额排在第二位。

145．委员会考虑了所有的选择。在委员会讨论的基础上，指出使用"期望值"在范围内做出精确的估计是很困难的。期望值法将对范围内的每个数目赋予某一概率，但是概率一般很难估计。

146．讨论后，大多数委员推荐使用最小金额，这是因为在其他会计准则中已使用最小金额。委员会认为应将报告日应付的未支付金额确认为由非交换性交易引起的负债。这包括

---

① 政府会计准则委员会（GASB）没有发布关于财务报告要素的概念公告，FASB在概念第6号公告中说明了财务报告的要素，但没有对"负债"本身下定义。在现行州和地方政府会计模式中，基金负债是"在报告期末没有支付的金额，它一般用可消耗的可利用财务资源予以清偿。负债的剩余部分应在一般长期债务汇总账户（GLTDAG）予以报告。政府会计公告国家委员会（NCGAS）第4号公告，第17段。（见GASB《政府会计和财务报告准则汇编》，第1500节。）

联邦主体为偿还按项目合同条款提供的福利、货物或服务[①]在其报告日应付的金额，无论这些金额是否已报告给联邦主体（例如，对于已提供服务的医疗部门，应获得的估计医疗补助将由联邦主体进行筹资，但并没有报告给联邦主体）。

147. 在引起交换或非交换性交易的政府知晓事项中，必须是联邦政府正式承担财务责任，如国会已经拨出或批准使用（也就是说，通过立法授权）资源。此外，当提供货物或服务时，政府知晓事项所引起的交换性交易将确认为负债。对于非交换性交易，在未支付金额应付的时点上确认负债。因此，政府知晓事项不满足确认为或有负债的必要标准。当政府承担财务责任、安排收入转移支付额或提供其他非交换福利时，政府是在行使其统治职能。委员会认为不应在统治行为发生前预先进行会计确认。

## 关于养老金、其他退休福利和其他离职后福利

### 养老金—预计工资标准

148. 联邦财务报告的主要目标是准确地计量雇主主体提供给公众服务的完全成本。用于对通用财务报告中的养老金、其他退休福利和其他离职后福利进行会计处理的方法应准确地计量雇主主体的服务的完全成本。由于联邦养老金福利是以最终工资为基础，无论哪一种对联邦养老金每年成本和应计负债使用的方法都必须包括能反应单个雇员估计报酬水平（包括由于一般物价水平的未来变化、资历、提升和其他因素引起的未来变化）的预计工资。它是联邦政府承担的义务的一部分。

### 养老金计划的会计处理

#### 分配方法

149. 为筹集基金的目的，主要的联邦养老金计划使用精算

① 按项目合同条款，采用某种形式提供货物或服务，例如，承包人向代表灾难救济受益人的政府提供服务。

成本法，在许多精算成本法中，比较有名的是累积正常账龄法（AEAN）。私立养老金计划的预拨资金适用的所有方法都应在雇员服务期间内确认雇员的养老金福利成本，但是不同的精算方法以不同的时间模式确认成本。累积正常账龄法旨在计算定期养老金成本，其为工资单的一个百分比水平。

150. 累积正常账龄法是一种以雇员的服务标准（例如固定的工资百分比）为基础对预计福利的现值在已入账的年限和假定还可使用年限之间进行分配的方法。分配到每年的预计福利现值称之为正常成本。预计福利的现值超过在评估日未来正常成本的现值的部分称之为应计精算负债。

151. 联邦会计准则顾问委员会考虑了财务会计准则委员会在财务会计准则公告第87号《雇主对养老金的会计处理》（预计单位信贷法，或PUC）中使用的方法和累积正常账龄法。联邦会计准则顾问委员会推断出预计单位信贷法能够及时地对由雇主承担的，雇员在特定时点已获取的福利做出更准确地计量。预计单位信贷法能够更准确地计量年度内计提的福利的价值。然而，联邦会计准则顾问委员会听取了保险精算师的陈述，认为这两种方法对于联邦计划的结果是相似的。联邦会计准则顾问委员会推断出累积正常账龄法是计提费用的可靠方法。

152. 联邦会计准则顾问委员会推断出，将在整个职业生涯中获取的福利价值分配到特定服务期间的任何方法都包括估计过程。当然，以几种系统的和统一的方式计提福利，而不是当雇员符合条件时突然计提福利的假设是合理的。例如，假定每年以统一的工资百分比计提福利（累积正常账龄法在养老金计划中的应用）是合理的方法。当对一定时间内的成本进行计量时，累积正常账龄法成为组织内部特别有用的方法，因为无论所涉及的是哪一年度，每美元的工资等于养老金的固定比率。因此，通货膨胀自动作为计算系数纳入计算之中。

153. 联邦会计准则顾问委员会指定使用累积正常账龄法是出于以下几个原因。首先，累积正常账龄法是在雇员的服务期内平均分配成本的合理的系统方法。其次，主要的联邦退休项目［军人退休系统（MRS）、行政人员退休系统（CSRS）和联邦雇员退休系统（FERS）］使用的是累积正常账龄法，在两种情况下（FERS 和 MRS）按法律的要求收取“完全成本”[①]。最后，该方法与私营企业主体的精确可比性并不相关。依照此公告和 SFAS 第 87 号计算的养老金负债和费用规模的较小差异不会影响投资者对美国政府信贷价值的评估。

154. 由于除了三个主要计划之外，还有几种可接受的分配方法和几个小养老金计划，因此，联邦会计准则顾问委员会认为，如果其结果与累积正常账龄法的结果之间不存在重大差异，则允许使用累积正常账龄法以外的方法。仅仅由于不同的分配方法的使用引起的联邦计划的费用和联邦计划负债之间的重大差异会破坏可比性，并损害投资者以外的使用者使用的信息的有用性。

155. 联邦会计准则顾问委员会也承认其他分配方法可以用于其他目的。例如，计算由雇员以现行工资水平计提的既定福利，在对计划累积的欠款金额（如果计划终止）进行计量时是非常有用的。这些计算是为不包括在此公告中的特定目的报告而做出的。

假设

156. 精算假设有三个目标。首先，联邦会计准则顾问委员会认为，在会计、预算和精算报告中使用一致的假设是非常有用的，惟有如此，在实现联邦财务报告的目标时才有可能达成一致的假设。

① CSRS 法令要求具有可解释为正常记账年龄的程序。“完全成本”由选定的方法决定。例如，依照筹集基金的方法，在 FERS 中的前期服务成本在 30 年内摊销。在 SFAS 第 87 号中前期服务成本在较短的期间内确认（预期未来服务成本的年限或 15 年）。在此公告中前期服务成本应立即确认，但是只有在管理养老金计划的政府计划的财务报告和州政府的财务报告中立即确认，而不是在雇主机构的财务报告中立即确认。因此，在此句中的“完全成本”必须从其类别来理解，也就是，作为法律的一般目的的陈述。

157．其次，联邦雇员退休系统中的假设应一致。假设不需要完全相同，因为每个计划面临的环境客观上是不同的，但这些假设应适当的相关（因此，准则要求在对精算假设最适用的估计的基础之上编制财务报告）。如果他们能够解释这些假设与三个主要计划的假设有何不同以及为什么不同，准则也允许在较小的计划中使用三个主要计划提供的假设或者使用它们自己的假设。

158．最后，假设应反映交易潜在的经济实质。他们应反映主体关于成本趋势的过去情况和目前期望。假设应反映两组经济现象的相似处和不同点，而不是经过强制粉饰后的一致性。

159．联邦会计准则顾问委员会也推断出，贴现率应反映计划资产的预期长期收益率而不是同期债务的现行市场利率（SFAS第87号所要求的贴现率）。预期长期收益率减少了变动性，反映了主要联邦计划的实际情况和期望，并与预算使用的假设一致。由于类似的原因，政府会计准则委员会对贴现率采用了相似的方法。

前期服务成本

160．前期服务成本（或利得）是在计划修订中确认的追溯福利的成本（或利得）。在现行预算系统下，在预算中的前期服务成本通过期限在30年以上的普通基金拨款提供基金。在MRS和FERS中的雇主主体想要完全获得提供的基金又没有将前期服务成本记入预算中（他们也没有贷记利得），而是将这些成本记入普通基金中[①]。

161．在本公告中已陈述，联邦会计准则顾问委员会认为前期服务成本、养老金（或其他退休福利）负债的利息以及精算利得和损失是整个联邦政府的费用，并由行政主体进行核

① CSRS也收到了普通基金拨款，但拨款是以法定的准备为基础的，并且拨款少于完全注资方法所要求的拨款。由于这个原因，CSRS注资方法没有被作为与会计处理相对比的预算处理的一个范例。

算。有些受访者不赞成雇主主体只应确认“正常”或“服务”成本要素的观点。这些受访者认为雇主主体应确认养老金（或其他退休福利）费用的所有要素：服务成本、前期服务成本、精算利得和损失以及养老金负债的利息。一般而言，这些受访者认为雇主主体提供的产品或服务的完全成本包括这些要素，并认为由此定义的完全成本与各种决策有关，例如与其他供应商比较产品和服务的成本。

162．　委员会考虑了这些观点，但它仍然认为美国政府的雇主主体一般只应在通用财务报告中确认养老金（或其他退休福利）费用的服务成本要素（在有些情况下会有例外，例如海岸警卫队，在这种情况下计划的雇主主体同时也是行政主体）。委员会知道自己采用的方法与 FASB 和 GASB 采用的方法在这一点上不同。然而，没有一个委员会在其养老金和其他退休福利的准则中，关注了与美国政府大报告主体的组成部分有可比性的报告。养老金（或其他退休福利）费用应在美国政府的合并财务报告中确认；然而，委员会认为，在项目阶段，前期服务成本和其他非服务成本对许多管理决策或政策决策是无用的。他们应归属于以前年度提交的服务的沉没成本（或沉没利得），或者他们不应受到项目管理层的控制。联邦会计准则顾问委员会仍然认为，由行政主体报告非服务成本的因素最能反映联邦环境和组织结构。

163．　委员会承认，为了某种目的分析师可以考虑使用对报酬成本进行计量的其他方法，例如报酬成本包括与当前的工人有关的养老金（或其他退休福利）负债的利息，或工人预期服务期间内的某些非服务成本。特殊的分析和报告对于特殊的目的来说是必要的。通用财务报告必须关注这些报告使用者最普通的需要。

164．　出于相似的原因，联邦会计准则顾问委员会仍然认为前期服务成本（或利得）应在联邦政府财务报告中由行政主体立即确认，不需进行摊销。联邦会计准则顾问委员会认为延迟负债和成本的确认或减少行政主体的通用财务报告的变动性没有任何好处。联邦会计准则顾问委员会没有被这样的观点说服：在未来期间，由增加养老金得来的福利（或成本）能够切实保证在联邦财务报告中以在未来期间内摊销的方式延迟确认。近乎真实的未来福利或成本的范例为增加的（下降的）雇员生产率，降低的（增加的）营业额。

165. 联邦会计准则顾问委员会承认，为筹集基金的目的，CSRS、FERS 和 MRS 的前期服务成本可以通过拨款在若干年内摊销。然而，提供基金的决策在成本的会计确认中不应是决定因素。确定什么时候筹集，以及如何清偿债务义务所需要的基金不属于会计问题。

精算利得和损失

166. 精算利得或损失是由于下列事项引起：（1）实际发生情况与以前使用的精算假设不同（2）精算假设发生变化。精算假设实质上是对未来事项进行的长期的估计，并且其随实际情况发生变化。

167. 精算利得和损失与前期服务成本（或利得）具有相似的特征。在提到的会计期间结束之后，应对两者予以确定，并且它们都与过去（或者是前期服务成本或以前的情况）相关。精算利得和损失与前期服务成本之间的区别在于，前者是精算估计的正常结果并可能每年发生，然而前期服务成本只有在计划被修订时才发生。此外，精算利得和损失可能在期间内逐渐趋同，而前期服务成本不会出现这种情况。

168. 联邦会计准则顾问委员会推断出，精算利得和损失应与前期服务成本（或利得）采取相同的会计处理。他们应记入行政主体的账户中。雇主主体只将期间内其雇员的服务成本[①] 减去雇员缴纳的款项（如果存在）的差额确认为费用。与前期服务成本不同，精算损失是归属于以前期间提交服务的沉没成本（或沉没利得），因此其不适用于管理决策或政策决策。

---

① “服务成本”定义为在会计期间内，按照养老金计划的福利公式，由雇员提交服务所引起的福利的精算现值。该术语与“正常成本”同义。

169．出于和前期服务成本相同的原因，精算利得和损失应由行政主体立即确认。延迟确认或减少行政主体财务报告和成本计量方法的变动性是毫无好处的。

确认和计量

170．委员会的上述讨论的结论反映在养老金的会计处理中。雇主主体应将每年的养老金费用确认为营运成本。当雇主主体的缴款低于养老金费用时，雇主主体应将由其他主体支付的费用确认为估算筹资来源。对从雇主主体收取的缴款，行政主体应确认为政府机构之间的收入。

171．这些交易是政府机构之间的交易。出于政府合并财务报告的目的，雇主的养老金费用应由下列两个项目抵消：(1) 行政主体从雇主主体收取的缴款，(2) 雇主主体的估算筹资来源，如果这两个项目可以使用。

172．行政主体应报告养老金负债。在会计期间负债的增加是行政主体的费用。负债增加的金额为养老金成本项目金额的总计［正常成本、养老金义务的利息、前期服务成本（利得）以及精算利得（损失）］。因此，行政主体不仅要提供关于精算负债的信息，而且要提供关于全面成本与来自雇员的收入、雇主主体、利息以及国库缴款之间的关系的信息。

173．在行政主体中确认养老金成本项目以及在雇主主体中确认正常成本要达到两个目标。首先，全面成本和精算负债应在同一处汇总并在同一处列示，也就是在行政主体的经营成果表和资产负债表中列示。第二，每个雇主主体将各自的正常成本报告为提供服务的成本。这些分录在联邦政府财务报告的合并过程中抵消了，因此没有进行重复计算。

**其他退休福利**

174．联邦会计准则顾问委员会推断出，其他退休福利与养老金福利相似并应以相似的方式对其进行会计处理，除非两者存在实质上的差异。联邦政府的主要其他退休福利是退休人员的保健福利。这些福利是长期性的，并且需要对其进行精算估计。

175． 联邦会计准则顾问委员会承认未来保健福利提出了独特的计量问题。保健福利比养老金更不确定，因为保健福利由保健提供和利用的模式的变化、医疗服务的价格趋势和如同医疗补助一样的社会保险项目提供的福利所决定。

176． 一些联邦退休人员的保健福利在联邦政府医院和便民设施中直接提供。在这些情况下，负债金额则取决于国会在未来为福利的拨款金额，所以负债和费用更加难以计量。尽管计量有一定的困难，但鉴于当提供服务时近似的服务成本的重要性，联邦会计准则顾问委员会认为在大多数情况下，联邦项目的其他退休福利的成本和负债应予以计量。然而，在从第182段开始的讨论中指出，退伍军人医疗保健成本应在提供医疗保健服务的期间内确认。

### 其他退休福利计划的会计处理

#### 分配方法

177． 与养老金计划的情况不同，没有对联邦退休医疗保健规定分配方法。尽管有分配方法的建议，但是目前没有为支出提供基金资助。

178． 对于退休保健，联邦会计准则顾问委员会发现，没有理由强制性地选择累积正常账龄法以外的方法。然而，雇员的服务成本应与养老金福利的计算不同。对于养老金，成本按照工资单的百分比计算，但是退休保健福利应支付给单个的退休人员而不论其以前的工资。因此，成本应以每个人为基础计算，因为这能准确地表明如何承担成本。

#### 假设

179． 尽管其他退休福利采用的一般假设应与养老金相同，但是保健成本的趋势假设是独特的。为了取得一致性并为估计制定主要的指南，准则对趋势假设制定了关于“医疗补助计划或其他有权威的资源”的使用的一般指南。保健成本假设应反映调整了的资源，而这些资源的调整是由对于组织而言独一无二的因素引起的。

**其他离职后福利**

180. 其他离职后福利代表了联邦雇主主体的费用。有些人认为，其他离职后福利应与养老金和其他退休福利一样，作为雇员提供的服务而应计为营运成本，因为（1）他们认为事项的发生是由于雇员提供了服务，（2）在未来其他离职后福利支付是可能的，（3）能够计量其他离职后福利。联邦会计准则顾问委员会没有被下面的观点说服：这些成本与雇员的日常持续服务之间有充分的关系；或在担保应计的时点上，这些成本很可能发生。

181. 联邦会计准则顾问委员会认为，以实际事项的发生为基础的应计法是合理的方法，实际事项包括工伤或减少主体的一般劳动力的决策。这些事项使资源的未来流出变得可能并且可计量，在某些情况下可能包括长期应计项目，并为报告主体提供了以最简便的方式准确计量费用的方法①。

## 退伍军人医疗保健成本

182. 尽管由退伍军人事务部提供的医疗福利应像其他退休福利或医疗福利一样来进行会计处理，然而两者之间存在重大差异。许多退休人员的医疗福利通过健康保险部门提供，健康保险部门向以前的雇员收取保险费。但是，对于退伍军人医疗福利，以前的雇主（政府）以“只要需要”和“只要适用”为基础通过退伍军人设施向退伍军人提供医疗服务，而不是为每个退伍军人支付健康保险费。

183. 合格的退伍军人医院保健和疗养院保健分为强制性的和自由决定性的。退伍军人事务部必须给因服役导致伤残的退伍军人和强制类别中的其他人提供医院保健。如果退伍军

① 联邦工人的报酬和失业保险项目与适用于非联邦工人的项目不同。在这些项目下联邦雇员的福利通过直接来自于雇主主体的补偿筹资。工人和失业人员的报酬的补偿期一般是短期的，但是在某些特定的情况下，工人报酬的支付可以延展到若干年。

人的收入在特定限额之上，并且不是由于服役而导致的伤残，则医院保健被认为是自由决定性的。属于自愿接受保健服务的退伍军人在其收到医院保健时支付手续费。此外，退伍军人医疗保健由每年的拨款提供资金。接受保健服务的授权并不能代表任何特定标准的保健。国会决定了退伍军人医疗保健每年得到充分资助的程度。

184．委员会认为，强制项目和自由决定项目的退伍军人医疗福利最好由其承担的每年成本来计量，而不是由退伍军人服役期间的费用经过精算后的金额来计量。退伍军人的医疗保健不满足准则中的可能性和合理计量的标准，因此未来医疗福利不构成在资产负债表中确认的长期负债。委员会认为退伍军人医疗福利负债和相关的费用应在提供医疗保健服务的期间内确认。然而，主体应考虑，对于或有事项准则下的这些成本而言，什么样的披露是合适的。

## 保险和担保的结论

185．委员会考虑了联邦保险项目负债确认的两个可能基础。一个基础是将已发生的投保事项的未支付的预期现值成本确认为负债。第二个基础是将已假定风险的未支付预期现值成本确认为负债（也就是，延期保险和有效保险固有的未支付预期现值成本）。第二种方法与国会在直接贷款和贷款担保的预算中采用的方法以及联邦会计准则顾问委员会对这些交易的会计处理采用的方法相似。（见联邦财务会计准则第 2 号公告，《直接贷款和贷款担保的会计核算》）

186．委员会的几个成员认为第二种方法具有概念观点上的优势。然而，委员会关注假定风险的可计量性，特别是在养老金计划的有关内容中。在没有书面合同时，对于一些假定风险的确切性质和分类仍然存在一些问题。委员会推断出，依照传统实务的处理将继续下去，也就是在财务报告中确认已发生事项的影响。然而，委员会要求将除社会保险项目、人寿保险项目以及贷款担保项目之外的所有项目的假定风险的估计现值成本报告为必要的经管责任信息（RSSI）。

187. 保险项目的应计核算试图报告每期的营运费用和期末的未支付负债。未来赔偿额的预测，包括展期的、扩张的或新的业务，也为保险单决策提供了重要的信息，保险单决策是指为了补偿所有未来预期损失应采取什么利率的决策、什么样的附加保险应该延期和其他相似的决策。报告主体的管理层希望这些预测和其他附带信息包括在其财务报告中，管理层是否在其财务报告中报告这些信息在于他们自己的选择，但是委员会没有对这种在该公告中要求的情形给出具体的建议，这种情形将在补充经管责任报告中考虑。

188. 在负债准则征求意见阶段，委员会向受访者询问准则是否对假定风险的金额如何计量提供了充分的指南。受访者中的40%要求额外的指南但没有提及计量的可能性。

189. 在最终公告的讨论阶段，委员会考虑了对假定风险进行报告的两个可能的计量观点。公告要求所有的保险项目（除社会保险、人寿保险和贷款担保项目之外）将假定金额报告为补充信息。在征求意见稿中所提出的假定风险的计算对在报告年度内未支付保险项目的成本进行计量。对于期限为每年的保险项目，在这种方法下假定风险的金额可能与在资产负债表中确认的负债和或有负债的金额存在着重大的差异。然而，委员会认为，在概念上和金额上，与确认负债相似的假定风险的数目的必要披露或补充公告可能是混乱的并且不能增加信息的价值。

190. 在第二个观点中，假定风险的金额是对持续保险项目的政府的潜在成本更广和更长期的计量。在这些计量方法下，假定风险的第二种方法应被认为是，在纳税人没有资助该项目的情况下，应收取“公平”或“完全成本”保险费的指标。这种计量可能是在某种经济因素影响下预期成本的概率性估计。委员会在计算中发现了其优点，认为它能够提供包含在应计项目之外的额外信息。尽管这种方法的支持者认为这种计量方法是重要的，但是他们承认这种计量方法难以做到精确地计量。因此，委员会将其作为必要的经管责任信息（RSSI）。当前，委员会在征求意见阶段有一个项目《补充经管责任报告》，它将为在最终公告中“假定风险”的计量和报告提供更多的详细信息。

191．委员会也考虑了终身人寿保险项目的负债的确认。联邦政府有小部分的终身人寿项目由联邦主体管理。最重要的项目（互助企业类型的终身人寿保险）是通过退伍军人事务部执行的。

192．在负债准则征求意见稿发布的时候，在联邦政府、州和地方政府或私营企业内没有对互助类型的终身人寿保险制订准则。因此退伍军人事务部应遵循核算的法定的要求和法定的保险报告。

193．在 1995 年 1 月，联邦会计准则顾问委员会和 AICPA 各自发布了适用于互助性终身人寿保险企业的会计处理的立场的准则和公告。由于包含在 FASB 和 AICPA 文件中的联邦项目和保险项目的相似性，委员会认为私营企业会计准则对于适用的联邦项目比较适合。因此委员会推断出，当报告未来保险单福利负债以及此公告规定的额外披露时，拥有终身人寿保险项目的联邦主体应遵循在私营企业准则中规定的准则（这些私营企业准则会被修订）。委员会也推断出，负债项目的披露对于使财务报告的使用者充分获知负债项目和相关资产的预计用途和其他潜在用途而言，是必要的。

# 附录 B：负债确认和计量矩阵

| 联邦项目种类 | | 费　用 | 负　债 |
|---|---|---|---|
| 普通基金福利项目——由一般收入筹资 | · 资助家庭，这样的家庭内存在无谋生能力的子女<br>· 医疗补助<br>· 食物采购券<br>· 特殊伤残矿工福利<br>· 退伍军人养老金① | 当已发生支付时或未支付的金额在报告日应付时确认费用。这包括联邦主体在其报告日应付的金额，无论这些金额是否已报告给联邦主体。 | 在报告日应付的未支付金额确认为负债。这包括联邦主体在其报告日应付的金额，无论这些金额是否已报告给联邦主体。 |
| 雇员福利 | · 联邦政府雇员养老金和其他退休福利<br>· 军人养老金和其他退休福利 | 当雇员服务完成时确认费用。 | 确认精算应计福利。 |
| | · 退伍军人伤残补偿②<br>· FECA——工人抚恤金<br>· 其他离职后福利 | 当相关事项发生并且项目参与者有资格获得报酬时确认费用。 | 确认任何应付的金额或未来应支付额的现值，无论哪一个都适用。 |
| 保险和担保 | 固定期间——每年：<br>· 联邦农作物保险公司<br>· 国家水灾保险基金<br>· 联邦存款保险公司<br>固定期间——若干年：<br>· 海外投资保险<br>不可撤消或可展期的：<br>· 养老金福利担保公司 | 对于期间内未支付的赔偿额确认为费用，包括已经发生但未报告的赔偿额，也就是，投保事项已经发生。 | 对于期间内未支付的赔偿额确认为负债，包括已经发生但未报告的赔偿额，也就是，投保事项已经发生。 |
| | 不可撤消或可展期的：<br>· 退伍军人人寿保险信托基金<br>· 雇员人寿保险基金 | 以假定风险为基础确认费用。 | 以假定风险为基础确认负债（如果现金退保价值具有相关性，应包括现金退保价值）。 |

① 该项目是退伍军人可能符合条件的授权项目如果他们有有限的收入，当他们服役的时间至少为 90 天并且至少有一天是处于战争期间。他们已经在战争期间退役。他们不是因为可耻的行为而退役。他们必须是兵役和故意不正当的行为以外的原因导致的永久的和完全的伤残。（退伍军人事务部，《退伍军人和受赡养人的联邦福利》，1993）

② 伤残补偿是支付给在服役期间因伤或因病的伤残退伍军人。如果由于违纪等可职耻行为引起被隔离或被驱除出军队，则必须终止享受退伍军人福利。货币福利与受伤或疾病的残留影响相关。（退伍军人事务部，《退伍军人和受赡养人的联邦福利》，1993）

（续表）

| 联邦项目种类 | | 费　用 | 负　债 |
|---|---|---|---|
| 资本租赁 | | 当发生租赁支付时，确认利息费用。 | 当联邦政府与出租人之间有协议时，确认负债（未来租赁支付额的现值）。 |
| 联邦债务 | · 财政部对联邦政府机构的债务<br>· 联邦政府机构对财政部的债务<br>· 联邦对公众的债务 | 确认会计期间内承担的名义利息的计提（分摊的）份额，摊销的折价或溢价，以及可变价值证券在会计期间的现行价值的变化。 | 以证券的面值减去摊销的折价或加上摊销的溢价的金额确认为负债。 |

# 联邦财务会计准则第 6 号公告（SFFAS NO.6）
# ——不动产、厂场及设备的会计核算

## 基本情况

颁布日：1995 年 11 月 30 日

生效日：从 1997 年 9 月 30 日为期末的会计年度开始生效

参考第Ⅰ卷：联邦财务会计准则第 5 号公告，《联邦政府负债的会计核算》（主要是关于负债的定义和资本租赁的核算）

联邦财务会计准则第 7 号公告，《收入及其他财务资源的会计核算》（主要是涉及资产转让交易的核算）

联邦财务会计准则第 8 号公告，《补充经管职责报告》（具有经管职责的不动产、厂场及设备的报告要求）

参考第Ⅱ卷：资本租赁（C10），清理成本（C40），递延维修费（D20），折旧（D30），国防或军事不动产、厂场及设备（F20），通用不动产、厂场及设备（G20），继承资产（H20），内部开发的软件（I90），土地（L20），不动产、厂场及设备（P60），多用途的继承资产（M40），资产转让（T40）。

解释公告：

影　　响：不影响其他准则

所受影响：联邦财务会计准则第 5 号公告通过提供负债的定义来修正第 96 段

联邦财务会计准则第 7 号公告的第 53 段修正第 41 段

## 概述

本公告包括了关于联邦政府所拥有的不动产、厂场及设备、不动产、厂场及设备上的递延维修以及清理成本的会计准则。联邦的不动产、厂场及设备具有多样性，这需要就每一类含义丰富的不动产、厂场及设备制定不同的准则。就核算的目的定义了四类不动产、厂场及设备，包括：

——通用不动产、厂场及设备是指被用于提供给政府日常服务或物品的不动产、厂场及设备；

——国防或军事不动产、厂场及设备是指具有委员会设定特征的不动产、厂场及设备，其中包括武器系统和太空探测设备。

——继承资产指具有重要的教育、文化或自然等特征的资产。

——托管土地（是指不同于包括在通用不动产、厂场及设备中的土地）。

通用不动产、厂场及设备应在资产负债表上和净成本表上予以报告，其取得成本将被确认为一项资产。除了土地是一项非折旧资产外，其余资产的取得成本都应以折旧的方式计入费用。折旧应被累计在一个资产抵消账户——累计折旧中。

为获得、重置或改良用于国防或军事不动产、厂场及设备、继承资产和有托管土地等的年支出将在发生的当期作为一项成本披露，关于这三类资产的报告将在联邦财务会计准则第 8 号公告，《补充经管责任报告》中说明。

递延维修准则要求披露相关资产的状况和弥补不动产、厂场及设备递延维修的估计成本，这些披露仅被作为净成本表表内项目的注释，无须在表内确认。

就与通用不动产、厂场及设备相关的清理成本，很可能发生且可计量的清理成本应在使通用不动产、厂场及设备使用受益的经营期间内分配，该分配以一种系统而又合理的方法为基础。对于与联邦政府任务不动产、厂场及设备、继承资产和托管土地相关的清理成本而言，当该不动产、厂场及设备处于使用中时，很可能发生且可计量的负债应被确认，在确认该负债的同时，与清理成本相关的费用也应被确认。

# 目 录



注：第1—16段省略。

# 第二章 不动产、厂场及设备

## 定义

17. 不动产、厂场及设备由有形资产组成，包括土地，其应满足以下标准：

- 估计的使用年限在[①] 2 年以上；
- 在正常的经营过程中不是用于销售；
- 为了使用或便于使用的目的，已被实体取得或建造。

18. 不动产、厂场及设备也包括：

- 通过资本租赁（参看第 20 段）取得的资产，包括租赁物改良；
- 报告主体所拥有的、放置于其他主体（如，州和地方政府、学院和大学、联邦政府的合约人）的财产；
- 土地权[②]。

19. 不动产、厂场及设备不包括以下项目：（1）持有的用于物理性消耗的资产，如经营性材料和物品[③] 等。（2）联邦实体保留有应复归权益的资产[④]。

20. 资本租赁是指把与所有权有关的大部分收益和风险转让给了承租人的租赁。如果，在初始阶段，租赁就满足以下

---

① 使用年限是指在所有者使用期间的正常经营时间（摘自《Kohler 会计词典》）。

② 土地权是指实体对所有权不是自己的土地所拥有的权益和特权，诸如租赁权、地役权、水权、水力权、转换权、掩没垃圾权以及对土地的其他类似权益。

③ 经营性材料物品的核算在联邦财务会计准则第 3 号公告，《存货和相关财产的会计核算》中说明。

④ 联邦政府有时会对用拨款获得的不动产、厂场及设备保留一项权益，即如果拨款的授受方在最初提供该项拨款所用于的项目中不再使用该不动产、厂场及设备，则不动产、厂场及设备应返还给联邦政府。

四个标准① 中的一个或者更多，则承租人应把此项目租赁归类为资本租赁。否则，应被归类为经营租赁②。

- 在租赁期末，将财产的所有权转让给承租人；
- 该租赁包含有以较低的价格购买该财产的选择权；
- 租赁期等于或大于租赁财产估计经济寿命③ 的75%；
- 租赁和其他最低租赁付款（不包括付款中执行成本的部分）的现值等于或超过租赁财产公价值④ 的90%。

当租赁期始于租赁财产总估计经济寿命期的最后25%之内时，最后两条标准不适用。

## 准则和分类

21．以下部分提供每一类不动产、厂场及设备的确认和计量原则以及披露要求。不动产、厂场及设备被分为如下几类：

- 通用不动产、厂场及设备（包括为了其他通用不动产、厂场及设备而获得的土地或与之联系的土地）；
- 国防或军事不动产、厂场及设备；
- 继承资产；
- 托管土地（指不包括在通用不动产、厂场及设备中的

① 注意：就财务报告的目的而言，判断资本租赁的标准不同于管理与预算办公室（OMB）就预算目的区分租赁的标准。管理与预算办公室第A—11公告——预算估计的准备和呈报，在其附录B中阐述了判断经营性租赁的标准。管理与预算办公室提供四个额外的标准，这些标准与私人部门租赁购买协议中的风险等级相关。额外的标准是必要的，因为就预算目的而言，在风险较高的租赁购买与风险较低的租赁购买之间存在某种区别。这些区别不会在财务报告中说明，联邦会计准则顾问委员会也没有说明与风险等级相关的这四项标准。

② “经营租赁”的不动产、厂场及设备是指联邦实体并不承担所有权风险的不动产、厂场及设备。长期服务合同与消费品的长期购买合同不属于资本租赁。

③ “租赁财产估计的经济年限”是指在正常的维修和保养条件下，没有租赁期限制，该财产按照租赁期开始时的预定用途预期会被一个或多个使用者合理地使用的大致剩余时间。

④ “公允价值”是指资产在不相关的团体之间（如，在自愿的卖者和买者之间）正常交易时卖或买的价格。（摘自《Kohler会计词典》）。

土地)。

22．在确定不动产、厂场及设备应归为哪一类时，有必要运用各类的定义来识别不动产、厂场及设备的“基准单位”[①]。举例来说，像上至整套设施或下至计算机的单位都可能归为一类。在确定分类的水平时，一个实体应考虑维持财产不同核算方法的成本、信息的有用性、各类不动产、厂场及设备的差别（如使用年限、价值和用途）、不动产、厂场及设备服务的项目以及不动产、厂场及设备将来的处理方式（如转让给其他主体或报废）。[②]

## 通用不动产、厂场及设备

23．通用不动产、厂场及设备是指用于提供商品或服务的任何不动产、厂场及设备，通用不动产、厂场及设备具有以下一种或几种特征：

- 它能被用于替代的目的（例如，由其他的联邦计划，州或地方政府，或非政府实体所用），但应被用于生产商品，提供服务或者支持实体完成其使命；或者
- 被用于商业性活动[③]；或者
- 在经济活动中被实体使用，其成本能和其他从事相似经济活动的实体成本进行比较[④]（例如，联邦医疗服务与其他医院的医疗服务可互相比较）。

---

① “基准单位”是指分类不动产、厂场及设备时考虑的详细程度。一般来说，基准单位是应被归为一类的最低或最少金额的财产项目。“基准单位”，该词可以被用于其他的情况，表示不同的意思——在本准则中，其意思被限定为前面所作的说明。

② 这里所阐述的概念仅就不动产、厂场及设备分类的目的而言。然而，就记录保持的目的而言，为了维持不动产、厂场及设备的受托责任，避免资产遭受损失、偷窃或挪用等，更加详细的分类是必要的，对不动产、厂场及设备分类时考虑的不太详细并不必然意味着（1）核算系统或（2）财产记录必须具有相同的详细程度。

③ 商业性活动被认为是一种必要的自给性活动，该活动通过获取交易收入（与委员会关于收入以及其资金来源的征求意见稿中所定义的收入涵义相同）为实体的持续循环经营筹集资金。

④ 委员会并没有建议对成本作出对比，也并不认为成本在联邦和非联邦实体之间能够容易地比较，如果该经济活动具有可比性，则应假定能够进行成本的比较。

24．就类似商业性经济活动的实体经营而言，所有的不动产、厂场及设备应被归类为通用不动产、厂场及设备，无论它是否符合其他类型不动产、厂场及设备的定义。

25．为了其他通用不动产、厂场及设备而获得的土地和土地权或与之联系[①]的土地和土地权可能会包括在通用不动产、厂场及设备中。在某些情况下，通用不动产、厂场及设备可能构建于现存的联邦土地之上。这时，土地的成本通常是不可辨认的。在这些情况下，通用不动产、厂场及设备仅包括为了专门为通用不动产、厂场及设备的建造而获得或与之相关的、具有可确认成本的土地及土地权。

## 资产确认

26．**所有通用不动产、厂场及设备**都应以成本记录。成本包括使不动产、厂场及设备达到符合它预期使用的形式和地点所发生的所有成本。举例而言，取得不动产、厂场及设备的成本可能包括：

- 支付给卖主的金额；
- 达到最初使用地点所发生的运输费；
- 处理和储藏成本；
- 劳动力和其他直接或间接生产成本（就资产的生产或建造而言）；
- 为设计、计划、说明和测量所发生的与工程、建造有关的外部服务；
- 建筑物和其他设施营运所要求的设备取得和调试成本；
- 用于建造工程的设备和设施成本中的一个适当部分；
- 一项建筑或设施的固定装置以及相关的安装成本；
- 建造合约、建造工程的检查、监督和行政管理所发生

① “为其他通用不动产、厂场及设备而获得或与之联系而获得”是指为了建造通用不动产、厂场及设备的目的获得的土地和为与通用不动产、厂场及设备相结合而获得的土地，不仅包括作为地基使用的土地，也包括被认为是通用不动产、厂场及设备附近的共用的土地。

的直接成本；

- 法律性费用和记录的费用，以及损坏赔偿；
- 捐赠给政府的设施和设备的公允价值；
- 金额重大的已付利息费用①。

27. **内部开发**② **软件**也可以包括在通用不动产、厂场及设备（或其他资产账户③）中，但其成本就应主要从使用者的付款中得到补偿④。否则，当软件开发成本发生时就应予以费用化。

28. 如果在前段所述情况下，实体选择资本化内部开发的软件成本，则资本化的范围应被限制于：

- 与主要的新软件项目明确相关，且不用于反复发生的维护性活动的成本；
- 在已经取得技术可行性⑤ 后发生的成本；
- 在已经取得技术可行性后发生的软件开发、初始培训材料和文件手册等直接成本（如，编程人员、系统分析师、项目管理人员和直接参与计划、设计、编码或测试的相关的行政管理人员等人的工资；相关雇员的福利、外部顾问费和材料等）。

这些成本的折旧或摊销不超过5年。

29. 通过**资本租赁**获得的通用不动产、厂场及设备的成本应等于该资本租赁开始时所确认的负债的金额（即，租赁付

---

① "利息费用"是指报告主体直接支付给商品或服务供应商的任何利息，该商品或服务与不动产、厂场及设备的建造或取得相关。

② "内部开发"意味着该实体的雇员积极地参与软件开发，这与受不动产、厂场及设备准则规定约束的承包商开发的软件和购买的软件不同。

③ 目前，美国标准的总分类账（SGL）包括一个名为自动化数据处理软件（ADPS）的账户，编号为1830，但它不属于不动产、厂场及设备账户体系中的部分。本准则并没有要求软件应作为不动产、厂场及设备账的组成部分核算。允许为软件及其累计摊销保持一个单独的账户。

④ 在此种情况，使用者可能是该实体中内部人或者外部人。

⑤ 要使软件达到设计目的则必须经过规划、设计、编写和测试，只有当上述步骤都完成才能认为已经取得技术可行性。

款净现值的计算在负债准则[1]中说明，但净现值超过该资产公允价值的情况例外）。

30．通过**捐赠**、**不动产遗赠**[2]**或司法程序**（不包括没收，参看第33段）获得的通用不动产、厂场及设备的成本以政府取得时的公允价值估价。

31．**从其他联邦主体转让**而来的通用不动产、厂场及设备的成本，等于转让主体所记载的该不动产、厂场及设备的账面净成本（指扣除累计折旧或摊销之后）。若接收实体不能合理估价它们的账面净成本，则该不动产、厂场及设备的成本应为转让时的公允价值。

32．通过**交换**[3]获得的通用不动产、厂场及设备的成本等于交换时[4]所出让的不动产、厂场及设备公允价值。如果取得的不动产、厂场及设备公允价值比出让的不动产、厂场及设备的公允价值更容易确定，其成本应为取得的不动产、厂场及设备公允价值。如果两者的公允价值都不能确定，取得的不动产、厂场及设备的成本应以出让的不动产、厂场及设备的账面净成本（扣除累计折旧或摊销的余额）记录。在出让的不动产、厂场及设备的账面净成本和取得的不动产、厂场及设备成本之间的差额应被确认为一项利得或损失。如果在交换中存在现金等价物，则取得的通用不动产、厂场及设备的成本，在出让现金等价物时增加，收到现金等价物时减少。

33．通过**没收**[5]获得的通用不动产、厂场及设备的成本依

---

① 参看推荐的会计准则第5号公告，《联邦政府负债的会计核算》。

② 一份不动产处理的遗嘱或其中一项条款。

③ 本段仅适用于联邦实体和非联邦实体之间的交换。在联邦实体之间的交换是作为转让（参看第31段）来核算。

④ 如果在一次交换中，取得的不动产、厂场及设备公允价值小于出让的不动产、厂场及设备公允价值，则取得的不动产、厂场及设备应以第32段所说明的成本确认，然后再减少它的公允价值。在该不动产、厂场及设备的成本和公允价值之间的差额应被确认为一项损失。

⑤ SFFAS No.3要求，没收的动产和不动产以市场价值减去对第三方的留置权负担或赔偿后的估价。

据联邦财务会计准则第 3 号公告，《存货和相关财产的会计核算》确定。当用于官方用途时，没收资产的账面金额应作为通用不动产、厂场及设备的成本确认。

34． 当所有权已转移给受让实体时，或者不动产、厂场及设备已被交给该实体或该实体的某一代理人时[①]，不动产、厂场及设备应被确认。在建造的不动产、厂场及设备实例中，在该不动产、厂场及设备投入使用前应以在建工程记录。在投入使用后，其余额应转到通用不动产、厂场及设备中。

**费用确认**

35． 折旧费用是在通用不动产、厂场及设备的有效使用年限内，对通用不动产、厂场及设备的成本减去其估计的残值或剩余价值后的部分，进行系统的、合理的分配来计算的。除了无限期持有的土地和土地权之外[②]，所有的通用不动产、厂场及设备都应确认折旧费用[③]。

- 通用不动产、厂场及设备使用年限的估计必须考虑诸如物理上的耗损、技术变化（例如，过时）等因素。
- 在计算当期折旧费用时，许多方法都可以采用，只要该方法系统、合理，并最好的反映了不动产、厂场及设备的使用状况。
- 预计使用年限或残值（或剩余价值）估计变化将在未来处理，该变化应在变化的当期和未来期间核算。以前记录的折旧或摊销则无须调整。

---

① 交货或推定交货的判断应建立在关于运输或交货合同中有关条款规定的基础上。就以代表该实体的承包商获得的不动产、厂场及设备（例如，该实体将最终拥有不动产、厂场及设备所有权）而言，不动产、厂场及设备也应在交货或推定交货时确认，而无论是将其交给承包商在执行合约过程中使用或者该实体。

② 软件和土地，在与有形资产相联系时，可能会被一些实体归类为无形资产。在这种情况，它们应被摊销而不是计提折旧。“摊销”运用于无形资产，正如折旧运用通用不动产、厂场及设备有形资产一样。

③ 具有特定有效时期的土地权应在该时期内折旧或摊销。

36. 折旧费用将在抵消资产[1]账户——累计折旧中累积。摊销费用将在抵消资产账户——累计摊销中累积。

37. 延长现有的通用不动产、厂场及设备的使用年限或扩大、提高其性能的支出应被资本化，并在该通用不动产、厂场及设备的剩余使用年限内折旧或摊销。

38. 在处理、报废或退出使用期间，通用不动产、厂场及设备应和相关的累计折旧或摊销一起从资产账户中转出。在通用不动产、厂场及设备被变卖、报废或退出使用的当期，其账面金额和可实现金额[2]之间的任何差额应被确认为一项利得或损失。

39. 如果在变卖、报废或退出使用之前，通用不动产、厂场及设备不再在实体的经营中使用，则应和相关的累计折旧或摊销一起从通用不动产、厂场及设备账户中转出。这可能是因为它已遭到损毁、预期将会过时、或被认为是多余的。它应该在一个合适的资产账户上以预期可实现净值记录。该不动产、厂场及设备的账面价值和其可实现净值之间的差额在调整时应被确认为一项利得或损失。在每个会计期末，预期可实现净值都应被调整，并且在价值上任何进一步调整都应被确认为一项利得或损失。然而，一旦此类资产预期会被变卖、报废或退出使用，就应从通用不动产、厂场及设备中转出，并无需再计提计旧或摊销。

## 实施指南

40. 就现有的通用不动产、厂场及设备而言，如果与上面确认和计量的规定相一致的历史成本信息无法获得，则要求予以估计。估计应建立在以下基础之上：

- 获得时类似资产的成本。

---

① 一个抵消资产账户可以部分或完全抵消掉一个资产账户，在财务报表上，它们可以被合并或一起披露。

② 举例来说，可实现金额包括从废料变卖中收到的现金或用退出使用的不动产、厂场及设备交换所收到项目的公允价值。

- 自获得时起，按通胀水平对类似资产的现行成本进行贴现后的值（即，通过一般物价指数把现行成本折现为获得时的成本）。

41．累计的折旧或摊销应基于估计的成本和相对于不动产、厂场及设备估计的使用年限中已使用的年数来记录。也可以采用以下方法，即该不动产、厂场及设备以估计的净剩余成本① 记录，折旧或摊销应在基于该净剩余成本的剩余年限内借记。

42．对将要大量计提折旧或摊销的通用不动产、厂场及设备而言，如果在取得时已遵循这些准则对其予以记录，则在确定估计过程中，重要性和成本效益应被慎重考虑。应考虑的因素包括：

- 仅需记录在超过通用不动产、厂场及设备最初预期使用年限以后的期间所进行的改良。
- 对所有种类的不动产、厂场及设备做一个汇总记录（例如，全部设施在一起估计，而不是逐一对建筑物进行估计）。

43．在记录现有的通用不动产、厂场及设备时，增加到资产和抵消资产账户上的金额的差异应被贷记（或借记）到实体的净财务状况。在净财务状况变化报告上，调整的金额应作为“以前期间的调整”披露。就呈报以前年度的信息的公开财务报告而言，以前年度的金额无需重述。

44．在这些准则被实施期间，就大类的不动产、厂场及设备② 所进行的对通用不动产、厂场及设备和累计折旧或摊销的调整，应予以披露。

## 披露要求

45．以下是通用不动产、厂场及设备的最低披露要求：

---

① 净剩余成本等于资产的最初成本减去到目前为止的所有累计折旧或摊销。

② 通用不动产、厂场及设备中的“大类”由该实体确定，大类的例子包括房屋和建筑、家具和固定装置、设备、交通工具和土地。

- 每一大类的成本，相关累计折旧和账面价值；
- 每一大类的预计使用年限；
- 每一大类的折旧方法；
- 资本化的临界点，包括当期该临界点的变化。
- 通用不动产、厂场及设备在使用或转换上所受的限制。

**国防或军事不动产、厂场及设备**

46. 国防或军事不动产、厂场及设备[①] 包括用于满足一个联邦任务的某些项目，用于这一任务的具体的不动产、厂场及设备是该任务的产出的一个不可分割的部分。如果联邦任务不动产、厂场及设备至少具有以下所阐述的两类特征中的一种，则该类不动产、厂场及设备应被认为是国防或军事不动产、厂场及设备。一类特征与负有联邦使命的不动产、厂场及设备使用相关，另一类与其使用年限相关。

47. 与联邦任务不动产、厂场及设备的使用相关的特征如下：

- 非政府组织不可能使用它；
- 持有的用于发生紧急情况、战争或者自然灾害时使用的不动产、厂场及设备；
- 特别地为在某一计划中使用而设计的不动产、厂场及设备，不存在使用具有成本可比的类似的不动产、厂场及设备的其他计划或实体（包括联邦的或非联邦的）。

48. 与使用年限相关的特征如下：

- 因为使用、改良、报废、调整或维修的方式不同寻常，所以具有无法确定或无法预计的使用年限[②]；
- 在使用时被破坏或提前过时的风险很高。

---

① “联邦任务的不动产、厂场及设备”，这种称谓可能使读者错误地假定应包括支持一个联邦战斗任务的不动产、厂场及设备。联邦战斗任务的不动产、厂场及设备限于其他任何具有所列出的两组特征中至少一种特征的项目，正如本文所特别指出的那些项目。

② 这通常在以下情况下得到证实：（1）已停止使用的不动产、厂场及设备能够再次投入使用，或者（2）能够持续对其升级，以保持其有用性。

49．联邦任务的不动产、厂场及设备具体包括：(1) 武器系统的不动产、厂场及设备（如歼击机或攻击性飞机、潜艇和用于追踪的战斗装置），(2) 太空探测设备（如太空硬件和发射、追踪以及回收装置），它们将在第50和52段定义，国防或军事不动产、厂场及设备不包括土地。

50．**"武器系统"**是具有所有相关设备、材料、服务、人员和自给所要求运输调度工具[①]的一种或多种武器[②]的联合。本准则仅说明武器系统中不动产、厂场及设备的组成。被包括在武器系统中的不动产、厂场及设备不同于被防卫机构和防卫支持机构持有通用不动产、厂场及设备，后者直接被军队使用，必要时执行战斗任务，在和平时期则用于训练。

51．武器系统仅包括那些被防卫机构及防卫支持机构所拥有的资产，而且这些资产在其他方面符合不动产、厂场及设备的定义。不符合不动产、厂场及设备的资产类定义的项目（诸如存货或经营性材料和物品）被排除在国防或军事不动产、厂场及设备之外。

52．**"太空探测设备"**包括的项目如下：

- 为太空探测的目的计划在大气层之上运转的设备；
- 任何特别设计的设备，该设备协助于、服务于或操作于用于太空探测的设备。

**确认和计量**

53．各期获得、建造、改良、重建、或革新国防或军事不动产、厂场及设备的成本，发生时在净成本表上作为一项成本确认。该成本应作为"联邦任务的不动产、厂场及设备成本"披露[③]，它包括使该不动产、厂场及设备达到当前的状

① 武器是战斗中用于破坏、伤害、击败或威胁敌人的工具（摘自《武器和军事术语词典》）。

② 参谋长联席会议，《军事及相关术语防卫词典部》，1994年3月23日联合出版。

③ 在净成本报告表内还是附注中披露取决于金额的重要性，以及区分该金额与报告实体的产出或产量计量相关的其他成本的必要性。

况和地点所发生的所有成本（参看第 26 段中应予以考虑成本的例子）。

54. 就经管职责报告而言，附加的报告要求单独在一个准则中阐述。

**实施指南**

55. 以前在资产负债表上确认为资产和抵消资产而报告的联邦任务不动产、厂场及设备应转出，转出的金额应记入实体的净财务状况。调整金额应在净财务状况变化表上作为“以前期间的调整”披露。从资产负债表中转出的金额应在附注中披露。

56. 就呈报以前年度信息的公开财务报表而言，以前年度的金额不要求重述。

## 继承资产

57. 继承资产是因以下原因中一个或多个而具有独一无二特性的不动产、厂场及设备：

- 具有历史性的或自然的重要意义；
- 具有文化、教育或艺术（如，美学）上的重要性；
- 重要的与建筑有关的特色。

58. 继承资产一般预期会被无限期的保存。一个例证就是，被收录在国家历史宫殿登记簿（NRHP）中的资产。

59. 在某些情况下，继承资产在一般的政府经营中使用（如财政部办公大楼）。这些资产是具有多种用途的继承资产。维修这些资产的成本可以达到两个目的——它们保存继承资产性特征，并可以继续供政府经营使用。直接与政府经营相关的革新、改良、恢复或重建（如，办公场地修整或改良、电力或通讯设备与金属线的升级成本）应作为通用不动产、厂场及设备处理，并在它们预期提供服务或产生收益的时期内计提折旧。

60. 为革新、恢复或重建继承资产的成本，不应记入通用不动产、厂场及设备。

**确认和计量**

61．改良、重建或革新继承资产的成本（不包括已指明作为通用不动产、厂场及设备的成本）应在发生的当期确认为一项成本。如果继承资产被取得或建造，该成本也应在发生当期确认为一项成本。这些成本应该作为“继承资产成本”披露[①]。该成本应包括所有使该不动产、厂场及设备达到它当前状况和地点所发生的所有成本。（就应予以考虑的成本例子参看 26 段）

· 从其他联邦实体转让来的继承资产的成本是转让实体账簿中记录的该资产的账面价值。如果接受实体不知道该账面价值，则其公允价值应在净成本报表的附注中披露。如果该资产的公允价值无法估计，则应当对转让资产的类型和数量予以披露。

· 通过捐赠或遗赠[②] 获得的继承资产无须在继承资产的成本中确认[③]。若该资产的公允价值知道并且是重要的，则应在收到的当年净成本报告的附注中披露，如果无法获知或无法合理估计其公允价值，则收到资产的类型和数量方面的信息应予以披露。

62．就经管职责的报告项目而言，附加报告的要求将在一个单独的准则中阐述。

**实施指南**

63．以前在资产负债表确认为资产进行报告的继承资产应该转出。转出的金额应记入实体的净财务状况，调整的金额应在净财务状况变化表上作为“以前年度的调整”披露。从资产负债表中转出的金额在附注中披露。

---

① 在净成本报告表内还是附注中披露取决于金额的重要性，以及区分该金额与报告实体的产出或产量计量相关的其他成本的必要性。

② 一份处理遗产的遗嘱或遗嘱的条款。

③ 从理论上讲，捐赠遗产的金额应该包括在净成本表中。然而，因为继承资产比包括在通用不动产、厂场及设备中的项目估价更困难，所以提供关于这类信息的成本可能过高。

64．如果无法获得确定哪些成本与继承资产相关，哪些与通用不动产、厂场及设备相关的记录，该实体可能通过各大类不动产、厂场及设备来估计继承资产的成本（如，对整套设施进行估计，而不是对建筑逐一进行估计）。

65．就呈报以前年度信息的公开财务报表而言，以前年度的金额不要求重述。

## 托管土地

66．土地被定义为地球表面的固体部分。

67．在地表之下的物质（指可消耗性资源，如矿物质沉淀和石油），地表之上空间的物质（指可更新资源，如木材）和外大陆架资源都没有被包括在土地定义中，这些没有被包括在土地定义中的物质应在一单独的与之相关的核算和报告的准则中重述。

68．被联邦政府所拥有的、且不是为了其他通用不动产、厂场及设备或与之相关而获得[①] 的土地和土地权，就是所提及的托管土地，该类土地不会在资产负债表上报告。与通用不动产、厂场及设备中的其他项目不相关的土地的例子包括用于森林、公园、野生动植物和牧场的土地。通用不动产、厂场及设备可能会被建造在现有联邦土地上。在这种情况下，土地的成本经常是不可辨认的。在这些例子中，通用不动产、厂场及设备仅包括具有可辨认成本的土地或土地权。该土地或土地权是为了通用不动产、厂场及设备的建造或为建造专门获得的。

### 确认和计量

69．托管土地应在发生的当期被确认为一项成本。该成本

① “为了其他通用不动产、厂场及设备或与之相关而获得”的被定义为，为了建造通用不动产、厂场及设备而获得土地以及为了与通用不动产、厂场及设备相配套获得的土地，不仅包括作为地基使用的土地，也包括被认为是通用不动产、厂场及设备附近的共用的土地。

应作为“托管土地的成本”披露[①]，它包括使该不动产、厂场及设备达到当前状况和地点所发生的所有成本（就应予以考虑的成本的例子参看第26段）。

70．在一些情况下，土地可能会和现有的建筑物一起被获得，则可能会用到下面的处理：

- 如果该建筑物是重要的，该实体应对它的关于取得成本作出判断，即取该成本是被作为托管土地的成本，还是继承资产的成本来处理，或者二者兼而有之。
- 如果该建筑物将被用于经营（如，作为通用不动产、厂场及设备），但（1）相对于土地价值而言，该建筑物的价值并不重要，或（2）它几乎没有价值或者说没有内在价值，或（3）它仅是土地获得的一项副产品，则从整体上，其成本应作为托管土地取得处理。
- 只有那些重要经营性用途（如，最近建造的旅馆或雇员住宅）的重要建筑物，作为通用不动产、厂场及设备处理，即确定可归属于通用不动产、厂场及设备的成本，并把它与取得的托管土地和成本加以区分。

71．然而，就通过捐赠或遗赠[②]而获得的土地而言，没有任何金额应在净成本表上作为一项成本确认，如果它的公允价值已经知道并且是重要的，则应在净成本表的附注中披露。如果公允价值不能估计，则与收到资产的类型和数量相关的信息应在收到的当年披露。

72．土地可以在联邦实体之间转让，在一些情况下，被包括在通用不动产、厂场及设备中的土地可以转让给一个实体作为托管土地使用。在这种情况下，转入联邦主体的托管土地的成本应为转让出主体账簿上记录的该土地的账面价值。如果接受的实体并不知道该账面价值，但价值重大，则该转让应在附注中披露。在其他情况下，托管土地可能会在联邦

① 在净成本表内还是在附注中披露，取决于金额的重要性，及区分该金额与报告主体的产出或产量计量相关的其他成本的必要性。

② 一份处理财产的遗嘱或遗嘱的一项条款。

实体之间转让。如果转让是重要的，托管土地的转让应在附注中披露。

73．为了未来使用调整托管土地的成本应作为该托管土地成本的一部分，而被费用化。

74．就经管职责报告的项目而言，附加报告的要求在一个单独的准则中阐述。

**实施指南**

75．以前在资产负债表上确认为资产报告的土地应被转出，转出的金额记入该实体的净财务状况。调整的金额在净财务状况变化表上作为“以前期间的调整”披露，从资产负债表上转出的金额则在附注中披露。

76．就呈报的以前年度信息公开财务报告而言，以前年度的金额无须调整。

本公告的规定不适用于不重要的项目。

## 第三章　递延维修

**定义**

77．“递延维修”是指本应执行或已按计划执行的维修并没有发生，因而被推迟或递延到不久的将来。

78．就本准则的目的而言，维修是指保持固定资产处于可接受状况的行为。它包括预防性维修、正常修理、零件和建筑物组成部分的重置以及其他必须的维护该资产的活动，以便它继续提供可接受的服务，并达到预期使用年限[①]。维修不包括那些旨在扩大一项资产能力的活动，或者在其他方面升级以实现与最初不同或明显比最初重大的需求。

① 可接受的服务和条件可能因实体不同而不同，也可能因在同一实体内位置的不同而不同，管理人员应决定什么水平的服务和条件是可接受的。

## 确认

79. “递延维修量”① 应作为一个单独项目在净成本表的附注中用非货币的方式呈报②。递延维修无须确认具体金额。

## 披露要求

### 计量

80. 递延维修的数量可以使用以下方法测量：

· 状态评价调查法；

· 生命周期成本估计法。③

81. *状态评价调查法* 是指对不动产、厂场及设备的分期检查，通过这种分期检查以便确定它们的当前状况和修正缺陷所需的估计的成本。状态评价调查法应以一贯运用的、公认的、可接受的方法和标准为基础④。

82. *生命周期成本法* 是一种取得或购置技巧，它考虑了经营费、维修费以及其他添加到资产取得成本中去的成本。因为它引致了对维修费用的预测，所以这些预测可以作为比较实际维修费用和递延维修费用的基础。

### 披露

83. 就所有的不动产、厂场及设备维修而言，至少应披露下面的信息：

· 确认已发生递延维修的各大类⑤ 资产的识别。

· 测量各大类不动产、厂场及设备递延维修的方法。

· 如果测量递延维修的**状态评价调查法**被使用，就每一

---

① 这种要求适用于所有四类不动产、厂场及设备。

② 如果管理人员认为不存在重要的递延维修数量，则这种单独项目也不必出现。

③ 其他类似于或等同于状态评价调查法或生命周期成本法也可以使用，这些方法也是递延维修可接受的信息来源。

④ 管理人员应确定运用什么方法和标准。一经确定，就渴望但并不要求这些方法和标准自始至终一贯运用。

⑤ 通用不动产、厂场及设备的“大类”由该实体确定。大类的例子包括：房屋和建筑物、家具和固定装置、交通工具以及土地。

大类不动产、厂场及设备而言，下面信息应呈报：

—可接受经营状况的要求或标准的描述；

—该状况的要求或标准变化的描述；

—资产状况① 以及使它恢复到可接受的状况所必须的维修费用的范围。

· 如果使用**生命周期成本法**，就每一大类不动产、厂场及设备而言，下面的信息应呈报：

—该维修预测的最初日期及对该预测变化的解释；

—以前年度累计递延维修数量的金额；

—在报告期内，当要求维修时，设计、建造或管理该不动产、厂场及设备的专业人员所确定的维修金额；

—在该期间实际发生的维修金额；

—在预测的和实际维修之间的差异；

—管理人员所认为必要对该不动产、厂场及设备的计划金额的调整②；

—在报告期，经过递延维修的各大类资产的期末余额。

**可供选择的披露**

84. 使各大类资产恢复到可接受的经营状况所需的临界和非临界维修费用金额的分层。如果管理人员选择了披露临界和非临界的金额，该披露内容应包括管理人员对这些范畴的定义。

本公告的规定不适用于不重要的项目。

① 状况信息的例子包括：(1) 标准状况评级规范的平均水平，(2) 处在超过或低于可接受状况的资产所占百分比，(3) 叙述性信息。

② 调整或许是必要的，因为以前的维修可能没有累计。举例来说，定期的着色已被遗漏了两次，但成本并不必定是计划金额的两倍。

# 第四章　清理成本

## 定义

85．清理成本是指转移、控制或者变卖（1）来自不动产有害废物（参看第 86 段），或（2）由有害废物组成的物质以及财产，以使之永远或暂时与有关的不动产、厂场及设备相隔离所发生的成本。

86．有害废物是一种固态、液态或气态废物，或是这些物质的组合，当其被不恰当的处理、储藏、运输、抛掉或以其他的方式处理时，由于其数量、物理密度、化学或传染的特征可能导致或引发人口死亡，严重不可治愈的疾病的增加，或使可治愈的疾病变为不治之症，或者对人类健康或环境产生现实或潜在的危害。

87．清理成本可能包括但不限于以下几项：清毒、停产、场地恢复、现场监督和关闭成本以及关闭后的成本。

## 范围

88．本准则仅适用于在资产负债表日（不考虑生效日）联邦、州和地方法令以及规章已达成一致，要求联邦政府清理已知的由于联邦经营活动是产生的有害物质的所发生的清理成本[①]。这些清理成本符合在推荐的联邦财务会计准则第 5 号公告（SRAS No.5）《联邦政府负债的核算》中对负债所下的定义。

89．然而，考虑到与清理成本相关的负债和时间选择的性质，就相关不动产、厂场及设备使用年限内所发生清理成本的确认而言，本准则提供了额外的指南。该指南认为，只有在不动产、厂场及设备使用年限到期之后或在使用年限期间内发生有规律的中断时，清理成本才能发生。

---

① 由于不断改进的计量技术和会计团体对此日益增长的注意，诸如清理成本之类的环境负债的核算正处于变化之中，委员会将对这些变化予以关注，并在必要时修订准则。

90. 本准则意在对 SRAS No.5 中负债核算的要求作出补充规定。SRAS No.5 认为负债是指“由于过去的交易或事项而导致的很可能的未来现金流出或其他资源的付出。”进一步讲，SRAS No.5 要求负债在很可能① 和可计量时确认，可计量意味着项目具有能以充分合理估计的可靠性予以货币量化的相关特性。

91. 本准则中提供的负债确认和计量标准受包括在 SRAS No.5 中的负债确认标准的约束，即，当以下三个条件满足时，负债才应确认：

- 过去的交易或事项已经发生，
- 未来现金的流出或其他资源的付出是很可能的，并且
- 未来的现金流出或其他资源的付出是可计量的②。

92. 关于不满足上面所有标准的负债的披露，SRAS No.5 也作出了规定：这些准则同样适用于清理成本。

93. 其他清理成本，诸如由事故引发的清理成本，或当清理是经营活动中的一部分是的清理成本，其核算应与负债准则一致，并且不受本准则提供的确认指南的限制。这个指南并不适用于这些其他类型的清理，因为在相关不动产、厂场及设备的经营活动永久性或暂时性停止前，这种清理的效果没有被递延③。

## 确认和计量

### 估计的方法

94. 作为上面所定义的，清理成本应在相关的不动产、厂场及设备处于使用中时被估计。该估计作为“估计的总清理成本”。有两种方法确认该总成本——一种适用于通用不动产、厂场及设备，另一种适用于经管职责的不动产、厂场及

---

① 很可能意味着该未来符合的事件或事项很可能发生。

② 估计负债的分析基础可能因报告实体和交易或事项本质的不同而不同。确认的负债可能是单个或者一群交易或事项的估计。举例来讲，清理成本的估计可能是通过对设施逐项或对实体逐项进行。

③ 清理可能会因其他原因递延，如资源的可获得性，然而，这种递延并不影响负债的确认。

设备。

95．该估计应考虑：

· 清理计划，包括：

— 应被实施的恢复等级；

—当前法律或规章的要求[①]；

—当前的技术。

· 当前的成本，即，如果被包括在该估计中的所有设备、设施和服务在当期被获得时，所应支付的金额。

96．为了核算因通货膨胀或紧缩引发的变化以及由规章、计划和技术变化而引起的变化，应在每期对估计进行修改，如果有证据表明重要的变化已经发生，则应提供新的成本；否则，可以通过指数对估计进行修改。

## 通用不动产、厂场及设备的清理成本

97．在通用不动产、厂场及设备处于经营中的每一期间，估计的总清理成本中的一部分应该作为费用确认。无论什么时候，只要可能，清理成本的估计将以系统的、合理的方式完成，且应以相关不动产、厂场及设备（如，预期可用于掩埋垃圾的地面）的物理能力的利用为基础。如果物理能力不适用或不能估计，则相关不动产、厂场及设备估计的使用年限可能作为系统的、合理的费用确认和负债累计的基础。

98．费用确认和负债累计在该不动产、厂场及设备投入使用时开始，在经营持续的每一期间持续，并在该不动产、厂场及设备停止经营时被完成。

99．当进行重估（参看第96段）时，与当前和过去经营相关的估计总清理成本变化的累积效果，应在估计发生变化的期间确认为已调整的费用和负债。

100．当支付清理成本时，支付额应被确认为清理成本负债的减少。这些成本包括为了在清理活动中使用而获得的不动产、厂场及设备或其他资产的成本。

① 不考虑生效日期，但到资产负债表日为止已达成一致的法律和规章应被考虑。

## 经管职责不动产、厂场及设备的清理成本

101. 与经管职责不动产、厂场及设备取得成本的处理（指在投入使用时费用化）一致，该总估计成本应在经管职责的资产投入使用时确认为费用，同时确认一项负债。

102. 如同第96段所阐述的一样，当估计的总清理成本被重估时，该负债应被调整，对负债的调整应以费用的形式被确认为“以前期间估计的清理成本的变化”。

103. 当支付清理成本时，支付应被确认为清理成本的负债的减少。这些成本包括为了在清理活动中使用而获得的不动产、厂场及设备或其他资产的成本。

## 实施指南

104. 在本准则的生效日期，对使用中的通用不动产、厂场及设备相关负债的核算，提供了两种方法：

- 自不动产、厂场及设备投入使用以来，估计的总清理成本中归因于已使用物理能力的部分或不动产、厂场及设备估计使用年限中已使用年限的部分应被确认为一项负债，其余成本依照第97到99段的规定分配。
- 如果成本不准备主要通过使用者的支付来补偿，则在实施时，管理人员可以选择将估计的总清理成本确认为一项负债。此外，在实施以后期间，估计的总清理成本的变化在重估时费用化，并调整负债余额。对于这种方法，第97段到99段提供成本分配的规定并不适用。

105. 在实施时，已确认负债的抵消支付应记入实体的净财务状况。调整的金额可能会被要求在净财务状况变化报告上作为“以前期间的调整”披露。在实施期间，费用无须确认。涉及的金额应予以披露，并尽可能以注解说明与当期和以前期间相关的金额。

106. 对于在本准则生效日仍使用的经管职责的不动产、厂场及设备，清理成本的负债应被确认，调整应被记入实体的净财务状况。调整的金额可能已被要求在净财务状况变化报

告上作为“以前期间的调整”披露。涉及金额应予以披露。

## 披露要求

107. 清理要求的起因（适用的法律和规章）。

108. 分配估计的总清理成本到经营当期的方法，例如，物理能力或者使用年限。

109. 就与通用不动产、厂场及设备相关的清理成本而言，估计总清理成本的未确认部分（如，估计的总清理成本减去在资产负债表日记入费用的累计金额）。

110. 因法律、技术或计划的变化而导致估计的总清理成本的重要变化应予以披露。此外，与以前期间经营相关的估计的变化部分应被披露。

111. 估计的实质以及因通货膨胀或紧缩、技术或适用的法律和规章而导致可能变化的信息应予披露。

本公告的规定不适用于不重要的项目。

# 附录 A：结论的基础

112．本附录概述了委员会就公告所达成结论的重要考虑。在下面的部分中，将解释委员会在形成这些准则时的考虑和在可选择观点、反馈意见以及听证会期间所提出的具体问题上的立场。工作组的工作结果一样。以下部分包括接受一定的方法和拒绝使用其他方法的原因。个别成员对一些因素比对其他因素更加关注。

113．本附录依次说明了三个准则。

## 不动产、厂场及设备

### 背景

114．在说明征求意见稿发布后已解决的具体问题之前，此部分为不动产、厂场及设备投资准则中主要条款提供了一个广泛基础。联邦政府的许多支出能分为投资或非投资性支出。它们包括为联邦所拥有的不动产、厂场及设备的支出。

115．核算用于不动产、厂场及设备的支出和不动产、厂场及设备现有的库存是非常重要的工作，因为联邦政府拥有大量的各种各样的不动产、厂场及设备。联邦的不动产、厂场及设备包括大约六亿五千万英亩的土地、十五亿平米英尺的建筑物和大量不同的设备以及军事装备。

116．这些不动产、厂场及设备因各种目的而被使用，尤其是经营、防御、环保和继承资产性的目的。其中一些目的与联邦政府提供国家公共防御和共同福利的责任相关。为了履行这种责任，联邦政府会使用特别种类的不动产、厂场及设备。联邦政府持有的其他种类的不动产、厂场及设备也会被用于经营性的目的，但不同于非联邦实体的经营性目的。

117．联邦的一些经营类似于以盈利为目的公司，可作为商业性活动描述。然而，这些商业性活动仅占不动产、厂场及设备投资中的一部分。投资的主要部分被用于提供给政府服务和物品，但使用者的付款并不是主要的收入来源。

118．委员会发现，就如此多样的联邦不动产、厂场及设备而言，没有一种简单的方法能满足在《联邦财务报告目标》中所设置的目标。因此，委员会对不动产、厂场及设备进行分类，并就每一类设置了不同的核算法。

**要求的分类**

119． 不动产、厂场及设备准则包括了以下几类：

- 通用不动产、厂场及设备是被用于提供给政府一般服务的不动产、厂场及设备；
- 国防或军事不动产、厂场及设备是一个特别联邦政府任务的不可分割部分的不动产、厂场及设备；
- 继承资产是那些具有重要的教育、文化或自然特征的资产；
- 托管土地[①] 不同于被包括在通用不动产、厂场及设备中的土地。

120．后三种资产就是指经管职责的不动产、厂场及设备。"经管职责的不动产、厂场及设备"这一术语仅于表示那些在经管职责报告中予以报告的不动产、厂场及设备。

通用不动产、厂场及设备

121． 通用不动产、厂场及设备是指被用于提供给政府一般服务的项目，它包括以下的不动产、厂场及设备：

- 可能被用于实体的其他目的（如，被其他联邦计划，州或地方政府以及非政府实体使用），但通常被用于生产商品或提供劳务，或者支持实体的特殊任务；
- 被用于商业性的活动；
- 被成本与其他实体的成本具有可比性的实体使用（如，联邦医院服务和其他医院的服务相比）。

122． 在各会计期间，为评价经营业绩，通用不动产、厂场

① 注意：为了通用不动产、厂场及设备而获得或为与之相关而获得的土地将被包括在此类中。所有其他土地都受经管职责报告的约束，在本文献中均作为托管土地阐述。

及设备（不包括土地）的成本分配是必要的。委员会的概念公告——《联邦财务报告的目的》，强调在报告主体经营业绩时将成本与收益相配比。对项目经理而言，为有效率和有效果地开展经营活动，以及就行政官员和国会决策者决定资源分配来说，成本信息都是至关重要的。为了提供此类信息，通用不动产、厂场及设备将被资本化，并计提折旧，以提供此类信息。

托管土地

123. 就经管职责的不动产、厂场及设备[①] 而言，主要的报告目标是经管职责。这与通用不动产、厂场及设备形成对照，就通用不动产、厂场及设备而言，委员会认为应提供评价经营业绩的信息，因而对折旧核算作出了规定。大多数相关信息是关于现有的经管职责的不动产、厂场及设备，该信息借助于一种新的报告——附加经管职责报告提供。

124. 就经管职责的不动产、厂场及设备，委员会认为，分配历史成本至每一期间的经营费用不会有助于实体经营业绩的计量。在发布目标公告前，委员会指出了用户需要学习的内容，并找到了十分广泛的用户群体中具有代表性的用户。大多数用户都特别地指出，折旧诸如武器系统之类的经管职责不动产、厂场及设备，并没有为评价实体的经营业绩提供富有含义的信息。委员会认为它的准则应反映了用户的需要。委员会已经发现，用户并不需要有关此类不动产、厂场及设备折旧方面的信息。

125. 在它的《目标》公告中，委员会指出，政府对国家公共防御和共同福利的支出是独特的。并且，在一些情况下，最具相关性的业绩计量方法是非财务性的[②]。尽管就经管职责的不动产、厂场及设备而言，倾向于非财务业绩计量，但

① 使用“经管职责后的不动产、厂场及设备”这一术语时，主要是指联邦战斗任务的不动产、厂场及设备，继承资产和托管土地。

② 《目标》，第54段。

政府必须说明它对这些资产进行适当的“经管”。为了满足经管职责的目标，政府必须回答一些基本问题，如：

· 重要的资产是什么？在什么地方？

· 政府是否有效地管理和保护了它的资产？

126． 这些问题的答案通过附加经管职责报告提供。提供的经管职责信息并不一定要与资产负债表上披露的信息具有相同的计量基础，其可能包括价值、数量和性能等方面的信息，这取决于所报告的资产种类。这几类信息在资产负债表报告中不会被经常发现。（也可以参看其他递延维修的讨论，从第 171 段开始至 181 段中关于用户认为相关的其他信息。）

127． 在另一份准则中，委员会也阐述了附加经管职责报告。在该准则中，就经管职责不动产、厂场及设备应提供的信息进行了详细的说明。在下面的部分，对各类经管职责的不动产、厂场及设备作了进一步的讨论。

**国防或军事不动产、厂场及设备**

128． 国防或军事不动产、厂场及设备是为了提供独特的产品或服务而获得的特定不动产、厂场及设备。就该不动产、厂场及设备而言，并不一定要把每期的产出和其成本配比。举例来讲，现有的和准备就绪的武器系统支持国家防御，而不论其在各期实际战斗中的使用。又如，太空探测设备在长期研究工作中使用，在每一期间，其可能会也可能不会产生效果，但就长远来看，毫无疑问会使国家受益。

129． 准则特别地把武器系统和太空探测设备视为国防或军事不动产、厂场及设备，并列举了国防或军事不动产、厂场及设备的一系列特征。委员会明确指出了联邦不动产、厂场及设备的特征。因为它意识到还存在与这两个项目类似的其他类型的不动产、厂场及设备，以及在未来可能出现的不动产、厂场及设备。归类为国防或军事不动产、厂场及设备的项目必须至少具有以下两类特征中一类的一种特征。

130． 与国防或军事不动产、厂场及设备使用相关的特征是：

· 它预期不会用于非政府性的使用；

· 拥有它是为了在紧急情况、战争或自然灾害发生时使用；

· 为了在一个项目中使用而特地设计它，并且不存在使用相似不动产、厂场及设备（指成本可以相比）的其他项目或实体（联邦的或非联邦的）。

131．与其使用年限相关的特征是：

· 由于使用、改良、调整或维修的方式独特，其使用年限不能确定或无法预计①；

· 在使用期间存在被破坏或提前过时的高风险。

132．当期国防或军事不动产、厂场及设备的取得成本应在经营报告中披露。

**继承资产**

133．继承资产因它们的文化、建筑或艺术特征而被持有。用户已认同非财务信息与这些财产是相关的。就评价经营业绩而言，委员会认为与这些资产相关的成本信息应通过各期的维修成本报告提出，因为继承资产是作为国家财富保存的。预期它们将会被合理的修理维护，并且其有用性不因时间变化而减少。

134．除了纯粹为了继承资产性目的（如华盛顿纪念碑）持有该资产外，联邦政府也在它的日常经营中使用继承资产。举例来讲，许多联邦办公大楼，如古行政办公大楼(OEOB)，具有纪念性的意义。委员会在考虑将这些大量的继承资产归类为通用不动产、厂场及设备是否会更恰当。

135．除了继承资产性特征外，这些资产能发挥不具有遗产性特征的资产在其他方面所发挥的作用。因而，准则规定，直接地与支持经营相关的重建、革新或改进成本应采用与通用不动产、厂场及设备相一致的方式处理。委员会以计量经

① 这可以通过其能力得到证明，该能力指（1）报废该不动产、厂场及设备，以后又返回投入使用的后能力，或（2）继续改良该不动产、厂场及设备以维持其有用性的能力。此外，持有的一次性使用的不动产、厂场及设备，如弹头，其年限不能确定。

营成本和在实体之间比较成本的需要作为该决定的基础。

**托管土地**

136．联邦政府拥有大量的土地，并且土地的使用具有多样性。在一些情况下，联邦土地是通用不动产、厂场及设备所有权不可分割的部分。举例来讲，一栋办公楼所在地的土地，其成本是该办公楼成本的一个不可分割部分。为了通用不动产、厂场及设备或与之联系而获得的土地将在资产负债表上确认，以便对用于政府一般经营资产进行更全面的计量。然而，因为土地并不是一种可折旧资产，所以在通用不动产、厂场及设备中的土地无需确认折旧费用。

137．大部分联邦土地并不直接与通用不动产、厂场及设备相关，举例来讲，国家公园和森林并没有用于支持通用不动产、厂场及设备。委员会认为，不是为了其他通用不动产、厂场及设备或与之联系而取得的土地就不应该在资产负债表上报告。这与委员会对继承资产的处理是一致的，原因在于许多政府土地是为了国家的公共福利而持有，应加以维持和保护。

**问题**

138．在征求意见稿（ED）发布后，委员会特别地考虑了与该不动产、厂场及设备准则有关的几个问题，下面将按这些问题在准则中出现的顺序依次加以说明。

定义

139．委员会要求受访者评论不动产、厂场及设备，通用不动产、厂场及设备、国防或军事不动产、厂场及设备、继承资产和托管土地等定义的恰当性。受访者对不动产、厂场及设备的整个定义提出如下问题：（1）内部开发的软件；（2）土地权；（3）资本化临界点和（4）财产返回的权利。这四个问题在下文中讨论，就国防或军事不动产、厂场及设备提出的一个问题也在下文中说明。

**内部开发的软件**

140．征求意见稿建议，内部开发的软件应排除在之外——实际上，发生时就应予以费用化。在做出该建议时，委员会对通用不动产、厂场及设备中的内部开发软件① 资本化的客观性和精确性表示担心。委员会担心资本化会低估当期费用，并且确定与不成功项目相关的成本和成本超量的转出或冲销可能是困难的。考虑到这些实际问题和期望与持续性经营机构的努力相关的软件开发成本不会剧烈波动，委员会建议将这些成本费用化②。

141．许多受访者支持委员会的观点。他们指出，在其他问题中，区分新开发的努力和正在进行中的系统保持是很困难的。实际上，一些受访者评论，软件正经历着持续的改进和更新。

142．在另一方面，受访者的大多数反对将这些成本排除在不动产、厂场及设备之外。许多人认为内部开发的软件满足不动产、厂场及设备的整个定义，并且会计能够解决成本超量和开发不成功的问题，许多人建议成本应保留于在产品账户中，在开发被认为不成功的当期，再注销不成功的付出成本。此外，许多人认为成本超量部分包括在资产的成本中是适当的。

143．最终，委员会对不动产、厂场及设备的定义做了两点修改。他们撤销了把内部开发成本排除在不动产、厂场及设备之外的陈述，并增加了一条规定，在一定环境下把内部开发的软件确认为通用不动产、厂场及设备的一个组成部分。尽管委员会担心这些成本过度资本化的可能性，但他们发现，从成本没有被资本化的各类不动产、厂场及设备，排除该成本是不必要的。因此，恰当地归类经管职责不动产、厂

① 内部开发的软件可能是通用不动产、厂场及设备或经管职责不动产、厂场及设备一个组成部分。

② 事实上，私人部门实体的大多数没有资本化内部开发软件的成本。财务会计准则委员会（FASB），在这问题上没有发布指南。

场及设备的一些内部开发软件的成本应被包括在这些类别之中。

144． 对于被归类为通用不动产、厂场及设备的内部开发软件的成本，委员会对其成本的资本化设置了几条严格的限制。只有预期成本能从用户的付款中得到补偿，才能对其资本化。此外，只有证实软件工程很可能成功之后，一定的成本才可能被资本化。一旦资本化，该成本应在五年内摊销。

145． 除了内部开发软件外，委员会讨论了承包商开发软件的核算问题。原则上，委员会同意承包商开发软件的核算方法应与内部开发软件的核算方法相同。然而，委员会认为，在颁布一项准则前，应接受对这一建议的效果的评论。因此，就承包商开发软件的资本化，准则没有提供具体的规定。

**土地权**

146． 委员会被要求说明一个联邦机构获得受约束的地役权。该机构获得了受约束的地役权，限制使用其不动产附近的土地。委员会认为这些地役权是一种土地权。土地权是一个实体在别人拥有的土地上的权益和特权。

147． 因为土地权一般与由实体实际拥有的不动产、厂场及设备相关，委员会规定把它作为不动产、厂场及设备的一部分确认。此外，在土地权存在时间限制并且包括在通用不动产、厂场及设备范畴中时，委员会认为其成本应计提折旧。

**资本化临界点**

148． 作为不动产、厂场及设备定义的一个要素，许多受访者要求委员会提供一个资本化的临界点。委员会在制定征求意见稿的过程中说明了这个问题。同时，委员会仔细考虑了是采取指令性的方法设置一个临界点还是让实体自由地设置一个适合于它们个别经营环境的临界点。委员会认为联邦实体是极具多样性的，一个临界点可能并不适用于所有的实体。举例来讲，使用年限为两年的 5000 美元临界点对国防部的运转来说是不重要的，但对一个较小的实体来说，如小企业管理局（SBA），或许是重要的。

149．委员会没有设置一个具体的临界点，而是采取了一种重要性方法——如同私人部门会计中的处理一样。每一个实体将建立自己的临界点，如同在批量采购中应用临界点一样。委员会相信，管理当局制定资本化政策的自由选择权将导致会计准则的应用更符合成本效益原则。

**不动产、厂场及设备返还的权利**

150．委员会也收到说明财产返还权利的请求。在一些情况下，联邦政府提供拨款给州和地方政府以获取不动产、厂场及设备。如果该州或地方政府最终决定，对该不动产、厂场及设备的使用不再是为了满足在最初拨款时规定的目的，则通常存在这样一项条款，即该不动产、厂场及设备必须返回到联邦所有权之下。在这些情况下，联邦政府保持了一项财产返还的权利。从实质上看，这些是或有资产，不应在资产负债表上确认。委员会选择将这些项目从不动产、厂场及设备中明确地排除出去。

**国防或军事不动产、厂场及设备**

151．一些受访者指出，“国防或军事不动产、厂场及设备”这一术语有比其定义中所规定的更广的含义。这暗示着一些人可能认为用于完成一个机构特殊任务的任何不动产、厂场及设备都属于此类（如，所有实质上由联邦政府拥有的不动产、厂场及设备）。

152．委员会认为这是可能出现的，即对术语“国防或军事不动产、厂场及设备”简单的理解，可能导致对该范畴的运用比准则规定所允许的范围更宽了。然而，委员会发现不存在一个能够有效地传递包括在本范畴之中的不动产、厂场及设备的本质的简洁的术语。委员会认为，规定的特征和本文献的附录 B 中的说明会对该范畴的适当使用作出明确的规定。此外，委员会已经将一个与对术语“国防或军事不动产、厂场及设备”的粗浅理解有关的警示性附注收编在这一准则中。

**折旧**

153．征求意见稿提出了与通用不动产、厂场及设备的折旧核算有关的几个问题。简要的说，问题如下：

- 就经营业绩评价而言，折旧费用的有用性；
- 一种替代的观点认为，折旧核算应限于商业性的活动；
- 分配折旧费用到各责任部门的有用性；
- 分配折旧费用到各项目的成本和效益。

154．整体上来看，受访者支持委员会在所有通用不动产、厂场及设备上要求对折旧进行核算的建议。许多人指出，通过提供全面的、可比的成本信息，折旧核算将改进业绩计量。此外，经营费用不会在资产购买的当期被高估，在其他期间也不会低估。

155．少数受访者支持把折旧核算限于商业性活动的替代观点，他们认为，折旧只有在费用跟收入配比的情况下才是必要的。这种观点与经营业绩的目标相反，它并不支持提供与业绩计量相关的成本信息。

156．委员会没有对其在通用不动产、厂场及设备进行折旧核算的要求作出任何改变。

**多用途继承资产**

157．征求意见稿说明了多用途继承资产（如具有历史风格的办公大楼）的革新、重建、改良和复原等方面的成本。在征求意见稿的建议中，不直接与资产的遗产性本质相联系的成本应被资本化，并作为通用不动产、厂场及设备计提折旧。征求意见稿中也规定，因资产的遗产性特征（如，用现代的屋顶材料对继承资产的特殊的屋顶材料的重置）而高乎寻常的成本应该作为继承资产成本处理。

158．受访者指出，应用建议的准则将非常困难。困难包括对用于维护继承资产的成本和维持经营活动的成本进行区分，以及对异常成本的辨别。对这种担心作出的反应是，委员会修改多用途资产的处理。准则现在规定，作为通用不动产、厂场及设备，只有直接可归因于经营活动的革新、重建和改良等成本才能被资本化。

**现时价值**

159．征求意见稿中包括一种替代的观点，该观点赞成使用现时价值核算联邦政府的不动产、厂场及设备。这种观点没有得到受访者的支持。受访者中的大多数认为现时价值的获取将非常困难，而且成本很高，容易受到操纵。许多人指出，对决策制定者而言，现时价值通常是有用的。因此在基本财务报表中，应以一种必要的而不是混乱的基础来提供现时价值。

**国防或军事不动产、厂场及设备**

160．从整体上看，对国防或军事不动产、厂场及设备的准则是满意的。受访者指出了在应用该准则的描述时没有遇到什么困难。然而，委员会收到了对国防或军事不动产、厂场及设备准则作出主要修订的如下特别请求：

- 保留该定义，但在资产负债表上包括国防或军事不动产、厂场及设备，并对这些资产进行折旧核算。
- 选择性地使用该类别。（例如，经理能自由地就某些不动产、厂场及设备应用通用不动产、厂场及设备的准则，而它们在其他情况下应归类为国防或军事不动产、厂场及设备。）

对国防或军事不动产、厂场及设备计提折旧

161．委员会没有采纳第一条建议——对国防或军事不动产、厂场及设备进行折旧核算。然而，这种信息可能会有管理价值，但尚没有发现具有管理价值的有说服力的例子，委员会仍然相信，对这些不寻常不动产、厂场及设备的折旧核算并不能提供有意义的信息。——这种观点被委员会 1992

年的用户需求研究所支持。进一步讲，委员会希望指出，就特别的管理目的而言，没有什么能阻止管理人员通过成本计算方法以获取折旧信息。

使国防或军事不动产、厂场及设备的概念具有可选择性

162．受访者建议，是否归类为国防或军事不动产、厂场及设备应是可选择的而不是强制性的。并就该建议给出了两条理由：

· 一些不动产、厂场及设备既作为国防或军事使用，也作为通用不动产、厂场及设备使用（举例来讲，位于该武器生产工厂的办公设施）。
· 实体的管理人员应自由地决定关于国防或军事不动产、厂场及设备的折旧信息是有用的。

163．这表明采取该建议将允许机构按最适合他们需要的方式对财产进行分类。委员会详细地讨论了该建议。一些委员会成员比较倾向于允许实体的经理人员对国防或军事不动产、厂场及设备的会计处理进行判断。然而，委员会大多数成员认为使该处理方法具有可选择性是不恰当的。

164．这些成员认为（1）用户需求的研究支持他们的观点，对这几类项目的历史成本计提折旧是没有什么作用的；（2）让实体就类似的资产使用不同的核算方法是不适当的；（3）允许对项目逐个进行判断，以选取合适的会计处理方法不符合成本效益原则。这些成员指出，关于要求对联邦不动产、厂场及设备进行折旧核算的建议（参看第161段），他们并不能识别出国防或军事不动产、厂场及设备折旧信息的任何管理价值。委员会担心，在对项目归类为通用不动产、厂场及设备或是国防或军事不动产、厂场及设备的选择过程中，实体会做出无效的、成本高昂的决策。然而委员会并不相信，国防或军事不动产、厂场及设备的折旧信息对于公开的财务报告是有用的，尽管，如果实体愿意，它们能就内部目的使用成本计算以确定折旧费用。

165．委员会的决定是，就具有指定特征的不动产、厂场及

设备而言，国防或军事不动产、厂场及设备分类规定的应用仍然是强制性的。关于选择用于对不动产、厂场及设备进行分类的基准单位这个问题上（参看第22段），委员会增加了指南。一位受访者建议应当增加这样一份指南，并认为这将有助于实体建立必要的对不动产、厂场及设备正确地进行分类的详细标准。举例来讲，不动产、厂场及设备是以所在地分类还是以一个较小的单位为基准分类，如房屋。如同资本化的临界点一样，委员会指出了基准单位选择应考虑的因素，但最后的选择由经理作出。

其他的符合特征的不动产、厂场及设备

166．在征求意见稿中，委员会提出了一个问题，即是否把**核武器生产设施**和**军事基础设施**归类为国防或军事不动产、厂场及设备。提出该问题是因为委员会中的成员讨论这些项目是否符合国防或军事不动产、厂场及设备[①] 的定义。

167．受访者中的大多数都指出，核武器生产设施符合国防或军事不动产、厂场及设备的现行特征——这肯定了委员会成员的最初意见。一位受访者指出这些设施可能被转换到其他用途上去——第二次世界大战后，军需工厂已经转换到其他用途——然而，委员会相信，转换的成本过高使短期内转换并不可能。委员会并没有选择把它作为另一种特别地可辨认的项目增加到国防或军事不动产、厂场及设备类别中去，因为它是对已形成的特征的目的和应用的一个很好的说明。此外，委员会并不试图列举所有符合特征的项目，因为某一项目的缺少可能使实践人员误认为该项目已被明确地排除在外。

168．受访者中的大多数指出军事基础设施不符合国防或军事不动产、厂场及设备的定义，该定义不应被扩展以包括这些资产。许多受访者指出，军事基础设施有替代的用途，并

① 联邦会计准则顾问委员会征求意见稿，《不动产、厂场及设备的会计核算》，1995年2月28日，第19页，第17段，IC项目。

且当前应就替代用途的目的对其进行评价。委员会同意这些观点，没修改定义以将这些军事基础设施包括在该范畴之中。

国防或军事不动产、厂场及设备的审计

169．几位受访者对国防或军事不动产、厂场及设备审计范围的大小表示了关心。虽然征求意见稿没有具体地说明对那些从资产负债表上转出的各类不动产、厂场及设备提供附加经管职责报告，但仍担心转出这些不动产、厂场及设备会缩小审计范围。受访者指出军事武器系统和太空探测设备代表了一种巨额投资。他们担心该变化可能导致对这些项目的低劣的追踪系统和无效的内部控制。其他受访者指出，关键的信息是这些资产的存在和状况，而不是其历史成本。此外，他们认为把审计资源用于澄清历史成本金额将有损于审计更重要的存在和状况方面的信息。

170．委员会用下面的几点作出回答：

- 审计准则超出了委员会的责任范围；
- 代表美国会计总署（GAO）以及管理与预算办公室（OMB）的委员会成员指出，在他们的联邦审计要求中，审计范围将被适当地说明；
- 会计准则应建立在信息需求的基础之上，而不是从审计方面考虑；
- 关于附加经管职责报告的征求意见稿将会包括一项陈述，大意是，委员会期望相关责任团体将会制定审计标准，以消除这些受访者的担心。

## 递延维修

171．递延维修准则受到受访者中大多数的赞许。委员会认为这部分是因为许多州、地方政府和国家团体关心政府所拥有的不动产、厂场及设备不断恶化的状况。美国政府间关系咨询委员会（ACIR）的一份报告，重点实施的公共工程[①]，指出，维修和其他政府项目争夺基金，并且经常得不到基金。而筹不到维修基金的原因在于，筹不到基金的后果没有立即报告。该后果包括不断增加的安全隐患、较差的公共服务、未来的成本增加以及低效率经营。

172．政府间关系咨询委员会（ACIR）建议实体披露以下方面的信息：

· 资产的状况；
· 没有基金支持进行维修的成本；
· 没有基金支持进行维修的后果；
· 在估计没有基金支持用于维修时的不确定性。

173．资本支出特别工作组也认识到了递延维修是联邦不动产、厂场及设备的一个问题，它要求委员会说明这个问题。与递延维修有关的三个联邦机构[②]的政策和立法提案权受到了检查，并发现联邦机构正在开发递延维修报告系统。虽然各系统是不同的，但各系统的目标是一致的——提供关于不动产、厂场及设备状况的方面的可靠信息，并估计改进缺陷的成本。

174．在这些会计标准下，递延维修信息将进入财务报告，尽管各机构在计量方面存在差异。委员会认为递延维修是一种成本——无论在什么情况下，管理人员都会选择不为之筹集准备基金的成本。然而，委员会发现，在会计系统中，就确认而言，递延维修并不是足以计量的。

175．尽管无法筹集基金，为了高度重视成本存在的现实，准则规定，递延维修应通过在净成本表上设置一个单独项目披露，用一个注释参考索引替代财务报表上的金额数。这一动议与委员会用户需求研究的结论一致；关于递延维修成本方面的信息对用户来说是重要的。此外，由于实体间计量上

① 美国政府间关系咨询委员会（ACIR）的一份报告，《重点实施的公共工程：美国的一份新的联邦基础设施投资战略》，1993 年 11 月。

② 这三个机构是：能源部、海军部及国家航天和航空行政管理局（NASA）。

的差异，披露要求应具有灵活性。

176． 对于应披露的估计金额，准则规定了两种可供选择的方法——状况评价调查法和生命周期成本分析法。状况评价调查法提供把不动产、厂场及设备恢复到期望状况所需成本的披露。生命周期成本法重点关注了计划维修费和实际维修费之间的差额。

177． 这两种方法的选择由实体项目经理控制，因为递延维修取决于不动产、厂场及设备持有的目的和为了满足这些目的不动产、厂场及设备应处于什么状况的判断。实体被允许在两个方面可以自由选择：(1) 设置维修要求标准；(2) 建立符合成本效益原则的、对递延维修成本进行核算的方法。

178． 建议的准则要求披露三个方面的信息，即不动产、厂场及设备的状况、递延维修成本的估计数和用于估计递延维修费的方法。准则适用于资产负债表和经管职责报告上报告的不动产、厂场及设备。

179． 作为对征求意见稿的反应，有两条反对建议——(1) 把该金额作为一项负债确认，(2) 从注释中转出该信息。

## 确认

180． 少数受访者，包括在公众听证会上出席的两位受访者，建议委员会规定确认与递延维修相关的负债。委员会并不认为递延维修可以或应该作为一项负债确认，因为就确认而言，它并不是充分地满足计量要求。递延维修报告正处于一个革命性阶段，即联邦机构当前正在开发大量的对递延维修予以估价的系统。此时，计量不可能被规定为具有一致性或可比性。递延维修准则仍在草拟之中。然而，如果当政府维修准则（如，最低可低可接受的状况和标准修理成本）被设置时，委员会将修改该核算，并考虑要求确认负债和成本。

## 从附注中转出

181． 少数受访者请求委员会规定通过补充的信息以提供递延维修信息，从而减少此种信息的审计负担。委员会——与国防或军事不动产、厂场及设备的情况一样——并不认为审计范围应决定年报中信息披露的地位。递延维修信息被认为是重要的，因为它保证了报表阅读者知道联邦所拥有的不动产、厂场及设备状况。如果有必要减少审计范围，委员会认为美国会计总署（GAO）及管理与预算办公室（OMB）能最好地说明这种需要。

## 清理成本

182．委员会决定说明产生于联邦长期经营过程中的清理成本。清理成本是所有与不动产、厂场及设备相关的成本中的一种。举例来讲，联邦政府对核设施进行操作，法律要求在关闭该设施前清理掉任何有害物质。这种义务符合委员会关于负债的定义①。然而，因为这些类设施的清理在经营中止前不会发生，因此就需要附加的指南来决定什么时候以及如何确认这些成本和负债。

183．本准则中，指南建立在已开发的负债的会计准则的基础之上。这些准则出版在委员会名为《联邦政府负债的会计核算》（负债准则）的公告之中，该负债准则包括：

- 负债的定义；
- 确认的标准；
- 披露要求。

184．负债准则可应用于清理成本核算，举例来讲，如清理成本不是很可能和可计量的，则可以应用负债准则中的披露要求。在本公告中，准则说明的清理成本核算包括：

- 分配清理成本至各经营期间；
- 估计较远的将来应支付的清理成本（如使用现行成本法）；
- 在实际清理前，确认估计的变化。

① 联邦会计准则顾问委员会，已推荐的联邦财务会计准则第5号公告，《联邦政府负债的会计核算》，1995年9月。

185. 因为在对通用不动产、厂场及设备和经管职责不动产、厂场及设备的成本进行会计核算时存在差异，所以委员会根据相关不动产、厂场及设备的种类创造了不同的方法，从而将清理成本分配到各经营期间。

**通用不动产、厂场及设备的清理成本**

186. 委员会认为，与通用不动产、厂场及设备的经营相关的清理成本，负债应在相关通用不动产、厂场及设备使用的期间，以一种系统的、合理的方式确认。这种方法与对通用不动产、厂场及设备计提折旧的要求一致。此外，委员会要求披露总清理成本的估计数。

**经管职责不动产、厂场及设备的清理成本**

187. 对于与经管职责不动产、厂场及设备相关的清理成本来说，委员会认为关于清理成本总估计的负债在该经管职责不动产、厂场及设备投入使用时确认。这与经管职责不动产、厂场及设备取得成本的处理一致，即在该不动产、厂场及设备投入使用的当期确认为一项经营成本。

**估计清理成本**

188. 关于估计清理成本，委员会认为，该估计应建立在进行清理时的现时成本基础之上，而现时成本应建立在现行的法律、技术和管理计划的基础之上。现时成本的一种替代方法是估计未来的成本，以预期的通货膨胀为因子，并将该金额折现为现时的价值。委员会认为，作为对进行该估计额外努力的回报，这种方法并没有提供更加精确的信息。

189. 和所有的估计一样，清理成本的估计是随着时间变化的，这些变化可能是通货膨胀的缘故，也可能由法律和技术变化引起。

190. 就与通用不动产、厂场及设备相联系的清理成本而言，与现时和以前期间相关的经营成本估计的变化，在变化发生的当期确认为费用。举个例子来看，如果一项能生产

100吨物质的设施已生产了60吨物质，则60%的估计金额的变化应在估计变化的当年确认为一项费用。

191. 就与经管职责不动产、厂场及设备相联系的清理成本而言，估计金额的总变化应在变化的当期确认。

## 关于清理成本的几个问题

192. 对征求意见稿，受访者支持委员会说明清理成本处理方法的努力，然而，有几位受访者认为委员会对与通用不动产、厂场及设备相关的负债的处理——随着不动产、厂场及设备的使用年限不断增加地确认它——与负债的定义并不一致。受访者认为，在一些情况下，清理负债在不动产、厂场及设备投入使用时发生。这些受访者建议，委员会应规定，如果在不动产、厂场及设备投入使用时，负债的金额是可以合理地计量，则对该负债全部确认。

193. 委员会没有采纳该建议。尽管委员会意识到，实际上，负债可能在通用不动产、厂场及设备投入使用时发生，但负债的实际确认在复式记账会计系统下仍然是存有问题的。一般地，负债的确认——一个贷方账户，会产生两种比较典型的同时确认的借方账户，即一项费用（如，应付燃料被燃料费用抵消）或一项资产（如，资本租赁负债被一项资产——不动产、厂场及设备抵消）。在这种情况下，在不动产、厂场及设备投入使用的当期，清理成本包括在经营费用中是不适当的。这将会需要建立一个资产负债表的借方账户以抵消该负债。

194. 委员会认为，确认一项资产以抵消清理负债是不适当的。虽然一些人赞同清理成本是与不动产、厂场及设备相关的一项递延成本，但委员会认为这些成本不符合资产定义，而且发现，将清理成本确认为不动产、厂场及设备的一个组成部分将明显地高估资产。

195. 一些受访者表达了反对态度，认为在清理成本被编入预算前就对它们予以确认是不恰当的。这种方法不仅与负债的定义不一致，而且将使财务报表的使用者无法了解联邦环境清理委员会的重要性。

196．委员会认为，已开发的准则将有助于实现联邦财务报告的经营业绩目标和经管职责报告的目标。清理成本准则没有因这些建议而被修改。

197．已进行的修改与准则的实施相关。考虑到政府现有的设施的重要性和它对这些设施清理的义务，准则的实施是一个重要的议题。一位委员会成员要求与通用不动产、厂场及设备相关的准则实施指南能够提供一种替代的方法，并建议第二种方法的规定能降低某些情况下准则实施的成本，如，相关不动产、厂场及设备已使用其估计使用年限的大部分。

198．在实施时，第二种方法将把所有的估计总清理成本作为一项负债确认。在实施以后的期间，选择这种方法的实体，将确认估计的总清理成本的变化为当期的费用，以代替估计的总清理成本按比例分配的部分。只有不依靠通过用户付款补偿成本的实体才能使用这种方法。

199．考虑到本准则会影响到相当多的联邦设施以及准则实施的成本，委员会采纳了此项建议。

# 附录 B：分类的说明

200．在形成国防或军事不动产、厂场及设备、继承资产和托管土地（参看第 46、57 和 66 段）的类别时，委员会寻求联邦机构、标准总分类问题解决委员会（SGLIC）和其他次级团体的成员等的支持。委员会发现，在许多情况下，类似的资产可归属为几类。

201．举例来看，飞机和船被法律执行机构和国防部使用。在建议的分类中，只有那些仅由国防部使用的不动产、厂场及设备才符合国防或军事不动产、厂场及设备的标准。提供本说明意在澄清实际资产分类时可能遇到的问题。

## 说明 1：
## 国防或军事不动产、厂场及设备

### 说明 1A：
### 海岸警卫队的不动产、厂场及设备

202．作为一个在和平时期运营的机构和一个军事服务机构，海岸警卫队有着独特职责，它的任务包括：

- 公共安全；
- 法律执行；
- 在出现冲突、国家紧急情况或自然灾害和人为灾害时发挥作用。

203．海岸警卫队在其执行任务中使用船和飞机。船包括补给船、浮标船和救生船。这属于通用不动产、厂场及设备，而不是国防或军事不动产、厂场及设备。在提供一般政府服务（如，法律执行）中使用的不动产、厂场及设备的成本，对于以每一期为基础的经营业绩评价而言，是相关的，因为在提供这些服务时，不动产、厂场及设备是按惯例使用，海岸警卫队完成的任务与其可获得的投入相关，而且使完成的任务或产出和投入的成本发生联系对评价经营业绩来说是有用的。

**说明1B：**

**太空探测设备**

204．具有国防或军事特征的不动产、厂场及设备在国家航空和航天管理局（NASA）的太空飞行器上的应用将在本部分说明。与该不动产、厂场及设备的用途相关的三个特征中，太空飞行器仅满足第三个——即，它是特别为在一个项目中使用而开发的，不存在其他的项目或实体使用类似的具有成本可比性的不动产、厂场及设备。

205．与使用年限相关的特征中，太空飞行器满足第一个特征，即它的使用年限不能确定或预计。一架飞行器在1981年首次飞行。自第一次飞行以来，该船已完成了68次任务。以下几个因素影响了飞行器使用年限的估计。

- 在挑战者事件后，由于一些人预计另一次类似的事故可能会结束该飞行器的计划，因此该舰已在地面停留32个月；
- 当前的方案要求1996年飞行七次，但是，在将来，空间站工程将需要更多的太空飞行器；
- 替代的工具可能在2010年开发成功。

206．考虑到对使用年限进行估计时的不确定性和可变性，将飞行器的成本分配至飞行器完成的任务上（如飞行）是很困难，而且没有多大意义。如果使用者付了款，则NASA希望获得折旧信息，以供内部设定价格使用。然而，并不存在与该飞行器使用相关的折旧信息的广泛需求。

207．另外一个例子涉及到，仅使用一次且成本决不会得到补偿的太空探测设备。太空船麦哲伦一号（Magellan）在1989年被一架太空飞行器发射，预定会在金星周围的大气层中燃烧掉。在向金星飞行期间，麦哲伦号的信号曾有五次消失了然后又恢复。此外，许多技术上的问题使得该项任务可能无法完成。然而，在1990年，麦哲伦号到达了金星，并开始向NASA传输数据。建立在该数据基础上的研究预计会在该太空船使用期结束后数年内继续进行。相比之下，飞往火星的观察者号（Observer）太空探测仪在其接近火星的途中就消失了，并且再也没有出现过。

208． 考虑到太空探测以及受益时间的不确定性，太空探测设备资本化以及计提折旧是没有用的。

**说明 1C：**

**法律执行设备**

209． 关于《不动产、厂场及设备的会计核算》的征求意见稿，一位受访者质疑道，在法律执行活动中使用的交通工具是否符合国防或军事不动产、厂场及设备。值得注意的是，用于法律执行目的的交通工具，其估计的寿命可能被缩短。此外，这些交通工具可能会因用于执行法律而被改装。

210． 然而，在将这两类特征应用于这些不动产、厂场及设备项目时，有人发现它们不具有两类特征中的任何一个特征。为便于理解，两类特征将在下面重述。

211． 与国防或军事不动产、厂场及设备的使用相关的特征：

- 它预期不会用于非联邦政府的其他用途；
- 持有以备应付紧急情况、战征或自然灾害之需；
- 它是特别为在一个项目中使用而开发的。不存在使用类似的具有成本可以性的不动产、厂场及设备的其他项目或实体（联邦或非联邦）。

212． 与使用年限有关的特征：

- 因为改良、报废、调整或维修方式的不同，其使用年限不能确定或预计[①]；
- 存在提前过时或在使用期间受到破坏的高风险。

213． 在法律执行项目中使用的交通工具不具有第一类三个

① 这可能被两种能力证明：（1）报废该不动产、厂场及设备，以后又返回投入使用；或（2）不断升级该不动产、厂场及设备，以保持其有用性。

特征中的任何一个特征，因为（1）基本的交通工具能由其他实体在其他活动中使用；（2）它在运营中按惯例使用，而不是以预期用途而被持有；（3）其他实体，主要是指州和地方政府，也参与法律执行活动，并且使用类似的交通工具。关于第二类特征，其使用寿命可能因使用方式而缩短，但以过去类似的使用经验为基础，其应该是可以预计的。尽管该类交通工具比其他交通工具存在较大的被损坏的风险，但是，这种情况是否代表着存在非常高的风险则取决于人们的判断。从整体上来看，这些项目明显不具有每一类特征中的任何一个特征，因此其不能被归类为国防或军事不动产、厂场及设备。

**说明2：**

**继承资产**

214．许多资产很显然是继承资产，举个例子，国有公园管理局（NPS）管理的华盛顿纪念碑、林肯纪念碑和商业街。然而，其他资产，尤其是联邦办公大楼，具有重要的历史、文化或艺术等方面的特征，同时也在一般经营中使用。

215．委员会已认定，这些多用途的继承资产仍应被归类继承资产。维修这些资产发生的任何成本都应作为继承资产处理。然而，一些本质上是经营性的成本（如，办公场地的重新装配或采用现代化的通讯工具线网）应被归类通用不动产、厂场及设备。这些改进或革新种类的成本将被资本化，并计提折旧——为业绩计量提供有用的信息。

216．就那些仅为了遗产性目的而使用的资产（如华盛顿纪念碑）而言，委员会认为，经营和维修成本以及其他期间费用与递延维修费的联合披露，就评价经营业绩而言，是足够了。通过计提折旧，将继承资产的成本分配到各会计期间没有为业绩评价增加可获得的信息。

217．以下是具有继承资产特征的通用不动产、厂场及设备的例子。

**说明 2A:**

**主办公大楼**

218. 一个联邦机构在 1950 年建造了一栋中心办公大楼，以安置它的总部员工。随后，尽管该建筑在历史注册处登记，但仍继续作为总部办公场地使用。

219. 允许公众参观，并在走廊上提供了教育展览，然而，公众的进入限于指定的参观点。但该建筑的大部分用于办公、会议室、自助餐食堂和储藏等方面。

220. 目前，该建筑正在进行全面整修。整修成本应被资本化，并在其预期的使用年限内计提折旧，整修成本限于与经营相关的部分，而不是与维护该建筑相关的部分。关于该资产遗产性本质的另外信息通过经管职责报告提供。

**说明 2B:**

**新办公建筑**

221. 以前用于工业目的（如设备零件的生产）的一项联邦设施被整修和重新塑造，以作为办公场地使用。用砖砌的建筑物的外观被保留了下来，因为它具有历史的重要意义。办公场地在砖砌外观的内部建造。

222. 该建筑能允许来该联邦建筑的访问者参观，然而，办公场地将被限制进入。

223. 砖砌外观的原始成本不应被包括在新办公建筑的成本中。新建筑的成本应予以资本化，并作为通用不动产、厂场及设备计提折旧，而不应作为继承资产进行处理。关于现存砖砌外观的遗产性特征本质的附加信息，如果是重要的，则通过经管职责报告提供。

**说明 2C:**

**国会图书馆**

224. 国会图书馆正在被修复和革新，包括：

- 复原艺术品和建筑物的外观；
- 安装工作站的线网；

· 建造办公场地。

225. 对建筑物遗产性特征复原的支出，应作为继承资产的一项期间成本。然而，革新的经营性方面的支出应被归类为通用不动产、厂场及设备。关于资产的遗产性本质方面的补充信息将通过经管职责报告提供。

## 说明3：
## 土地

226. 建议的准则规定，为了通用不动产、厂场及设备或与之联系而获得的土地应包括在该类中。举个例子，设施所占用的土地成本将被包括在通用不动产、厂场及设备中，其他土地将受经管职责报告约束（即在经管职责报告中报告）。

227. 以下的说明涵盖了与土地相关两个潜在的问题。第一，辨认与通用不动产、厂场及设备相联系的土地；第二，辨别作为通用不动产、厂场及设备或受经管职责报告约束的不动产、厂场及设备的土地改良。

### 说明3A：
### 军事使用的土地

228. 一般而言，作为军事基地使用的土地被认为是通用不动产、厂场及设备。然而，在某些情况下，土地被军方作为导弹发射井、测试地面或发射范围的场地。用于这些目的的土地符合托管土地的定义。委员会认为，与为防御目的而持有的土地相关的各期成本信息，对于评价经营业绩来说并不重要。

### 说明3B：
### 公共土地上的道路

229. 公共土地包括许多类型的用于通行的道路，这些类型有：

· 多年使用造成的不平的泥土路；

· 非联邦土地使用者（如油汽勘探队）造成的泥土路，

随后又被废弃；

· 联邦实体为提供通道而修的路（如砾石和水泥路）。

230. 这些路中的一些被加以维护，然而其他的仅仅只是存在，直到大自然使它们废弃。

231. 在私人部门会计下，对土地永久性的改良是被包括在资产负债表上的土地成本中。比较典型的是，清扫和使路面稳固的成本被认为是永久性的改良，因为这些日常维护使得路面保持不变。任何必须被定期地重置的铺筑材料或砾石将被认为是可折旧的不动产、厂场及设备。对一个联邦实体而言，如果道路被归类为通用不动产、厂场及设备，则这种处理也是恰当的，因为，就评价经营业绩而言，资产的各期成本是相关的。

232. 就受经管职责报告约束的土地而言，使路面稳固的成本在发生的当年费用化，这是由于因铺设路基而得到改良的土地没有在资产负债表上资本化。另一方面，因为水泥和砾石具有经营性特征，所以它们属于通用不动产、厂场及设备，并且，就评价经营业绩而言，分期提供的成本是必要的。铺路材料或砾石的成本将被资本化，并计提折旧。关于道路状况质量的决策（如道路重铺的频率）是经营业绩和提供政府服务成本的一个要素。

# 附录 C：递延维修的说明

233．本附录说明第77—83段中的脚注披露，这里所举的例子仅用于说明性的目的。不同的实体会有不同的资产种类、状况代码和说明性的术语，委员会意欲使本准则具有灵活性，同时又提供与联邦资产状况有关的信息。下面的说明提供了符合准则要求的一份脚注的正文。

**XYZ 医院设施**

注释 **4** 递延维修

在一个偏僻的地方，XYZ经营一项医院设施，在各期间，维修费用在发生时确认。然而，在过去几年里，维修是不充分的，这导致了递延维修。

关于递延维修的信息是从每年一次的设施检查中得知。为评价设施状况，提供了一些标准，这些标准包括：

- 设施的最低可接受和预期的状况描述；
- 建议的维修计划；
- 关于维修行为的标准成本；
- 标准化的状况代码。

最近几年，该标准没有发生重大的变化。

下表提供了与金额重大的递延维修费用的各大类不动产、厂场及设备相关的递延维修信息。

| 类　别 | 方　法 | 资产状况（参看注释1） | 恢复到可接受状况的成本（参看注释2） | 临界点 | 非临界点 |
|---|---|---|---|---|---|
| 建筑物 | 状况评估调查法 | 4 | $ 100 000—125 000 | $ 75 000 | $ 25 000—50 000 |
| 通讯设备/系统 | 状况评价调查法 | 4.5 | $ 10 000—15 000 | $ 2 000 | $ 8 000—13 000 |
| 实验设备 | 状况评价调查法 | 5 | $ 500 000—550 000 | $ 300,000 | $ 200 0000—250 000 |
| 加热和空调设备 | 状况评价调查法 | 5 | $ 40 000—42 000 | $ 5 000 | $ 35 000—37 000 |

注释 1：状况等级标度

| | |
|---|---|
| 优秀 | 1 |
| 良好 | 2 |
| 一般 | 3 |
| 差 | 4 |
| 很差 | 5 |

注释 2：可接受的状况是“一般”或“3”。

# 附录 D：清理成本的说明

234. 本附录说明了与建议的清理成本准则相一致的一种方法。本附录中所举的例子仅用于说明性的目的。按照建议采用的准则，存在多种应核算的清理成本（如核设施、垃圾填埋地或实验室）。应用建议的准则时，可能会要求考虑其他的未在此处列举的估计成本的组成部分。

235. 计算建立在某个公式的基础之上，该公式用于将估计的总清理成本（指在未来为完成清理将支付的总金额）分配到各会计期间。在确认当期的费用金额时，该公式考虑了累积的数额。

- 在会计期末已使用的产能；
- 以前期间确认的费用。

236. 公式组成部分的定义如下

a＝期末估计的总清理成本

b＝期末累计已使用的产能①

c＝总估计的产能②

d＝以前期间—期初已确认的费用金额

e＝当期确认的清理费用

237. 为计算出合理的费用金额，应使用下面的公式：

$(a \times b/c) - d = e$

238. 简要地说，期末估计的总清理成本（a）乘以期末已使用的产能占总估计产能的百分比（b/c），从而得到在该期期末时已产生的清理成本部分。从理论上讲，费用的金额已经发生，应该予以确认。以前期间已确认的费用金额（d）应被扣除，以得到当期费用金额（e）。如果现在是第一个会计期间，则应扣除的以前已确认的费用金额（d）是零。

---

① 如果成本的确认是基于时间的变化而不是物理产能，则应替换采用自相关不动产、厂场及设备开始经营时起已流逝的时间来计算成本。

② 如果确认以时间的变化为基础，应采用相关资产估计的使用年限来进行计算。

## 说明 1:

## 有害废物处理场地

### 经营假设

239. 有害废物质处理场地在 1995 年开始接受废物，下面的假设将被应用：

- 场地的可容纳 100 000 立方码的废物；
- 据预测，在十年内，场地将按每年平均 10 000 立方码的速度接受废物；
- 在该场地关闭后，州、地方和联邦法律要求执行以下的清理工作；
  - — 场地关闭和密封
  - — 30 年的监控
  - — 补救
- 1995 年的成本估计以 1995 年的现时成本为基础；
- 1996 年的成本的估计以按 1.0% 的通货膨胀率调整后的 1996 年成本为基础；
- 1997 年的成本的估计以 1997 年的现时成本为基础，并考虑在监控要求方面的变化和新的技术。

**1995 年费用和负债金额的确认**（以千元为单位）

在 1995 年以现时成本为基础估计的总清理成本①。

| | |
|---|---|
| 1. 场地关闭和密封的成本： | |
| 用于监控经营的设施 | $ 100 |
| 密封场地 | 750 |
| 腐烂及控制设施 | 500 |
| 2. 监控成本（30 年的）： | |
| 检查 | 3 000 |
| 抽样和测试 | 2 250 |
| 设施的维修改良 | 300 |

① 该估计包括在 30 年清理期间发生的所有清理工作的成本，尽管这些活动在相关的不动产、厂场及设备终止经营前还没有发生，但是，该成本应以执行类似工作的现时成本估计。

3. 补救成本：

| | |
|---|---|
| 在统计研究的基础上估计的补救措施 | 500 |
| 预计的总清理成本 | $ 7 400 |

**每年的费用和应计负债金额的计算**

建议的准则规定，在场地经营的每一期间，估计的总清理成本中的一部分应被确认为一项费用和一项负债。在 1995 年，该场地接受了 15 000 立方码的废物。下面的计算说明了要求确认的金额：

$(a \times b/c) - d = e$

$(\$ 7\,400 \times 15\,000/100\,000) - 0 = e$

$\$ 7\,400 \times 0.15 = e$

$\$ 1\,110 = e$

此处：

a = 期末估计的总清理成本

b = 期末累计已被使用的产能①

c = 估计的总产能②

d = 以前期间—期初已确认的费用金额

e = 当期确认的清理费用

应做以下分录：

| | | |
|---|---|---|
| 借：清理费用 | $ 1 110 | |
| 贷：清理负债 | | $ 1 110 |

以确认预计的清理成本。

**1996 年费用和负债金额的确认**（以千元为单位）

1996 年以现时成本为基础估计的总清理成本。

1. 场地关闭和密封的成本：

| | |
|---|---|
| 用于监控经营的设施 | $ 101 |
| 密封场地 | 758 |

① 如果成本的确认是基于时间的变化而不是物理产能，则应替换采用自相关不动产、厂场及设备开始经营时起已流逝的时间进行成本计算。

② 如果确认以时间的变化为基础，应采用相关资产估计的使用年限进行成本计算。

| | |
|---|---|
| 腐烂及控制设施 | 505 |
| 2. 监控成本（30 年的）: | |
| 检查 | 3 030 |
| 抽样和测试 | 2 273 |
| 设施的维修 | 303 |
| 3. 补救成本: | |
| 在统计研究的基础上估计的补救措施 | 505 |
| 估计的总清理成本 | $ 7 475 |

**每年的费用和应计负债额的计算**

1996 年估计的总清理成本以 1.0% 的通货膨胀调整，场地接受了10 000立方码的废物。下面的计算说明了要求确认的金额。

(a×b/c) －d＝e

($ 7 475×25 000/100 000) － $ 1 110＝e

$ 7 475×0.25－ $ 1 110＝e

$ 759＝e

此处：

a＝期末估计的总清理成本

b＝期末累计已被使用的产能①

c＝估计的总产能②

d＝以前期间—期初已确认的费用金额

e＝当期确认的清理费用

应做以下分录：

借：清理费用 $ 759

贷：清理负债 $ 759

以确认估计的清理成本。

此外，建议的准则要求，因法律、技术、或清理计划等方面的变化而引致估计的任何重大变化都应予以披露。然

① 如果成本的确认是基于时间的变化而不是物理产能，则自相关不动产、厂场及设备开始经营时起已过去的时间应被计算。

② 如果确认以时间的变化为基础，相关资产估计的使用年限限应被计算。

而，没有迹象表明重要的变化已经发生。

**1997 年费用和负债金额的确认**（以千元为单位）

1997 年以现时成本为基础估计的总清理成本。

| | |
|---|---|
| 1. 场地关闭和密封的成本： | |
| 用于监控经营的设施 | $115 |
| 密封场地 | 740 |
| 腐烂及控制设施 | 500 |
| 2. 监控成本（30 年的）： | |
| 检查 | 2 250 |
| 抽样和测试 | 1 300 |
| 设施的维修 | 300 |
| 3. 补救成本： | |
| 在统计研究的基础上估计的补救措施 | 400 |
| 估计的总清理成本 | $5 605 |

**每年的费用和应计负债额的计算**

1997 年估计的总清理成本发生了变化，该场地接受了 10 000立方码的废物。下面的计算说明应被确认的金额：

$(a\times b/c)-d=e$

$(\$5\,605\times 35\,000/100\,000)-(\$1\,110+759)$

$\$5\,605\times 0.35-\$1\,869=e$

$\$1\,962-\$1\,869=e$

$\$93=e$

此处：

a＝期末估计的总清理成本

b＝期末累计已被使用的产能[1]

c＝估计的总产能[2]

---

① 如果成本的确认是基于时间的变化而不是物理产能，则应替代采用自相关不动产、厂场及设备开始经营时起已流逝的时间来进行计算。

② 如果成本的确认是基于时间的变化，则应替代采用相关资产的预计使用年限来进行计算。

d＝以前期间—期初已确认的费用金额

e＝当期确认的清理费用

应做以下分录：

借：清理费用　　　　　　　　　　　　　　　＄93

　贷：清理负债　　　　　　　　　　　　　　　＄93

以确认估计的清理成本。

此外，建议的准则要求披露估计的清理成本的重要变化以及归因于以前期间的金额。计算该金额的一种方法是，将已被确认为当期清理费用的金额分离为两部分，即“以前期间的估计的清理成本的变化”和“当期的清理成本”。这两个数字将予以披露。

归因于以前期间的估计的清理成本的变化是：

$f = (a \times b_1 / c) - d$

$f = (\$5\,605 \times 25\,000 / 100\,000) - (\$1\,110 + 759)$

$f = \$5\,605 \times 0.25 - \$1\,869$

$f = \$1\,401 - \$1\,869$

$f = \$(468)$

此处：

a＝期末估计的总清理成本

$b_1$＝期初已被使用的产能①

c＝估计的总产能②

d＝在期初的以前期间已确认为费用的金额

f＝以前期间的预计清理成本的变化。

当期的清理成本是：

$g = e - f$

$g = \$93 - \$(468)$

$g = \$561$

---

① 如果成本的确认是基于时间的变化而不是物理产能，则应替代采用自相关不动产、厂场及设备开始经营时起已流逝的时间来进行计算。

② 如果确认以时间的变化为基础，则应替代采用相关资产估计的使用年限来进行计算。

此处:

e= 当期已确认的清理成本

f= 以前期间的预计清理成本的变化

g= 当期的清理成本

小结

| 财务报表 | 1995 | 1996 | 1997 |
|---|---|---|---|
| 经营费用 | $ 1 110 | $ 759 | $ 93 |
| 负 债 | $ 1 110 | $ 1 869 | $ 1 962 |

## 说明 2:

## 归类为通用不动产、厂场及设备的核设施

### 经营假设

240. 一项核设施在 1981 年投入经营,在过去的会计政策下,无需确认清理成本。在 1995 年末,该实体采纳推荐实施的准则提供的会计政策。

以下假设被应用:

- 该实体的预期有效年限是 30 年
- 在该场地关闭后,州、地方和联邦法律要求的清理工作:
  - — 场地关闭和密封
  - — 30 年的监控
  - — 补救
- 1995 年的成本的估计以 1995 年的现时成本为基础

**1995 年负债金额的确认**(以千元为单位)

1995 年以现时成本为基础估计的总清理成本:

| | |
|---|---|
| 1. 场地关闭和密封的成本: | |
| 用于监控经营的设施 | $ 1 000 |
| 密封场地 | 3 000 |
| 2. 监控成本(30 年的): | |
| 检查 | 6 000 |

| | |
|---|---|
| 抽样和测试 | 3 000 |
| 设施维修改良 | 600 |
| 3. 补救成本： | |
| 在统计研究的基础上估计的补救措施 | 2 000 |
| 估计的总清理成本 | $ 15 600 |

**在发生时应确认的负债金额的核算**

1995 年末，估计的总清理成本是 $ 15 600。如果在该设施 1980 年 10 月 1 日开始经营时，建议采用的准则就已经生效，下面的计算显示了在 1995 年末应该予以确认的金额。

$(a \times b/c) - d = l$

$(\$15\,600 \times 15/30) - \$0 = l$

$\$15\,600 \times 0.5 - \$0 = l$

$\$7\,800 = l$

此处：

a = 期末估计的总清理成本

b = 经营的年数

c = 估计的有效使用年数

d = 在期初的以前期间已确认为费用的金额

1 = 1995 年末应确认的负债

应做以下分录：

| | | |
|---|---|---|
| 借：净财务状况 | $ 7 800 | |
| 贷：清理负债 | | $ 7 800 |

以确认估计的清理负债。

在实施期间无需确认费用。

**小结：**

| 财务说明 | 1995 |
|---|---|
| 以前期间的调整 | $ 7 800 |
| 负　债 | $ 7 800 |

# 联邦财务会计准则第 7 号公告（SFFAS NO.7）——收入和其他财务资源的会计核算及协调预算会计和财务会计的有关概念

## 基本情况

颁布日：1996 年 5 月 10 日

生效日：从 1997 年 9 月 30 日为期末的会计年度开始生效

参考第Ⅰ卷：联邦财务会计概念第 2 号公告，《主体与表述》（对报表加以讨论）

联邦财务会计准则第 1 号公告，《特定资产与负债的会计核算》（有关坏账金额备抵和应收账款的确认问题）

联邦财务会计准则第 2 号公告，《直接贷款和贷款担保的会计核算》（有关涉及直接贷款和贷款担保的交易）

联邦财务会计准则第 3 号公告，《存货和相关财产的会计核算》（有关被查封和被没收的财产及被取消了抵押品赎回权的财产）

联邦财务会计准则第 4 号公告，《管理成本会计准则》（有关完全成本和主体间交易）

联邦财务会计准则第 5 号公告，《联邦政府负债的会计核算》（有关退休金、其他退休救济以及债务的清偿问题）

联邦财务会计准则第 6 号公告，《不动产、厂场及设备的会计核算》（考虑资产的销售和转让以及重估价问题）

参考第Ⅱ卷：拨款（A40），专用收款（D10），捐赠（D50），交换性收入（E60），罚款和罚金（F30），所归集的资金（I20），非交换性收入（N40），以前年度调整（P40），预算会计和财务会计的协调（R60），重估价（R30），资产的出售（S20），被查封和被没收的财产（S40），税收和关税（T20），资产的转让（T40）

解释公告：解释第 1 号公告，《联邦政府合并财务报表及部门内部通用目的财务报告中有关印度信托基金的报告》

影　　响：第 36 段（b）对联邦财务会计准则第 5 号公告，《联邦政府负债的会计核算》加以修正，为对根据订单所生产的货物或根据订单所提供的劳务所发生的损失的会计核算进行规范的那些公认原则补充规定了一个例外情况。

第 53 段对联邦财务会计准则第 1 号公告，《特定资产与负债的会计核算》的第 41 段进行了修正。

第 90 段至 102 段中的专用材料对联邦财务会计概念第 2 号公告，《主体与表述》进行了修正。

第 264 至 269 段对联邦财务会计准则第 3 号公告，《存货和相关财产的会计核算》的第 76 段进行了修正。

所受影响：无

## 概述

本公告包括两个独立的部分。第一部分是关于收入和其他财务资源的问题，由引言、会计准则和附录三部分组成。第二部分则对联邦政府财务会计概念第 2 号公告，《主体与表述》进行了修正，增加了一些调节预算会计与财务会计之间差异的新概念，以满足报表使用者的信息需要。联邦政府财务会计概念公告构成了委员会据以考虑和推荐会计准则的概念框架。

### 分类、确认和计量收入及其他财务资源

收入是政府所需要、所赚取，或通过捐赠所收到的资源的流入。收入有两个来源渠道：交换性收入和非交换性收入。交换性收入来源于政府以某一价格向社会公众或其他政府部门提供货物和劳务收到的款项。交换性收入也称为“已赚取的收入”。非交换性收入主要来源于政府凭借其行政权力要求社会公众支付的款项（例如，税收、关税、罚金和罚款），另外也包括捐赠。“收入”一词并不包括政府报告主体所拥有的全部财务资源，例如，它们所收到的大部分拨款就属于收入之外的其他财务资源。而这些其他财务资源又的的确确为政府报告主体提供了资源流入，因此本报告也包括了关于它们的会计准则。

这些会计准则表明，当政府主体提供货物和服务给社会公众或其他政府主体时，就应确认交换性收入。该收入应该以可能收取的价款来予以计量。这样，除了准则中已经说明的某些差异外，交换性收入的会计核算与私营部门所赚取的收入的权责发生制会计核算之间就具有可比性。交换性收入主要包括使

用者所上交的使用费而非税收款项。

非交换性收入包括所得税、特许权税、雇用税、关税、罚金、罚款和政府凭借其行政权力要求交费而获得的其他资源流入，以及一些自愿性捐赠。当某一报告主体确立了对现金或其他资产的一项要求权，而该要求权又是一项特定可确认的，并可合法执行的权利时，就应确认非交换性收入。此外，只有当非交换性收入的收取是很可能的（也就是说，可能比不可能的概率大）并且其金额是可以计量的（也就是说，可合理估计的）①，才应对其进行确认。

在征收税收和关税的情况下，由于税款评定过程固有的和实际的局限性，使得政府要求付款的权利形成为一项对现金或其他资产的可合法执行的要求权的这一时点被推迟了。因此，税收和关税的会计核算方法具有修正的收付实现制的特征，而非权责发生制的特征。这种会计基础对应收税收和税款的确认标准进行了修正。

预算资源应从两个方面来加以确认：权益会计方面和预算会计方面。从权益会计方面来看，拨款在使用时将作为一项资金来源来予以核算。当一个主体取得货物和劳务或提供救济和补助，而该货物和劳务或救济和补助已被批准用拨款来予以支付时，拨款就会被使用。剩余的法定拨款，但并不确认为“已耗用的拨款”，而是作为资本，也就是“尚未支出的拨款”来对待。这种处理方法与预算执行过程中已支出的拨款的确认方法相类似。

如果其他一些准则要求未列示在主体账簿中的成本必须归集到主体中去，那么有关其他财务资源的会计核算准则将要求确认与其相对应的资金。

以前的财务报表并未列示报告使用者所需要的有关预算执行情况的信息。本公告中的有关准则要求对其加以列示，并要求对有关预算资源的存在及其使用情况的信息进行审计。这些准则同时还要求对权益会计信息和预算会计信息进行调节，以帮助报表使用者将两者联系起来加以分析。

**披露、补充信息和其他信息**

收入类型的多样性以及收入和其他财务资源的会计核算的复杂性，使得某些披露信息和其他信息更为重要。简要说来，这些准则要求：

---

① 就像在联邦财务会计准则第 1 号公告，《特定资产与负债的会计核算》第 44 段中所解释的那样，“可能比不可能的概率大”是指有 50%以上的可能性。而“不大可能”则相反，意味着只有 50%或更小的可能性。

— 关于税收和关税的详细披露及其他信息；

— 当已销售的货物和劳务的成本不能获得完全补偿时，对交换性交易的一定形式的披露；

— 关于专用收款受托责任的有限披露；

— 关于信托基金以及当信托基金相对于有关法律所规定的金额而言融资过量或融资不足时，对承担信托基金收款责任的主体的披露及补充信息；

— 关于借款权的使用以及可能影响主体的未来支出的预算资源情况的披露。

**调节预算会计与财务会计之间差异的有关概念**

本公告通过增加一类新的财务信息，来对联邦政府财务会计概念第 1 号公告、第 2 号公告《主体与表述》进行修正，以进一步满足使用者的信息需要以及财务报告的目标。更确切地说，该项修正的目的是满足使用者理解“如何将有关预算资源使用情况的信息和有关项目运营成本的信息联系起来……”的需要（子目标 1C）。这类新增财务信息旨在对预算会计和财务（权益）会计之间的差异进行解释，而该解释是通过对预算性义务和可用于报告主体的非预算性资源的调节来实现的。

# 目 录

| 内 容 | 原始公告中的段落 | 页 码 |
|---|---|---|
| **第一部分 收入和其他财务资源的会计核算** | | |
| 引 言 | | |
| 背 景 | 16—26 | 448 |
| 会计准则 | | |
| 范 围 | 30—32 | 451 |
| 交换性收入 | 33—47 | 452 |
| 交换性收入的确认和计量 | 34—45 | 452 |
| 披露和其他附加信息 | 46—47 | 455 |
| 非交换性收入 | 48—69 | 456 |
| 非交换性收入的确认和计量 | 48—63 | 456 |
| 一般准则 | 48 | 456 |
| 税收和关税 | 49—60 | 457 |
| 罚金和罚款 | 61 | 462 |
| 捐 赠 | 62 | 463 |
| 其他非交换性收入 | 63 | 463 |
| 披露、补充信息和其他附加信息 | 64—69 | 463 |
| 披 露 | 64—66 | 463 |
| 补充信息 | 67—68 | 464 |
| 其他附加信息 | 69 | 465 |
| 其他财务资源 | 70—75 | 466 |
| 其他财务资源的确认和计量 | 71—75 | 467 |
| 拨 款 | 71—72 | 467 |
| 为成本补助所归集的资金 | 73 | 467 |
| 资产的转移 | 74—75 | 468 |
| 以前年度调整 | 76 | 468 |
| 预算信息 | 77—82 | 469 |

# 附 录

**附录 A：结论的基础**

**附录B：交易分类指南**

# 第一部分 收入和其他财务资源的会计核算

## 引言

### 背景

16．交换性收入、非交换性收入和其他财务资源之间的本质差异影响着它们在权责发生制会计方法下的确认和计量。因此，根据这些资源流入的性质来对其加以正确地分类，为运用不同的权责发生制会计原则提供了基础。另外，正确的分类对于构建满足联邦政府财务报告目标[①]的财务报表也是必要的，这一点在联邦政府财务会计概念第2号公告《主体与表述》中已经作了阐述。

17．为了有助于实现这些目标，制定了收入的分类标准，以确定哪些特定种类的收入应该从报告主体提供货物和劳务的成本中扣除。只有被划分为交换性收入的那一类收入才能与成本相配比。非交换性收入和其他财务资源因为不是在运营过程中所赚取，所以不能与成本相配比。由于非交换性收入和其他财务资源是为运营活动提供资金的资源流入，因而应该按照其他的标准对其加以分类，并且只有在确定当期运营活动的财务总成果之时才对其加以确认。这与私营部门所关注的焦点有所不同，私营部门主要关心的是企业组织的经营净收益和非营利组织的净资产变动情况。这与以前美国政府运营报告所关注的焦点也不同。在旧的联邦财务会计准则体系下，其关注的焦点在于将一个主体的全部资金与其所发生的费用进行配比，以报告主体的“运营净结果”，而该指标在进行绩效评价时通常用处不大。新的焦点在于成本——包括总成本和净成本——它们在多层次绩效评价中都是很有用处的。

18．只有当存在着交换性交易时，政府才会涉及到成本与

① 联邦政府财务会计概念第1号公告，《联邦财务报告的目标》。

收入的配比问题。当一方牺牲了经济利益并收到货物或劳务作为回报时，交换性交易就发生了。当一个主体的运营涉及交换性交易时，它将赚取收入，同时也发生成本。因此，财务会计应该将这些交易的收入和成本进行配比。配比后的净结果——总成本减去收入后的余额，或者说净成本——一般决定了纳税人所负担的运营成本的多少①。

19．有关交换性交易净成本的信息还具有其他的一些用途。净成本能表明人们在多大程度上自愿付款购买在售的各种货物和劳务。因此，它表明了人们在多大程度上认为这些产品是具有价值的。净成本还可用于评价一个主体的定价政策。

20．最为重要的是，净成本和总成本都能与产出和成果进行比较，从而评价资源的使用效果和效率。政府机构管理人员、总统和国会在做出资源分配决策时都可能会执行这种比较。《政府管理改革法案》要求政府机构报告诸如单位成本之类的绩效评价指标，而这些准则，以及联邦财务会计准则第4号公告，《管理成本会计准则》中的那些准则，为《政府管理改革法案》的有效进行提供了必要的信息。当这些准则运用于适当主体并加以适当揭示时，将使得联邦政府的财务报告更加有助于绩效的评价。

21．非交换性收入交易不要求某一政府主体直接付出代价来换取资源的流入。政府并未“赚取”非交换性收入。获取非交换性收入的成本由纳税人及其他对政府承担单向付款责任的人来负担。非交换性收入的这些不同特征要求我们将它们与交易收入区别开来。因此，非交换性收入应该以一种不反映运营净成本的形式来加以揭示。

22．虽然对社会保险方案到底是产生交换性收入还是产生非交换性收入，委员会的成员有着不同的看法，但他们都同

---

① 惟一主要的例外情况就是政府内部货物和劳务的销售。纳税人所负担的运营成本的多少，取决于货物和劳务是出售给转销货物和劳务给社会公众的主体，还是出售给靠税收来获得融资的主体。运营净成本也可能通过非交换性收入，诸如罚金、没收物和捐赠等来获得融资。

意这样一种观点，即在财务报告的编制过程中，社会保障税收收入的揭示方法应与其他税收的收入揭示方法保持一致。[①] 社会保障税，与其他税收一样，都是由政府凭借其要求强制付款的行政权力来决定的。社会保障税的纳税单位和个人之所以需要交纳该税，是由于他们从事了某一应税工种或正在某一应税行业中经营。尤其对最主要的、正广泛实施的社会保险方案——社会保障、医疗保险和失业补助——而言，单位和个人除了交税之外别无选择。

23． 就政府机构整体而言，其主要的资金来源是交换性收入、非交换性收入以及来源于社会公众的借款。然而对各构成主体而言，资金来源主要是通过预算提供，其中收入之外的资金来源占了绝大多数。拨款和其他预算授权使得一个政府机构有权以承担义务的方式来取得货物和劳务或者提供救济和补助。这些其他财务资源并不是由企业的运营活动所赚取。因此，它们应同其他非交换性收入一样，以一种不反映主体净成本的形式来加以核算。

24． 预算资源有着不同于交换性收入和非交换性收入的特征。有关预算资源流入的揭示应反映两个不同的方面：对权益的影响和对预算的影响。法定会计对预算资源的处理与私营部门会计对资本和各种信贷的处理方法非常类似，并且还在资产负债表或其附注中提供有关这些资源的可获得程度的信息。拨款应被确认为一项资本，而借款权则在附注中披露。因为政府机构通常被认为将花费拨款而非保全拨款，所以对拨款的支出的会计核算就不同于私营部门对资本的会计核算。有关“已耗用的拨款”的会计核算已被大大简化，而它们对预算的影响与上述相类似。

25． 预算为政府主体计划及控制义务和支出提供了主要依据。预算的执行过程遵从预算资源的流动轨迹，即从国会的授权和批准，到预算资源的分派、分配及用途的指定（承担

① 参见联邦会计准则顾问委员会的征求意见稿《补充经营责任报告》中有关社会保险方案的讨论。

义务)，再到支付现金以偿付义务。在这整个过程的大部分阶段，预算的编制及有关预算执行情况的报告都是以收付实现制会计为基础，而非以权责发生制会计为基础。

26． 财务报表的编制人员已经意识到，权责发生制会计与预算之间具有互补性。权责发生制会计通常能够比收付实现制会计提供更加有利于绩效评价的信息。它还能为运营活动的计划和控制提供更多信息。权责发生制会计还有助于加强对报告主体运营净结果和运营成本的理解。美国政府财务报表本可以很好地运用于计划和控制过程，但一直以来它们未能实现这一用途。这一来固然是由于会计准则未能完全满足政府的需要，未能完全适应政府的现实情况。而另外一个非常重要的原因在于，长久以来都是将预算作为财务计划和控制的首要工具。通用目的的财务报告未能很好地将有关预算执行情况的信息和财务报表一同列示出来，从而帮助信息使用者将这两类重要而又互有差异的财务信息联系起来。本公告中所列示的这些准则为编制解决上述问题的有关报告提供了依据。

## 会计准则

### 范围

30． 这些准则规定了一个政府报告主体应该如何在它的通用目的的财务报告中对收入和其他财务资源等资源的流入进行会计核算。收入是政府所要求、所赚取或通过捐赠所收到的资源流入。收入有两个来源：交换性收入和非交换性收入。当一个政府主体以某一价格提供货物和劳务给社会公众或另一政府主体时，交换性收入就产生了。“交换性收入”又被称为“已赚取的收入”。非交换性收入主要来自政府凭借其行政权力所要求的社会公众付款，诸如税收、关税、罚金和罚款等。非交换性收入也包括捐赠。

31． “收入”一词并不包括政府报告主体所拥有的全部资金来源，例如它们所收到的大部分拨款就属于收入之外的其他财务资源。这些财务资源确实为政府报告主体提供了资源流入，虽然对政府整体而言并未发生资源的流入。因此，本报告中也包括了与之有关的会计准则。

32．附录B，“交易分类指南”，为交易的分类方法提供了权威性指南，即哪些交易应划分为交换性交易，哪些交易应划分为非交换性交易，哪些交易应划分为其他财务资源。

## 交换性收入

33．交换性收入和利得是政府主体所赚取的资源流入。它们来源于交换性交易，交换性交易是指交易双方都要牺牲一定的利益，同时也获得一定的利益作为报酬的那一类交易。因此，交换性收入产生于某一政府主体以一定的价格向社会公众或另一政府主体提供某种价值物之时。

### 交换性收入的确认和计量

34．当货物和劳务以一定的价格提供给社会公众或其他政府主体时，来源于交换性交易的收入就应该被确认。

35．当政府主体与社会公众或其他政府主体之间以某一价格进行的交易是不寻常交易或不经常发生的交易时，应该确认有关的利得和损失，而不确认为收入或费用，以对这类交易加以区分。

36．几种来源于特定种类的交换性交易的收入应按如下规定加以确认：

(a) 提供劳务给社会公众或其他政府主体时（根据合同的规定按订单提供特定劳务的情况除外），收入应在劳务实施之时加以确认。

(b) 根据合同（包括短期合同和长期合同）的规定按订单生产特定产品，或根据合同（包括短期合同和长期合同）的规定按订单提供特定劳务时，收入应该在用于履行合同的货物和劳务获得之时，根据其预计总成本的一定比例加以确认。如果一项损失很有可能（可能比不可能的概率大）发生，收入仍然应该根据预计总成本的一定比例加以确认，而成本仍然应该在用于履行合同的货物和劳务获得之时加以确认。这样，该项损失就应该在整个合同期内，根据总成本额成比例地加以确认。①

(c) 当货物以存货形式存在，以至客户一旦订货即可得到时，收入应该在货物发送给客户之时被确认。

(d) 当服务被长期持续地提供或者资产的使用权被长期持续地转让时，例如借款的使用或建筑物的租用，收入应该随着时间的流逝或资产的使用，按比例加以确认。政府内部借贷交易所形成的借款利息，在借贷资金主要来源于交换性收入时，应确认为一项交换性收入；在借贷资金主要来源于非交换性收入或其他财务资源时，应确认为一项非交换性收入。

(e) 当所出售的对象是资产而非存货时，任何利得（或损失）都应在该资产交付给买方之时被确认。

37. 当收到预付费用或其他预付款项，例如大规模的长期性项目的预付款项时，收入应该在所提供的货物和劳务的成本实际发生之时才予以确定（不管该项费用或款项是不是应偿还的)。在增加一笔现金同时也增加一笔负债的情况下，例如收取“未赚取的收入”，应该在现金收到时才予以记录。如果政府机构要求预付款或分期付款，“未赚取的收入”就应该在收取现金并记录其金额之前被记录。②

38. 来源于交换性交易的收入，它的计量依据应该是按照确定的定价协议的规定所收取的或将要收取的实际价格。

39. 当收入已经被确认，而现金尚未收到时，就应该确认一笔应收款项，同时还应该确认一笔金额适当的坏账准备。

40. 如果由于信贷损失（因为借款人未能偿还确定的或商定的价款所引起的损失）而导致收入不大可能全额实现之时，就应该确认一项费用。另外，如果坏账能够被合理估计

---

① 本准则是对联邦财务会计准则第5号公告，《联邦政府负债的会计核算》中一般原则的例外规定。一般原则要求当某项合同的预计成本超过其预计收入时，就应该确认有关损失。但是，对预计的损失必须进行披露：参见后面第46段（d）中对披露的有关规定。

② 联邦财务会计准则第1号公告，第41段中规定，如果一项现金的要求权可以根据法律的规定加以确认，就应该对这项要求权进行记录。例如一笔付款的到期日。

的话，也应增加所提取的坏账准备的金额。[①] 坏账损失的金额应该单独加以列示。

41. 如果由于销售退回、销售折扣、重新定价或者除信贷损失之外的其他原因，导致收入不大可能全额实现，且不能实现部分的金额能够被合理确定时，这部分收入应该通过独立的备抵账户来予以抵减。这类备抵账户的金额应该被视为对收入所进行的调整，而不应该被视为运营成本，并且应该被单独予以列示。

42. 有关直接贷款和贷款担保所形成的收入和信贷损失，对它们所进行的确认和计量应由联邦财务会计准则第2号公告，《直接贷款和贷款担保的会计核算》来加以规范。适当的备抵账户也应该按照其有关准则的规定加以确立。

43. 交换性收入应该在确定报告主体的当期运营净成本时加以确认。无论交换性收入是由该主体留存自用还是转让给其他主体，都应被确认。总成本和净成本应该被正确计算，以确定有关产出的成本和报告主体总的运营净成本。净成本的计算要素包括三项：提供货物或劳务赚取交换性收入所发生的总成本，所赚取的交换性收入（减项），以及上述两者之差。净成本的构成要素还应该包括那些不为赚取交换性收入而提供货物、劳务、救济性付款或补助时所发生的总成本。

44. 利得和损失的净额应该从总成本中扣除或者加到总成本中以确定净成本，这与交换性收入从总成本中扣除的方式相类似。如果恰当的话，在计算某一项目、某一分部组织或某一报告主体的净成本时，那些不重要的，或不能与特定产出相联系的交换性收入应该作为一个整体从总成本中单独予以扣除。非交换性收入和其他财务资源在计算报告主体运营净成本时不应从总成本中予以扣除。

---

① 联邦财务会计准则第1号公告，《特定资产与负债的会计核算》第40—52段，是有关坏账估计的会计准则。联邦财务会计准则第1号公告中“结论的基础”部分的第116—133段对该项准则做了更进一步的解释。

45．在某些特殊情况下，报告主体实际上并不确认（无论是在当期或以前各期）与其所赚取的收入相关的成本。例如外大陆架地区的租金和特许使用权费。

A. 执行收款的主体在确定其运营净成本时，不应该用这类交换性收入来抵减总成本。如果这类交换性收入由该主体留存自用，那么在确定该主体的运营结果时，这类交换性收入应被确认为一项资金来源。相反，如果这类收入是代表其他主体（包括美国政府这个整体）收取的，那么负责收款的主体应该将这类收入当作一项保管行为，也就是作为为其他部门收取的金额来进行核算。

B. 如果执行收款的主体将交换性收入移交给其他主体，其他主体做下述类似确认将是恰当的。

a. 如果收入移交给其他主体，而该主体实际上也不确认与它所赚取的收入相关的成本，那么它在确定运营净成本时，它所收到的移交额就不应该用于抵减总成本，而应该被确认为一项资金来源，以确定该主体的运营净结果。

b. 如果收入移交给其他主体，而该主体的确需要确认与它所赚取的收入相关的成本，那么它就应该将它所收到的移交额抵减总成本，以确定其运营净结果。

c. 不管交换性收入的相关成本可否确认，它仍然属于交换性收入，因此它的确认和计量应该根据交换性收入的有关准则来进行。

**披露和其他附加信息**

46．任何一个提供货物和劳务给社会公众或另一政府主体的报告主体都应该披露以下信息：

(a) 所采用的定价政策中任何与完全成本或管理与预算办公室文件第 A—25 号，“使用费”（1993 年 8 月 8 日）中，为政府与社会公众之间的交换性交易所提出的市场定价指南，以及其后的一些修正性定价指南文件中的有关规定相异之处。

(b) 与社会公众之间所发生的，其价格不是基于完全成本或市价来确定，而是通过法律或行政命令来设定的交换性交易。[①]

(c) 以低于完全成本的价格或完全免费提供货物或劳务而发生的政府内部交易的性质，和对其价格及该价格偏离完全成本的原因所做的解释。

(d) 根据合同的规定按订单生产特定产品，或根据合同的规定按订单提供特定劳务时，预计损失很可能发生（可能比不可能的概率大）且该损失是可计量的（可合理估计的）情况下的预计总损失额。

47．在对第46段（a）至（d）中所要求的有关事项进行披露时，应注意使用警示性语言来强调这样一个事实，即如果要价高于完全成本或市价的话，货物或劳务的需求量就可能下降。因此，实际的收入与这种更高的要价之间的差额并不必然表明所放弃的收入。如果能够进行合理的估计，报告主体应该提供譬如所放弃的收入之类的其他附加信息，并对是否已经假定需求量会随着价格的变动而变动以及假定需求量会在多大程度上随着价格的变动而变动，作出说明。

## 非交换性收入

### 非交换性收入的确认和计量

一般准则

48．非交换性收入是政府所要求的或通过捐赠所收取的资源流入。这类收入应该在可明确确认的，并可合法执行的资源要求权出现之时被确认，并且与该要求权相应的款项的收取必须是很有可能的（可能比不可能的概率大），其金额也必须是能合理估计的。非交换性收入应该由执行收款的主体来进行计量，但应该由被合法授权获得该笔所收款项的主体

① 管理与预算办公室公告第A—25号中的定价指南并不适用于由法律或行政命令所设定的价格。

（收款主体）来进行**确认**。第49—63段对一般准则的运用进行了描述。

税收和关税

49． **收入由执行收款的主体来计量**。税收和关税也应该按照现金收付制基础来计量，并且按照现金收付制基础进行计量所得到的金额与按照权责发生制基础进行计量所得的金额之间应该相互联系起来进行揭示。从税收、关税、相关的罚金、罚款和利息等方面获得的收入，其来源和处置都应该由执行收款的主体按照适当的方式来加以计量，使其能够对以下事项加以报告：（1）现金收款、退款及用于确定总收入所必需的"应计的调整项目"；（2）移交给其他各收款主体的现金或现金等价物以及各收款主体应该确认的收入金额。对已移交或可移交给收款主体的收入而言，执行收款的主体执行的是保管职能。执行收款的主体不应该确认这类收入，但却应该对上述所提到的保管行为加以核算和报告。收取税收和关税的主体可能会对一般准则（第48段）中所规定的方法做出适当的变动，以便反映要求作为补充信息来进行列示的应计金额（第67段,）并使得权责发生制会计得到更加完全和完整的运用。

50． **现金收款**应该基于财政年度内实际收取的金额，包括代扣款项、估计付款、最终付款和应收款项的收取来加以确定。现金收款包括到期日之前收到的任何款项，但保证金除外。

51． **现金退款**应该基于财政年度内所偿还的税收和关税款项来加以确定。退款包括退款抵消和退税。退款抵消是指代表其他机构从退款中扣留并支付给这些机构的款项。退税是指退还的关税款，而这些关税款是针对进口后随即又出口或进口后被损坏的货物而退还的。

52． **"应计的调整项目"**对现金收款和退款的净额进行调整，以确定应该被确认的收入额。它是报告期内与净收入相关的资产和负债的价值的净增加或净减少额。与净收入相关的资产和负债包括应收账款、坏账准备和应付退款。有关执行收款的主体的这些账户的确认准则将在第53段至57段中加以描述。

53. **应收账款**应该在执行收款的主体通过确定的税款评定程序确立了一项对现金或其他资产的要求权，而该要求权是可明确确认并可合法执行的，并且与其相对应的金额可计量之时被确认。上述对来源于非交换性交易的应收账款所下的定义，要求对应收账款的确认准则加以修正，以使得这一类应收账款不是在应付款项到期之日被确认，而是在税款评定程序完成之时被确认。① 在这些程序下，被估金额是一种可执行的要求权，而与该要求权相对应的特定的到期金额已经被确定，并且应付税收或关税的收取人或收取主体也已经被确认。税款评定包括提交退税或报关文件者的自我评定和执行收款的主体所实施的税款评定两种。

54. 被确认为应收账款的税款评定文件包括纳税人所提交的，尚未充分支付的所得税申报表（或进口商所提交的报关文件）、纳税人有关审计结论的评估协议书或有关纳税申报表的替代文件的协议书（或进口商有关追加评估的协议书）、决定评估事宜的法律判决和纳税人（或进口商）同意按分期付款方式或经协商后可接受的提议事宜纳税的协议书。已经被认定为在现时不可能收回的应收账款也包括在内，但未来没有收回的可能，例如纳税人已经破产或已经终止经营了若干期间情况下的应收账款，则没有被包括在内。因此，应收账款只包括财政年度末通过评估所确认的未纳税额以及有关的罚金、罚款和利息。应收账款不包括已收取的金额或根据财政年度末以后收到的所得税申报表所应收取的金额，也不

① 联邦财务会计准则第1号公告，《特定资产与负债的会计核算》第41段陈述道"应收款项应根据……有关的法律规定来确认，例如付款到期日（例如，税款在到期日前无法收到）……"在收入准则下，过去的应付税款并非在到期日被确认，而是在收到尚未充分支付的所得税申报表之时或通过强制程序确立了对未依法缴税的纳税人的要求权，并且该要求权可合法执行之时被确认。

包括符合性评估额[1]或评估前的有关工作中所涉及的金额。

55. **符合性评估额或评估前的有关工作中所涉及的金额**。符合性评估额或评估前的有关工作中所涉及的金额可能是也可能不是通过合法评估而得到的，这将通过期后所发生的事项来加以确定。

A. **符合性评估额**是指由执行收款的主体所提出的、具有确定金额的评估额，但是在诸如正在对审计结论进行评估（或是对进口专家的复核结论进行评估或发现有违背法律规定的情形）的情况下，或是在美国国家税务局（IRS）颁布了有关纳税申报表的替代文件的规定的情况下，或是在有关评估事宜正在等待上诉或等待税务法庭裁决等等情况下，纳税人（或进口商）仍然有权对该评估额表示同意或对其加以拒绝。如果纳税人提交了一份经过修正的纳税申报表（或海关的抗议书/当期失误保留意见表），或是通过上诉或法律判决最终确定了评估额，或纳税人（或进口商）已经同意在当期缴纳税款或通过分期付款的方式缴纳税款，或经协商后的纳税事宜已被双方所认同，那么这些符合性评估额就可能形成应收账款。

B. **评估前的有关工作中所涉及的金额**是指尚未被执行收款的主体正式宣告的，纳税人有权就初始的信息通知进行协商的评估额，例如收入代理报告中的金额（或与那些拟用于进行买卖，但进口商没有就其提供报关总目录的商品有关的尚未宣告的评估额，或与那些由海关的符合性计量方案所估算的收入有关的尚未宣告的评估额）。那些最终仍然会被评估的金额或金额范围，以及通告期持续时间的长短有可能是能够被合理估计的，但就目前而言，还没有任何在评估前的有关工作中所涉及的金额被包含在以货币计量为基础的会计系统中。对评估前的有关工作中所涉及的，最终可能被收回的金额或金额范围的估计，在目前还并非如此可靠，因而不能对其加以确认。

[1] 海关称“符合性评估额”为被反对的评估额。

56．**坏账准备**应该像在其他准则中所规定的那样，在对各项独立的应收账款或各组应收账款进行分析的基础之上加以确认。[①] 要求增加或减少坏账准备的一项规定只会导致对非交换性收入的调整，而不会导致对一项坏账损失的确认。

57．**应付退款**（包括退款抵消和退税）应该当其在执行收款的主体的特定程序下是可计量的并且是依法应付的时候被确认。这些款项包括那些纳税人已经提出了返还要求（或退款要求），并且政府已经确定了退款金额和退款对象情况下的退款。与报告年度末所提出的返还或退款要求相关的，付款前不要求执行特定的批准手续的退款包括在内。

58．**其他退款要求权**。指的是那些在执行付款之前需要执行特定的行政审批行为的要求权，和纳税人或进口商尚未宣告的，可能成为应付款也可能不能成为应付款，需要依靠期后事项来加以确定的退款要求权。

A．在报告年度末所要求的行政行为尚未完成情况下的退款要求权不应被确认。即使这些退款可能是可以合理估计的，仍然不能确认。

B．尚未宣告的退款要求权，譬如尚未提出的退款要求权或退税要求权不应被确认。[②] 这些金额有可能是可以合理估计的，但是在目前还没有被包括在以货币计量为基础的会计系统中。

59．**保证金**。那些自愿支付给报告主体以作为保证金的款项，例如那些支付后可导致停止计提利息的款项，以及那些构成未决判决或审判的款项，应该被单独确认为保证金负债。

60．收款主体所确认的收入的金额应该等于以下金额的总

① 联邦财务会计准则第1号公告，《特定资产与负债的会计核算》，第44至51段，规定了确定坏账准备金额的依据。

② 由于将由本期结转至以后期间的经营净损失和税款减除金额，未来的企业所得税可能会减少1000多亿美元。企业所提交的纳税申报表和财务报表中的有关信息，似乎为合理估计基于这些税法的有关规定而导致的未来企业所得税的潜在减少额提供了依据。根据此处的定义，有关所结转的经营净损失的信息并不属于一项未宣告的要求权。

和：(a) 由执行收款的主体移交给它们的现金或现金等价物；(b) 收款主体和执行收款的主体之间所发生的，任何相关主体间余额的净变动额（也就是由执行收款的主体移交给收款主体的金额或反之）。现金等价物一般指的是由与执行收款的主体协同运作的国库所发行的特种国库券。主体间相互移交的金额一般应在以下时点被确认：(1) 当执行收款的主体和收款主体之间存在着可合法执行的，要求移交或偿还税款或关税款的权利之时以及 (2) 对这种要求权的偿付是很有可能实现的并且其金额是可以计量的。主体间的收支余额一般代表了当期预计要移交的金额以及执行收款的主体在年末已经收到，但尚未移交的收入金额。在计算运营结果之时，收入应该被确认为一项资金来源，而不应被确认为计算运营净成本过程中的扣除项目。有关若干个主要的收款主体组运用本准则的一些基本规定将在第 60 段的各小段中加以描述。

60.1 **信托基金依法有权获得已征收的特许权税。**某些信托基金被依法授权接受实际已由执行收款的主体所收取的特许权税。然而，目前移交给这一类信托基金的款项实际上是以所估计的特许权税金额为依据，这是由于对来源于这一类税收的现金收款，有关其具体构成要素的各项数据在目前还无法从纳税人之处获得。本准则说明了估计的特许权税有可能会代替实际收取的特许权税作为收入确认的基础。

60.2 **信托基金依法有权收取应计的社会保障税。**按照法律的规定，信托基金应该根据参与者的收入和适用的税率来收取社会保障税。应计的社会保障税目前是通过美国国家税务局（IRS）的估定程序来加以确定。纳税人的违规行为可能会导致收取的税款要少于根据参与者的实际收入所计算的税款。各个参与者应该将有关数额单独报告给社会保障管理局（SSA）。但是，由于劳动者的少报，这些数额目前甚至还低于美国国家税务局（IRS）所确定的数额。社会保障管理局（SSA）依法有权保留由美国国家税务局（IRS）实际移交来的较高数额。本准则说明了收入应该根据所能获得的最好信息，也就是说，根据由美国国家税务局（IRS）的估定程序所确定的金额和各参与者报告给社会保障行管局（SSA）的收入额这两者之中的较高者，再加上其后的必要调整事项来进行确认，以使得移交给信托基金的数额能够达到基于各参与者的实际收入记录所计算的应交税额。

60.3 **执行收款的主体有权保留收入**。当执行收款的主体依法保留一定款项，以作为对征税过程中所发生的成本的补偿之时，这项收入应该被确认为交换性收入，并在计算执行收款的主体的运营净成本时予以扣除。

60.4 **普通基金**。普通基金主要是确认所有那些不被信托基金以及其他收款主体确认的非交换性收入。由于拖欠税款而产生的利息，应该被确认为一项交换性收入。普通基金应该在以后的若干期间内，对已结账当期所确认的，并且已经正确地（或不正确地）移交给了其他收款主体的有关收入的调整事项进行确认。

罚金和罚款

61. 罚金和罚款是强加于违反法律和行政法规之人的货币性要求。它们有可能是由收取税收和关税的主体来强行征收，也可能是由其他的政府主体强行征收。一项资源要求权产生的时间将依赖于罚金以及相关法律和行政程序的性质。根据不同的环境，在某些条件下有可能会导致对一项可合法执行并可计量的要求权的确立。有关这些条件的举例如下：（1）法院传票到期之日；（2）违法违规者在开庭日以前支付了罚金；（3）法庭判处罚金。在征收税收和关税的情况下，坏账准备应该被确认为收入的调整项目，并根据其他的一些准则加以确定。[①] 根据有关规定，如果应收款项的一部分或者全部很可能（可能比不可能的概率大）无法全额收取，那么就应该确认相应的损失。因此，坏账准备应该用于抵减应收款项总额以及总收入额，使它们等于各自的可实现净值。

① 联邦财务会计准则第1号公告，第44至51段。

捐赠

62．捐赠是指对政府的捐赠，也就是由非联邦主体给予政府主体的自愿性资源捐献。捐赠物有可能是财务资源，例如现金和证券，也有可能是非财务资源，例如土地和建筑物。来源于捐赠的收入应该针对那些满足资产确认标准① 的资源流入来确认，并且应该根据捐赠物的估计公允价值来加以计量。

其他非交换性收入

63．对非交换性收入的各种类型的描述参见附录B：交易分类指南。其中的一些收入类型并未在本准则中特别提及。除非其他的一些委员会准则另有规定，这些收入应该根据一般准则（参见第48段）来进行确认和计量。

**披露、补充信息和其他附加信息**

披露

64．**会计基础**。当运用第48段中的一般规则而导致引入了修正的收付实现制会计基础时，执行收款的主体应该对所运用的会计基础加以披露。有关披露应该指明由于这种会计基础的运用所可能导致的未能计提的特定的应计项目，以及影响这些应计税收和关税项目的实际的和固有的局限性。这些披露还应该提及其他被要求的相关披露事项和补充信息。此外，还应该说明在其他的附加信息中也已经提供了有关信息。如果某一执行收款的主体采用了更加完全地运用权责发生制会计基础的会计准则，就像第49段中所允许的那样，那么有关披露就应该对有关的会计变更加以描述，并指出它与本准则中有关规定的不同之处。

① 有关被捐赠的不动产、厂场及设备的确认标准的准则，参见联邦财务会计准则第6号公告，《不动产、厂场及设备的会计核算》中第30段、62段和71段。

65. 收取税收和关税的主体应该披露与未来现金流量、有关收入的交易和经管责任相关联的下列项目：

65.1 **应收账款**。影响各种应收账款的可收回性、收取时限及其金额的诸因素。

65.2 **有关收入的重大交易**。所有与收入相关的交易中，那些会影响应收账款、应付退款和坏账准备项目的期初、期末余额的交易都应该被披露。所有有关执行收款的主体的经管责任的各类重大的收入交易都应该被披露。所披露的内容应该是足够全面的，至少应该包括：纳税人（或进口商）所实施的自我税款评定；执行收款的主体所实施的税款评定；罚款；利息；已分派至各纳税人账户的现金收款和尚未分派的收款；退款、退款抵消和退税；减税项目；在报告期内作为坏账核销的应收账款和所计提的坏账准备。

65.3 **按税收年度和税收类型所归集的累计现金收款和退款**。按税收年度和税收类型所归集的累计现金收款和退款应该包括报告期以及足够多个以前各期内的所有现金收款和退款，以便对（1）税收征收款和退款的历史时点，以及（2）收款和退款模式中的重大趋势做出说明。对每一类型的税收而言，足够多个以前各期指的是那些随着法定收款期的终止而终止的期间。如果以前税收年度内的有关证据表明一个更短的期间能够反映出至少百分之九十九的可收回税款，那么执行收款的主体就有可能会缩短这些期间。

66. 如果信托基金收入不是根据有关法律的规定来记录的，那么执行收款的主体和收款主体都应该对该做法的理由加以披露。

补充信息

67. 收取税收和关税的主体应该提供下列有关其潜在收入和经管责任的补充信息：

67.1 报告年度末符合性评估额以及能够合理估计的评估前有关工作中所涉及的金额的预计可实现净值。所列示的金额应该代表管理当局所估计的，有可能从符合性评估额和评估前有关工作中所涉及的金额中收回的，并已对其可靠性进行了适当评定的附加收入的最大可能值。如果能够进行估计的话，还应该对评估前有关工作中所涉及的金额提供一个数值范围。有关符合性评估额和评估前有关工作中所涉及的金额的合计数在报告期内所发生的变动情况的信息也应该被列示出来。

67.2 能够合理估计的其他退款要求权。这些要求权尚不属于应计项目，但当行政行为完成之时，却有可能需要被支付。如果尚未宣告的退款要求权已经被加以估计，那么它们应该与已提出的要求权分开揭示，并且应该以一定的数值范围的形式来加以表达。所列示的金额应该代表管理当局所估计的，并已对其可靠性进行适当评定的最大可能值。有关这些金额的合计数在报告期内的变动情况的信息也应该被列示出来。

67.3 已经被核销，因此未能包含在应收账款的数额之内，但主体依法仍然有权在报告期末收取的税款评定额。

67.4 能够合理估计的，根据有关法律的规定属于信托基金融资过度或融资不足的金额。

68. 作为收款主体的信托基金，应该提供与第 67 段中要求执行收款的主体所提供的信息完全相同的信息。

其他附加信息

69. 下列有关其他附加信息的指南，以提供一定的灵活性为宗旨，以便信息的编报者能够在考虑了信息使用者的利益和需要，以及数据的可获得性的基础上，提供与下列主题最为相关的信息。

69.1 **关于所得税税赋的分析文件**。美国国家税务局(IRS)应该提供一份关于所得税税赋的分析文件。它可以采取摘要的形式，对有关所得税及与其有关的收入、扣除项目、免税项目和根据个人的收入水平或企业的资产规模所确定的各自的税款减除数额的最新信息进行汇总说明。究其目的，是为了反映由不同阶层的个人和企业所担负的所得税税赋的大小,以及所得税税赋的大小到底是如何受到税法中有关税率、扣除项目及税款减除数额等有关项目规定的影响的。

69.2 **关于税收缺口大小的有用信息**。执行收款的主体应该提供根据联邦政府的调查和研究而得到的有关年度税收缺口的任何估量信息。税收缺口指的是应该从违法违规的纳税人或进口商处获得的税收或关税款。对所报告的金额应该加以明确界定，例如，税收缺口是否包含了来源于非法所得收入的应纳税额的估量值。另外，还要对这些估量值的可靠程度加以适当的说明。对于如何与作为补充信息列示的、源于各个特定的违规纳税人的税收缺口，也就是与符合性评估额和评估前有关工作中所涉及的金额（第 67.1 段）之间进行参阅分析，附加信息中也应该有所描述。

69.3 **与主体各项目相关的税收支出**。当报告主体认为某些税收支出与其所执行的项目相关时，就可以提供有关这些税收支出情况的信息，但应该注意适当地对这些信息进行审查并加以解释，以便读者能够评估和测算出各类特定的税收支出对有关项目完成情况的影响。

69.4 **与主体项目有关的直接资源流量**。与主体的各个项目有关的直接资源流量信息也可能被披露。这些信息一旦被披露，就应该同时对有关金额的估量基础加以描述，并运用适当的谨慎性语言来对其可靠性加以说明。这些信息也应该被恰当地加以审查和解释，以便读者能够评估和测算其对各项目完成情况的影响。

**其他财务资源**

70\. 不属于交换性收入和非交换性收入的其他财务资源，提供了有利于增加报告期主体运营成果的资源流入。它包括已耗用的拨款、从其他政府主体转移而来的资产以及与成本补助① 有关的资金。资金的流出可能是由于报告主体将资

① 其他会计准则将规定成本的归集标准以及成本的计量方法。本准则提供了关于在上述情况下所报告的相应资金来源的会计核算指南。

产移交给其他政府主体，或由于主体依照有关规定，将其所赚取的交换性收入移交给了普通基金或另一政府主体而造成。尚未支出的拨款应该在确定主体净资产时单独加以确认，直到它们被使用之时才被确认为一项资金来源。

**其他财务资源的确认和计量**

拨款

71. **尚未支出的拨款**。拨款，只有当其被使用的时候才是一项资金来源。当拨款可用于分配之时，即使国库付款命令书尚未收到或拨款尚未分配完毕，它们仍然应该被确认为资本类下的“尚未支出的拨款”项目（同时还应被确认为资产类下的“国库资金”项目）。尚未支出的拨款额应该被扣除，以反映已使用的拨款额；尚未支出的拨款额还应该被适当加以调整，以反映预算资源的其他变动项目，比如撤销项目和转账项目。当期未支出拨款的净增加额或净减少额应该被确认为主体净资产的变动项目。

72. **已使用的拨款**。拨款，在使用时应被确认为一项资金来源，以确定主体的运营净结果。[①] 拨款一般是在运营过程中，当货物和劳务被收到，或者救济和补助被提供之时被使用。货物和劳务（包括已资本化的金额）只有当相应的负债被确立之时才会被认为已经收到。救济也是当相应的负债被确立之时才会被认为已经被提供。至于补助，只有当受助人已经满足了使用补助的条件时[②]，才会被认为已经提供。

为成本补助所归集的资金

73. 政府主体经常从其他政府主体之处收取货物和劳务，

① 正如在“结论的基础”部分中所解释的那样，在私营部门中，“运营净结果”一词是净收益的同义语，而净收益是营利企业绩效评价的“底线”。然而，对绝大多数政府报告主体而言，净收益却并非绩效评价的“底线”。参见第 224 段及其后各段。

② 联邦会计准则顾问委员会拟开展一项有关补助的会计核算的研究方案。

而无须向对方付款以补偿对方所发生的全部成本。此外，政府主体自身也经常发生成本，例如为发放养老金而发生的成本，而其中的一部分或是全部会由其他主体来支付。这些，就构成了收受方政府主体应该根据其他相关会计准则的规定所确认的收到了补助的成本额。所确认的一项资金来源额应该同与其相应的由成本归集程序而得来的成本额相等。这样，所归集的成本对于当期运营净结果的有关影响就被完全抵消了。

资产的转移

74．政府内部无需给付等价物的现金或资本资产的转移，同时改变了接受方和转让方的可支配资源。接受方应该将转入项目确认为当期运营结果中的一项附加资金来源。类似地，转让方应该将转出项目确认为当期运营结果的减项。所记录的金额应该等于转让方转出资产的账面价值。如果接受方无法确知账面价值，则转入资产应该按该资产在转让日的预计公允价值来进行记录。

75．某一政府主体所赚取的，已经包含在运营净成本计算过程之中的交换性收入，如果需要将其转移给国库或其他政府主体，则这笔金额在确定运营净结果[①]之时应该被确认为一笔转出款项。

**以前年度调整**

76．以前年度调整只限于对错误事项的更正和具有追溯性影响的会计变更事项，包括因为采用新的联邦财务会计准则而导致的会计变更。以前年度调整应该根据适当的准则来进行确认和计量。调整事项应该被确认为运营活动累计成果的一个变动项目（而非当期运营净结果的构成项目）。以前年

① 此处的转移与经管责任下的转移有所不同。此处的转移涉及的是转让方在执行有关项目的过程中所使用或所赚得的资产，而经管责任下的转移涉及的是转让方代表其他主体所收取的资金。有关经管责任下转移项目的会计核算将在非交换性收入部分加以描述。

度的财务报表不应该由于当期确认了以前年度的调整事项而被重新表述。

**预算信息**

77. 预算是政府最主要的财务计划和控制工具。基于上述原因，并且考虑到预算信息对于联邦政府财务信息使用者而言所具有的重要作用，那些资金完全或部分地来源于预算的报告主体，应该揭示下列重要的预算信息：

(a) 报告主体在当期所能获得的总的预算资源；

(b) 这些资源的存在状况（包括“所承担的义务”）；

(c) 费用。

78. 预算资源应该根据管理与预算办公室文件第 A—11 号和 A—34 号中有关预算的概念和定义来进行确认和计量。此外，报告主体应该提供有关其每一个主要预算账户的确认和计量事项的补充信息。小金额的预算账户应该加总反映。

79. 下列有关预算资源存在状况的信息应该被披露：

(a) 期末与未发出订单相对应的预算资源的数额；

(b) 期末可利用的借款权和签约权；

(c) 还款要求、用于还款的资金来源以及与所使用的借款权有关的其他条款；

(d) 期初可利用的预算资源在当期所发生的重大调整事项以及与其有关的解释；

(e) 长期性无限额拨款的存在状况、目的及其可用性；

(f) 可能影响到预算授权中未承担付款义务的余额的使用的法律协定，比如有关其使用时限、使用目的和所承担的义务限制的规定；

(g) 有关第 77 段中所要求揭示的信息和《美国政府预算》中作为应计项目列示的信息之间所存在的任何重大性差异的解释；

(h) 在所确认的无基金来源负债额不等于尚未被提供的资金来源的总金额的情况下，有关无基金来源负债的金额及相关解释，包括资产负债表各要素的确认的信息；

(i) 在报告期内所收到的任意一笔资本投入的金额。

80． 预算会计信息和财务会计信息是互为补充的，但是这两种信息的类型和确认时点却各不相同，这就导致了两者所采用的会计基础也有所不同。为了更好地理解这些差异，可以运用一份能起到协调作用的文件，来对主体在当期承担了相应义务的预算资源和当期运营净成本之间的关系加以解释。这份协调性文件应该参考与“所承担的义务”以及管理与预算办公室文件第 A—34 号中所定义的相关调整事项有关的报告。它还应该包括那些未包含在“所承担的义务”项目中的其他财务资源，诸如所投入的资金、资产的转移以及不包括在预算收入项目中的资产的捐赠。此外，如果预算资源中只包含了现金金额，那么它还应该包括那些与交换性收入有关的、应该从社会公众处收取的应收款项的减少额（增加额）。这些项目的总和就是由所承担的义务和非预算资源所构成。

81． 上述项目的总和应该通过以下各项来进行调整：

(a) 未构成运营净成本的资源（例如，未发出订单的变动额、所收到的用于支付以前年度成本的拨款、已资本化的资产等等）；

(b) 已经包含在运营净成本中，但没有实际花费资源的成本项目（例如，以前年度已经资本化的资产在当期的折旧费用和摊销费用）；

(c) 尚未被提供的资金来源（那些只在以后各期才可利用，但是在报告期当期就将被确认为成本，以便确定当期运营净成本的资金来源）。

82． 调整项目应该以适当的篇幅和方式来进行揭示和说明，以便更好地阐明预算中所运用的义务基础和财务（财产）会计中所运用的权责发生制基础这两者之间的关系。

**专用收款的会计核算**

83． 一个报告主体有可能要对通过专用收款来融资的基金负责，而它持有专用收款的目的是为了便于将来使用，以实现建立基金的目的。某些基金是通过托管方式来持有的。为了保护纳税人、希望所收款项能够被用于所指定的专门用途而向基金捐款的捐赠人以及那些期望从基金的未来使用中获益之人的利益，要求报告主体能负责承担专门的受托责任。这类基金包括预算内所有被划归为信托基金的资金、预算内所有被划归为“专项基金”，但其性质却类似于信托基金的资金以及联邦政府内（预算内或预算外）具有受托性质的基金。因此，管理当局应该对那些性质上类似于信托基金的专项基金，以及那些预算内或者预算外的具有受托性质的基金加以鉴别。对那些具有类似于信托基金性质的基金进行鉴别的过程是一个判断过程；管理当局最有资格执行这项判断。

84. 有关这些专用收款的单独的财务信息，如果它们对报告主体、受益人或捐助人三方之中的任何一方而言是重要的，那么这些信息就应该被提供。这些单独的信息既可以在报告主体通用目的的财务报表中予以报告，也可以在财务报表附注中加以披露。如果这些信息对报告主体自身而言并不重要，那么它们也有可能在送交给受益人或捐助人（或其代表）的专用报告中被单独提供，而无需在报告主体通用目的的财务报表或其附注中予以个别揭示。

85. 就最低要求而言，对那些来源于专用收款的各项基金，至少应该提供下列相关信息：

(a) 有关各项基金的目的、主管机构核算和报告这些基金的方式以及使用这些收款的权力的描述；

(b) 当期的收入来源和其他财务资源、有关当期收入来源和其他财务资源对政府资源流入的影响程度的解释或有关政府内部资源流动的影响的解释；

(c) 有关与国库券投资相关的资产和负债、其他资产、应付债务、应付受益人款、其他债务和基金余额的简化信息；

(d) 有关净成本的简化信息，以及有关由各类收入（交换性收入/非交换性收入）、项目成本、其他费用、其他财务资源所引起的基金余额的变动情况以及其他基金余额的变动情况的简化信息；

(e) 任何收入项目、其他财务资源或根据会计准则的规定应该归属于基金，但依法不允许被视为基金扣除项目或基金费用项目的成本项目。

当上述信息像第 84 段中所叙述的那样在专用报告中被单独提供时，上面（c）、(d) 项中所规定的那些财务信息应该予以合并，以反映这类基金的有关情况。这类信息被称为“关于未在通用目的的财务报告中单独列示的非重大基金项目的数量的信息”。

86. 有关的法律条文可能会要求采用一种特殊的方式来对基金进行会计核算。如果法律有关基金确认要求的规定与可适用于某些收入、其他财务资源或成本的会计准则的规定相反时，就需要对条款（e）中所要求的信息加以披露。例如，信托基金可能需要根据政府在报告当期实际收取的现金来确认收入，而不是根据政府的应收款项来确认收入。对于某些基金而言，哪些项目可以从基金中支付将受到法律的限制。虽然基金自身所采用的会计方法应该与有关的法律规定保持一致，但是基金所从属的更大的报告主体、基金管理机构或其上级政府机构（一个政府部门或者整个政府主体）仍然应该对收入、其他财务资源或与资金有关联但依法不应在基金中列示的成本项目进行确认。[①]

87. 绝大多数的专用收款都被包括在执行有关项目并负责管理相应基金的主体所编制的财务报表中。然而，当所收款项不在预算之内或根据“主体与表述”的规定不在报告主体之内时，情况就并非如此。在上述任何一种情况下，有关信息都要求被披露。如果同时不止一个报告主体负责使用专用收款来执行有关项目，那么应该由各参与方中拥有最大份额的那一个主体负责对资金的所有收入、其他财务资源、资产、负债和成本进行报告。

---

① 当基金信息被单独予以报告并且所采用的会计基础与相关会计准则的规定不一致时，报告中应该说明该报告是根据法律的有关规定来进行编制的。

# 第二部分 协调预算会计和财务会计的有关概念

## 引言

88．联邦政府财务会计概念第 2 号公告，《主体与表述》，旨在为联邦政府主体编制财务报告提供概念指南。它规定了所要传递给报告使用者的财务信息的种类，并对应该包含在主体报告中，有助于实现联邦政府财务报告目标的信息种类提出了建议。联邦财务会计概念第 2 号公告《主体与表述》认为，应该同时报告预算信息和运营绩效信息（也就是权益信息），以及其他有关信息，以满足财务报告使用者的需要和财务报告目标。预算信息着重反映为获得或提供预算概念中所定义的货物和劳务而承担的义务和所发生的财务资源支出。运营绩效信息着重反映资源按照权责发生制会计准则所规定的用途使用时所发生的成本。

89．预算会计信息和财务会计信息是互为补充的，但是由于它们的着重点不同，导致两者的信息类型及其确认时点必然会有所不同。为了更好地理解这些差异并且更好地运用所提供的互补信息，就需要通过提供相关信息，来对为获得或者提供货物和劳务而发生的资源耗费和因使用那些货物和劳务而发生的净成本进行协调。”征求意见稿收入和其他财务资源的会计核算”，以及从反馈者处所获得的实质性支持，为如何提供这些信息指明了一种方法。因此，《主体与表述》正在进行修订，以使其包括这样一项规定，即要求提供关于预算中所报告的资源使用情况和运营净成本中所报告的资源使用情况的信息。

## 联邦财务会计概念第 2 号公告《主体与表述》的修订事项

90．下面的标题和段落（在本文件中标号为第 91 段和第 92 段）是对联邦财务会计概念第 2 号公告中标题为“揭示财务信息”部分的补充。

## 预算会计和财务会计之间的协调报表

91．预算完整性目标下的1C子目标表明，有必要借助于提供相关信息，来帮助读者对“有关预算资源使用情况的信息与有关项目运营成本的信息之间是如何相互关联起来的，以及有关预算资源存在状况的信息与有关资产和负债的其他会计信息之间是否相吻合”加以确定。正是由于财务报表中所使用的、以权责发生制为基础的费用计量方法不同于预算报告中所使用的、以义务为基础的计量方法，才导致了这样一个目标的产生。

92．要实现这一目标，就必须对由于采用不同计量方法所导致的预算会计和财务会计（也就是权益会计）的差异进行了解。这可以通过一张融资报表来实现。融资报表主要是用来将准备用于联邦政府主体的有关项目和用于主体运营的预算资源调整为该主体的运营净成本。所列示的数据既有可能是有关报告主体这个整体，也有可能是有关这个整体的主要组成部门；既有可能包括各个主要的预算账户，也有可能只包括预算账户的合计数，而不包括该主体各个独立的预算账户中的有关数据。

93．融资报表是对联邦财务会计概念第2号公告中标题为“有关一个组织的财务报告”部分中所建议的列举事项的补充。此外，还应该包括下面这段脚注（主要是关于融资报表的）：

> 管理与预算办公室将会提供一份指南。这份指南的内容主要是关于融资报表的揭示过程中所应注意的问题，包括融资报表是将作为一张基本的财务报表来予以列示，还是将作为基本财务报表附注中的一张附表来予以披露。

94．下面的标题和段落（在本文件中标号为第95段至第101段）是对联邦财务会计概念第2号公告中标题为“有关各推荐揭示事项所应列举的内容的建议”部分的补充。

### 融资报表

95．融资报表的编制目的，是为了解释当期已经承担了相应义务的预算资源和报告主体运营净成本之间的关系。该项信息应该以一种适当的方式列示，以便澄清预算会计所采用的义务基础和财务会计（也就是权益会计）所采用的权责发生制基础之间的关系。融资报表通过采用一种调整方式来对这种关系加以解释，它为理解预算资源（和某些非预算资源）如何为运营成本提供资金以及如何影响报告主体的资产和负债提供了必要的信息。下面各段对融资报表中应该包含哪些要素做出了说明。它们对于那些帮助读者从各项义务过渡到相应的运营净成本的各调整事项，提供了一种合乎逻辑的分类方法。

96. **承担的付款义务**指的是已发出的新订单、已授予的合同、已获得的劳务的金额，以及当期所发生的、需要在当期或者在以后某一期间内付款的其他类似交易的金额。抵消性收款的开支权和以前年度所发生的义务的补偿需要从中予以扣除。

97. **非预算资源**代表的是主体所收到的、未包含在预算资源之内的资源的净金额。这些资源项目可能包括资产的捐赠、来源于（或给予）其他联邦政府主体的资产的转移以及为成本补助所归集的资金等等。这一金额还包括应该从社会公众处所收取的、与收入相关的应收款项，这是因为尽管已经作为交换性收入收取的现金属于预算资源，但是与交换性收入相关的应计款项却并不在预算资源之列。

98. **不为运营净成本提供资金的资源**主要指的是（a）已经被预定、但尚未被收到或尚未被提供的货物、劳务和救济的变动额；（b）报告当期所提供的、用于支付以前年度所发生的成本的金额；（c）为了获得在资产负债表中已经资本化的货物和服务而支付的金额。

99. **不需要耗费资源的成本**主要是指将资产的成本在若干个报告期内予以分摊所引起的费用（例如折旧费），以及资产减值（由于资产的重估）而发生的损失。

100. **尚未提供的资金**指的是直到未来某一期间才会被需要、用于补偿本期内所发生的成本的资金额。

101．本调整表的底线应该是**经营净成本**。

102．下面有关财务报表格式的范例应该作为联邦财务会计概念第2号公告中的附录的补充：

**主体与表述，附录1—G**

**财务报表格式范例**

**融资报表**

19X4年9月30日

| | |
|---|---|
| **负债和非预算资源** | $ xxx |
| 发生的负债 | |
| 抵消性征收和其他预算调整的支出授权 | (x) |
| 不包括在预算中的捐赠 | x |
| 成本津贴 | x |
| 转入（转出） | x |
| 不包括在预算中的交换性收入 | (x) |
| 其他 | x |
| 已调整的负债，和非预算资源 | xxx |
| **不为经营净成本提供资金的资源** | |
| 尚未收到或提供的产品、服务和预定的利益的金额的变化 | (x) |
| 资产负债表中已经资本化的成本 | (x) |
| 为满足以前年度需要而筹集的资金 | (x) |
| 其他 | (x) |
| **不要求资源的成本** | |
| 折旧和摊销 | x |
| 资产和负债的重估价值 | x |
| 其他 | x |
| **需要获取的资金** | x |
| **经营净成本** | $ xxx |

# 附录A：结论的基础

## 引言

103．本附录并不属于向联邦政府财务报告的编制者和审计者所提供的权威性指南。它总结了联邦会计准则顾问委员会的成员在就本公告进行商讨时所考虑到的一些重要事项，包括对本公告采纳了某些方法而放弃了另外一些方法的原因的解释。独立委员会的成员对其中的某些部分施加了较大的影响。

104．联邦会计准则顾问委员会于1995年7月发布了征求意见稿《收入和其他财务资源的会计核算》。本草案向反馈者们提出了18个具体的问题，并邀请他们就其他的若干个主题发表自己的见解。委员会总共收到了42封评论信，其有关来源如下表所示：

| 来　源 | 美国政府内部 | 美国政府外部 | 合　计 |
|---|---|---|---|
| 使用者、专家及其他① | 2 | 7 | 9 |
| 审计人员 | 10 | 1 | 11 |
| 编制人员 | 22 | | 22 |
| 合　计 | 34 | 8 | 42 |

105．联邦会计准则顾问委员会还在1995年9月20日举行了一个有关征求意见稿的公开听证会。一位会计教授、来自四个负责编制财务报表的联邦组织的多位代表以及来自某一联邦审计组织的多位代表在听证会上发表了自己的见解，并就草案中的有关内容与委员会进行了商讨。对于征求意见稿中的绝大部分规定，发表了建议的绝大部分与会者都予以了口头上或书面上的支持。然而，大部分的反馈意见也同时表明，草案中所建议的信托基金披露事项的范围，应该被进一

① 这一类指的是有代表性的组织、已经退休的联邦政府雇员、仅表达个人意见的联邦政府雇员、联邦政府订约人、大学教授和其他使用者。

步加以拓宽，以便能够将那些对专用收款负有类似的专门受托责任的其他基金也包括在披露范围之内。此外，大部分的反馈意见还提议，应该保留实务惯例中对与交换性收入有关的信贷损失确认相应的坏账损失的传统做法。委员会根据这些建议做出了相应的修改。（参见第128段中有关信贷损失的修改细节。参见第226段及其后各段中有关信托基金和其他基金披露事项的修改细节）。除拓宽了基金披露事项的范围之外，委员会还同时要求提供有关信托基金融资过量和融资不足情况的披露信息和补充信息（参见第67段、68段和69段）。委员会在对它所收到的有关评议详加考虑之后，还对征求意见稿中的其他次要内容进行了略微的修订。

106．委员会考虑了征求意见稿之后所附加的、来源于美国国家税务局（IRS）的一些补充信息的基础上，对某些术语进行了修正。“评估前的金额”，现在被称为“符合性评估额”；“所提议的评估额”，现在被称为“评估前的有关工作中所涉及的金额”。更为重要的是，委员会提出存在着这样一种可能，即评估前的有关工作中所涉及的金额有可能是无法被合理预计的（参见第67段）。根据征求意见稿之后所附加的、来源于海关的一些补充信息，委员会又提出了必须提供有关尚未宣告的退款要求权的补充信息的要求（参见第67段。其中包括了可能已达到海关所上报收入的20%的潜在退税款）。

107．在经过仔细商讨以后，委员会得出如下结论：对于税收和关税的会计核算，应该允许在一般准则有关规定的基础上，进一步采用权责发生制会计基础（参见第49段）。该结论在公告发布之日直到委员会对上述准则加以考虑后重新予以修订的这段时间之内，将会一直适用。考虑到该项准则的有效期比征求意见稿中所建议的有效期要延长了整整一年，以及信息准确性要求的重要性，委员会决定做出如下规定：要求所有与收入相关的重大交易，都必须在采用复式记账的会计系统下（而非采用估计方式）来进行会计核算。此外，委员会还改变了对这类信息的界定，将其由补充信息转为了披露信息（参见第 65 段）。

108．最后，委员会还意识到，报告主体在某些情况下，还可能会报告那些有关税收支出的信息和那些有关由他们所执行的项目而引起的直接资源流动的信息。然而，上述准则只在这些信息是可以被适当加以验证和解释之时，才允许将其作为其他补充信息来加以列示。

## 交换性收入

### 政府交换性交易的特殊性质

109．来源于交换性交易的收入在政府部门中所起到的作用与在私营部门中有所不同。绝大部分政府产出被提供给社会公众，这是政治决策直接作用的结果，而不是为了进行交换以获取收入。这些包括劳务的供应、对个人的转移性支付以及对州政府及地方政府的补助等各种形式的供给。同样地，政府所收取的大部分的款项，主要是它们通过实施其行政权力强制征税的结果，而不是它们以某一价格向社会公众提供货物和劳务所赚取的收入。

110．在政府通过提供货物和劳务以获得交换性收入的情况下，其所制定的价格可能仅够用于弥补成本。有的时候，价格可能是在市场上形成的，因为这些价格有可能是某一个企业所制订的（例如将政府土地上的钻井采油权进行拍卖的情况）。然而，通过立法和政策所设定的许多价格，往往比在拍卖交易或其他市场交易中所可能获得的价格要低一些（例如所收取的放牧费）。在这其中的某些情况下，价格的设定几乎很少考虑或者根本就未曾考虑到相关的成本因素（例如国家公园的参观费）。

111．交换性交易也发生在政府内部的各主体之间，这种情况有可能是由有关立法所规定，也有可能是通过相互之间所达成的协议来实现。这些交换性交易，通常也不是按照市场上的公允价值来进行的。服务常常被免费提供给有关项目，例如司法部为国家税务局所执行的各项诉讼。另外一个常见的例子，就是在某一政府机构内部同时由几个项目共同免费使用的一台中心计算机。即使在需要收费的情况下，内部的销售价格或补偿价格也并不必然是以提供货物和劳务时所发生的完全成本或是以竞争市场上同类物品的市价为基础来加以制定。

112．政府内所发生的某些交换性交易是通过政府内部的一些周转基金来执行的。在许多情况下，设立这些基金的目的，是为了通过销售这些基金的产出来补偿基金的有关成本。这样，就使得这些基金能够通过销售来实现自我保全，包括无需通过追加拨款就能够实现的对基金资本的保全。为了实现上述目标，货物和劳务必须按照完全成本来进行定价，但事实上并非总能按照完全成本来收费。因此，周转基金常常无法实现自我保全，而不得不依靠额外的拨款。[①]

## 确认：一般考虑

113．**收入与成本的配比**。在私营部门的会计核算中，通常都要将成本与收入进行配比，以确定企业的净收益。这种将所费与所得进行比较的计量方法，通常对政府的绝大多数活动而言都不适用。政府的绝大多数活动，要么就是提供公共货物和劳务（例如国防和司法），要么就是对收益和财富进行重新分配（比如说通过救济性付款和补助的方式）。因此，政府所提供的产出——它的货物、劳务、转移性支付和补助——通常并不是用于交换自愿性付款。在这种情况下，希望对政府活动所带来的社会财富的增加量进行计量，将是十分困难的。

114．《联邦政府财务会计目标》着重在于反映与联邦政府所获得的成果相关联的成本，并将其作为报告一个主体运营绩效的最主要的目标。这是由成本信息所具有的极其重要的地位所决定的。对项目经理而言，如何高效率地执行各项工

① 即使是那些自我融资的周转基金，如果它们不是根据所发生的全部成本来收费，它们也不可能用来源于客户处的收款补偿其全部成本。例如支付给雇员的养老金和退休医疗救济金。

作，使其达到各自的即定目标，这是至关重要的。这对管理人员和负责进行资源分配的国会决策制定者而言，也同样重要。子目标 2A 和 2B 就宣称：

> 联邦政府财务报告应该提供有关信息，以便使用者能够确定……提供特定的项目和活动所发生的成本，以及这些成本的构成要素以及成本的变动情况……［和］与联邦政府有关项目相关的所得与所费，以及随着时间的流逝所发生的、与成本有关的变动情况。①

115． 委员会关于运营绩效目标的解释做出了如下更加准确的阐释：

> ……费用可以逐年与所提供的劳务进行配比。然后，可以将所获得的成本数据与所获成果的各种量度方式联系起来加以分析。②

116． 联邦财务会计准则第 4 号公告，《管理成本会计准则》，对政府会计通过强调成本来改进决策和项目管理的这一需要进行了探讨。它认为，好的成本信息可以被用于进行：（1）预算和成本控制，（2）绩效评价，（3）成本的补偿和酬金的设定，（4）项目评估，（5）经济项目的决策（比如有关是否执行某一项目的决策）。③

117． 为了实现上述目标，成本必须与提供给社会公众或其他政府主体的货物和劳务进行配比。为了确定一项交换活动的净成本——也就是，未能通过提供货物和服务而赚取的收入所抵消掉的那一部分成本——有关收入必须与该成本进行配比。

118． 在评价政府机构的运营绩效和在价格制定的过程中，

① 联邦财务会计概念第 1 号公告，《联邦财务报告的目标》，第 126 段至 128 段。

② 联邦财务会计概念第 1 号公告，《联邦财务报告的目标》，第 124 段。如要了解更为详细的资料，参见同上注，第 8 章。正如其中所解释的那样，实务中所遇到的困难是由许多原因引起的，例如，对各项目而言，适当的和可行的特定度量方法，各项目将会有所不同；产出同时受到政府行为和其他外部因素的影响；注重特定的计量方法可能会导致未曾预料到的、甚至是不希望产生的后果。

③ 联邦财务会计准则第 4 号公告，《管理成本会计准则》，第 31 段至 40 段。

注意采用一种统一的方式来将收入和成本进行配比是很有必要的。为了预计收入可以补偿成本的程度，进行配比的收入和成本必须归属于同一产出。因此，成本应该与所提供的货物和劳务相对应，而收入是与那些成本相配比的，因而这些收入也就与相同的货物和劳务对应起来了。这样，某一主体的总成本和净成本就能与相关的产出和成果进行比较，以评价该主体的运营绩效、定价政策和经济决策等等。同样地，纳税人所承担的、与该主体提供给社会公众的有关产出相关的净成本也就能够被估计出来。

119. 本公告中的各项准则采用了权责发生制会计基础来对交换性收入进行确认，并且还规定交换性收入和相关成本之间的配比越紧密越好。各项准则还详细说明了应该如何对各类交易实行收入和成本之间的配比。

120. **将收入分配给与赚取该收入相关的各成本项目**。确定报告主体在生产产品、实施项目或执行任务的过程中所发生的净成本，往往比整体确定该主体的净成本要重要得多。一个报告主体可能同时承担着好几个任务，需要由其下属的不同部门来执行。所有的这些任务都可以分解为好几个项目要素和产品要素。对每一个项目要素或产品要素而言，不论是总成本还是净成本，对绩效的评价和成本的管理而言都是非常重要的。而且无论是整个政府主体还是其下属的各个部门或各个项目，都可能会发生一些重大成本，这些重大成本有可能是为了赚取收入而发生的，也有可能不是为赚取收入而发生的。因此，能赚取收入的要素和不能赚取收入的要素需要分别予以评价，以确定特定活动的净成本。另外，各种要素即使可以赚取收入，其收入补偿成本的程度也是不一样的。

121. 在所有的这些情况下，计算报告主体这个整体的净成本并不能反映出提供某一特定产出所赚取的收入能够补偿其成本的程度。这只能通过计算各个要素的净成本才能实现。因此，计算各要素的净成本，对于实现本公告中所列示的各项准则的目标，即将交换性收入与产出的总成本进行配比并用收入来抵减相关总成本的这一目标而言，是一个必不可少的过程。

122． 因此，要想实现成本计算的最大效用，有关总成本和净成本的计算必须按照各个部门、各个项目或者各种产出来分别进行。各个部门一般就等同于成本管理会计准则中所界定的责任单位。[①] 各个责任单位必须能够将其所发生的全部成本都分配到它所执行的各个项目中可计量的产出中去。[②] 如此一来，通用目的的联邦政府财务报告的使用者将得以把某个项目的净成本与该项目的产出及其成果联系起来。

123． 报告的编制者应该根据主体的性质、主体的战略性计划和年度绩效 GPRA 计划中所设定的任务和产出、“主体与表述”中的有关概念、联邦财务会计准则以及管理与预算办公室所发布的有关政府机构财务报表的格式和内容的公告，来对主体的各部门和各项目进行明确的划分。交换性收入应该根据各产出的成本来加以分摊，除非此种做法是不切实际的。如果上述做法确实不可行，那么交换性收入就应该根据各项目的成本来进行分摊。如果仍不可行，则只能根据各个部门的成本来进行分摊。在进行绩效的评估、价格的制定以及从事其他目的的活动的过程中，将交换性收入分配给一个主体的各个要素，比直接将其分摊给该报告主体这个整体要有用得多。

124． 对主体的每一个要素而言，都应该分别确定它的总成本、交换性收入以及这两者之差或者说净成本。各个要素的总成本和净成本可以被用来与该要素的产出及其成果进行对比，以便评价在实现这些所得的过程中所耗费掉的资源的使用效率和使用效果[③]。

---

① 联邦财务会计准则第 4 号公告，《管理成本会计准则》，第 77 段至 88 段。另外还可参见联邦财务会计概念第 2 号公告《主体与表述》，第 75 段及脚注 14。

② 联邦财务会计准则第 4 号公告，《管理成本会计准则》，第 89 段至第 104 段以及第 116 段至第 143 段。

③ 正如前面所述，在可用于项目的经济、效率和效果评价的各种度量方法中，对各项目而言，其可行的和适用的方法将各有不同。

125. 按照上述方式来加以确定并进行分析的、有关总成本和净成本的良好信息，对于《1993 **年政府绩效和成果法案**》(GPRA)[①] 成功实现了成本与成果的相互关联是功不可没的。GPRA 要求政府机构对它们的各个项目活动都确定一个绩效目标，并确定一套用于评价各项目活动的产出和成果的绩效评价指标体系。以 GPRA 为依据的绩效评价方案将于 1999 年 2 月开始执行，而指南性方案早在 1994 年 2 月便已开始执行。根据管理与预算办公室拟执行 GPRA 的有关计划，绩效报告将反映实际所得（产出和成果）与实际所耗资源之间进行对比的结果。运营净成本（以及运营总成本）指标将是用于计量这些资源的一个最基本的度量尺度。

126. **不可收回的金额（坏账金额）**。准则已经做出要求，对于已经被确认的收入，当其全额的实现并非很有可能的时候，如果不可收回的金额能够被合理估计，就应该单独计提一笔相应金额的坏账准备。委员会将“很有可能”一词的含义界定为“可能比不可能的概率大”。根据联邦财务会计准则的有关规定，上述定义以及可计量性这一要求，是在确认由不可收回的应收账款所造成的损失时所应参考的两大标准。[②]

127. 政府主体承担着一个特别的任务，即向总统、国会和社会公众对其受托责任做出解释。基于上述原因，政府应该对下列事项分别予以反映：(1) 在政府确定的定价协议下所应该获得的全部收入；(2) 政府估计无法收回的那一部分收入的金额。

128. “征求意见稿”提出建议，对预计不可能收回的金额所计提的全部准备，都应该被确认为收入的调整项目。它所提出的理由是，如果某些潜在的收入不大有可能被收取的话，它们就应被视为未能实现的收入或未能到位的现金流

① 《公共法》，第 62 段至 103 段。

② 联邦财务会计准则第 1 号公告，《特定资产与负债的会计核算》，第 44 段至 45 段以及第 124 段至 130 段。

入。虽然也有一些反馈者同意将这些收不回的款项视为收入的短缺额，但是绝大多数反馈者都认为信贷损失是一项经营成本。企业提供信贷的目的是为了向它们的客户提供融资，而与此类行为相关的任何损失都应视为另外一种形式的费用。联邦财务会计准则第 2 号公告中有关信贷改革的会计准则所界定的直接贷款和贷款担保，就要求按照上述方式来进行会计处理。由某一部分人所提出的，具有较大争议的一种观点就是，在对所销售的货物和劳务进行定价的过程中，有关的信贷损失应该视为完全成本的一个构成要素。这样一来，将信贷损失确认为一笔坏账损失就比将其确认为收入的一个调整项目要便利得多。基于上面所说的各项原因，委员会得出的结论就是，信贷损失应该被确认为一项费用。

129． 然而，由于其他的一些原因——诸如销售退回、销售折扣以及重新定价等原因——所导致的不可收回的款项，应该被确认为收入的调整项目。这种处理方法与关于税收和其他财务资源的公告中的处理方法相类似，在该公告中退款、调整项目和减税项目都是从总收入中直接予以扣除，并未被确认为一项费用。在目前的会计实务和私营部门的会计准则中，这些不可收回的款项通常都是作为收入的调整项目来进行处理，但并未总将它们单独予以披露。

130． 无论是坏账损失，还是收入的调整项目，都需要单独加以反映，以便主体能够对收入款项无法收回的各种原因分别做出解释。

131． 坏账准备的计提，应该根据不同的情况，在对各独立账户和各组账户分别加以分析的基础上进行。这一原则在应收账款的会计准则中已经加以解释。[①] 对政府内部的交易而言，并不总是需要计提坏账准备，因为通常可以假定，全额付款是能够实现的。

---

① 联邦财务会计准则第 1 号公告，《特定资产与负债的会计核算》，第 44 段至第 51 段以及第 131 段至第 133 段。

**确认：特殊情况**

132．下面所列出的一些特殊情况，是对作为交换性收入确认依据的一般准则所作的补充。

133．**利得和损失**。利得和损失之所以未被确认为收入和费用，是为了区分那些不同寻常的或是不经常发生的交易和事项，以便评价一个主体的绩效或是为该主体制定价格。重大的利得和损失一般被认为是很少见的。它们是在对管理当局进行业绩评价时管理当局一般都希望能够对其加以考虑的一类信息。

134．**直接贷款和贷款担保**。关于直接贷款和贷款担保的会计核算是由联邦财务会计准则第2号公告，《直接贷款和贷款担保的会计核算》确定的。其基本原则就是在进行贷款之时就将直接贷款的补贴成本或贷款担保确认为一项费用。补贴成本究其实质是一个净值概念：它是整个贷款期内预计现金流出的现值减去预计现金流入的现值的差。这就要求在计算补贴成本时将预计的酬金确认为一笔扣除项目，而预计违约款的现值也应该被包含在补贴成本的计算过程之中。因此，遵循信贷改革会计的直接贷款和贷款担保会计准则与现行公告中的准则存在着三个方面的差异：在计算补贴成本之时收入被予以扣除；坏账被包含在补贴成本的计算之中；收入和坏账都要按照现值进行计量。

135．上述确定补贴成本的方法也属于收入和成本的一种配比方法。此外，它还是一种将补贴成本与提供给社会公众的补贴进行配比的方法。因此，联邦财务会计准则第2号公告与有关交换性收入的公告的目标是一致的，但该公告中的准则并不适用于由直接贷款和贷款担保所产生的收入和信贷损失的确认和计量，因为它们应该遵循信贷改革会计的有关规定。这一例外包括那些已经按照现值基础做出了重新表述的，于1992年以前所形成的直接贷款和贷款担保。附录B中关于交易分类的指南反映了联邦财务会计准则的有关规定。

136．**为其他主体所收取的交换性收入**。许多主体收取交换性收入是为了留存自用。例如周转基金会将它们所赚取的收入予以保留。就其性质而言，人们希望它们能通过在每一个持续性的经营周期内销售货物和劳务，来为它们所发生的大部分成本提供资金。其他收款主体也可能会保留它们所赚取的收入。然而，在某些情况下，交换性收入可能会被全部或者部分地移交给普通基金或其他主体。例如，东南电力局和西南电力局要将它们的收入移交给国库的普通基金；类似地，西部地区的电力局，在保留其所赚取的一部分收入后，也要将剩余款项移交给普通基金和有关法律所指定的其他各类专项基金。

137．作为一项基本原则，移交给其他主体的交换性收入必须被用于抵消执行收款的主体所发生的总成本，以便确定该主体的运营净成本。无论某一政府主体是将交换性收入留存自用，还是将其移交给另一运营主体或者移交给普通基金，交换性收入都会减少报告主体在提供产出的过程中所发生的运营净成本。同样的，无论交换性收入将被如何处置，它都会减少由纳税人所间接承担的政府主体的运营净成本。因此，所有与运营成本相关的交换性收入都应该从总成本中予以扣除，以确定报告主体的运营净成本。

138．然而，任何移交给其他主体的交换性收入，都不会影响执行收款的主体的净资产。所以，就像在有关其他财务资源的会计准则中所要求的那样，这类交换性收入在计算主体的运营净结果的过程中应该被确认为一笔转出款项。

139．关于上述基本原则的惟一例外情况，发生于主体实际上并未确认为与赚取交换性收入相关的成本之时。具体解释参见下面的有关部分。

140．**与所确认的成本无关的交换性收入**。在例外情况下，一个政府主体可能实际上并未确认与它所收取的交换性收入相关的任何成本。一个被引用了几年的重要例子就是内务部的矿务管理局。它负责管理外大陆架地区（OCS）的能源和其他矿物资源，并负责收取租金、特许权使用费以及在外大陆架地区和其他联邦政府土地及印第安部落的土地上开采矿物质而应支付给政府和印第安部落的红利。这些租金、特许权使用费和红利都是通过市场销售而赚取的交换性收入。如果富有价值的自然资源已被矿务管理局确认为一项资产，那么有关这些资源的折耗就应该根据矿物质被开采之时所确定的产出量来确认为一项成本。[①] 从租金、特许权使用费和红利中获得的收入可用于和矿务管理局的总成本，包括折耗和其他小额成本来进行配比，以确认矿务管理局的运营净成本。

141. 矿务管理局可能会基于若干原因而未对折耗成本加以确认，原因之一就是在目前会计准则的有关规定下，自然资源的价值无法被确认为一项资产。因此，交换性收入就无法和运营活动的经济成本进行配比，因而也就与矿务管理局所确认的成本之间的关系不大。这样一来，交换性收入就不应该从矿务管理局的总成本中予以扣除来确定其运营净成本。如果交换性收入真的从总成本中扣除了，那么矿务管理局的运营净成本信息可能会扭曲矿务管理局的运营绩效，从而对绩效评价产生不利影响。同样地，内务部的运营净成本信息也会被扭曲。

142. 矿务管理局实际上是作为法定收款方的代理机构来收取这些收入的，这些法定收款方包括：国库、指定的政府内部机构、各个州、印第安各部落和各收款人。因此，矿务管理局应该将这些交换性收入按保管行为，也就是作为为其他主体所收取的收入来加以核算，这与美国国家税务局对其所收取的非交换性收入所采取的核算方法是一致的。因为矿务管理局所收取的这些收入属于交换性收入，所以当矿务管理局根据有关合约的规定收取这些租金、特许权使用费和红利时，应该按照交换性收入准则的有关规定来对它们进行确认和计量。

143. 移交给国库作为普通基金或移交给其他政府报告主体

① 联邦财务会计准则第 1 号公告，《特定资产与负债的会计核算》，第 44 段至第 51 段以及第 131 段至第 133 段。

的租金、特许权使用费和红利由收款主体（接受方）确认时所采用的方法与上述相类似。这些收入属于交换性收入，因此也应按照交换性收入准则来进行确认和计量。然而，无论是整个政府主体还是其他各收款方，都未将自然资源确认为一项资产，也未将资源的折耗确认为一项成本。因此，美国政府这个整体或其下属的各个政府主体就不应该将这些收入与运营成本进行配比。就拿矿务管理局来说，将这些收入与成本进行配比将会扭曲运营净成本信息，从而对绩效评价产生不利影响。其实，在确定主体的运营结果和财务状况的有关变动之时，这些交换性收入应该作为一项资金来源来进行处理。

144． 委员会目前正在执行一项独立方案，旨在研究自然资源的会计核算问题。如果它所得出的结论是自然资源的价值应该被确认为一项资产并且自然资源价值的折耗应该被确认为一项成本，那么在确定运营净成本的过程中对来源于租金、特许权使用费和红利的收入加以确认将是恰当的。

145．尽管矿务管理局这个实例是有关政府主体收取交换性收入但实际上却未对与其相关的任何成本加以确认这一情况的最突出的典范，但除此之外还是可以举出一些其他的实例来的。例如美国联邦通讯委员会，它负责收取拍卖无线电频谱所赚取的交换性收入。有关这类收入的会计核算方法就应该与矿务管理局所采取的收入核算方法相类似。

146． “征求意见稿”的某一位反馈者曾经询问过这样一个问题，那就是“实际上未确认任何成本”一词到底是什么意思。如果一个主体将金属残料或者是将已经被全额计提完折旧的设备进行出售，那么它所获得的交换性收入或者利得与销售时点所确认的成本之间就不存在任何关联。在销售时点上，这些资产反映在资产负债表上的价值为零，因此，在计算该主体利得的时候，就不存在任何用来抵消销售总收入的资产账面余值。然而，与石油开采权或无线电频谱的拍卖有所不同的是，与这些资产相关的成本在原料被购买之时或者设备被使用的过程中就已经被确认了。因此，用该主体的销售利得来抵消成本，就为主体在一段时期内所发生的运营净成本提供了一种更为准确的计量方法，以便更好地与该主体在同一时期内所实现的运营绩效进行比较。因此，准则中已经明确说明，“实际上未确认任何成本”指的是无论是在以前各期还是在报告当期实际上都未确认任何成本。

147. 还有可能存在着这样一种情况，就是报告主体的成本会计没有对在它提供主要产品和劳务的过程中所形成的副产品分配任何成本。然而，该主体却已经针对同时提供了这些主产品和副产品的各项活动确认了相关的成本。因此，这些活动所形成的全部收入都应该同与这些活动相关的成本进行配比，从而确定该主体的净成本，以便将其与主体的运用绩效进行比较。

148. **根据订单生产的特定货物（或劳务）同产出后作为存货保存的货物两者间的比较**。当一个报告主体生产产品用于销售时，有关的收入可以按照两种方式同成本进行配比：(1) 收入和费用在成本发生之时就予以确认；(2) 所发生的支出首先记为存货，在货物发运给客户之后再确认有关的收入和成本。

149. 对于根据合同的规定按订单生产特定产品（或按订单提供特定劳务）的情况，准则规定有关收入应该在用于履行合同的货物和劳务获得之时进行确认。更确切地说，准则所规定的要求是，由合同的价格条款所确定的收入，应该在用于履行合同的货物和劳务获得之时，按这些货物和劳务的预计总成本的一定比例来加以确认。这就意味着必须采用完工百分比法，而有关的收入必须根据到目前为止已获得的、可用于履行合同的货物和劳务的成本与预计的合同总成本之间的关系来加以确认。如果合同的履行所持续的时间和预计的总成本都是不可确定的，那么收入的确认就应该被递延，直到确立了一种严格的成本分配方法时为止。按照订单所提供（或生产）的货物和劳务包括诸如房屋建造、船舶修理之类的项目。对这些项目而言，成本是在一段时间内发生的，而之所以会发生成本，是为了提供具有合同所要求特征的特定货物和劳务给特定的客户。所以，这就排除了那些根据合同的规定提供标准性货物和劳务（例如电力）的情况。

150． 按这种方式来确认收入和成本，就为评价政府主体供应货物和劳务的运营活动提供了一种最新的衡量标准。这些收入和成本是主体在报告当期的运营活动中产生的，这与其他确认标准中所规定的情况有所不同。尤其要说明的是，这与完工合同法也有所不同。在完工合同法下，在某一期间内所确认的收入和成本，有可能是在以前各期就已经发生了的收入和成本。由于在报告期所确认的收入和成本是截至目前为止的总收入和总成本，因此它们更适合于相互进行比较并同目前的产出进行比较，以评价报告主体在当期的运营绩效和定价政策。

151． 然而，在某些情况下，完工百分比法和完工合同法之间可能并不存在重大差异，这对小金额合同或短期合同而言更是如此。在这些情况下，完工合同法也是使用的。

152． 准则同时规定，当与合同有关的损失是很有可能发生的（可能比不可能的概率大）并且是可计量的（可合理估计的）时候，这项损失应该在合同的整个履行期内逐额加以确认，而不应该立即确认。在根据预计总成本的一定比例来确认收入之时，以及当用于履行合同的货物和劳务已经获得因而对其成本加以确认之时，上述情况就有可能发生。根据联邦财务会计准则第 5 号公告，《联邦政府负债的会计核算》的有关规定，与合同有关的损失应该在预计的总成本超出预计的总收入之时加以确认。因此，前述规定是联邦财务会计准则第 5 号中有关规定的一个例外情况。委员会坚信，一旦某一损失是很有可能的并且是可计量的，就在当期对所预计的该项损失进行全额确认，这种方法是不够准确的。而上述的例外规定则是恰当的，因为它提供了一种更加准确的度量方法，来对主体在每一个报告期内的运营净成本加以计量。但是，仍然应该对所预计的全部损失进行披露。

153． 对于主体在生产出货物之后就将其“束之高阁”，直到有客户订购才将其加以出售的情况，准则的规定又有所不同。它要求将所发生的制造成本记为存货价值，直到货物已经发运给客户之后才确认收入。在这种情况下，成本和收入的确认时点，比按照订单生产货物和劳务的情况下的确认时点要晚一些，这是由于这种情况下在成本发生之时收入到底能否取得还不太确定。“发运给客户”这一用语，包括销售已经发生、而货物已被分离或已被留存以待发运的情况。

154. **对政府内部各主体间收支余额所产生的利息的分类。**政府内部各主体间的收支余额可能会产生需要支付和收取的大额利息。绝大多数的信托基金和一部分专项基金以及周转基金都已经投资于特种国库券，并因此从国库赚取了利息。同时，国库和美国联邦融资银行也向一部分基金提供了贷款，因此，这些基金需要向国库和美国联邦融资银行支付利息，从而产生了利息费用。所记录的利息收入，有可能被确认为交换性收入，也有可能被确认为非交换性收入，这主要是由产生利息收入的那些资金的主要来源渠道决定。其他政府内部各主体间的收支余额不会产生利息。委员会正在考虑这样一个方案，该方案可能会导致当收支余额不产生利息或利息不能反映国库的借款成本时仍需要估算相关的利息。

155. 由政府内部各主体间的负债所产生的利息具有交换性交易的形式，但它通常并不具有交换的实质。本公告中的有关准则和附录 B,“交易分类指南”，根据在确定主体的运营净成本的过程中是否需要将其予以扣除，而对各项资源流入进行了区分。其差别是看各项资源流入与主体为提供产出和为形成资源流入而发生及确认的成本是否相关。

156. 准则认为，当某一政府账户从国库收取利息的时候，利息应该按照与资金的主要收入来源的分类相同的方式来进行归类：如果资金的主要来源是交换性收入，有关的利息就确认为交换性收入；如果资金的主要来源是非交换性收入，有关的利息就相应地确认为非交换性收入。如果所投入的资金来源于交换性收入，这些资金所形成的利息就是由交换性收入和为赚取那项收入而发生的成本衍生而来；如果所投入的资金来源于非交换性收入，那么这些资金所形成的利息就主要是通过政府强制付款的行政权力衍生而来，而非通过市场交易获得。这就意味着信托基金和专项基金所收取的利息应该被划分为非交换性收入，而周转基金和信托周转基金所收取的利息应该被划分为交换性收入，当然也会存在一些例外情况。以下部分将对此进行解释，并列举了一些例外情况和某些类似的处理。

157. 所投资的信托基金（和专项基金）额主要来源于专用税款，这属于与社会公众之间所发生的非交换性交易（例如雇用税和汽油税）。此外，它们也可能来源于其他财务资源（例如，拨付给补充性医疗保险基金的普通基金支付款）。上述金额并非是在主体所运营的交换性交易中赚取的。更确切地说，它们不是在主体发生了成本的运营活动中产生的。因此，在确定主体的运营净成本时，来源于国库券的利息收入不应该从总成本中予以扣除。基于上述原因，这笔利息就不应该被划分为交换性收入，而应该与所投入的基金金额的主要来源的分类相一致，这对绝大部分的信托基金（和专项基金）而言，指的就是非交换性收入。

158. 另一方面，所投资的周转资金额，则主要来源于基金类似于企业经营行为的那些运营活动。周转基金在其运营活动中需要资本，此外，它还有可能将它的一部分资本投资于国库券。由于持有投资以及销售货物和劳务都是基金运营活动中不可缺少的部分，所以因投资于证券而形成的利息收入与基金的运营成本是有关联的，就像因销售货物和劳务而赚取的收入也与基金的运营活动相关联一样。而且，投资额主要来源于以前各期销售货物和劳务而赚取的收入，并且在收入赚取之时基金还因此发生了运营成本。所以，销售货物和劳务所赚取的收入被划分为哪一种类型，基金所收取的利息就应该被划分为同一类型，并且也应该在计算运营净成本之时从总成本中予以扣除。基于这一原因，由周转基金所赚取的利息收入应该被划分为交换性收入。

159. 根据法律规定，有一些周转基金被划分为信托基金。信托周转基金在运营过程中需要资本，同其他周转基金一样，其资本主要来源于所赚取的收入。当信托周转基金的一部分资本被投资于国库券时，所赚取的利息就同它们的运营成本关联起来，就同提供劳务所赚取的收入与运营成本相关联的方式一样；而投资资金的来源主要是以前年度提供劳务所赚取的收入，并且基金也为此而发生了运营成本。因此，信托周转基金的利息收入与其他周转基金利息收入的分类应该是一致的，也就是应被划分为交换性收入。

160． 上述三段解释了对信托基金、专项基金、周转基金、信托周转基金所收取的利息收入进行分类的一般原理。但是，在某些情况下，信托基金和专项基金投资额的主要来源可能不是以非交换性收入为主，而周转基金和信托周转基金投资额的主要来源也可能不是以交换性收入为主。例如，两类主要的信托基金，国民服务退休和残疾基金以及军人退休基金，这两种基金的主要来源就是交换性收入和其他财务资源。在这些例外情况下，这些金额的主要来源于哪一类，利息收入就应划归为那一类，即使这与一般分类原则是相悖的。

161． 政府机构可能获准从国库（或美国联邦融资银行）获得贷款，并为贷款支付利息。这笔利息是该政府机构的一项成本，同时也是国库的一项资源流入。而国库一般被认为是从社会公众处取得借款，然后再将其贷给各政府机构，因此，国库自身也发生了一笔相应的利息成本。这样，国库从各政府机构所收取的利息收入就和国库应支付给社会公众的利息成本关联起来。因此，这笔利息收入应该被划分为一项交换性收入。

162． 如果债券在到期前就被清偿，债券的回购价值和它被清偿时的账面净值之间就可能存在着一个差额。这个差额是一项利得或损失，与被清偿债券相关的利息被划归为哪一类，这项利得或损失就也应该被划归为那一类。

## 计量

163． 政府主体与社会公众之间所发生的交换性交易一般是按照政府机构或者国会所设定的价格来执行的，例如所设定的电费费率、书价、对拖欠的税款索取利息所采用的利率等等。有时候也会通过市场来进行定价，例如公司为了获得在外大陆架地区开采和生产石油及天然气的权利而参加投标所设定的租金和特许权使用费。无论事实是属于哪种情况，实际的价格都代表着政府机构的资源流入，因此是计量收入的适当基础。

164. 除了由法律所设定的价格之外，管理与预算办公室文件第A—25号，《使用费》和其他有关法规还规定，在与社会公众所进行的交易中，向用户所索取的价款应该根据完全成本或市场价格来制定。[①] 然而在现实中，往往只有一部分时候遵循了上述规定，并且在许多时候潜在的收入都未能实现。为了帮助主体报告的使用者了解主体运营活动所需要的资金从何而来，就需要对以下事项加以披露：(1) 定价政策与管理与预算办公室文件中有关用户费用定价指南之间所存在的差别，(2) 其价格不是由法律或行政指令所规定，不是根据完全成本来制定，也不是由市场来确定的那些交易。如果在这些交易中所放弃的收入额是可以被合理估计的，那么还必须提供与其有关的其他附加信息。在其他附加信息中还应该对是否假定需求量因为价格的变动而发生了变动以及假定其已随之发生了多大程度的变动做出说明。

165. 管理与预算办公室文件第A—25号将“完全成本”定义为“联邦政府内部各主体为提供一件货物，一项资源或

① 1993年7月8日所修订的管理与预算办公室文件第A—25号，《使用费》，规定了与对联邦政府所提供的劳务以及对购买或使用联邦政府的货物和资源进行收费有关的定价政策。该文件是对《1952年独立办事处拨款法案》(31 U. S. C. 9701) 中V标题下有关规定所作的补充，它要求“由某一政府主体……提供给某一个人的……任何一项有价值的劳务或物品……要求尽可能地实现自我保全”，并且认为费用的收取应该基于若干个特定的标准，包括“政府所负担的成本”。管理与预算办公室文件第A—25号中所提供的指南同样也适用于其他情形下用户费用的评定。然而，制定第A—25号文件只拟适用于法律或行政性指令所允许的范围；它并不适用于立法和司法部门以及混合所有权下的政府公司；如何确保对该文件中的各项规定都予以遵守，这一般被认为是通过制定那些为如何确定对特定用户的收费提供了指导的其他各份管理与预算办公室文件来加以实现的。

是一项劳务而发生的所有直接成本和间接成本”。① 该文件中所定义的这一类概念和所列举的若干个例子，与成本管理会计准则中对“完全成本”所下的定义② 以及其他的一些联邦财务会计准则中对许多特殊费用的确认和计量所作的规定③ 是基本相符的。然而，与那些准则有所不同的是，第A—25号文件对“完全成本”所下的定义中还包括了有关土地、房屋、设备及其他资本性资源（除非它们是被租用的）的年报酬率④；此外，它所界定的“完全成本”，不仅如联邦财务会计准则中所规定的那样，包括了那些被划分为一般性不动产、厂场及设备（不动产、厂场及设备）的房屋和设备的折旧费，还包括了那些被划分为托管性不动产、厂场及设备（不动产、厂场及设备）的房屋和设备的折旧费，这种情况在计算为进行销售而生产产品或提供劳务所发生的成本的过程中有可能会发生。⑤ 除上述的这些差别之外，成本会计准则和其他会计准则将会使得第A—25号文件中对“完全成本”所下的定义能够得到比以往任何时候都更加准确地权衡。⑥

166. 对政府内部各主体间的交换性交易所形成的收入而言，最为准确的计量基础仍然应该是销售方从买方所收取的实际价款（或补偿款）。会计系统应该能够提供所需信息，

---

① 第A—25号文件中的6（d）（1）部分。

② 联邦财务会计准则第4号公告，《管理成本会计准则》，第93段至107段。

③ 例如，有关信贷费用的会计准则在联邦财务会计准则第2号公告，《直接贷款和贷款担保的会计核算》中有所描述；此外，联邦财务会计准则第5号公告，《联邦政府负债的会计核算》中对与费用有关的多项准则也加以了描述。

④ 委员会目前正在考虑的一项内容就是，在财务会计报表中是否应该将资本报酬率也确认为一项成本。

⑤ 委员会目前正在考虑的一项内容就是，在财务会计报表中是否应该将资本报酬率也确认为一项成本。

⑥ 第A—25号文件认为“完全成本应该根据某一政府机构所能利用的最好记录来进行确定或估计，但没有必要仅仅因为这一目的而重新建立一个新的成本会计系统。”参见第6（d）（1）（b）部分。成本会计准则和其他有关准则应该能够改进政府机构的会计记录，并且能够更加准确和全面地说明成本的性质。

以便按照完全成本来设定补偿价款，但是通常在实际中却并未按照完全成本来收费。在这样的情况下，补偿款项的金额就是对该项交易的经济价值的一种不完全计量。当某一主体无需全额支付所有相关成本就能从另一主体处收取货物和劳务时，如果收受方并未（通过成本归集）确认由供应方所支付的附加成本，那么该收受方所确认的运营净成本额实际上是被低估了。

167．其他联邦财务会计准则要求，在适当的情况下，应该由收受方来确认主体间所形成的这类成本补助。[①] 在本公告中的“其他财务资源”部分，提供了对那些为了抵消按照其他一些会计准则的要求确认和归集的任何补助成本而归集的其他财务资源进行确认时所应该遵守的准则。在对归集到由一个政府主体提供给另一政府主体的货物和劳务上去的那些成本进行会计核算时，需要根据各种情况下的具体条件，运用职业判断来进行。因此，无论有关成本是否已经被归集，供应方都应该披露对发票价格（如果存在的话）和完全成本之间所存在的重大差异所做出的解释。

## 非交换性收入

### 固有的局限性

168．**对非交换性收入按照权责发生制会计原则来进行会计核算的固有局限性**。权责发生制会计在交易和事项发生之时就对它们的财务后果进行确认，而不管当时是否已经实际发生了相应的现金收付。就同对交换性收入所做的一样，对非交换性收入采用完全的权责发生制会计基础也将改进财务计划、控制和解释能力。完全的权责发生制会计将提供有关未

① 联邦财务会计准则第 4 号公告，《管理成本会计准则》第 105 段至第 115 段，描述了在对所归集的成本进行确认的过程中所应遵循的一般原则。这一会计处理，与关于雇员养老金和退休医疗救济金的会计核算方法是相似的，因为负责执行这一方案的主体并未直接提供货物或劳务给报告主体，但的确是支付了一部分甚至是全部的成本。参见联邦财务会计准则第 5 号公告，《联邦政府负债的会计核算》，第 56 段至第 93 段，以及第 148 段至第 181 段。

来的现金流量和税收政策的重要信息，并且还能改进对执行收款的主体的运营绩效及其经管责任的履行情况进行评价的能力。

169. 遗憾的是，由于对有关的基本事项所形成的税收收入的金额加以确定还存在着困难，以及由于在对执行收款的职责进行管理的过程中所使用的税款评定程序的缺陷，使得权责发生制会计基础能够运用到税收和关税上的程度受到了限制。纳税人有可能直到基本事项发生之后才能确定其应税收入。纳税人有可能无法在应纳税日当天提交纳税申报表，而应纳税日通常是通过行政程序在基本事项发生之后确定的。此外，违法违规的具体范围也是由法律决定的，法律规定了执行收款的主体的范围，并且表明了国会和行管局对执行收款的各主体应该如何以一种勤勉的态度来履行其收款职责所抱有的期望。委员会已经对实施权责发生制会计的能力方面所存在的固有局限性加以了考虑。

**实际的局限性**

170. **委员会也考虑了实际的局限性**。委员会有关权责发生制会计的准则要求，应计项目应该能够反映出执行收款的主体的特定税款评定程序。尽管如此，它们并没有规定在特定的税款评定程序下应该有可能会对其价值进行估量的应计税收或关税款项，而仅仅规定了在执行收款的主体的特定税款评定程序下实际被加以估量的那些应计项目。虽然按常理而言对收入的会计核算不应该如此限制，但是通过会计来反映执行收款的主体与纳税人之间据以相互联系的特定程序，这种做法还是有一定意义的。

171. 在委员会刚刚开始考虑本项准则之时，现在所要求的、用于确定有关税收的哪怕是有限的几个应计收入项目的会计系统在那时都是不存在的。本准则中所要求的对会计系统所做出的改动，仅限于那些为反映特定的税款评定程序所必不可少的项目。委员会明白，国家税务局目前正试图对它所承担的收款职能的履行过程以及相关的管理信息系统做出改进。由于这些管理信息系统也必然会提供会计信息，所以委员会决定，目前尚不强制执行那些可能会与为改进收款程序的效率和效果而对会计系统所作的改动相冲突的会计准则，也不会强制执行那些为使执行收款的主体正确履行其职责而必须做出的最小变动之外的会计准则的变动性事项。

### 适用于税收和关税的修正的收付实现制

172． 由于委员会所承认的这些固有的和实际的局限性，权责发生制会计基础，当它被运用于税收和关税时，很有可能会表现出“修正的收付实现制”会计基础的特征。由于运用完全的权责发生制会计存在着各种局限性，这就要求对联邦财务会计准则第 1 号公告，第 41 段中的所规定的有关应收款项确认的会计准则做出修订，该项确认准则认为，税收款项实际上应该在其应从纳税人处收取之时就确认为应收款项。

173． 在今后，当有关应计项目的会计准则被运用于税收和关税项目时，有可能会对该项准则进行改进，以使得应计项目这一概念得到更加广泛的运用。对罚金、罚款和捐赠款而言，不存在任何应在本准则所规定的时点之前予以确认的事项。因此，当一般性确认准则被运用于上述这些收入来源时，将会导致完全的权责发生制会计的运用。

### 所需要的收付实现制会计信息

174． 有关税收和关税的收付实现制会计信息一直以来都非常重要，这是由于它在目前的计划过程中得到了广泛的运用，并且它还是预算的一个构成要素。它在报告期间一结束之时就可获得，并且应该与要求在特定情况下采用收付实现制的有关法律规定相吻合。遗憾的是，能够满足有关法律要求和其他信息需要的准确的收付实现制会计信息在目前还无法获得。本准则承认了上述两类信息的重要性，并要求收取税收和关税的政府主体同时提供这两类信息。

## 可能的变更

175. 有关披露、补充信息和其他附加信息的各项要求，对目前获准适用于税收和关税的修正的收付实现制会计基础提供了一定程度的补充。委员会计划，在今后将会对报告使用者对按照收付实现制会计基础所编制的财务报告的满意程度做出评价，并对如何改进美国国家税务局（IRS）所采用的税款评定程序及与其相关的管理信息系统做出考虑。根据其所做出的评价和考虑，委员会可能会提议要在几年的时间之内进一步深化权责发生制会计的使用程度。其间，委员会将会允许由执行收款的主体主动做出会计变更，只要这些变更能够使权责发生制会计在本准则所要求的程度之上得到更进一步的运用。例如，如果税收的符合性评估或是尚未宣告的退款要求权的发生是很有可能的并且其金额是能够被合理预计的，那么就应该对它们加以确认，而不能仅仅作为补充信息来进行揭示。

## 负责计量和确认收入的主体

176. 执行收款的那些主体，例如美国国家税务局和海关总署等部门，它们负责收取现金并实施评估程序，以便提供适当基础，将实际收款转化为按照权责发生制会计基础所确定的数额。因此，它们对这些资源流入项目负有计量和报告的责任。根据国库的要求，它们还要向收款主体报告这些资源的使用情况。国库负责确定应该移交给收款主体的金额；会同执行收款的主体一道办理现金款项的移交；如果有需要的话，还要发行特种国库券，来为款项的移交提供资金。由于有关的收款主体是按照法律的指定来收取资金并有权按照法律的规定来决定这些资金的最终用途，因此，应该由这些收款主体，而不是那些执行收款的主体，来将这些现金流入确认为收入，以便向报表使用者提供有意义的财务报表。

## 信托基金可能出现的融资过量或不足

177. 准则规定，无论所移交的款项是否符合有关法律的规定，信托基金都应该将从执行收款的主体处移交而来的金额确认为收入（同时还要对款项移交当期有关金额的变动加以确认）。对消费税而言，如果所移交的资金额超过了实际收到的资金额，就可能会导致与其相关的信托基金的过量融资。委员会的法律顾问认为，这是美国国家税务局（IRS）所实施的一项违法行为。这样的违法行为是无法被纠正的，除非美国国家税务局能够采取各种方法从纳税人处获取它所需要的各项数据。对社会保障税而言，由于它的数据收集方法中所存在的缺陷，可能会导致这些信托资金的融资不足。委员会的法律顾问认为，只要美国国家税务局（IRS）和社会保障管理局（SSA）是根据它们所能利用的最好信息来采取有关行动，就不会有违法情形的发生。考虑上述两种情形，委员会所得出的结论就是，不应该制定收款主体无法遵循的会计准则。所以，委员会接受了当时正被采纳的一种做法，即收款主体应该将实际移交给它们的款项作为收入确认的基础。然而，委员会认为，无论是执行收款的主体还是收款主体，都负有披露有关违法情形的责任。此外，如果能够合理估计的话，还应该将信托基金可能发生的融资过量或融资不足的金额作为一项补充信息来加以揭示。

### 权责发生制的概念标准及其运用的局限性

178. 正如前面所说的，本准则确认了将权责发生制会计概念运用于税收和关税的过程中所固有的和实际的局限性。适用于税收和关税的完全的权责发生制会计，它的概念标准就是基本应税事项，它是政府提出一项付款要求权的前提，同时也是指要求日本身。而要求日的最早日期被认为可能与基本事项的发生是在同一天。

179. **基本应税事项**。从理论上来说，政府的某些税收和关税项目可以基于一些特定的事项来加以记录，而另外有些项目则可能要根据一段时间内所发生的事项来加以记录。消费税和关税就是需要基于特定事项的发生（销售或者进口货物）来进行确认的税收项目；而个人所得税和企业所得税则属于需要根据一段时间内所发生的事项（例如，根据某一年度内所赚取的收入）来加以确认的税收项目。事实上，某些依据权责发生制会计基础来为自己编制财务报表的纳税人，一般都是根据所发生的基本事项来确定其应该上缴给政府的税收款项。

180. 有关基本事项的应税数据，一般都是通过由纳税人根据相关规定向执行收款的主体提交由他们所编制的纳税申报表来加以确定的。遗憾的是，每年由于纳税人违反了申报要求而导致的未能收取的税款预计已超过了＄1，000亿。这其中仅仅只有很小的一部分款项，是最终通过执行收款的主体所实施的强制征收程序收缴上来的。经常性地对这种税收缺口加以估计，能够提供部分所需信息，以有助于执行收款的主体确定应该对哪几组特定的纳税人实施强制征收程序，但是它却无法提供所需要的充分信息，以便确定对每一位独立的违法纳税人或者是对每一组特定的违法纳税人所能提出的要求权。因此，基本事项这一确认标准只适用于由纳税人提交所得税申报表的情况① 或者是由执行收款的主体通过其强制执行程序来确定特定的违法纳税人拖欠税款或可能拖欠税款的情况。

181. **要求日**。要获得税收和关税，政府必须要求纳税。在这一概念下，收入的确认标准，即税收和关税的要求日，可能是基本应税事项的发生日或是基本应税事项发生的期间，例如纳税人赚取应税收入的期间。然而，目前通过特定的税款评定程序所确定的要求日指的是应缴税款按照要求由执行收款的主体收取之日。这包括代扣税款和预计税款的上缴日以及纳税申报表的最终上交日。这些日期为纳税人提供了管理上的便利，而且这些日期通常是在基本事项的发生日之

① 即使所有的纳税人都交纳了税款申报表，对大多数的纳税人而言，其基本事项的标准仍然是他们在日历年度内的所得，然而政府的财政年度结束于每年的9月30日。目前所要求的预计税款缴纳方式仍然未能解决这样一个问题，即它对日历年度内纳税人的税款的计量仍然是基于人为划定的、以9月30日为期末日的九个月的期间，这就使得这些纳税人在结束于12月31日的剩余三个月内的收入有可能是不相称的。

后。由于对现金的极度重视，所以对那些在法定纳税日之前所预缴的税款的确认不会基于会计上的考虑而加以递延。由于纳税人未能遵守特定的纳税日规定而导致的迟延税款，将一直等到执行收款的主体从这类纳税人处收到最近的纳税申报表，或是等到执行收款的主体通过其强制执行程序确定了可合法执行的要求权之时才加以记录。根据本准则的规定，只有在此时才可能产生会计上的应计事项。这些日期滞后于基本事项的发生日，甚至还滞后于应计事项的确认日。上述提到的在运用所要求的标准中存在的这些限制，在实务中还存在着较大争议，这更进一步束缚了权责发生制的概念基础。

**会计范围的局限性**

182. 虽然与政府的经济成本相关，与政府的财政政策相关，与政府报告主体的绩效评估相关，委员会仍然决定不要求提供那些有关“税收支出”或者有关联邦法律所要求的其他支出，也就是“直接资源流动”的信息。虽然委员会的各位成员在对这一类信息的需要程度上存在着多种不同的看法，并且对为何不要求提供某些形式的披露信息的原因做出了各种各样的解释，但委员会的各位成员都一致认为，在目前的会计概念下，上述信息中的相关金额都未被正常地加以计量。然而，在某些情况下，还是有可能会提供这类信息，只不过是在财务报表之外提供而已。

**本准则的某些优点**

183. **本准则要求采用权责发生制的一些优点**

· 将“应计调整事项”报告为一项被单独予以确认的有关所收取的税收和关税款项的调整事项。这样就保留了所需要的现金收付制会计信息。

· 同时改进了权责发生制会计信息和收付实现制会计信息的有关数据。这是由于在本准则下，所有能够通过会计系统来进行核算的交易都必须进行会计处理。而在以前的财务报告中，这些交易中的一部分是没有被予以反映的，这是由于在年度末，对交易的会计处理有所延迟而造成的。

- 对评估金额的应计处理。之所以会产生应计的应收账款，是由于纳税人递交了纳税申报表，或是由于在财政年度末采取了强制征收程序，而这些纳税申报表和强制征收行为还没有导致现金的实际收取。根据1993年9月30日的一份旨在调查本项准则的实际影响的统计资料显示，在扣除了＄420亿的坏账准备之后，当年仍然还有大约＄290亿的应收账款净额。到现在，人们估计应收账款的净额可能已经超过了1，000亿美元。有关应计项目的会计要求，将进一步增进应收账款金额的准确性。
- 对应付退款的确认，反映了向纳税人退税过程中的迟延。

**本准则未解决事项**

184．以下所列举的是本准则中存在的某些未能解决的事项：

- 在报告期期末以后才对有关事项进行确认。例如在期末以后才确认纳税日之后所收到的税款，即使所收取的款项是由当期发生的基本应税事项所形成的。又比如，根据税法的有关规定，第3季度的失业税将在10月份上缴，如果在法定交税日这天收到了有关税款，则第3季度的失业税将在10月份才予以确认。
- 对有可能在要求日之前或基本事项发生日之前就收取的税款收入，采取了递延确认的方式。例如，纳税人的自愿性超额代扣款将被作为一项收入来进行处理。
- 在税款评定过程完成以前就确认了符合性评估额、评估前的有关工作中所涉及的金额以及退款额。这样一来，税款评定程序的执行速度和执行效果上的差异将对财政年度末的应计金额产生影响。而另外一个后果就是无法获得与执行收款的主体的符合性评估职能的绩效评价相关的会计信息。

- 确认了税收缺口，也就是由不确定的违法纳税人和进口商所欠下的税收（包括关税）款项。这样一来，相对于将其作为执行收款的主体的受托责任中的一项正式构成部分而言，这一项较为重大的潜在收入来源将被大大地忽视掉。
- 对“税收支出”和“直接资源流动”进行了会计核算，“税收支出”有可能被用于报告主体有关项目的实施过程，而“直接资源流动”则取代了报告主体所可能发生的项目成本。这些金额相对于由会计所计量的“预算内”项目金额而言还是相当大的。这样一来，这些与绩效及成本相关的极其重要的数据就有可能无法被完整地予以考虑。

## 会计系统的变更

185. 美国国家税务局（IRS）目前所采用的会计系统对收入交易的会计核算并没有建立在权责发生制会计基础之上，因此，它对应收账款、应付退款和坏账准备等项目的确认，并不是根据所发生的影响这些项目金额的各种交易和事项来进行的。与权责发生制会计系统的不同之处在于，所有的评估额都存放在一份运营文件中，而该运营文件并不用于进行会计记录，而且存放于其中的有关内容也不是按照在确定评估金额的收入影响时所采用的复式记账原理来予以记录的。例如，这份运营文件可能包括了为同一税款要求权所确定的几个不同的评估金额，以便美国国家税务局（IRS）能够追踪与该要求权相关的所有可能的付款源。由于目前的运营报告所存在的缺陷，如果美国国家税务局（IRS）希望在任何时点上都能及时地确定应收账款的金额，就必须制作一份关于有效税款要求权的某一个典型样本的统计预测文件以供参考。到目前为止，在这些预测值中所存在的潜在错误一般都是比较重大的，也就是说，一般都超过了＄50亿。

186. 本准则认为，各个系统和会计记录必须加以实施，以使得在正式的税款评定程序中被予以反映的所有收入和现金交易都能够得到正确的计量和披露。本准则估计，根据在税款评定程序完成之前就将符合性评估额、评估前的有关工作中所涉及的金额以及退款金额作为补充信息来予以反映这一做法，有可能被用于为那些与收入有关的重要事项提供货币价值的应该是那些统计预测数据，而不是交易驱动型会计系统及那些有关各独立纳税人的可审核性补充会计记录。

## 披露、补充信息和其他附加信息

187. 这些附属信息将有助于联邦政府财务报告的使用者理解下列事项：

187.1 **收入流的构成要素**。通过披露反映在所要求的"修正的收付实现制"收入流中的各类主要交易的货币价值(从通过特定的税款评定程序所实施的初始确认直到现金的收款和退款)，将能够提供有关执行征收税款职能过程中的疏忽和绩效评估的重要的受托责任信息。提供有关纳税人年度资金流（现在已超过了＄10，000亿）的尽可能准确和详细的信息是非常重要的，因为从一定程度上来说，对征收税款职能实施行政管理属于一种自觉性行为。①

187.2 **现金流量**。通过对不同税收种类和不同税收年度的现金流量信息加以披露，将提供有关年度现金流量的来源及其时间的准确的历史信息。通过参照和分析以前年度的财务报表及有关的比较财务报表，将很容易发现在收款和退款模式中所存在着的重大趋势。准确预测未来现金流量的能力以及理解征收税款职能的执行速度和执行效果的能力将由于这些信息的存在而被大大地增强。此外，通过提供这些累

① 根据法律的有关规定，海关确定了罚金的法定评估额，该数额通常大大超过了有关货物的价值，然后再根据相关法律的规定，将罚金数额削减至上述金额的一部分。对有关实务进行充分地披露和解释，将有助于更好地理解海关根据第65段的有关要求在其披露事项中所报告的评估金额、减税金额以及坏账金额等等项目的重要性 。

计现金流量数据，将反映出因使用修正的收付实现制会计基础而导致的潜在的可更正性“错误”的出错程度。

187.3 **其他面向未来的信息**。对各类应收账款进行披露，将提供与征税过程中所存在的问题以及与未来现金流量的时间相关的一些附属信息。在美国国家税务局（IRS）里，对不同种类的应收款项而言，其最终的可收回性及其收回时间之间所存在的差异是相当大的。

187.4 **其他潜在可报告性收入**。在税款评定程序完成以前所获得的与符合性评估额、评估前的有关工作中所涉及的金额以及退款金额相关的补充信息，在一定程度上表明了潜在性应计收入的金额。如果这些金额最终是应计的，那么在修正的收付实现制会计基础上所获得的“应计调整事项”就应该被转变为一项与完全的权责发生制会计基础的预计后果更为贴近的“应计调整事项”。这些潜在性应收或应付账款中的一部分或者是全部，对执行收款的主体而言，都有可能成为可计量性项目，并且委员会有可能在这些执行收款的主体的管理系统得到了改进之后，要求将这些项目作为应计项目来予以记录。

187.5 **所得税税赋的分担**。有关税收缺口的其他附加信息和按照不同的收入水平（对企业而言是按照不同的资产规模）来反映收入金额、扣除项目的金额以及税款减除金额的美国国家税务局（IRS）的历史信息，反映了纳税人的违法程度以及所得税税赋在各个守法纳税人之间的分担情况。

187.6 **执行收款的政府机构对税收立法的管理**。披露、补充信息和其他附加信息为执行收款的政府机构是如何运作的这一问题提供了更加完整的描述。这些信息可能与执行收款的主体之间的资源分配有关，可能与它们的绩效评价有关，也可能与它们的疏忽行为有关。

- 在税款评定程序完成以前所获得的与符合性评估额、评估前的有关工作中所涉及的金额以及退款金额相关的补充信息，反映了在处理税款评定和退款过程中所存在的一些待办事项。

- 反映信托基金融资过度或融资不足情况的披露信息和补充信息，表明了有待克服的一些管理上的问题。
- 对与违法纳税人有关的评定税收款（在1993年美国国家税务局估计的金额为370亿）的减税项目进行披露，提供了一些反映执行收款的主体的行政判断能力的信息。然而，不存在任何的规定，要求提供由于检查、调查、抗议和诉讼等程序所引起的在符合性评估额以及评估前的有关工作中所涉及的金额中可能发生的重大的数额减少情况的信息。因此，会计报告中将不会包括与这些程序有关的数据，而这些程序通常比正式的税款评定程序包括了更大程度上的行政判断力。另外，它们也不会提供诸如在报告期所确定的符合性评估额之类的、可能与符合性行为的成本有关的数据，而所谓的符合性行为的成本指的就是税收机构的工资以及那些可能与执行收款的主体的符合性职能的绩效评估程序相关的行政管理成本等等。

**税收缺口**

188. 征求意见稿中提出的一项建议认为，有关非交换性收入缺口，包括税收缺口的可获信息，应该作为“其他附加信息”来予以提供。这些信息不可能是已经被审计过的，如果审计过程中所收集到的信息表明财务报告会引起重大误解，那么审计人员就需要对这项报告负责，并且审计人员的责任也仅限于这项报告中的有关内容。实际上所有的收入缺口都是税收缺口，因为从技术上来说，关税也是一种税收，因此，委员会决定只对税收缺口进行处理。可能引起税收缺口的违法事项包括未报告的收入、虚报的免税项目，以及虚报的减税项目。税收缺口的最大构成要素是所得税缺口。美国国家税务局（IRS）最初预计，1987年这一税务年度的所得税总缺口为$940亿。而1987年的所得税净缺口，也就是所得税总缺口扣除了预计已经或是将要通过美国国家税务局（IRS）的强制执行程序来收取的金额后的余额，据目前估计大概为＄720亿。这样，就1987年这一税务年度而言，从违法纳税人处所收取的后续款项大约为＄220亿。所得税缺口的估计金额只包括那些与个人或是企业的合法所得有关的税收款项，而并不包括与非法所得，诸如贩毒或是卖淫之类的所得有关的税收款项。[①]

189. 美国国家税务局（IRS）每隔一段时间才对税收缺口进行一次预测。美国国会最近决定不予批准新近的一项研究方案[②]，而且目前也并不打算执行有关的其他方案。另一方面，海关需要对尚未确知的违法纳税人所欠缴的税款数额予以估计。因此，委员会认为，准则应该只要求对那些由政府组织所估计的税收缺口予以揭示，并且只有在这些估计事项是相关的，也就是说，只有在可以获得较新信息的情况下才对其加以揭示。

190. 征求意见稿的一部分反馈者坚持认为关于税收缺口的信息是非常重要的，而另一部分反馈者则认为由于这类信息极不准确，因此不应该要求对其加以披露。委员会曾经考虑要为税收缺口中源于“不确定的人或主体”的那一部分款项制定一类名为必要的经管责任信息（RSSI）的新型信息。目前这一概念也正在被考虑运用于某些“受托责任信息”。委员会认为就目前而言，本项准则应该做出规定，将有关税收缺口的可获信息作为其他附加信息来予以揭示。除了有关税收缺口的信息要求之外，在某些情况下还将要求或允许提供与下列事项有关的其他附加信息：(a) 所得税税赋（参见第69段）；(b) 税收支出（参见第69段）；(c) 直接资源流动（参见第69段）；(d) 为交换性交易而放弃的收入（参见第47段）。

191. 在考虑有关管理探讨与分析（MD&A）的会计准则

---

① 要想进一步了解有关细节，请参见《税收净缺口与汇款缺口的预测》（出版物7285的增刊），出版物1415（4—90），美国国家税务局；《税收缺口：许多行动已经采纳，但还需要一个有较强凝聚力的符合性策略》，GAO/GGD—94—123，1994年5月。

② 计划将于1996年执行的《税收符合性计量方案》。

的过程中，委员会打算重新审查本准则中关于提供其他附加信息的有关要求。如果委员会考虑了这些信息所可能遭受的详细审查的程度，就有可能会做出修改这些信息要求的决定。有关管理探讨与分析的审计准则，目前尚未被任何一家审计准则的制定机构，包括美国总审计长办公室制定出来，而美国总审计长办公室是专门负责为执行联邦组织审计、联邦项目审计以及联邦活动审计的审计人员制定审计准则的。一般认为，有关管理探讨与分析的审计准则应该由美国总审计长办公室下属的咨询委员会来组织讨论，然后再由总审计长办公室来对有关准则予以制定。有关管理探讨与分析的特殊审计要求，如果与现行的有关准则相符的话，将由管理与预算办公室和美国会计总署之间通过协商来予以制定。在考虑委员会的管理探讨与分析计划时，管理与预算办公室和美国会计总署将对与管理探讨与分析有关的审计要求以及必要的经管责任信息（RSSI）这一概念加以考虑。

**税收支出**

192. 税收支出指的是因为税收结构中的优惠性规定而放弃的收入的预计金额。它们是由特殊的免除项目、免税项目、扣除项目、减除项目、递延项目以及偏离了“基线”的税率等项目所导致的。这些免除事项一般旨在通过提供救济给符合条件的个人或主体或通过鼓励实施特定活动的方式来实现公共政策的目标。此外，它们也有可能是为了增进税收权益或是为了弥补税收结构中其他不甚完美的地方而被制定出来。税收支出不是收入。它们不是报告主体的资源流入。

193. 下面是税收支出的一些例子（以及来源于国库的对1995年这一财政年度所放弃的收入的预计额）：

- 从总收入中扣除的提供给军队人员的食宿费用（$20亿）；
- 用于保存和恢复历史性建筑物的支出所形成的税款抵免（$1亿）和用于产出备用燃料的支出所形成的税

款抵免（$10 亿）；

- 从总收入中扣除的以医疗保险形式支付给职工的补助和其他医疗费用（$594 亿）；
- 所扣除的抵押利息额（$481 亿）和所扣除的针对所有者自用的住宅征收的州政府财产税和地方政府财产税（$153 亿）。

194. 委员会考虑了一项提议，该提议要求每一个报告主体都提供关于那些与其职责相关的税收支出的补充信息。所报告的金额应该就是财政部在“总统预算”中所公布的估计金额。

195. 支持上述提议的人认为，这一信息与形成税收支出的政府项目的绩效评估是相关联的。这些税收支出中的一部分与项目的运营紧密相关，而另外一部分虽然与主体的运营活动联系不大，但却仍然与该主体的职责相关。例如，对所有者自用住宅的优待性处理就与 HUD 改善国民住宅条件的职责有关。

196. 此外，政策的制定者们还可能将税收支出的变动与直接性预算费用的变动加以比较。例如，在 1983 年和 1993 年里当他们增加了对社会保障救济的征税，否则将不得不减少生活成本的调整额之时，他们就曾做出过这种比较。通过采用这些方式，除非在报告中包括了与该主体的职责相关的税收支出信息，否则有关某一主体的成本及其成果的报告就将是不完整的。

197. 委员会基于下述若干项原因，决定不要求在各报告主体的财务报表中提供关于税收支出的补充信息。这些原因包括：关于比较基线的界定从一定意义上来说是一个价值判断问题；在某些情况下它们与特定项目之间的联系不够清晰；这些信息有可能会在其他地方获取。但是，委员会还是允许报告主体在能够提供合适的解释和加以适当的审核的条件下，对他们认为与由其运营项目所导致的税收支出相关的那些信息进行列示。

**资源的直接流动**

198．委员会考虑了一项提议，该提议要求每一个报告主体都提供根据现存的联邦政府法律和法规而对非联邦主体所发生的，与其各项目的运营有关的年度重大费用的补充性预测信息。这一规定应该仅限于那些提供了产品的特征标准或是生产的方式标准的相关法规，或是由州政府或是地方政府来批准其支出的那些法规。如果非现金成本能够被确认的话，它们就有可能被包括在这些预测数据中，但是这并不意味着这些预测数据就必然包括了非现金成本。各报告主体还应该对各项数据的可获得性以及在这些预测信息的可靠性方面所存在的局限性做出适当的解释和说明。

199．该项提议的支持者们认为，政府应该要求各州、各地方政府和私营组织为满足某些特定的公共目的而花费资金，以便实现政府的部分目标。例如，政府可能要求各州政府扩大医疗保险的范围，要求各社区修建符合政府安全标准的水源处理工厂，要求工厂尽量减少厂内工人遭受石棉毒害的危险，并要求汽车制造商安装气囊。当这些法规被运用于州政府和地方政府时，它们通常被称为“未设基金的指令”。

200．联邦政府法规的成本和融资并不流入或流出政府，但是它们所造成的影响却与直接性联邦政府支出和收入的影响相类似。其中最为重要的一点就是，法规和联邦政府支出都是根据政府的特定目的来对资源进行分配。法规的成本既包括以前就已经实施了的那些法规，以及新近所颁布的那些法规。此外，法规所要求的那些支出，有可能作为一种被选方法，来实现与直接性联邦政府支出或是其他方式相同的公共政策目标。例如，无论有无更多的联邦政府补助，医疗保险的范围都有可能被拓展。

201．这一要求的支持者们相信，如果联邦政府报告忽略了政府行为的重大财务影响的话，就不可能公允反映政府运营活动的成果。这类报告将无法实现联邦政府财务报告的目标。他们认为，只有当财务报告包含了所有的重要信息之时，才能对政府机构在追求其目标的过程中所发生的成本和所取得的成果做出正确的评价。这就意味着，在这些报告中应该归集包括运营净成本、税款支出以及为实现相同或者类似的职能而发生的直接资源流动在内的所有信息。

202． 委员会基于以下各项原因，决定不要求提供有关直接资源流动的补充信息。因为就目前而言，这些信息中的绝大部分仍然是无法获得的，并且对财务报告的编制者而言，如果不花费额外支出的话也不可能获得。此外，委员会的大部分成员都认为，政府财务报告的范围不应该拓展到包括不曾流入或是流出联邦政府报告主体的那些财务资源流动。但是，如果能够提供适当的解释和证明的话，委员会还是同意允许报告主体将它认为与它所执行的项目有关联的直接资源流动信息作为其他附加信息来加以列示。

## 其他财务资源和预算资源

### 一般原则

203． 有关其他财务资源和预算资源的会计准则应该满足财务报告的如下几个目标：(1) 解释那些被限定运用于运营净成本的各项预算资源之间所存在的关系；(2) 反映预算资源是如何被使用的以及预算资源在期末的存在状况；(3) 指出被用于形成运营净成本的所有资金来源对主体的运营净结果所造成的影响。然而，财务会计（权益会计）观念下的资金与预算会计观念下的资金是不同的。

204． 预算是政府最为重要的财务计划和控制工具。预算的目标，诸如规划资源的分配、批准和控制债务规模、计划现金的支出以及增加收入等等，与财务报告的目标有所不同。财务报告的目标重在反映主体的各个项目和各项活动的运营净成本以及主体的资产和负债的受托责任。目标的不同只是这两种财务管理工具之间所存在的众多差异之中的一部分。计量和报告预算信息和财务信息的准则上的差异，以及数据的不可靠性，已经导致政府部门主管、预算团体以及其他可能从财务信息中获益的机构对财务报告的利用率较为低下。

## 缩小差异

205. 数据的不可靠性问题，将通过财务报表审计，包括对财产信息和预算信息的审计，以及财务管理系统的改进来加以解决。这些联邦财务会计准则缩小了这两种财务管理工具所报告的信息之间存在着的不必要的差异。这将增强通用目的的财务报表中的流量表所提供的财务计划和控制信息的有用性，同时还将增强所提供的受托责任信息，例如资产负债表信息的有用性。之所以会形成这种情形，是由于那些重视预算的人将因此而得以更好地理解财务报表，并且发现财务报表变得更加可靠和有用。

206. 有关财务会计的最新的确认和计量标准采用了拨款的预算流概念，并且为非预算性资源提供了连贯一致的流量标准。正如前面所解释的那样，有关政府主体所报告的非交换性收入的确认标准反映的是法律的要求。这些变动使得有关各主体净成本的资金来源的报告更加协调一致，并且更加有利于同预算信息做出比较。

207. 然而，预算和财务报表的目标上的固有差异必须保留。预算中所运用的义务基础和财务报表中所运用的成本基础是不同的。这一差异之所以要保留，是为了使得这两类信息都能够服务于各自不同的目的。有些预算资源将运用于资产投资，因此不会被反映在运营成本之中。同样，主体也可能会发生一些将由以前年度就已经提供的预算资源来进行补偿的成本（例如折旧），尚未通过预算资源来加以补偿的成本（例如应计的年度假期），以及一些由其他主体的预算资源来加以补偿的成本（例如某些养老金成本）。如果财务报表要报告与主体的产出有关的成本信息，及有关主体对其负有受托责任的那些资源的其他信息，那么对这些差异加以保留就是必要的。这些差异需要在财务报表中加以解释，以便增强财务报表的有用性。

## 预算程序及其与会计的联系

208. 预算通过控制义务最终控制政府主体的支出。从这个意义上来说，预算是有关资源流出的预算。反过来看，预算使得政府的各个组成部门能够获得资源的流入以便发生支出。这些资源流入在财务报表中将被报告为收入和其他财务资源（例如拨款）。

209. 预算程序通过拨款行为来为政府的组成部门提供预算资源。预算授权可能会以拨款、借款权、订约权以及抵消性收款的开支权等形式来予以提供。拨款将使得普通基金、专项基金或者信托基金——包括从指定用途的税收中所收取的款项——能够得以使用，或批准将抵消性收款的支出项目记入费用性账户的贷方。预算资源还包括那些从以前的报告年度节余下来的未承担义务的余额和若干调整项目（例如，以前年度义务的恢复）。预算的执行包括对预算资源用途的指定以及为清偿这些义务而发生支出。

210. 在某些时候，借款权将取代拨款来承担义务及作为支付工具以清偿借入的款项。然而，利用这种权力来借款并不能改变主体的净资产。因借款而形成的负债将与有关的资产（借入的现金）一起被记录下来。今后这一债务的偿还一般需要使用一项抵消性收款或是一项拨款。因借款而获得的资产将随后被加以摊销，形成主体运营成本的一个构成部分。在这个时候，或是在少数情况下当借款直接形成了费用而非用于购置资产的时候，主体的净资产将会被减少。

211. 订约权并非一项应报告的资金来源，因为它只允许政府机构在收取资金以偿付相关债务之前承担义务。用于清偿相关债务的资金将来源于一项拨款或抵消性收款。在编制财务报表的时候，一项资金来源将根据适当的会计准则，按照所收取的、用于清偿债务的资金的类型来进行确认。在过去的实务操作过程中，这项资金将在债务发生之时被确认，但是在新的准则下，这项资金只有在用于清偿债务的拨款实际获取之时才能够被确认，这可能就是在相关债务的形成期，但也有可能是在其后的某一个会计期间。

212. 拨款，包括长期性的无限额拨款，是预算授权最为广泛的使用形式。当因为订购、收取或是提供货物、劳务或救济而发生债务时，这些债务将被作为“已经承担的义务”来加以反映。[①] 当被使用时，拨款将被作为一项资源的流入（也就是作为一项其他财务资源）来予以反映，以便计算报告主体当期的运营净结果。

213. 从预算会计的观念来看，拨款包括专用税款，例如社会保障税和高速公路信托基金消费税。另一方面，从权益会计的观念来看，尚未支出的拨款并不包括专用税款，因为这些款项是作为一项非交换性收入来进行核算的。因此，已使用的拨款中就不包括专用税款，这样就可以避免将这些金额重复作为一项资金来源来加以记录。

214. 将“已耗用的拨款”作为一项资金来源来加以确认的会计处理方法，与预算会计中对已经支出的拨款的处理方法相类似。已经支出的拨款一般是当所订购的货物和服务已经交付，当救济应该支付给收取人，或是当补助协议所约定的可用资金应该被支付，并且用于支付上述各类款项支付的拨款已经可以使用之时才加以确认。根据本准则的有关规定，这一时点也就是“已使用的拨款”应该在权益会计中被确认为一项资金来源的时点。

215. 这样一来，当计划通过可使用的拨款来进行清偿的债务被确立之时，拨款就被认为是已经被使用了。负债应该根据联邦财务会计准则第5号公告来加以确立。根据该项准则的有关规定，一项负债可以根据几种方式来进行确认，而所发生的交易的类型就决定了相应的负债应该在何时被确认为已经发生。例如，补助可以通过几种不同的交易来予以提供。某些补助不需要与联邦政府之间发生任何劳务交换就可以提供，而其他的补助则可能要求只有在某些特定的行为发生之后才能获得相应的资金。

216. 如果从拨款中所提供的资金具有预付款的性质的话，那么这种款项支付就并不必然导致一项资金来源的确认。例

① 用于清偿订约权或偿还债务的拨款金额不能用于承担新的义务，因此不被确认为预算授权。

如，某一政府主体可能会根据补助协议的有关约定将资金预付给受助人。这就不应该引起一项资金来源的确认。只有当受助人满足了补助协议中允许其使用相应资金的各项要求之时，才可能会确认一项拨款已经被使用。

217. 将关注的焦点放在运营净成本上，而不过分注重将有关的资金与所发生的成本相互配比，这将有可能会简化拨款的会计核算，并消除财务会计和预算会计之间所存在着的众多差异中的一项差异。报告主体将不再需要对已经耗用的拨款做出递延确认，也不再需要在拨款可以使用之前就对其进行记录。

- 在以前，对用于进行资本化交易的已耗用拨款的确认都是被作为递延处理的，这里所说的资本化交易指的是诸如购置固定资产或是在信贷改革方案实施之前贷款还未被转为按照其现值来予以记录之时借入银行贷款之类的交易。对相应资金的使用也将在相同时点予以确认，而对资金使用率的确认则与资产的成本被逐步确认为折旧费的比率或是与信贷改革以前应收账款尚未被转为按照其现值来进行反映之前的相应坏账损失的确认比率保持一致。
- 将拨款作为应收金额来予以记录有时候需要考虑实际已经发生的成本，但通常要等到成本实际发生的那一财政年度之后的某一时刻才能够获得相应的资金，例如根据《信贷改革法案》对补助所做出的价值重估。对信贷方案的补助成本所进行的价值重估，一般发生在重估将开始适用而与之相关的成本也已经被确认的那一期期末或是该期之后，但是与其相应的长期性无限额拨款权力却只有到下一个期间才能够获得。当一项应计资金未被用于支付无基金来源的费用时，这些无基金来源的费用将从运营活动的累计净盈利中予以扣除并将其作为未来的资金要求权单独反映在主体的净资产中。

218. 这些变更就避免了将已投入的资本和未来的资金来源

作为权益来予以报告。在过去，这两个权益性账户并没有能够提供准确的信息，因为已经投入的资本将不再期望能够被偿还，而未来的资金要求权也并不能够满足未来所有的资金需要，而仅仅只够用于补偿已经在过去被确认为费用的那些金额。

219. 一项拨款将赋予一个政府机构这样一种权力，即它将能够对其拥有合法权利的专用收款和它的抵消性收款限定用途并加以使用。根据前述的各项会计准则的规定，这些资源流入的大部分都将被划分为交换性收入或是非交换性收入，并据此做出相应的会计处理。然而，这些收入和相关的新的预算授权之间的关系是不确定的。例如某些抵消性收款，它们既不是一笔收入，也不是一项资金来源。它们仅仅只是改变了已经反映在资产负债表上的某一项资产的存在形态（例如，以账面价值出售某一项资产而获得的资金收入）。某些抵消性收款被记入了收入性账户的贷方而不是支出性账户，并且如果不存在特定的拨款将无法对其指定具体用途。根据法律的某项规定，例如根据可用于确定主体所承担的债务的一项救济方案，或是根据对所能够承担的债务的最大金额所做出的一项限制性规定，这些收入中的一部分将在某一个财政年度内从债务中予以扣除。而从债务中予以直接扣除的这一部分金额在该年内并不确认为一项预算授权。

220. 通过对所归集的资金或是转移款项等非预算性资源的确认，主体的财务报表将会显示出它所记录的已发生成本是如何通过它自己以及其他主体的预算资源来得以支付的。

(a)“所归集的资金”来源在报告中将用于抵减另一预算主体根据相关法律的规定归集到该主体上的预算成本。[①] 这一归集过程将这些成本确认为相关主体的运营净成本。将“所归集的资金”反映为净资产的变动项目，这样一来，相关主体的净资产就不会受到任何影响，并且也不会有重复记录之

① 对所归集的资金来源进行报告，有可能是为了对尚未编入到诸如养老金和退休医疗保险基金等其他主体预算中去的已归集成本进行确认。

类的情形发生。

(b)“转入项目”和“转出项目”需要用以反映将资产或者收入从一个政府主体转移给另一个政府主体的情况。如果转移的是一项资产，转出方的预算中一般已经对这项资产的初始支出进行了反映，但是通常不会再对该项资产随后所发生的转移事项做出反映。这一转移事件改变了主体在转移时点上的财务状况，但并未改变其运营净成本。因此，对其进行确认是为了确定报告主体在报告期当期的运营净结果，而不是为了确定主体的净成本。

221．如果所转移的是已经被赚取的收入，那么预算可能会要求将与主体的成本相关的已赚取收入流支付给普通基金或是其他主体。在报告中将这一类收入的转出事项反映为运营结果的扣减项目，这就使得报告主体能够在不增加其净资产的情况下正确地对其运营净成本加以反映。

222．除了被捐赠物为现金或易于转换为现金的项目之外，捐赠在预算中一般并未作为一项收入来加以反映。然而，某些其他种类的捐赠也有可能被确认为收入。这一类收入是预算和财务报表之间存在的永久性差异。根据这些准则的有关规定，捐赠收入将增加运营净结果。根据本准则的规定而对捐赠所做出的会计核算与目前私营部门中的会计实务是相一致的，在私营部门中所获得的捐赠也是作为收入来进行确认。

223．除非国会决议投入相关的预算资源，或是永久性预算授权已经可以获得，否则尚未通过预算资源来获得补偿的那些成本将一直作为“永久性差异”而存在。在这些新准则的规定下，与已记录的成本相关联的资金只要还未被提供，就不可能被加以记录。因此，它将不会增加主体运营的累计净结果。

## “运营净结果”的含义

224．那些对征求意见稿做出过评判的反馈者们曾经表达过这样一种看法，那就是某些报表使用者可能会将新的净资产变动表中所报告的“运营净结果”的金额视为一项绩效评价标准。这些报表使用者们之所以会形成这样一种观点，是由于在私营部门内部，“经营净结果”一词就是净收益一词的同义语，而净收益则是业绩评价的“底线”。与其相类似，联邦政府报告主体在联邦财务会计准则第7号公告实施以前所使用的运营表，也是将关注的焦点放在一个类似的底线——运营净结果上。这是将所有的运营活动都反映在一张报表之中而得到的结果。然而，对绝大多数政府主体而言，任何一个报表底线都不可能准确地衡量该主体的运营绩效，并且一般说来，“运营净结果”既未能反映出有关一个主体的运营净成本的信息，也未能反映出有关该主体运营净收益的信息。

225. 正如在《主体与表述》中所反映的那样，新的报告模式注重于对成本的计量和对绩效的报告。总成本和净成本都是能够与报告主体的各个项目和活动的总产出和总成果相关联的最重要的财务绩效评价指标。

## 专用收款

226. 征求意见稿曾经对以总额形式反映在报告主体的财务报表中的各类信托基金和重大的独立性基金提出了若干项披露要求。提供这类信息原是为了有助于报表使用者加强对这些基金的理解，从而委托政府来负责使用和处置专用收款。根据所收到的各项评论，本准则对下列各项内容做出了更改。

A. 意见稿中所设计的准则没有包括那些由联邦政府主体以受益人的受托人身份来进行管理的、未反映在主体的财务报表中的各种基金。此外，它也没有包括那些与许多信托基金具有相同性质的其他基金。本准则现在要求对这些基金也要进行披露。

B. 要求对所有的基金都予以加总，以求出其合计数的这一规定已经被加以修订。如果某项基金对报告主体而言是不重要的，那么它就会被反映在一份专用报告中，以便向捐助人和受益人（或其代表）做出相关信息披露，并且只需要在该份专用报告中对这些基金的合计数做出披露。

227. **使用者的需要**。占用专用收款的基金与联邦政府财务报表的使用者之间的关系十分重大。排在第一位也是最重要的使用者是捐助人和受益人，政府需要向他们报告专用收款的收取和使用情况，以及可用于在未来支付给受益人或是用于法定的其他目的的任何基金余额的情况。其他的报表使用者则关注于运用这些资金所从事的其他政府运营活动。

228. 联邦政府财务报告的外部使用者在某些时候可能会对这些基金，尤其是信托基金与政府之间所存在的关系产生误解。很少有政府信托基金是以在政府部门以外所经常提及的、信托关系中所谓的"受托"形式来持有的。此外，某些信托基金目前的年度支出甚至还少于它们在每年所收取的收入款项。因收入大于支出而导致的绝大部分的闲置资金被用于进行国库券投资，直到信托基金需要根据救济方案或是其他法律条款的规定来对这些资金加以使用之时才予以收回。

229. 财政部通过使用这些附加款项，能够满足其一般运营活动的资金需要，从而减少了向社会公众借款的需要，增加税赋的需要，也减少了缩减支出的需要。在政府的合并会计报表中，由信托基金和其他基金主体所持有的国库券投资与国库因此而负担的相应债务之间将相互抵消。这些金额不会被反映在政府主体的合并资产负债表中，但是一般却需要以脚注的形式来对其加以披露。

230. **本准则所涵盖的基金范围**。正如征求意见稿的受访者所指出的那样，信托基金并非收取专用资金的惟一基金类型。然而，在征求意见稿中并未明确规定究竟哪些基金应该被包括在这一较大的范围之内。委员会决定，只有当存在着向捐赠人和预计的受益人报告受托责任的必要之时，才需要对这些基金做出披露。因此，本准则所涵盖的基金范围包括所有的信托基金，所有与信托基金相类似的专项基金，以及所有被包括或是未被包括在预算之中的托管基金。

231. 联邦政府未能对这些类型的收款采用一个协调一致的

基金定义。根据法律的有关规定而被划归为信托基金的那些基金，是由特定的法律条款来加以确立的，用以执行法律所规定的各项活动，并且通常是通过税收来满足其资金需要。虽然政府部门所使用的“信托基金”一词的含义通常与其在私营部门中的含义有所不同，但是在联邦政府中的某些信托基金的的确确具有与私营部门中的那些信托基金相类似的极其明显的托管特征。此外，在预算中被划归为专项基金的那些基金在性质上与预算中的非托管性信托基金相类似。为这一要求所包含的非信托基金提供准确的判断标准将是比较困难的。委员会已经意识到，管理当局想要辨明捐赠人和受益人对受托责任履行情况所抱有的期望，这并不总是十分容易的。

232．从另外一方面来看，政府主体对于那些因自愿与其进行货物和劳务交易而向其支付价款的人或组织并不承担专门的受托责任。一旦价款已经给付，有关的货物和劳务也已经提交，购买方一般并不期望基金会为其提供额外的托管。基于这个原因，这些特殊的报告要求一般并不适用于周转基金或具有类似融资原理的其他基金。然而，对于那些预先收取价款，而在其后的某一期间内才要求提交相应的货物和劳务的周转基金而言，专门的受托责任仍然存在（例如长期保险合同），并且应该鼓励报表的编制者在这种情况下提供所需要的相关信息。

233．**不构成报告主体财务报表的组成部分的基金**。在大多数情况下，这一要求将适用于包含在报告主体的财务报表中的那些基金。然而，在大多数的托管情况下，基金将由报告主体来进行管理，但是却不属于报告主体自身的构成部分或是不包括在报告主体自身的通用目的的财务报表中。这一披露要求对这类基金也同样适用。

234．**专用报告**。既然这一要求的主要目的在于反映对捐助人和受益人所承担的受托责任，那么满足所述各项标准的所有基金就应该被认为是重要的。因此，不管有关信息对报告主体而言是否重要，都应该被提供。然而，为了减少财务报表中的这些附加信息的容量，如果在对捐助人和受益人所提交的专用报告中将要对专用收款加以披露，并且有关信息对报告主体而言并不重要的话，那么就应该在报告主体通用目的的财务报表及其附注中披露尽可能少的相关信息。提交给捐助人或受益人代表的专用报告很有可能已经能够满足这一要求（例如，发送给印度部落政府的一份专用报告）。

# 附录 B：交易分类指南

## 引言

235．美国政府通过大量的各类交易来获取收入，以便为其运营活动的成本提供资金，为了实现本公告中各项准则的目标，必须对这些交易分别按照不同的方式来进行分类。一项交易有可能被划归为一项交换性交易，一项非交换性交易，或是一项其他财务资源；这一交易有可能发生于政府报告主体与社会公众之间，也有可能发生于政府内部某两个报告主体之间（也就是一项政府内部交易）。如果它是一项交换性交易，那么一般会产生收入，但也有可能会产生利得和损失。本附录根据有关收入和其他财务资源的会计核算准则，以及在引言和结论的基础部分对这些准则的原理所做出的解释，提供了对特定交易进行分类的指南。

236．为了实现这一目的，本附录为所有向政府运营活动提供资金的重大交易和大量的非重大交易提供了分类指南。该指南的目的在于，通过这些分类，以及根据有关准则、结论的基础和引言中对这些分类所作的解释，能够为政府主体所有提供了资金来源的交易，包括那些没有明确列举的交易提供分类指南。应该能够理解的是，尽管某些分类方式是十分明确的，但其他分类方式则是权衡了多方考虑的结果。

237．本附录中的交易被划分为几个组。已经在财务报表中加以确认的交易有两种分类方法：第一种方法，按其是与社会公众之间所发生的交易还是政府内部交易来进行划分；第二种方法，按其是非交换性交易、形成收入的交换性交易、形成利得或损失的交换性交易还是其他财务资源来进行划分。其中的一组由所有应该进行价值重估的形成利得和损失的交易所构成。

238．如果某些交换性交易很可能是不寻常的或是不经常发生的，那么这些交易就应该被划分为形成利得或损失的交换性交易。如果本附录中某些被划分为形成利得或损失的交换性交易，对某一个特定的报告主体而言是很平常的、经常发生的交易，那么该主体就不应该将其划分为形成利得或损失的交换性交易，而应该将其划分为形成交换性收入或费用的交换性交易。

239. 本附录中的最后一组交易是由那些所产生的金额未被划分为收入、利得或是其他财务资源的收入性交易所组成。虽然在某些情况下它与其他各组交易之间可能存在着一定程度上的重叠，但是将这样一组交易汇总列示有利于反映那些不被划归为其他任何一种交易的那些交易的金额。它们包括：

- 不形成任何资源净流入的若干交易（或是所形成的资源净流入要小于该笔交易的总金额的那些交易），这类交易一般是由于发生了资产的交换或是由于资产和负债同时增加所导致。
- 不影响净成本或净资产的某些转移项目和捐赠。
- 涉及直接贷款和贷款担保的若干交易，根据联邦财务会计准则第2号公告，《直接贷款和贷款担保的会计核算》的有关规定，这些直接贷款和贷款担保常常被确认为费用或是费用的抵减项目。
- 保证金基金交易。

240. 下表是有关本准则的一份指南，它根据交易的说明顺序，分组加以列示，并列出了相关的页数。说明如下：

- 在确定运营净结果和由此所导致的净资产的变动情况时，来源于非交换性交易的收入应该包括在内。
- 来源于交换性交易的收入应该从总成本中予以扣除，以确定运营净成本（来源于交换性交易的利得和损失也会影响净成本）。
- 在确定运营净结果和由此所导致的净资产的变动情况时，其他财务资源应该包括在内。

241. 另外，大部分非交换性收入和少数交换性收入的收取和使用应该作为执行收款的主体的一项保管行为来进行核算。

# 交　易　表

## 与社会公众的交易

**与社会公众的非交换性交易**

个人所得税、企业所得税、社会保障税和缴款、消费税、遗产和赠予税、关税

由联邦政府雇员所支付的社会保障税和缴款

州政府失业信托基金存款

使用费、海港维护信托基金

海关服务费

收益存款、联邦储备金系统

捐赠：不包括已费用化的各类不动产、厂场及设备

罚金和罚款

与保管活动有关的因拖欠税款而形成的罚金

罚没收入

**与社会公众的交换性交易：收入**

货物和劳务的销售收入

非公开运营活动中的货物和劳务的销售收入

政府财产的利息（除非可划归为其他）、

股利和租金收入（不包括采矿权）

外大陆架地区（OCS）的租金、特许权使用费和红利以及其他石油和矿物的开采权

无线电频谱的拍卖收入

1991年后所获得的直接贷款的利息收入

拖欠税款的利息和其他因保管活动而产生的应收款项

诸如专利和版权税之类的法定使用费；移民入境费；证监会（SEC）的注册和登记费；原子核管制委员会会费

转移费，司法部

补充性医疗保险（SMI）的保险费、银行存款保险、养老救济金抵押品、农作物保险、人身保险和其他保险

联邦政府雇员对养老金和其他退休福利计划的出资

联邦政府雇员对目前的保健福利计划项目的出资

退还的征收收入

对打击犯罪成本的补偿

**与社会公众的交换性交易：利得与损失**

政府资产的销售收入：除不动产、厂场及设备

以及被没收和取消了抵押品赎回权的财产之外的资产

不动产、厂场及设备的销售收入

通过交换获得的不动产、厂场及设备

取消了抵押品赎回权的财产的销售收入：与 1992 年以前的

直接贷款和贷款担保相关联

应收款项的销售收入：不包括直接贷款

直接贷款的销售收入

到期前的债权性证券的赎回

**来自社会公众的其他财务资源**

货币铸造税

## 政府内部交易

**非交换性交易——政府内部：收入**

信托资金和专项基金（不包括信托周转基金）持有国库券的利息

一个基金从另一个基金处收取的利息

雇佣组织对社会保险方案的出资

**非交换性交易——政府内部：利得与损失**

到期前的债权性证券的赎回：信托资金和专项

基金（不包括信托周转基金）

债务的抵消

**交换性交易——政府内部：收入**

通过周转基金实施政府内部销售所获得的

货物和服务的销售收入

通过非周转基金实施政府内部销售所获得的

货物和服务的销售收入

雇用组织对为联邦政府雇员而制定的养老金

和其他退休福利计划的出资

雇用组织对为联邦政府雇员而制定的目前保健福利计划项目的出资
雇用组织支付的失业救济款和对工人的赔偿
周转基金持有国库券的利息收入
信托周转基金持有国库券的利息收入
直接贷款和抵押贷款融资账户所收取的未投资基金的利息收入
国库所收取的利息收入
**交换性交易——政府内部：利得与损失**
到期前的债权性证券的赎回：周转基金和信托周转基金
**其他财务资源—政府内部**
拨款
成本补助：内部销售价格（补偿价款）与
　完全成本之间的差额
成本补助：养老金（和其他退休救济）的成本扣除
　雇员出资后（如果有的话）的余额与雇佣主体出资额之间的差额
普通基金对补充性医疗保险信托基金的出资
农产品信贷公司向联邦政府农作物保险公司的转入项目
铁路局退休职工委员会与社会保障和医疗保险信托基金之间的
　交换性收入
无给付对价的现金和其他资本化资产的转入
无给付对价的不动产、厂场及设备的转入：关于费用化的那一类资产

## 重估价

资本化的不动产、厂场及设备的价值重估
存货和相关财产的价值重估

## 不确认为收入、利得或其他财务资源的交易

来自社会公众的借款
来自国库、联邦政府融资银行或其他政府账户的借款
对其他主体的收入的处置：保管性项目的转移
各类政府资产的销售收入
通过交换获得的不动产、厂场及设备
无给付对价的不动产、厂场及设备的转移：关于费用化的那一类资产
不动产、厂场及设备的捐赠：关于费用化的那一类资产

# 联邦财务会计准则第 8 号公告（SFFAS NO.8）
## ——补充经管责任报告

### 基本情况

颁布日：本公告于 1996 年 6 月 11 日被财政部采纳，但由于首席财务长官法案要求将其提交国会审议，所以尚未发布。

生效日：从 1997 年 9 月 30 日为期末的会计年度开始生效，但联邦政府合并财务报表（CFR）除外。对于合并财务报表，第二章到第七章直到委员会及其首脑进一步行动才会生效；第八章“现行服务评估”从 1997 年 9 月 30 日为期末的会计年度开始生效。

参考第Ⅰ卷：联邦财务会计准则第 6 号公告，《不动产、厂场及设备的会计核算》（涉及附加的不动产、厂场和设备的讨论和清理成本准则）

联邦财务会计准则第 7 号公告，《收入及其他财务资源的会计核算》（该公告涉及资产转让的交易的分类）

参考第Ⅱ卷：清理成本（C40），现行服务评估（C80），递延维修（D20），国防或军事不动产、厂场及设备（F20），继承资产（H20），人力资本（H40），土地（L20），非联邦实物资产（N60），不动产、厂场和设备（P60），研究与开发（R20）

解释公告：

影　　响：第 116 段和第 117 段指出等到进行了进一步研究以后，才开始考虑社会保险的问题。该项研究与联邦政府财务会计准则说明第 5 号公告《联邦政府负债的会计核算》第 6 段、第 104 段和第 105 段中表达的意图有所不同。

所受影响：不受其他公告的影响。

### 概述

本公告为联邦政府对下述经管事项的报告建立了准则：（1）委托给联邦政府的托管不动产、厂场和设备以及托管投资等资源；（2）由联邦政府承担的对现行服务评估的某些责任。这些资源及责任并不符合在财务报表中报告的资产及负债的准则，尽管如此，它们对于理解财务报表日及其以后期间联邦政府的营运和财务状况非常重要。由于政府已经接受委托并对这些资源和责任负受托责任，所以它们应在联邦政府及其组成单位的财务报告中予以确认。

托管资源是由联邦政府为了国家利益进行的投资。一旦投资，在财务报表中就将作为费用来处理。然而，这些费用旨在向公众提供长期利益，因此，本公告要求应报告这些资源的信息，以说明其具有的长期利益性质，并阐明政府对其受托责任。考虑到这些资源的性质，经管责任报告可以由财务和非财务数据组成。

本公告规定了预测报告的准则，这些预测有助于评估未来预算资源是否足以维持公众服务和履行到期义务。

本公告按照下述类别建立报告要求：

**托管不动产、厂场和设备**（PP&E）——由联邦政府拥有的并且符合以下三个定义之一的资产：

- **继承资产**。在历史、自然、文化、教育或艺术方面具有重大意义的不动产、厂场和设备。
- **国防或军事不动产、厂场及设备**。对于完成某些独特的联邦任务必不可少的不动产、厂场和设备。
- **托管土地**。不为/与通用不动产、厂场和设备相关而取得的土地。

**托管投资**——那些在计算净成本时作为费用处理，但值得采用专门的处理方法来说明它们的投资实质和长期利益性的项目。包括：

- **非联邦实物资产**。州及地方政府所有，但由联邦政府提供补助的财产。
- 为教育和培训项目及研究活动而发生的成本，这些项目和活动旨在提高或保持国家经济生产能力，提供未来利益或回报。它包括：

—**人力资本**。为了公众的利益，由联邦政府提供资金支持的教育和培训项目。

—**研究与开发**。基础性与应用性的研究与开发。

**经管责任**。维持现行服务预计对政府的财务影响。对政府提供的现行服务的预计可帮助政府评估未来预算资源维持公众服务和履行其到期义务的充足程度。这种评估专业上称为“现行服务评估”，即根据未来活动的预测提供收入和开支的数据

所有的经管责任信息被视为是必要的经管责任信息（RSSI）。关于必要的经管责任信息的审计要求将由管理与预算办公室（OMB）和美国会计总署（GAO）共同制定。

# 目 录



注：第 1 至 3 段、第 41 至 43 段省略。

# 第一章 引言及背景

4. 每一条准则都在一个方框中进行简单地概括，其后对该准则进行详细解释。准则包括概述及解释的全部内容。

## 背景和理论基础

5. 概念公告“联邦财务报告目标”是在对使用者的需求进行深入评价的基础上研究得到的，并用于指导委员会研究联邦政府会计和报告准则。该目标涵盖了四个领域：预算完整性、运营绩效、经管责任、系统与控制。

6. 本公告阐述了联邦政府对其受托资源和承担责任的经管责任报告的目标。联邦政府对其受托资源和承担职责的经管责任报告需要，源于联邦政府独一无二的性质，这将在下文阐述。

## 经管责任和报告目标

7. “财务状况”是对主体在某一特定日期拥有的经济资源以及对这些资源的要求权的表述。在私人部门中，财务状况报告的主要目标是评价主体、企业公司的生存能力及其潜在的获利能力。

8. 评价联邦政府的全部绩效并不仅仅是比较收入和费用，或其累积的资产及负债。

9. 假定联邦政府将永远地存在下去。它有独特的途径获取财务资源和融资，有权征税，借款和造币。对于联邦政府来说，财务绩效是极其重要的议题。但是传统的财务计量所提供的数据只适合于评价政府所承担受托责任的一部分而非全部。政府存在的目的不是为了盈利，而是满足公众的需要，提高国家的总体福利水平，因此需要使用其他方式对其受托责任进行计量。对受托责任的计量针对托管不动产、厂场和设备（PP&E)、托管投资及经管职责进行报告。这种经管责任存在的原因是联邦政府不同于工业主体和商业主体。

**财务状况**

10．以上提到的受托责任计量有助于描述政府的“财务境况”。财务境况是一个比财务状况更广义和更前瞻的概念。财务境况允许以包括相关财务和非财务信息的补充数据为基础对主体进行评价。这些补充的数据提供了更加完整的绩效说明。在某些情况下，有必要以不同于传统财务报告的方式来提供和列示财务数据，并以非财务数据作为传统数据的补充。在另一些情况下，则可能需要几乎完全地依赖非财务数据来提供对主体绩效的更完整的表述。对财务境况的评价将包括对趋势、需求、承诺、事项及不确定性的分析①。

**托管不动产、厂场和设备**

11．“托管不动产、厂场和设备”在实物形态上与财务报表中通常予以资本化的通用不动产、厂场和设备类似。但其性质与通用不动产、厂场和设备有所不同：它们的价值无法确定，或者确定其价值没有意义（例如，博物馆的收藏品、纪念碑、在国家成立时取得的资产），或者是将其成本分配给这些资产的受益会计期间没有意义（例如，军事武器系统、空间探索设备）。但是，联邦政府能够通过参照财务报表中的递延维修项目来报告托管资产的存在和境况，以揭示对托管不动产、厂场和设备的受托责任。托管不动产、厂场和设备包括托管土地（不为/与通用不动产、厂场和设备相关联而被取得的土地）；继承资产（例如，联邦纪念馆和纪念物以及有历史和文化意义的财产）；国防或军事不动产、厂场及设备（例如，空间探索及军事武器系统）。

**托管投资**

12．“托管投资”是联邦政府为了国家的利益进行的重要

① 联邦政府财务报告的目标的第七部分提供了对财务状况和财务境况的充分讨论。

投资。投资发生时，作为费用处理以确定营运净成本。然而，为使政府财务报告的读者了解这些为了长期利益而进行的投资，应采用特别方法处理这些项目。托管投资计量以下项目发生的费用：教育和培训项目、联邦融资的研究与开发、联邦政府融资但并非联邦政府拥有的财产，诸如道路和桥梁。

13. 由于政府受托并对这些资源负责，相关资源的信息应在政府及其组成单位的财务报告中予以报告。这样的报告有助于满足在联邦财务会计概念第 1 号公告《联邦财务报告的目标》中定义的经管责任目标。确立经管责任目标的目的正是报告联邦政府“活动的广泛成果”。报告还可以提供有助于报告使用者评价当期政府运营及投资的影响的信息①。

### 经管责任

14. 经管责任目标的一个关键方面是要求联邦政府报告提供信息以帮助使用者确定：(1) 在该期间内政府的财务境况是否改善或恶化；(2) 将来预算资源是否足以维持公众服务和履行到期义务②。

15. “经管责任”的相关信息将有助于报表使用者作出决定。它提供了对政府酌定项目和法定项目的承诺情况进行检查的必要手段。

16. 经管责任的报告可以包括在联邦政府合并财务报表的经管责任部分。

## 经管责任的分类或要素

17. 委员会对经管责任信息的项目或要素的特别分类如下：

- 由联邦政府拥有的并且符合以下三个类别定义之一的资产：

  —具有历史、自然、文化、教育或艺术重大意义被称

① 见联邦政府财务会计概念公告第 1 号公告，第 41—42 页。

② 见联邦政府财务会计概念公告第 1 号公告，第 42—44 页。

为继承资产的不动产、厂场和设备，例如，华盛顿纪念碑和林肯纪念馆；

—对于完成某些独特的联邦任务所必不可少的被称为国防或军事不动产、厂场及设备[①] 的不动产、厂场和设备；

—对托管土地的投资[②]，即不是为/与通用不动产、厂场和设备相关联而取得的土地，例如，国家森林、公园和历史遗迹。托管土地的一些投资，例如国家公园，将按以下内容报告：1）在托管土地类别中被用于公园或历史遗迹的土地的亩数，及 2）在继承资产范畴中被确定为国家公园的实物单位数量。这些报告并不重复，因为对某一项目所报告的信息的类型将按照代管资产的类别而不同。

· 州及地方政府所有的，由联邦政府融资的非联邦实物资产，例如：高速公路和桥梁。

· 旨在提高国家经济生产能力而进行的教育和培训及旨在提供未来利益或回报而进行的研究与开发所发生的费用。这包括：

—对人力资本的投资，也就是，由联邦政府提供的教育和培训项目，例如：职业培训项目，及对高等的教育的补助。

—对研究与开发的投资。例如，对延缓 HIV 阳性个体中艾滋病症候发作的早期药物干预效果的研究，及为提高国家医学研究水平所作的基因密码研究。

---

① 术语“联邦使命”是指那些典型的联邦活动，诸如国家防务。另外，国防与军事的不动产、厂场和设备仅限于那些通常不是被非联邦政府主体使用的不动产、厂场和设备。很明显，由一个政府主体执行的所有职能可以广义地标明“联邦使命”。但是，这一类别的定义，澄清了被包括在这一类别中的不动产、厂场和设备的性质——比根据类别名称推断的更狭义的一组。

② 委员会只将地表土地作为经管责任信息包括进来，因为那些与地表土地以外相关的议题，例如，地上及地下的自然资源很复杂。委员会正在研究这些复杂的议题，并且将在以后为自然资源公布一个单独的关于建议的会计准则的征求意见稿。

- 关于提供现行服务，持续进行现行项目对联邦政府预计的财务影响的信息。这一信息将以现行服务评估的形式出现，在对作为整体的政府未来活动进行预测的基础上提供未来的收入和开支数据，并包括自行决定的和指令性项目及债务的利息。

18. 项目或要素的前述类别源于或很大程度上是因为联邦政府拥有主权。它们的各组成部分将在本准则的相应部分详细地定义和讨论。

## 经管责任报告的性质

19. 委员会在认识到联邦政府的规模、复杂程度、多样性及对其他方面的影响后，决定除了已经包含在财务报表中的信息，上述信息也需要披露。

20. 经管责任信息可能与基本财务报表不直接相关，因为要报告的信息可能是财务信息之外的信息，例如，实物数量或预测。它将作为基本财务报表的补充。

21. 经管责任信息，被指定作为联邦政府以及对前述资源负有经管责任的主体的合并财务报表的必要的经管责任信息（RSSI)。委员会称之为“必要的经管责任信息”，是为了将其与“必要的补充信息”（RSI）相区别。对必要的补充信息的审计责任已经在现有的专业文献中予以规定。委员会认为预算管理署和会计总署应确立必要的经管责任信息的审计责任并督促其实施。

## 经管责任信息

22. 按照联邦投资及对其他主体控制的联邦资源的要求权的性质，经管责任信息可以有不同的呈报格式。这些信息针对下述主体：（1）控制托管资源的主体；（2）其财务报表遵循联邦政府会计准则顾问委员会建议的，并经财政部部长、预算管理署局长和总主计长批准的联邦政府会计原则相一致的主体。

23. 有关经管责任报告的部分内容的例子参见附录 B。

## 计量

24. 针对每一个经管责任要素的独立准则包含了对该要素的具体指南。但一般来说，托管投资应采用与财务报表相同的会计基础加以计量，包括适当的应计调整，一般和间接费用及部分设施成本（如折旧）[①]。

25. 对于旨在保持或提高国家经济生产能力的投资，也就是，人力资本、研究与开发、非联邦实物财产投资应列示趋势数据。趋势数据应反映该投资的完全成本（包括对设备和管理成本的分摊）。

26. 对于托管土地和继承资产，计量可以采用非财务基础。例如，计量可以基于实物单位，如土地的亩数。具体的数据要求要在单独的经管责任准则中加以阐述。

27. 通常应以名义美元来报告金额，如果趋势数据覆盖了报告的多个年度并且主体认为信息对于数据解释是有意义的，那么除名义美元数据以外，还应提供不变币值数据。

28. **补助分割**。经管责任要素经常通过补助的方式来融资。在某些情况下，补助可能不止具有一种目的[②]。对于这种情况，投资应按估计的不同补助目标下的资金比例在经管责任要素之间进行分配。如果这种分配是不可行的，投资应该根据补助的主要用途来报告。

29. **绩效指标**。对于一些经管责任要素，其作为投资的分类是基于其生产的产出和成果来断定的。特殊的程序，包括针对取得这些判断所采用的过程，被包含在各自独立的准则中。

30. **报告项目费用**。关于被报告的托管投资要素的趋势信息应反映该项投资在报告当年及以前4年内的全部成本[③]。

---

① 见联邦财务会计准则第4号公告《管理成本会计概念与准则》，对联邦政府成本会计原则和准则的讨论。

② 多目的补助的例子是：发放给一个教学医院以进行医学教育和医学研究的补助。

③ 见联邦财务会计准则第4号公告《管理成本会计概念与准则》，对政府成本会计原则和准则的讨论。

如果更多年度的数据能更好地反映该项目的投资性质，也可以报告。

31. 某些情况下，在政府会计准则发布之前，一些主体一直以开支而非费用为基础进行记录。要求这些主体以费用为基础重建其账户是不切实际的。在这种情况下，主体对那些不能获得费用数据的年度可根据开支基础报告数据。但在 5 年以后，主体应该有足够的费用数据而不是开支数据来报告费用。

32. **报告递延维修**。许多州及地方政府、国会监察委员会成员和国家团体，提出了联邦所有的不动产、厂场和设备的损耗状况问题。这一问题的产生与相关资产的递延维修情况有关，在不动产、厂场和设备的相关部分阐述。因此，在联邦财务会计准则第 6 号公告《不动产、厂场及设备的会计核算》中的递延维修准则建立了与不动产、厂场和设备的状况和未来维修要求相关的报告要求。

33. 这些要求很灵活，因为不同的主体情况不同，而且同一主体拥有不同的不动产、厂场和设备项目。递延维修准则对所有不动产、厂场和设备都适用，不论其作为通用不动产、厂场和设备还是托管不动产、厂场和设备进行报告。

## 报告要求

34. 每一个准则都阐述了最低报告要求。在某些情况下，还提供了建议的报告形式。这些要求和建议，包括针对在准则实行时可能没有获得所需数据的主体所应采用的程序都在各准则中予以说明。这些要求揭示了联邦主体报告项目的特征；机构财务报告形式和内容的指南，包括本公告涉及的项目报告格式的具体指南将由预算管理署规定。

35. 应当按照主要项目或类别进行报告；除非特别重大，个别交易事项不必报告。当报告的编制者认为某些信息会使财务报告更有意义或更好理解时，鼓励采用附加报告。

## 社会保险

36．委员会在考虑联邦财务会计准则第5号公告《联邦政府负债的会计核算》时第一次考虑了社会保险项目会计及报告。委员会认为，该事项应作为补充经管责任报告研究项目的一部分。

37．关于社会保险项目的研究和思考一直作为补充经管责任报告研究项目的一部分持续进行。委员会在考虑到这些项目的庞大和复杂性、在会计和报告方面的观点的对抗性、社会对这些项目的极大关注以及变革这些项目的潜在可能性后，终于决定在发布最后的指南之前应当作进一步的考虑。

## 适用性

38．本准则要求联邦政府的合并财务报表[①]及联邦政府组成单位的财务报告应包括与以下内容相关的必要的补充经管责任报告：

- 投资于人力资本、研究与开发、非联邦实物资产的金额；
- 土地、继承资产、国防与军事资产的数量（用实物单位或美元金额表示）。

虽然联邦政府会计准则顾问委员会的发起者并没有对立法或司法部门设置会计公告，但联邦政府会计公告对他们也是合适的。

39．因为联邦政府的财务报告提供了与不同部门和项目相关的托管投资与资产的汇总信息，委员会进一步考虑按照本准则就要求在合并财务报表报告的信息的数量和性质作出决定。相应地，除了在“现行服务评估”中描述的准则，

① 术语“财务报表”和“合并财务报表”在本文中始终是指报告主体的基本财务报表；基本财务报表通常包括：资产负债表、净成本报表、财务状况变动表、融资报表、预算资源报表、经管活动报表及财务报表附注。术语“财务报告”和“合并财务报表”是指那些包括财务报表但也可以包括其他文件，如，管理层讨论及分析部分，项目绩效计量报表，那些未包括在财务报表或其他补充财务及管理信息中的必要的补充信息或必要的经管责任信息。

适用于合并财务报表的经管责任准则要在该决定作出以后才能生效。“现行服务评估”准则从1997年9月30日为期末的会计年度开始生效。在过渡期间，如果可行的话，合并财务报表应包括概括性或选择性信息。委员会鼓励报告补充信息，只要这些补充信息的报告能强化财务报告的作用。

40. 法律或政策要求某些联邦主体，包括在政府公司控制法案中列示的政府公司和其他主体（诸如美国邮政服务局），按照财务会计准则委员会（FASB）发布的准则公布财务报表（一些主体可能需要按管理机构制定的准则编制报表，这类实务不受本准则影响）。对上述联邦主体，本准则提供以下一般原则：

- 运用适用的会计原则——这些主体单独发布的（独立的）通用目的财务报表应采用那些能最好地满足使用者需要并且符合相关的法定要求的会计原则。即使主体按照下述规定，当其财务报表被包含在一个更大的联邦主体的财务报告中时，需要披露其他的有关信息，这一原则对独立发布的报表继续成立。
- 报告附加的或补充的信息——当这些主体的财务信息被包含在一个更大的联邦报告主体的通用目的财务报告（包括财政部的合并财务报告）中时，如果由于联邦政府会计准则顾问委员会建议的并由预算管理署和会计总署发布的有关附加报告或补充信息的适用准则。
- 出现差异时运用适用的准则——当关于这些主体的财务信息被包含在一个更大的联邦报告主体的通用目的财务报告中时（包括财政部的合并财务报告），应当于政府会计准则委员会和财务会计准则委员会准则之间的差别引起的差异对较大主体财务报告的使用者而言是重要的话，应采用由联邦政府会计准则顾问委员会建议的并由预算管理署和会计总署发布的准则。

# 第二章 继承资产

**继承资产**

继承资产应作为必要的经管责任信息，与联邦政府及对资产负责的联邦政府组成单位的财务报表一起报告。继承资产应根据实物单位而不是成本、公允价值或其他货币价值来报告。

## 定义

43. “继承资产”是具有以下一个或多个特征的特别的不动产、厂场和设备：

- 历史或自然的重大意义；
- 文化、教育或艺术（例如，美学）的重要性；
- 重要的建筑特征。

44. 一般情况下，继承资产预期能得到无限期的保护。继承资产的一个例证是列示于国家历史遗迹登记中的资产。

45. 一些在继承资产上的投资，例如国家公园，将根据以下两类内容列报：(1) 在继承资产类别中被确定为国家公园的实物单位的数目；(2) 在托管土地类别中作为公园或历史遗迹占用的英亩数。这些报告并非重复，因为就某一项目报告的信息类型因托管资产的种类不同而不同。

## 计量

46. 继承资产应根据实物单位予以量化（例如，收藏品中项目的数目或国家公园的数目）。联邦财务报表中的继承资产不以资产金额列示。

47. 取得、建造、改良、重建、修理继承资产的成本应在计算营运净成本时确认为发生当期的一项费用①。该成本应包括使继承资产处于当前状态和位置所发生的所有成本。

## 多用途继承资产

48. 并不是所有的继承资产只是用于继承性目的——一些继承资产不仅是纪念品，而且还用于与其本身无任何联系的日常的政府运营。更新、改良和重建的成本应该包含在通用不动产、厂场和设备的成本中。有助于政府运营的更新、改良及重建（例如，办公空间的重新设计和通讯线路的安装）成本应被资本化并在其预计使用期间进行折旧。折旧年限的长度必须符合实际情况。

49. 那些不与政府运营直接相关的继承资产的更新或重建成本应作为继承资产发生的成本，并作为费用计算运营净成本。

## 最低要求报告

50. 报告的编制者决定所要披露的最相关信息。但是，主体层次的报告应比政府层次的报告更加具体。以下是应该披露的信息的例子：

- 对继承资产每一主要类别的描述。
- 在年度内添加到继承资产中或从继承资产中撤除的实物单位的数量及每一类继承资产在年末的实物单位数量。继承资产由以下类型组成：（1）收藏类型的继承资产。诸如，为展览收集并保存的物品。如博物馆收藏品、艺术收藏品和图书馆收藏品；（2）非收藏类型的继承资产。如公园、纪念碑、遗迹和建筑物。
- 对取得和撤出继承资产的方法的描述。

---

① 关于计量和报告从其他联邦政府主体转让过来的继承资产的成本，及通过捐赠或遗赠取得的继承资产的成本的指南，见联邦财务会计准则第 6 号公告，“不动产、厂场和设备的会计核算”中的通用不动产、厂场和设备准则。

· 资产的状况[①]。如果已在财务报表附注中反映。只须提及附注即可。

· 如果在财务报表附注中有关于资产递延维修的说明，应提及该附注[②]。

## 实施指南

51．有关以前在资产负债表中被确认为资产的继承资产的指南见联邦财务会计准则（SFFAS）第6号公告《不动产、厂场及设备的会计核算》第63、64和65段。

# 第三章 国防或军事不动产、厂场及设备

**国防或军事不动产、厂场及设备**

国防或军事不动产、厂场及设备报告应作为必要的经管责任信息，与联邦政府及对资产负责的联邦政府组成单位的财务报表一起报告。国防或军事不动产、厂场及设备应使用总成本法或最近购置成本法进行计量和报告。

## 定义

52．国防或军事不动产、厂场及设备包括完成国防与军事的资产项目，这些特定的不动产、厂场和设备是实现该项任务产出的不可或缺的组成部分[③]。如果不动产、厂场和设备至少具有以下两类特征中的某一个，它应该被视为国防或军事不动产、厂场及设备。一类特征与国防或军事不动产、厂场及设备的用途有关，而另一类特征则与其使用年限有关。

---

① 状况信息的例子包括，在其他信息中间，（1）标准化的状况分级的平均值；（2）处于可接受状况之上、中、下的资产的百分比；或（3）叙述性信息。

② 与递延维修报告相关的指南，见联邦财务会计准则第6号公告《不动产、厂场及设备的会计核算》中的递延维修准则。

③ “国防与军事的不动产、厂场和设备”的名称可能会使读者错误地认为这一类别包括所有支持联邦使命的不动产、厂场和设备。国防与军事的不动产、厂场和设备仅限于在这里被特别确定的项目及其他至少具有所列两组特征中的某一种的项目。

53．与国防或军事不动产、厂场及设备的用途相关的特征是：

· 不具有预期的非政府可选择的用途；

· 为了在紧急事件、战争或自然灾害中使用而持有；

· 在针对其不存在使用类似不动产、厂场和设备其他可比较项目（联邦或非联邦）的项目中使用。

54．与国防或军事不动产、厂场及设备的使用年限相关的特征是：

· 因使用、改良、报废、修理或维护的方式异常而导致使用年限不确定或无法预计①。

· 在使用中遭受毁损或提前报废的风险极高。

55．国防或军事不动产、厂场及设备不包括土地，无论该土地是通用不动产、厂场和设备土地还是托管土地。

56．但是国防或军事不动产、厂场及设备特别地包括：（1）武器系统不动产、厂场和设备（例如，战斗或攻击机、潜水艇、有轨战车）；（2）空间探索设备（例如，太空硬件以及发射、导航和补给设施）。武器系统和空间探索设备在以下两段中定义。

57．**武器系统**。武器系统是指一种或多种武器② 与所有相关的设备、材料、服务、人员、运输工具和自我补给配置③的组合。本准则只涉及武器系统的不动产、厂场和设备组成部分。武器系统所包含的不动产、厂场和设备有别于国防机构及其辅助机构所拥有的不动产、厂场和设备，这在于它们为了必要时执行战争任务或在和平时期进行训练而直接被武装力量持有。

58．武器系统只包括那些被国防机构及其辅助机构所拥有

① 这可以被这些能力证明（1）将不动产、厂场和设备报废而后使其继续提供服务，或（2）将不动产、厂场和设备持续升级以保持其有用性。

② 武器是用来破坏、伤害、挫败和威胁敌人的战争工具。（摘自《武器和军事术语词典》）

③ 成员联合主编：《军事与相关术语词典国防分册》，联合出版 1—02，1994 年 3 月 23 日。

的符合不动产、厂场和设备定义的资产。不符合不动产、厂场和设备类别定义的项目被排除在国防或军事不动产、厂场及设备之外，诸如存货、营运材料和物料项目。

59. **空间探索设备**。空间探索设备包括：

- 针对空间探索目的，计划在大气层以上运作的装置；
- 为了帮助、服务或使用其他致力于空间探索的设备而专门设计的设备。

## 计量

60. 国防或军事不动产、厂场及设备应使用总成本法或最近购置成本法进行计价。

61. 假设主体以前使用的计价方法针对适合其自身情况，因此计价方法应在前后一致的基础上加以应用。相应地，报表编制者要证明对计价方法的任何变更都是合理的。

62. 针对本准则的目的，"总成本法"中的成本被定义为所持有项目的实际购置成本加上延长国防或军事不动产、厂场及设备的使用年限的任何增置、改良、改造、修复或更换的成本。

63. 在最近购置成本法下，被持有的所有类似单位都以最近被购买的类似项目的发票价格减去折扣，加上在以下各段中列示的附加成本计价。

64. 使用任一成本计价方法，被分派给不动产、厂场和设备项目的成本应包括使国防或军事不动产、厂场及设备达到适合于其既定用途的形态及位置而发生的所有成本。例如，取得国防或军事不动产、厂场及设备的成本包括：

- 支付给供应商的金额；
- 到达最初使用地点的运输费；
- 处理和保存成本；
- 人工和其他直接或间接的生产成本（为生产或建造资产而发生的）；
- 施工、建筑、及设计、计划、说明、调查等其他外部服务的成本；

- 建筑物及其他设施的取得和筹备成本；
- 在建造工程中使用的设备和设施的成本分摊的适当份额；
- 建筑物或设施的修建活动中所需的固定设备和相关安装成本；
- 建造合同和建筑工程的检查、监督与管理的直接成本；
- 法律及登记收费和损害赔偿费；
- 捐赠给政府的设施和设备的公允价值；
- 金额重大的利息成本①。

65．资产负债表不列出国防或军事不动产、厂场及设备的资产金额。

66．国防或军事不动产、厂场及设备的购置成本应在确定取得当期的营运净成本时作为一项费用处理。建造、改良、重建或修复国防或军事不动产、厂场及设备的成本也应在确定发生当期的净成本时作为一项费用处理。

67．购置的国防或军事不动产、厂场及设备的成本在几个年度内发生时，在报告当期发生的成本部分应在确定当期的营运净成本时作为费用处理，而截至当期的总成本应该在必要的经管责任信息中作为在建成本处理。

## 最低要求报告

68．国防或军事不动产、厂场及设备应作为必要的经管责任信息进行报告。对国防或军事不动产、厂场及设备在主体层次上的报告应比在政府范围层次的报告更加具体。最低要求报告应包括以下内容：

- 对主体持有国防或军事不动产、厂场及设备的主要类别的描述及按照所使用的计价方法对分配价值的描述。
- 在本年度购置或撤回的国防或军事不动产、厂场及设备的价值；资产的重估价值相对于最近购置成本价值

① “利息成本”包括由报告主体直接向与联邦国防与军事的不动产、厂场和设备的购置或建造相关的货物和服务的提供者支付的可补偿利息。它不包括报告主体为自身的债务融资时支付的利息成本。

的增加或减少；依据主体使用的计价方法确定的资产每一主要类别的年末价值。

- 对购置和撤出国防或军事不动产、厂场及设备的方法的描述。这一描述应报告主要项目或主要类别；除非特别重大，个别交易事项不必报告。
- 资产的状况[①]。如果已在财务报表附注中反映。只须提及附注即可。
- 如果在财务报表附注中有关于资产递延维修的说明，应提及该附注。

## 实施指南

69．有关以前在资产负债表中被确认为资产的国防或军事不动产、厂场及设备的指南见联邦财务会计准则（SFFAS）第6号公告《不动产、厂场及设备的会计核算》第55、56段。

70．有关递延维修报告的指南见联邦财务会计准则第6号公告《不动产、厂场及设备的会计核算》第77段至第84段。

# 第四章　托管土地

**托管土地**

不是为/与通用不动产、厂场和设备项目相关联[②]而取得的土地，即托管土地，应作为必要的经管责任信息，与联邦政府及对该土地负责的联邦政府组成单位的独立财务报表一起报告。托管土地应根据实物单位数量而不是成本、公允价值或其他货币价值来报告。

---

① 状况信息的例子包括，在其他信息中间，（1）标准化的状况分级的平均值；（2）处于可接受状况之上、中、下的资产的百分比；或（3）叙述性信息。

② “为/与……相关联而取得的”指为包含以建造一般不动产、厂场和设备而取得的土地和与一般不动产、厂场和设备相结合而取得的土地。不仅包括被用作地基的土地，而且还包括被认为是一般不动产、厂场和设备公共场地的毗邻土地。

## 定义

71. “土地”被定义为地球表面的固体部分。不包括与土地相关的自然资源（即不可再生资源，诸如矿产储备和石油；可再生资源，诸如树木；外大陆架资源）。

72. 虽然联邦政府拥有数量巨大的“已证实”或“推断”的自然资源，但本项目只述及地表土地的主要原因是：(1) 完成本准则制定工作的时间限制；(2) 当前的研究指出准确评估和计量自然资源的难度和复杂性；(3) 关于外大陆架边界的争论①。

73. 由联邦政府拥有的并且是为/与通用不动产、厂场和设备项目相关联而取得的土地及土地权②，应作为通用不动产、厂场和设备进行核算和报告。

74. 联邦政府拥有的并且不是为/与通用不动产、厂场和设备的项目相关联而取得的土地及土地权将被报告为托管土地。例如用作森林和公园的土地，及用于野生动物栖息和畜牧的土地。

## 计量

75. 托管土地应以实物单位数量（如英亩数）而不是货币金额来量化。

76. 联邦政府财务报告资产负债表中的托管土地不以资产金额列示。

77. 托管土地的购置成本应在确定取得当期营运净成本时作为一项费用处理。

78. 某些情况下，土地可能与现存的建筑物一起取得，此时，可以运用以下方法处理：

- 作为一项继承资产，如果该建筑物其内部或自身具有重大意义，主体需判断购置成本应作为托管土地的成

① 委员会一个正在进行中的研究项目，是为自然资源的处理制定准则。

② “土地权”是被主体持有的他人所有的土地中的利益和特权。诸如租赁权、地役权、水及水力权、道路权、淹没权、矿藏权及土地中的其他类似利益。

本还是继承资产的成本或两者兼有；

- 如果该建筑物在营运中被使用（如通用不动产、厂场和设备），但（1）该建筑物的价值并不重要，（2）它的购置仅仅是购置土地的一个副产品，则它的全部成本要作为托管土地的购置来处理；
- 只有那些具有运营用途的重要的建筑物（如一个最近建造的旅馆或职员居住区）才能将其成本与托管土地的成本相分离，计入通用不动产、厂场和设备。

79. 然而，通过捐赠或遗赠继承[①]而取得的托管土地的金额不应在计算净成本时确认为一项成本。该财产的公允价值如果是已知的且很重大，则应在财务报表的附注中进行披露。如果公允价值无法估计，与取得资产的类型和数量相关的信息应在取得当年进行披露。

80. 为了既定目的整理托管土地的成本（如铲平某一建筑物）应作为托管土地成本的一部分被费用化。

## 最低要求报告

81. 在主体层次上针对托管土地的报告比政府层次上的报告更加具体。最低要求报告应包含以下内容：

- 按主要用途分类，并由主要持有机构进一步细分的托管土地的实物单位数量。
- 如果托管土地的某组成部分具有一种以上的用途，应将该土地占支配地位的用途作为主要用途，例如，森林、野生动物栖息地、畜牧用地、风景区和历史遗址。在土地具有多种用途且没有一种用途占支配地位时，应报告其多种用途。
- 应按主要用途及取得和撤回方法列示托管土地的取得、撤回情况及期末余额。报告应在主要类别层次上进行；除非特别重大，个别交易事项不必列报。

① 资产处置的遗嘱或遗嘱中的条款。

- 托管土地的状况①，如果已在财务报表附注中反映。只须提及附注即可。
- 如果在财务报表附注中有关于资产递延维修的说明，应提及该附注②。

## 实施指南

82．有关以前在资产负债表中被确认为资产的托管土地的指南见联邦财务会计准则第6号公告《不动产、厂场及设备的会计核算》第75、76段。

# 第五章　非联邦实物资产

**非联邦实物资产**

计算非联邦实物资产项目的净成本时所包含的费用应在必要的经管责任信息中作为投资，与联邦政府及对该投资负责的联邦政府组成单位的独立财务报表一起报告。报告将以名义美元为单位呈报当年及前4年的有关投资的数据。如果更多年度的数据能够更好地说明该投资的性质，这些数据也可以列报。

## 定义

83．“对非联邦实物资产的投资”指由联邦政府承担的、用于由州和地方政府拥有的实物资产的购买、建造或重大修理的费用，包括重要的增置、改造、修理及更换；购买主要设备；购买或改良其他实物资产。而维修和运营补助则不应作为投资。

## 计量

84．“承担的费用”——财务投资应采用与财务报表相同

① 关于状况信息的例子包括，在其他信息中间，(1) 标准化的状况分级的平均值；(2) 处于可接受状况之上、之中、之下的资产的百分比；或 (3) 叙述性信息。

② 关于递延维修报告的指南，见联邦财务会计准则第6号公告《不动产、厂场及设备的会计核算》中的递延维修准则。

的会计基础来计量，包括适当的应计调整，一般和间接费用及设施的成本[①]。金额应以名义美元来报告。

85. 与非联邦实物资产项目相关的现金补助在计算营运净成本时应作为费用予以确认和报告。

86. 具有多项目的的项目的成本、合同或补助[②] 的费用支出应以费用的分配比例为基础进行报告。如果分配是不可行的，该投资应以费用或拨款的主要用途为基础进行报告。

## 最低要求报告

87. 最低要求报告应包括如下内容：

- 年度投资[③]，包括转让给州及地方政府的联邦政府所有的实物资产的情况应予以报告。报告的信息应针对截止于资产负债表日的年度及以前 4 年。如果更多年度的数据能够提供对该项投资的更好说明，对额外年度数据的报告也受到鼓励。在主体没有历史数据的特殊情况下，只需报告当年的数据。
- 报告应针对有意义的类别和层次，例如，一个主要的项目或部门。主体层次对主要投资的报告应比政府范围层次的报告更加具体。
- 某些情况下，由于主体一直以开支而非费用为基础记账，所以不能获得上述要求的信息。要求这些主体以费用为基础重建其账户是不切实际的。在这种情况下，主体对那些需要报告而不能获得费用数据的年度要继续以开支为基础报告历史数据。但在 5 年以后，主体

---

① 见联邦财务会计准则第 4 号公告，《管理成本会计概念与准则》，对联邦政府成本会计原则和准则的充分讨论。

② 具有多项目的的投资的一个例子是，发放给一个州的补助既用于建造国家高速公路系统的一段，又用于高速公路研究项目。

③ 正如在本准则中被定义的那样，“年度投资”包括了比针对预算执行根据特征分类报告的年度支出更多的内容。“年度投资”是投资的完全成本。完全成本要根据联邦财务会计准则第 4 号公告《管理成本会计概念与准则》加以计量和核算。

将能够报告非联邦实物资产投资的费用，而不是以前5年中每一年的开支。

- 报告应包括对涉及联邦政府对非联邦实物资产的投资的主要项目的描述，非联邦政府实物包括在其下非货币资产被转让给州及地方政府的项目或政策的描述。

## 建议的报告

88．鼓励州及地方政府报告联合或参与项目的重大分担额，但不作强制要求。如果已经得知金额重大的其他分担额已经发生，即使分担的确切金额并不知道，这一事实也应予以报告（例如，表示为总项目的百分比）。

# 第六章 人力资本

**人力资本**

为维持或增强国家经济生产能力而进行的教育和培训项目所发生的人力资本，在计算净成本时作为费用扣除，但在必要的经管责任信息中应作为人力资本投资，与联邦政府及其组成单位的财务报表一起报告。对托管人力资本投资的费用作进一步的分类，应以符合项目目的的产出和成果为依据，报告通常以名义美元为单位呈报当年及前4年的投资数据。如果更多年度的数据能够更好地反映投资的性质，这些数据也可以列报。

## 定义

89．“人力资本投资”是指由公众教育和培训项目承担的费用，这些项目旨在维持或增强国家经济生产能力，并在此方面已取得实际的产出和成果。

90．本定义不包括那些针对联邦政府文职人员和军人的教育和培训费用，也不包括那些不是为了维持或增强国家经济生产能力而进行的教育和培训项目。

## 计量

91．“承担的费用”——该投资应采用与财务报表相同的会计基础来计量，包括适当的应计调整、一般和间接费用及设施的成本①。金额应以名义美元来报告。

92. 具有多种目的的项目的成本、合同或补助② 的费用支出应以费用的分配比例为基础进行报告。如果该分配不可行，则投资应以费用或拨款的主要用途为基础进行报告。

93. 在本准则生效后三年内，投资项目的管理者应能提供投资项目成果的相关信息。如果无法获得成果数据（例如，该机构对该项目成果计量的意见不一致，无法收集到可靠的成果数据或在几年内不会有成果产生），在成果数据可以获得以前，应提供能最好地说明项目成果的产出数据以证明对作为投资的费用的持续处理是合理的。产出和成果的定义和性质在以下段落中说明③。

- "产出"——是可以用数量性或质量性的方法表达的活动或努力的列表、计算或记录。产出应具有两个关键的特征：（1）通过会计或管理信息系统可以系统或定期地获取；（2）报告的计量方式与项目目的之间存在着合理的联系。人力资本产出的一个例子是人口中高中和大学毕业生占人口的比例超过25%。
- "成果"——与计划目标比较得出的对项目结果的评价。成果应：（1）能够以财务、经济或数量术语进行描述；（2）为判断项目能够在多大程度上实现其目的提供可靠的依据。人力资本成果的一个例子是培训项目结业者在项目结束后2个月内获得了工作或者找到了赚取比联邦救助更多收入的工作。

① 见联邦财务会计准则第4号公告《管理成本会计概念与准则》对联邦政府成本会计原则和准则的充分讨论。

② 一个具有多种目的的投资的例子是发放给一家教学医院以同时进行医学教育和医学研究的补助。

③ 人力资本产出和成果应与针对《政府绩效和结果法案》（GPRA）及预算被计量的产出和成果一样，并且可以在联邦政府财务会计概念公告第2号《主体与表述》的附录1—F阐述的项目绩效计量报表中报告。

## 最低要求报告

94. 最低要求报告应包括：

- 应报告结束于资产负债表日的年度及以前 4 年作出的年度投资[①]。如果更多年度的数据能提供对投资的更好说明，对额外年度数据的报告受到鼓励。在那些主体没有历史数据的异常情况下，只需报告当年的数据。报告应针对有意义的领域或层次，例如，一个主要项目或部门。主体层次的报告要比以政府层次的报告更为具体。
- 某些情况下，由于主体一直以开支而非费用为基础记账，所以不能获得上述要求的信息。要求这些主体以费用为基础重建其账户是不切实际的。在这种情况下，主体对那些需要报告而不能获得费用数据的年度要继续以开支为基础报告历史数据。如果在头 5 年中的每一年历史费用和开支数据都是不可得的，则主体只需针对当前报告年度及其他可行年度报告费用数据。但在 5 年以后，主体将能够报告以前 5 年每一年人力资本投资的费用，而不是开支的数据。
- 应描述作为联邦人力资本投资的主要教育和培训项目的情况。

## 建议的报告

95. 鼓励州及地方政府报告联合或参与项目的重大分担额，但不作强制要求。如果已经得知金额重大的其他分担额已经发生，即使分担的确切金额并不知道，这一事实也应予以报告（例如，表示为总项目的百分比）。

---

① 正如在本准则中被定义的那样，“年度投资”包括了根据预算特征分类报告的年度支出更多的内容。“年度投资”是投资的完全成本。完全成本要根据联邦财务会计准则第 4 号公告《管理成本会计概念与准则》进行计量和核算。

# 第七章 研究与开发

> **研究与开发**
>
> 为了维持或增强国家经济生产能力的教育和培训项目所发生的研究与开发费用，在净成本的计算时作为费用扣除，但在必要的经管责任信息中应作为研究与开发投资，与联邦政府及其组成单位的财务报表一起报告。对托管研究与开发投资的费用作进一步的分类，应以符合项目目的的产出和成果为依据，报告通常以名义美元为单位呈报当年及前4年的投资数据。如果更多年度的数据能够更好地反映投资的性质，这些数据也可以列报。

## 定义

96. “研究与开发的投资”是指那些为维持或增强国家经济生产能力或产生其他未来利益，支持对知识和思想的创新与精炼，并运用这些知识和思想开发新的或改良的产品及工序而发生的费用。它包括以下内容：

- 基础研究：为获取知识、了解现象和观察事实等基础方面而进行的系统研究，尚未打算将其具体运用到生产过程或产品中去；
- 应用研究：为获取实现某一已知的、特定的需求应采用的方法所必须的知识而进行的系统研究；
- 开发：系统地运用从有用的材料、器件、系统或方法的研究中所获取的知识，包括产品原形或工艺过程的设计和开发①。

## 计量

97. “承担的费用”——该投资应采用与财务报表相同的会计基础来计量，包括适当的应计调整、一般和间接费用及

① 见预算管理署通告A—11，第44部分。

设施的成本[1]。金额应以名义美元来报告。

98．具有多种目的的项目的成本、合同或补助[2] 的费用支出应以费用的分配比例为基础进行报告。如果该分配不可行，则投资应以费用的主要用途为基础进行报告。

99．本准则生效后三年内，投资项目的管理者应能提供投资项目成果的相关信息。如果无法获得成果数据（例如，该机构对该项目成果计量的意见不一致，或无法收集到可靠的成果数据或在几年内不会有成果产生），在成果数据可以获得以前，应提供能最好地说明项目成果的产出数据以证明对作为投资的费用的持续处理是合理的。产出和成果的定义和性质在以下段落中说明[3]。

· "产出"——是可以用数量性或质量性的方法表达的活动或努力的列表、计算或记录。产出应具有两个关键的特征：（1）通过会计或管理信息系统可以系统或定期地获取；（2）报告的计量方式与项目目的之间存在着合理的联系。在研究与开发项目中，包括该年启动的新项目的数量，以前年度延续下来的项目的数量，已完成的及已终止的项目的数量等相关数据。它还包括量化指标，如藏书量的计量（例如，出版量合计数，引用次数合计数和分析及同行的评价）；专利计算及其分析；评估研究的持久活力的科学"指标"（例如，对科技和工程人员的统计，对大学毕业生的统计，对各领域和部门接受学位者的统计）[4]。

---

① 见联邦财务会计准则第 4 号公告《管理成本会计概念与准则》对联邦政府成本会计原则和准则的充分讨论。

② 一个具有多种目的的投资的例子是发放给一家教学医院以同时进行医学教育和医学研究的补助。

③ 人力资本产出和成果应与针对《政府绩效和结果法案》（GPRA）及预算被计量的产出和成果一样，并且可以在联邦政府财务会计概念公告第 2 号《主体与表述》的附录 1—F 阐述的项目绩效计量报表中报告。

④《作为投资的研究资金：我们能计量回报吗?》一个技术上的里程碑，美国国会，技术评价办公室（1986 年 4 月）。

· "成果"——与计划目标比较得出的对项目结果的评价。因为采用财务、经济、数量指标来计量研究与开发项目十分困难，这些项目的成果数据通常由对该项目当年取得的主要成果的叙述性讨论组成，其分类如下：

—*基础研究*：对本年度内主要的新发现的认定；

—*应用研究*：对本年度内主要的新应用的认定；

—*开发*：主要开发项目的进程，包括与本年度内完成或中止的项目有关的结果以及将持续下去的项目的状况。

应以简洁的形式提供项目成果的有关信息，为判断项目能够在多大程度上实现其目的提供可靠的依据。

## 最低要求报告

100. 最低要求报告应包括如下内容：

· 应报告结束于资产负债表日的年度及以前 4 年所作出的年度投资[①]。如果更多年度的数据能提供对投资的更好说明，对额外年度数据的报告受到鼓励。在那些主体没有历史数据的异常情况下，只需报告当年的数据。报告应针对有意义的领域或层次，例如，一个主要项目或部门。主体层次的报告要比以政府层次的报告更为具体。

· 某些情况下，由于主体一直以开支而非费用为基础记账，所以不能获得上述要求的信息。要求这些主体以费用为基础重建其账户是不切实际的。在这种情况下，主体对那些需要报告而不能获得费用数据的年度应继续以开支为基础报告历史数据。如果在头 5 年中的每一年的费用和开支数据都是不可得的，则主体只需针

① 本准则中定义"年度投资"，包括的内容比按照性质分类的预算执行报告的年度支出的内容更多。"年度投资"是投资的完全成本。完全成本要根据联邦财务会计准则第 4 号公告，《管理成本会计准则》，进行计量和核算。

对当前报告年度及其他可行年度报告费用数据。但在5 年以后，主体将能够报告以前 5 年中每一年的研究开发的费用，而不是开支数据。

· 应描述主要研究与开发项目的情况。

## 建议的报告

101. 鼓励州及地方政府报告联合或参与项目的重大分担额，但不作强制要求。如果已经得知金额重大的其他分担额已经发生，即使分担的确切金额并不知道，这一事实也应予以报告（例如，表示为总项目的百分比）。

# 第八章 现行服务评估

**现行服务评估**

总统预算中公布的现行服务评估（CSA）是以收入和开支数据为基础编制的，将在基期年度及基期年度以后的 6 年内对所有项目进行报告。“基期年度”数据是指上一个已结束的财政年度的实际的收入和开支数据，预计的数据是指将包括在其后年度的总统预算中的现行服务估计中的收入和开支数据。该数据应作为必要的经管责任信息，与联邦政府合并财务报表一起呈报，但不应包括在联邦政府组成单位的独立报告中。如果更多年度的预计数据是相关、有用的，其报告受到鼓励。

102. “现行服务评估”提供了基于对未来活动的预测的收入和开支数据。它对于评价根据现行法律建立的项目的持续性，也就是维持公众服务和履行到期义务的未来资源的充足性是相关的。现行服务评估关注政府运营的整体性而不是单个项目。由于它显示了现行项目的短期和长期趋势，可以用来分析政府的长远规划。

## 计量

103. 现行服务评估报告将在总统预算中公开的收入和开支数据。基期年度及基期年度以后至少 6 年内的所有项目的数据将包括在内，并被详细地汇总以确定：(1) 由主要资源产生的收入（例如，个人所得税，社会保障税等）；(2) 国防、社会保障、医疗保健、纯利息等的开支；(3) 所有其他收入和开支；(4) 赤字和盈余。“基期年度”是编制财务报表的年度。如果更多年度的预计数据是相关和有用的，则鼓励对其进行报告。

104. 6年期预计的现行服务评估数据与同期总统预算中公开的预计数据是一致的。“基期年度”的数据是上一个已结束的财政年度的实际收入和开支数据；预计的数据是指将包括在其后年度公布的总统预算中的现行服务估计中的收入和开支数据。

## 最低要求报告

### 联邦政府报告

105. 现行服务评估针对美国政府合并财务报表中包含的内容应列示在前两段中提及的滚动数据。

106. 鼓励财务报告编制者在财务报告中列报现行服务评估数据，以使其更易理解。

107. 在某些情况下，概括性数据比详细数据更有效。在另一些情况下，图形比表格更有效果。

### 联邦政府主体的报告

108. 无。

# 附录 A：结论的基础

109． 本附录提供了受访者对 1995 年 8 月发布《补充经管责任报告》征求意见稿的反馈意见，及从 1995 年 12 月 5 日举行的征求意见稿听证会中获取的重要意见。

110． 受访者普遍支持报告经管责任信息的概念。一些受访者对特定的报告要求或某一项目的说明存在疑问。本公告的最后部分将尽可能对上述疑问进行阐释和说明。就受访者提出的议题，本附录解释了委员会得出结论的基础。

## 补充经管责任报告的性质

111． 征求意见稿指出，委员会采用与基本财务报表不同的方法来报告托管项目。正如委员会在本公告的引言与背景中所述，委员会认为，为了突出这些项目的重要性，值得采用特别的方法报告，并以不同于财务会计的方法对其进行描述。委员会指明了一个新的报告领域以突出经管责任报告独特的性质——必要的经管责任信息（RSSI）。

112． 一些受访者认为，虽然对托管项目进行报告是合理的，但采用独立报告的方式却可能欠妥。他们认为经管责任报告可以在基本财务报表内，例如，作为附注，或作为必要的补充信息（RSI）来提供。他们并不认为对必要的经管责任信息单独归为一类是必要的。

113． 但是，委员会认为托管项目报告作为一种新的报告类型更适当。如果要求经管责任信息在基本财务报表的附注中报告，它将受到与基本财务报表同等水平的审计检查。因为一些经管责任信息是非财务的，例如，实物单位数量，并且其他信息是基于预测或假设的，对这些项目的审计范围与基本财务报表相同可能并不恰当。由于这些信息并不是直接从财务记录中取得的，因此依靠财务记录提供审计支持是不可行的。

114． 另一方面，委员会认为如果某些经管责任信息单独报告，会比仅作为必要的补充信息受到更多的审计检查。对于必要的补充信息，审计人员检查它们是否完全符合相关的指南，并与基本财务报表一致。审计人员通常只在数据可能出现问题时才对必要的补充信息进行深入的审查。如果审计人员认为该数据没有被公允地表述，即使他们注意到必要的补充信息存在问题，仍可能对基本财务报表出具无保留意见的审计报告。

115． 因此，委员会建议采用一种新的信息类型“必要的经管责任信息”来报告经管责任。随着这一新领域的开发，可以预计针对具体项目的审计准则将逐步制定出来。虽然委员会无权制定审计准则，但它确立了必要的经管责任信息的概念，并期望预算管理署和会计总署将会共同制定与其相关的适当的审计程序。

## 社会保险

116． 制定有关社会保险项目负债的确认、计量及报告指南，在理论和实务方面都给委员会提出了令人困扰的重大问题。委员会注意到了受访者和评论者的意见，他们中的一些人认为负债应该按照在未来时期支付给当前或未来项目受益人或受益人的代表人的金额予以确认，而其他人认为除了在会计期末应付的金额，不存在与这些项目相关的符合负债定义的其他债务；此外，一些人赞成披露重大的与未来净利益支出在某一特定日期的现值相关的预计数据，而另一些人赞成披露较长时期的现金流量信息。委员会也注意到了这些项目的重要性及复杂性，及预测数据对假设的高度敏感性，而该假设的可能性范围很大。更重要的是，委员会注意到社会保险项目近来受到政府内和社会公众频繁、认真的分析和讨论，1994—1995 年度四年一次的社会保障顾问委员会会议预计很快会发布一份报告及建议书。可见，社会保险项目极有可能发生重大变化。

117． 经过仔细斟酌，委员会认识到有必要进行更多的调查和深入的讨论，并已指导联邦政府会计准则顾问委员会成员继续集中研究以下几个方面的社会保险问题：明确界定社会保险公告提供的指南所规范的项目特征；财务报表中信息的恰当揭示；要求社会保险项目提供的补充信息的确定，对补充信息内的财务数据的计量方法；描述项目状况、项目潜在变更及项目需求含义的非财务指标（国内总产值或“工薪基础”的比率数据）的合意性。委员会已要求其成员在开展研究及提供建议时密切关注当前的发展。

## 托管不动产、厂场和设备的费用化

118. 与早期对委员会征求意见稿《不动产、厂场及设备的会计核算》的评论相应，一些受访者认为将与托管不动产、厂场和设备相关的成本费用化而不是资本化将会削弱运营报表对绩效衡量的作用，因为这样会高估资产取得当年的成本。

119. 然而，委员会认为有关托管不动产、厂场和设备的资本化和折旧的信息几乎不具备有用性。托管不动产、厂场和设备包括继承资产、国防或军事不动产、厂场及设备和托管土地。与托管不动产、厂场和设备相关的期间成本信息用处不大，是由于资产使用年限的不确定性（例如，继承资产、国防或军事不动产、厂场及设备），或历史成本基础的不确定性（例如，托管土地），或在使用中遭受毁坏的可能性（例如，国防或军事不动产、厂场及设备）较大造成的。因此，委员会认为不值得将托管不动产、厂场和设备予以资本化并计提折旧。他们认为与托管不动产、厂场和设备的存在和状况有关的信息对于决策制定者及财务报告的其他使用者而言更加相关。

## 国防或军事不动产、厂场及设备的成本计算

120. 对于是否可自主选用总成本法（历史成本法）或最近购置成本法核算国防或军事不动产、厂场及设备成本的问题，受访者普遍持反对意见。一些人认为允许选择成本方法不能保证报告的一致性。另一些认为只应使用总成本法（历

史成本法)。还有一些人认为采用总成本法(历史成本法)是长期目标,在历史成本数据可以获得之前,最近购置成本法是惟一允许的方法。

121. 然而,委员会认识到如果强制采用某一特定的成本方法来报告托管资产,而该方法不用来计算运营净成本时,将会在实务上遇到重大困难。因此,委员会认为允许自主选择历史成本法或最近购置成本法的决定是恰当的。然而,委员会强调,一旦采用了某一方法,机构只有具备适当理由才可以转用另一种方法。

## 报告费用或开支数据

122. 本准则要求报告人力资本投资、研究开发投资和非联邦实物资产投资的费用数据。本准则还为那些目前只有开支数据的机构规定了一个 5 年的过渡期,以便过渡到费用数据的报告。一些委员会成员建议由于一些机构目前只保有开支数据,只报告开支数据的要求可能更为可行。然而,受访者的反馈却明确地表达了在报告费用方面的意见是一致的,几乎没有人支持只报告开支,且少数人更愿意对费用和开支都进行报告。因此,该建议准则保持不变。

## 报告要求更多说明

123. 委员会研究制定经管责任报告的准则的目的是为定义、确认、计量、最低要求报告和建议的报告提供一个完整全面的指南。这个指南旨在提供基本的报告要求,同时允许每个主体发挥最大限度的灵活性来决定个别托管项目的构成,直接归属于托管项目的成本,如何对多用途项目进行最好的报告以便使用者获得该主体的财务及绩效的最好信息。

124. 委员会认为一些受访者要求制定更具体的指南,是因为如果没有更加具体的指南,主体运用准则的能力将受到质疑。尽管如此,委员会反复申明它的立场,应在运用经管责任准则方面给予主体最大的灵活度。然而,主体应在对其自身情况进行全面、彻底分析的基础上，决定如何最好地运用经管责任准则，包括它的职责、财务活动及其职责和运营对财务报告使用者及国家的影响。最后，所有主体应详细记录运用经管责任准则的决定。

## 关于对建议准则作出哪些变更的问题

125. **多重类别报告**。一些受访者担心如果按准则的建议将会存在重复计算，一些托管项目可能在两个独立的类别中报告，例如，黄石国家公园将会作为继承资产和托管土地来报告。

126. 补充在两个类别中进行报告不是重复计算。这是因为在需要进行多重报告的地方，针对每一托管类别的计量单位是不同的。在上述例子中，黄石国家公园可以在诸如“国家公园”类别中被报告为内务部主营下的继承资产总数目中的一个；它也可以在该部门管辖的托管土地类别下按其占有的英亩数进行报告。为了澄清这一观点，对多重报告程序的讨论在说明中被展开以解释委员会认为这样报告并不是双重计算。

127. **报告转让给州及地方政府的托管不动产、厂场和设备的公允价值**。许多受访者对要求报告转让给州及地方政府的托管不动产、厂场和设备的公允价值的必要性及其成本效益提出了质疑。他们认为托管不动产、厂场和设备的货币价值并不需要被报告，因为这些价值难以获得（例如，缺乏在国家成立时取得的土地的历史成本数据），或者没有什么意义（例如，建设华盛顿纪念碑的历史成本）。因此，他们对要求确定和报告转让给州及地方政府的托管不动产、厂场和设备的公允价值的成本效益提出了质疑。

128. 委员会同意无须确定和报告转让给州及地方政府的托管不动产、厂场和设备的公允价值。准则已经修订为要求对财产转让交易进行报告；但如果公允价值已知，则必须对其报告。

## 合并财务报表的生效日期

129. 考虑到报告托管信息的要求，委员会逐渐意识到在提出合并财务报表的要求时，有必要保持较高的可选择性。委员会认识到在本公告生效之后的头几年中实施方面可能存在问题。除了那些与实施新准则相关的普通问题，部分准则提供了一个过渡期，在过渡期内，各机构在有些情况下也可以不对人力资本投资、研究开发投资和非联邦实物资产投资进行报告；如果在本准则中所要求的五年内的每一年都对投资进行报告，它们可以在过渡期内的头几年以开支或费用为基础对投资进行报告。但报告按不同基础编制的汇总信息的合理性让人怀疑。

130. 而且，这些准则所要求报告的信息超越了惯常的政府或商业企业补充财务报告。与继承资产和托管土地相关的准则要求以实物单位数量（例如，公园的数量，土地的英亩数）而不是历史成本进行报告。可以预见，采用不同的计量方法将导致在合并报表层次产生操作困难。同时，委员会也在考虑，如此详细的报告要求可能会导致向潜在的使用者提供的合并财务报表不实用，并且使重要的信息变得模糊不清。

131. 由于这些实行中可能存在问题以及对其他披露或报告的需要，委员会认为有必要对联邦政府合并财务报表问题作进一步的考虑。

132. 因为本公告与联邦政府组成单位的财务报表相关，所以本公告的生效日期是 1997 年 9 月 30 日后开始的财政年度，同一生效日期适用于与联邦政府合并财务报表相关的“现行服务评估”部分。除此之外，本准则适用于合并财务报表的部分的生效日期将推迟到委员会作出进一步的考虑之后。鼓励各主体进行各种形式的尝试。在过渡期间，如果可行的话，合并财务报表应包括概括性或选择性信息。委员会鼓励报告补充信息，只要这些补充信息的报告能强化财务报告的作用。

## 其他补充信息的报告

133. 一些受访者要求提供除本准则讨论的事项以外的其他补充信息的报告准则。如，向外国政府转让的托管资产，出售给私人部门的托管土地，联邦政府在非联邦政府主体持有的财产上的利益，通过联邦政府研究与开发基金产生的专利权及国外对联邦项目的捐助等事项中具有的利益。

134. 在研究经管责任报告的准则时，委员会致力于提供对大多数联邦主体和政府的合并财务报表具有重要意义的主要托管资源指南。委员会的目的是为了确保这些对某一主体而言十分重要的托管资源能够得到有条理、前后一致的报告。

135. 在某些情况下，主体可能存在未在经管责任准则中详细述及、但主体认为对于报告其经管责任非常重要的其他资源和应负责任。在这种情况下，如果报告这些补充数据对报表的读者来说是有用的和相关的，并且能够提供更好地说明主体资源和应负责任，那么该报告受到鼓励。

# 附录 B：报告样本

**附注**

本附录中的报告样本是为了说明委员会考虑的报告类型。其中某些数据取自最近一年或几年的各种报告并且都是“实际数据”。其他数据则是从“实际数据”中根据合理的推断来估计的。其他一些数据和项目参数是虚构和假设的，因此，读者不应信赖报告样本中的数据的有效性。

关于财务报告的具体形式与内容的指南将由预算管理署制定。

## 继承资产
## 年度经管责任信息

继承资产是那些具有一个或多个以下特征的不动产、厂场和设备：具有历史或自然的重大意义；具有文化、教育或艺术价值；具有重要的建筑特征。继承资产的成本经常不具相关性和确定性。此外，继承资产的使用年限通常不能合理估计。与继承资产最相关的信息是它们的存在和状况的信息。因此，继承资产以实物单位数量进行报告。

各种机构都在运营和维护继承资产。维修费用在发生当期予以确认。然而，某些维修费在过去的若干年度内被递延了。以下内容是关于托管资产的递延维修情况的信息。

**199Z 年 9 月 30 日递延维修汇总**（单位：百万美元）

| 类　别 | 方　法 | 资产状况 | 恢复到可接受状况的成本 |
|---|---|---|---|
| 建筑物 | 状况评估调查① | 4 | $ 350—$ 450 |
| 纪念碑/纪念物 | 状况评估调查 | 4 | $ 100—$ 150 |
| 公园 | 状况评估调查 | 4 | $ 200—$ 300 |
| 收藏类型的继承资产 | 状况评估调查 | 5 | $ 25—$ 30 |

① 状况评估调查（CAS）。

## 继承资产① 年度经管责任信息

结束于 199Y 年 9 月 30 日和 199Z 年 9 月 30 日的财政年度

| | 余额② 9/30/9X | 增加③ | 减少 | 余额 9/30/9Y | 增加 | 减少 | 余额 9/30/9Z |
|---|---|---|---|---|---|---|---|
| **收藏类型**(单位:千) | | | | | | | |
| 博物馆收藏 | 859 | 8 | N/A④ | 867 | 11 | N/A | 878 |
| 艺术品收藏 | 327 | 4 | N/A | 331 | 7 | N/A | 338 |
| 图书馆收藏 | 96 473 | 2 718 | 554 | 98 637 | 3 180 | 421 | 101 395 |
| 合计 | 97 659 | 2 730 | 554 | 99 835 | 3 198 | 421 | 102 611 |
| **非收藏类型** | | | | | | | |
| 建筑物和建造物 | 3 155 | 95 | 0 | 3 250 | 65 | 0 | 3 315 |
| 纪念堂 | 22 | 1 | 0 | 23 | 1 | 0 | 24 |
| 纪念碑 | 76 | 0 | 0 | 76 | 2 | 1 | 77 |
| 公园 | 129 | 2 | 0 | 131 | 1 | 0 | 132 |
| 战区 | 11 | 0 | 0 | 11 | 0 | 0 | 11 |
| 保护区 | 10 | 0 | 0 | 10 | 2 | 0 | 12 |
| 海岸/湖畔 | 13 | 0 | 0 | 13 | 1 | 0 | 14 |
| 林荫大道 | 4 | 0 | 0 | 4 | 0 | 0 | 4 |
| 河流及河系 | 31 | 0 | 0 | 31 | 0 | 0 | 31 |
| 娱乐休养区 | 19 | 0 | 0 | 19 | 1 | 0 | 20 |
| 其他历史遗址 | 27 | 1 | 0 | 28 | 2 | 0 | 30 |
| 合计 | 3 497 | 99 | 0 | 3 596 | 75 | 1 | 3 670 |

① 见继承资产状况的财务报表的有关附注。

② 因为缺乏空调设备许多画作需要翻新。许多画作以 500 万美元的成本翻新。

③ 在财政年度内,估价＄1 700 万的三件完整的手稿和历史文字收藏品捐赠给国家图书馆。

④ 减少的数字可忽略不计。

## 国防或军事不动产、厂场及设备
## 年度经管责任信息

国防或军事不动产、厂场及设备（PP&E）包括那些至少具有与资产的用途和使用年限有关的两种类型的特征的一种的不动产、厂场和设备。与用途有关的特征是：没有预期的可选择的非政府用途；为了紧急事件、战争或自然灾害中的使用而持有；或不存在使用类似不动产、厂场和设备的其他可比较项目。与使用年限有关的特征是：由于使用、改良、报废、修理或维护的方式特殊，在使用中遭受毁损或提前报废的风险极高而具有不确定的或不可预计的使用年限。公认政府会计准则专门将武器系统和空间探索设备确认为国防或军事不动产、厂场及设备。

这次，只有武器系统和空间探索设备被确定为国防或军事不动产、厂场及设备。

在下面的揭示中，“武器系统”标题下包含的项目是以可比项目的最近购置成本来计价的。“空间探索设备”标题下的项目是使用专门的方法来计价的，也就是归属于这一单位的不动产、厂场和设备的每单位具体成本。在每一个类别中，成本包括为实现既定目的而使项目处于可使用状态而发生的所有成本，包括运输、组装和检查成本。

与国防或军事不动产、厂场及设备中的设施相关的土地的价值并没有包含在上述揭示中。土地的数据包含在独立的“托管土地”部分。

在199Z年9月30日，几乎所有的国防或军事不动产、厂场及设备项目都可以用于其既定的目的，但在有些情况下，计划的维修被递延了。以工程估计为基础，199Z年估计的递延维修估计成本在2亿至3亿美元之间，199Y年的递延维修估计成本在＄17 500万至＄27 500万之间变动。而完成关键维修（即如果不进行维修，将会导致不动产、厂场和设备遭受无法修补的损害或不可使用的维修）的成本在＄12 000万至＄15 000万之间变动。

下页是截至199Z年9月30日的财政年度中国防或军事不动产、厂场及设备的变动情况汇总。

## 国防或军事不动产、厂场及设备①
## 年度经管责任信息②

结束于 199Z 年 9 月 30 日的财政年度

（单位：10 亿美元）

| | 余额 9/30/9Y | 调整 | 重估价值 减少 | 增加③ | 余额 9/30/9Z |
|---|---|---|---|---|---|
| **武器系统** | | | | | |
| （以最近发票价格） | | | | | |
| 飞行器： | | | | | |
| 战斗机和攻击机 | $67.7 | 1.5 | 4.5 | 9.4 | $74.1 |
| 轰炸机 | 47.7 | 1.0 | 3.0 | 4.7 | 50.4 |
| 直升机 | 22.2 | 0.5 | 0.5 | 3.3 | 25.5 |
| 运输机 | 14.6 | 0.0 | 0.0 | 0.0 | 14.6 |
| 小计 | $152.2 | 3.0 | 8.0 | 17.4 | $164.6 |
| 舰船： | | | | | |
| 海面战舰 | $138.0 | 4.2 | 2.0 | 4.5 | $144.7 |
| 潜水艇 | 108.2 | 2.2 | 2.0 | 2.5 | 110.9 |
| 运输艇 | 50.3 | 0.0 | 0.0 | 0.0 | 50.3 |
| 小计 | $296.5 | 6.4 | 4.0 | 7.0 | $305.9 |
| 地面作战车辆： | | | | | |
| 坦克和作战机车 | $81.8 | 1.7 | 1.0 | 2.3 | $84.8 |
| 运输车辆 | $40.5 | 0.0 | 0.0 | 0.0 | 40.5 |
| 小计 | $122.3 | 1.7 | 1.0 | 2.3 | $125.3 |
| 合计 | $571.0 | 11.1 | 13.0 | 26.7 | $595.8 |
| **空间探索** | | | | | |
| （以历史成本） | | | | | |
| 航空硬件 | $8.7 | N/A | 0.5 | 1.1 | $9.3 |
| 设施④ | $4.8 | N/A | 0.0 | 0.0 | 4.8 |
| 工具和测试设备 | $7.8 | N/A | 0.4 | 0.7 | 8.1 |
| **总计** | $21.3 | N/A | 0.9 | 1.8 | $22.2 |

① 见对这些项目的状况报告的财务报表的附注。

② 该表概括了各种来源的信息，包括美国标准合并财务报表和包括国防与军事的不动产、厂场和设备类别信息的年度报告（第 1 和第 5 栏）；对重估调整的假想金额（第 2 栏）；及减少和增加额（第 3 和第 4 栏）。

③ 在计算净成本时作为费用被包含进来。

④ 设施包括跟踪、发射和训练设施。

## 托管土地
## 年度经管责任信息

“土地”定义为地球表面的固体部分，不包括地表以下的物质（即不可再生资源，诸如，矿产储备和石油），地表以上的空间（即可再生资源，诸如树木）及外大陆架资源。这些物质将在未来的准则中被述及。

联邦政府持有大约65 000万英亩的土地。为/与通用不动产、厂场和设备相关而取得的土地在资产负债表中报告，而不为/与通用不动产、厂场和设备相关而取得的土地则被视为托管土地。在联邦政府持有的所有土地中，有61 700万英亩的土地属于托管土地。

托管土地的成本或价值经常是不确定的。关于托管土地的最相关的信息是它的存在、状况及使用情况的信息。因此，托管土地应以实物单位数量而不是成本、公允价值或其他货币价值来报告。

托管土地的主要用途是作为森林、野生动物栖息地、畜牧、风景区、娱乐休养、历史遗址的用地。当托管土地的某些部分具有一种以上的用途时，土地占支配地位的用途被视作该土地的主要用途。有两个联邦政府机构负责维护几乎所有的联邦政府的托管土地：内务部和农业部。

在1994年9月30日，几乎所有的托管土地都能用于其既定目的。但在有些情况下，计划的维修被递延了。完成关键维修（即如果不进行将会导致该资产遭受无法修补的损害或不可使用的维修）的估计成本，在＄4 000万到＄5 000万之间变动。以工程估计为基础，199Z年估计的递延维修估计成本在＄7 500万至＄1亿之间变动。

下表内容是199Z年9月30日托管土地的汇总表，该表按主要用途分类，在每一大类中按主要持有机构进行细分。

## 托管土地[1] 年度经管责任信息

结束于199Z年9月30日的财政年度

按持有部门细分的土地的主要用途[2]（在50个州内）

| 机构及用途 | 英亩数—百万 | 托管土地所占的百分比 |
|---|---|---|
| 森林和野生动物栖息地： | | |
| 内务部 | 193.6 | 31.4 |
| 农业部 | 174.0 | 28.2 |
| 小计 | 367.6 | 59.6 |
| 畜牧用地： | | |
| 内务部 | 145.1 | 23.5 |
| 农业部 | 8.5 | 1.4 |
| 小计 | 153.6 | 24.9 |
| 公园和历史遗址： | | |
| 内务部 | 95.9 | 15.5 |
| 合计 | 617.1 | 100.0 |

① 见关于托管土地状况的财务报表的附注。

② 该数字是以1991年12月发布的《1991年9月30日美国所拥有的世界范围内的不动产的总括报告》的信息为基础的。

## 非联邦实物资产年度经管责任信息

结束于199Z年9月30日的财政年度

每年，联邦政府都向州及地方政府提供资金，用于采购、建造或大修由州及地方政府拥有的实物资产。另外，联邦政府还经常以低于公允价值的价格向州及地方政府转让不动产、厂场和设备。这些补助和转让主要是公路和交通系统、净化水源和环境工程及其他公共工程。

从199V年至199Z年非联邦实物资产的投资情况如下：（单位：10亿美元）

| | 199V | 199W | 199X | 199Y | 199Z① |
|---|---|---|---|---|---|
| 交通 | $19.0 | $20.0 | $20.0 | $22.0 | $23.0 |
| 自然资源及环境 | 3.7 | 4.0 | 3.9 | 3.7 | 4.2 |
| 社区及地区发展 | 4.9 | 4.3 | 4.5 | 5.6 | 6.3 |
| 管理② | 2.2 | 2.3 | 2.4 | 2.5 | 2.7 |
| 合计 | $29.8 | $30.6 | $30.8 | $33.8 | $36.2 |

除了在“社区及地区发展”类别中列示的转让金额，转让给地方政府的与以前军事装备相关的土地及设施的公允价值在199Y年估计为$4 000万，在199Z年估计为$5 200万。

199Z年联邦政府投资的交通项目涉及$220亿，要求地方政府提供20%的配套资金；环境项目$40亿的投资要求地方政府提供80%的配套支持。

---

① 在计算净成本时作为费用被包含进来。

② 管理费用包括对机构间接费用的适当分配。

## 人力资本年度经管责任信息

结束于 199Z 年 9 月 30 日的财政年度

对人力资本的联邦政府投资包括那些旨在提高或维持国家经济生产能力的针对一般公众的教育和培训项目的费用。它不包括联邦政府内部的教育和培训的费用。报告当年及以前 4 个财政年度的费用数据将以名义美元列示。

以下内容是对从 199V 年 9 月 30 日至 199Z 年 9 月 30 日的 5 个财政年度内有关对前海军服役人员的过渡培训① 的项目的经管责任数据的汇总。

**项目：对前海军服役人员的过渡培训**

| | 199V | 199W | 199X | 199Y | 199Z② |
|---|---|---|---|---|---|
| **项目费用**（以千美元计）③ | | | | | |
| 咨询 | $ 373 | $ 508 | $ 740 | $ 980 | $ 1 053 |
| 教育 | 786 | 2 381 | 3 860 | 5 621 | 7 053 |
| 管理④ | 847 | 1 165 | 1 224 | 1 367 | 1 584 |
| 合计 | $ 2 006 | $ 4 054 | $ 5 824 | $ 7 968 | $ 9 690 |
| **项目产出** | | | | | |
| 接受咨询的人数 | 310 | 415 | 592 | 784 | 823 |
| 每年接受培训的人数 | 162 | 486 | 787 | 1 147 | 1 432 |

① 这一假想项目只是作为示例说明。

② 在计算净成本时作为费用被包含进来。

③ 在应计基础上报告的费用，包括针对被提供的咨询服务和被参与者引起的教育成本的应付合同金额。

④ 管理费用包括机构间接费用的适当分配。

## 人力资本报告样本（续）

**项目成果**

数据初步证明该项目所提供的服务有助于培训项目参与者获得再就业的机会，从而节省了一大笔失业保险基金。在199W年对415名参与人员进行的跟踪调查显示，其中80%的人员至少赚取了与他们作为海军服役人员赚取的同样多的薪金。目前正在计划一项更广泛的包括长期收入影响的评估，将于1999年完成。

**叙述性讨论**

本项目于19XX年批准（通过P.L.XX—XXX），目的是帮助那些因为造船厂订单减少而失业的熟练技术人员转向其他民用工作岗位。

参加该项目的资格仅限于那些在指定的造船厂工作至少5年以上，但无权享受退休福利的人员。参与者会接受细致的咨询服务，建立个人过渡计划。这个咨询服务由签约的私人就职服务公司来提供。参与者在2年内每年可以获得5 000美元以上的补偿，但不会超过参加被核准的教育组织所要求的学费、杂费、书本费及其他材料成本的80%。

教育或技术培训的一个附带好处是有望缩短过渡性失业的时间并且提高参与者以后的收入。

## 研究与开发年度经管责任信息

结束于199Z年9月30日的财政年度

联邦政府对研究与开发的投资包括那些为了维持或提高国家经济生产能力或产生其他利益而进行的基础研究、应用研究及开发的费用。报告当年及以前4个财政年度的费用数据将以名义美元列示。

以下内容是从199V年9月30至199Z年9月30日的5个财政年度内“陶瓷材料研究项目”① 的经管责任信息的汇总情况。

**项目：陶瓷材料研究项目**

| | 199V | 199W | 199X | 199Y | 199Z② |
|---|---|---|---|---|---|
| **项目费用**（单位：百万美元）③ | | | | | |
| 基础研究 | $ 106 | $ 124 | $ 136 | $ 132 | $ 143 |
| 应用研究 | 93 | 101 | 107 | 118 | 121 |
| 开发④ | 46 | 62 | 73 | 68 | 82 |
| 管理 | 14 | 16 | 17 | 19 | 21 |
| 合计 | $ 259 | $ 303 | $ 333 | $ 337 | $ 367 |
| **项目：产出与成果** | | | | | |
| 机构间的协议与合同 | | | | | |
| 新的 | 45 | 38 | 41 | 37 | 44 |
| 持续性的 | 28 | 52 | 55 | 61 | 68 |
| 期刊上的文章 | 9 | 12 | 23 | 34 | 41 |
| 源自研发资金的专利 | 3 | 8 | 14 | 18 | 21 |
| 源自研发资金的发明权⑤ | 0 | 1 | 0 | 3 | 2 |

① 这一假想项目只是作为示例说明。

② 在计算净成本时作为费用处理。

③ 在应计基础上报告的费用包括对间接费用的分配。

④ 开发补助作为固定的金额不超过研究项目成本的50%。

⑤ 按照《Bayh-Dole法案》由联邦政府基金资助，由政府对其拥有专利权的发明项目。

## 研究开发报告样本（续）

**项目成果**

在资助的研究基础上发表的文章数目不断增加，包括公布新发现的某些合成陶瓷物质特性，充分说明了项目研究方面所取得的成果。同时，项目开发方面产生的专利数目也在不断增加。

**叙述性的讨论**

本项目在 19XX 年获得批准（P.L.XX—XXX），目的是加速美国陶瓷产业的发展。本项目的研究部分是通过联邦政府实验室的机构间协议及对大学内研究人员的补助来完成的。研究人员是通过同行业专业人员的考察程序挑选出来的。而项目开发则是通过向私人公司提供补助，在发展改进过的陶瓷材料基础产品的生产流程的基础上完成的，促进了采用先进陶瓷材料的市场适销产品的开发。

# 现行服务评估
## 年度经管责任信息

现行服务评估（CSA）是在对未来活动进行预测的基础上提供收入和开支数据的。它与根据现行法律建立的项目的可持续性评价密切相关。现行服务评估关注政府运营的总体而不是单个项目。这种评估反映出现行项目的短期和长期趋势，提供了对政府的长远规划的分析。

以下内容揭示了基期年度及以后 6 年内所有项目的现行服务评估数据。该数据与同期总统预算中的预测数据一致；经济和项目假设与总统预算中所使用的相同。

**现行服务评估年度经管责任信息**

**估计数据**

| 收入 | 1995—基年 | 1996 | 1997 | 1998 | 1999 | 2000 | 2001 |
|---|---|---|---|---|---|---|---|
| 个人所得税 | 590.2 | 632.2 | 662.3 | 696.6 | 730.9 | 769.4 | 811.9 |
| 公司所得税 | 157.0 | 167.0 | 181.6 | 197.0 | 207.3 | 219.9 | 231.3 |
| 社会保险税和分担额 | 484.5 | 507.4 | 636.9 | 560.5 | 587.9 | 616.8 | 645.0 |
| 消费税 | 57.5 | 53.2 | 52.0 | 52.4 | 53.3 | 53.8 | 54.5 |
| 其他 | 66.0 | 68.1 | 69.6 | 72.1 | 75.0 | 78.6 | 82.0 |
| 收入合计 | 1 355.2 | 1 427.9 | 1 501.5 | 1 587.6 | 1 654.4 | 1 738.5 | 1 824.7 |
| 开支 | | | | | | | |
| 国防 | 272.1 | 265.9 | 270.3 | 279.9 | 285.2 | 293.5 | 302.4 |
| 社会保障 | 335.8 | 350.8 | 367.7 | 386.0 | 404.7 | 424.4 | 445.1 |
| 医疗 | 159.9 | 177.7 | 196.3 | 215.3 | 235.0 | 256.3 | 279.5 |
| 纯利息 | 232.2 | 241.1 | 239.1 | 238.6 | 240.6 | 241.1 | 244.6 |
| 其他 | | | | | | | |
| 教育、培训、就业 | 54.3 | 54.5 | 51.4 | 50.1 | 51.4 | 53.0 | 54.8 |
| 收入保障 | 220.4 | 228.5 | 242.8 | 252.7 | 262.5 | 275.1 | 280.6 |
| 保健 | 115.4 | 121.1 | 129.7 | 140.5 | 151.0 | 163.5 | 177.1 |
| 退伍军人福利 | 37.9 | 37.7 | 40.1 | 41.7 | 42.8 | 45.4 | 43.9 |
| 其他 | 91.1 | 104.2 | 113.9 | 118.1 | 125.6 | 125.9 | 127.5 |
| 小计 | 519.1 | 546.0 | 577.9 | 603.1 | 633.3 | 662.9 | 683.9 |
| 开支合计 | 1 519.1 | 1 581.5 | 1 651.3 | 1 722.9 | 1 798.8 | 1 878.2 | 1 955.5 |
| 赤字(-) | (163.9) | (153.6) | (149.8) | (144.3) | (144.4) | (139.7) | (130.8) |

# 附录：财务会计准则委员会词汇表

| | |
|---|---|
| Abatement | 减税额 |
| Activity | 活动 |
| Activity Analysis | 活动分析 |
| Activity-based Costing | 作业成本法 |
| Actual Cost | 实际成本 |
| Actuarial Cost Methods | 预算成本法 |
| Actuarial Liability | 精算负债 |
| Actuarial Present Value | 精算现值 |
| Aggregate Entry Age Normal | 累计正常记账年龄法 |
| Allocations | 分拨 |
| Amortization | 摊销 |
| Applied Research | 应用研究 |
| Apportionment | 分派 |
| Appropriation | 拨款 |
| Assessments | 估定 |
| Assets | 资产 |
| Attribution | 分配 |
| Authority to Borrow | 借款权 |
| Avoidable Cost | 可避免成本 |
| Basic Financial Statements | 基本财务报表 |
| Basic Research | 基础研究 |
| Book Value | 账面价值 |
| Borrowing Authority | 借款授权 |
| Budget Authority | 预算授权 |
| Budgetary Accounting | 预算会计 |
| Budgetary Resources | 预算资源 |
| Business Type Activity | 企业类型活动 |
| Capital Leases | 资本租赁 |
| Capitalize | 资本化 |
| Clean-up Costs | 清理成本 |
| Cohort | 编组 |
| Collateral | 抵押品 |

| | |
|---|---|
| Collections | 征收 |
| Common Cost | 共同成本 |
| Common Data Source | 通用数据来源 |
| Condition | 状况 |
| Condition Assessment Surveys | 状况评估调查 |
| Constant Dollar | 不变美元 |
| Consumption Method | 消耗法 |
| Contingency | 或有事项 |
| Contra Account | 对销账户 |
| Contract Authority | 订约权 |
| Controllable Cost | 可控成本 |
| Cost | 成本 |
| Cost Allocation | 成本分配 |
| Cost Assignment | 成本分派 |
| Cost Driver | 成本动因 |
| Cost Finding | 成本发现 |
| Cost Object (Also Referred to as Cost Objective) | 成本对象（亦称为成本目标） |
| Cost-benefit Analysis | 成本—效益分析 |
| Credit Program | 信贷项目 |
| Current Discount Rate | 现行贴现率 |
| Current Liabilities | 流动负债 |
| Current Services Assessment | 现行服务评估 |
| Custodial Agency | 托管机构 |
| Dedicated Collections (or Taxes) | 专用征收（税收） |
| Default | 违约 |
| Deferred Maintenance | 递延维修 |
| Depreciation Accounting | 减值会计 |
| Development | 开发 |
| Differential Cost | 差量成本 |
| Direct Cost | 直接成本 |
| Direct Loan | 直接贷款 |
| Directed Flows of Resources | 资源的直接流动 |
| Disclosure | 披露 |
| Discount | 折现 |
| Discount Rate | 折现率 |

| | |
|---|---|
| Dividend Fund Interest Rate | 股利基金利息率 |
| Donated Capital | 捐赠资本 |
| Drawbacks | 撤回 |
| Earmarked Taxes | 标明用途的税收 |
| Economic Life | 经济寿命 |
| Economietric Model | 计量经济模型 |
| End User | 最终 |
| Entitlement Period | 授权时期 |
| Entitlement Program | 授权项目 |
| Entity | 主体 |
| Entry Age Normal Actuarial Method | 正常记账年龄精算法 |
| Estimated Cost | 估计成本 |
| Event | 事项 |
| Exchange Revenue | 交换性收入 |
| Exchange Transaction | 交换性交易 |
| Executory Contract | 待执行合同 |
| Executory Cost | 待执行成本 |
| Expected Value | 预期价值 |
| Expended Appropriations | 所用拨款 |
| Expenditure | 支出 |
| Expense | 费用 |
| Expired Appropriations (Accounts) | 过期拨款（账户） |
| Federal Entities (Units, Components) | 联邦主体（单位、组成部分） |
| Federal Mission Property, Plant, & Equipment (PP&E) | 国防或军事不动产、厂场和设备(PP&E) |
| Financing Account | 融资账户 |
| First-in, First-out (FIFO) | 先进先出法（FIFO） |
| Fixed Cost | 固定成本 |
| Fixed Value Securities | 固定价值证券 |
| Foreclosure | 取消抵押品赎回权 |
| Full Cost | 完全成本 |
| Full-absorption Costing | 完全吸收成本计算法 |
| General Fund | 普通基金 |
| General PP&E Land | 通用不动产、厂场和设备土地 |
| General Purpose Financial Reports | 通用目的财务报告 |
| Goods | 货物 |

| | |
|---|---|
| Government-acknowledged Events | 政府知晓事项 |
| Governmental Receipts | 政府性收入 |
| Government-Related Events | 政府相关事项 |
| Hazardous Waste | 危险废品 |
| Heritage Assets | 继承资产 |
| Historical Cost | 历史成本 |
| Human Capital | 人力资本 |
| Incremental Cost | 增量成本 |
| Indirect Cost | 间接成本 |
| Insurance And Guarantee Programs | 保险或担保项目 |
| Inter-entity | 主体间 |
| Interest | 利息 |
| Interest Method | 利息方法 |
| Interest Rate | 利息率 |
| Job Order Costing | 批量成本计算方法 |
| Land | 土地 |
| Last-in，First-out（LIFO） | 后进先出法（LIFO） |
| Latest Acquisition Cost | 最新购置成本 |
| Latest Acquisition Cost（LAC）Method | 最新购置成本法（LAC） |
| Liability | 负债 |
| Life-cycle Costing | 生命周期成本 |
| Liquidating Account | 清偿账户 |
| Loan Guarantee | 贷款担保 |
| Loan Guarantee Commitment | 贷款担保保证 |
| Loss | 损失 |
| Lower of Cost or Market | 成本与市价孰低法 |
| Maintenance | 维修 |
| Managerial Cost Accounting System | 管理成本会计系统 |
| Market Value | 市场价值 |
| Marketable Treasury Securities | 可流通国库券 |
| Market-based Treasury Securities | 以市场为基础的国库券 |
| Measurable | 可计量性 |
| Modification | 修正 |
| Modification Adjustment Transfer | 修正调整转移支付 |
| Moving Average | 移动平均 |

| | |
|---|---|
| Net Level Premium Reserve | 标准溢酬净储备 |
| Net Realizable Value | 可变现净值 |
| Nominal (or Face or Par) Value or Amount | 名义价值（面值或标准）金额 |
| Nominal Dollar | 名义美元 |
| Nonexchange Revenue | 非交换性收入 |
| Nonexchange Transaction | 非交换性交易 |
| Nonfederal Physical Property | 非联邦实物资产 |
| Normal Cost | 正常成本 |
| Obligated Balances | 承担付款义务余额 |
| Obligations | 付款义务 |
| Offsetting Collections | 抵消性征收 |
| Offsetting Receipts | 抵消性收入 |
| Operating Lease | 经营租赁 |
| Opportunity Cost | 机会成本 |
| Original Discount Rate | 初始贴现率 |
| Other Financing Sources | 其他财务来源 |
| Other Postemployment Benefits (OPEB) | 其他退职后津贴（OPEB） |
| Other Retirement Benefits (ORB) | 其他退休福利（ORB） |
| Outcome | 成果 |
| Outlay | 开支 |
| Output | 产出 |
| Output Measure | 产出计量 |
| Performance Measurement | 绩效计量 |
| Post-1991 Direct Loans | 1991 年后直接贷款 |
| Post-1991 Loan Guarantees | 1991 年后贷款担保 |
| Post-modification Liability | 修正后负债 |
| Pre-1992 Direct Loans | 1992 年前直接贷款 |
| Pre-1992 Loan Guarantees | 1992 年前贷款担保 |
| Premium Deficiency | 溢酬不足 |
| Pre-modification Liability | 修正前负债 |
| Pre-modification Value | 修正前价值 |
| Present Value (PV) | 现值（PV） |
| Probable | 可能性 |
| Process | 过程 |
| Process Costing | 过程成本计算方法 |

| | |
|---|---|
| Process Value Analysis | 过程价值分析 |
| Product | 产品 |
| Program Account | 项目账户 |
| Projected Unit Credit Actuarial Method | 预测的单位信贷精算方法 |
| Proprietary Accounting | 权益会计 |
| Purchases Method | 购买法 |
| Reappropriation | 重新拨款 |
| Recognition (or Recognize) | 确认 |
| Record | 记录 |
| Recourse | 追索权 |
| Reestimate | 重估 |
| Reimbursements | 补偿 |
| Repairable | 可修复性 |
| Replacement Cost | 重置成本 |
| Required Supplementary Stewardship Information (Rssi) | 必要的经管责任信息（RSSI） |
| Research and Development | 研究与开发 |
| Responsibility Center | 责任中心 |
| Responsibility Segment | 责任分部 |
| Restatement (of Direct Loans of Loan Guarantees) | 重估（直接贷款或间接贷款的） |
| Revenue Adjustment | 收入调整 |
| Revolving Fund | 周转基金 |
| Risk Category | 风险分类 |
| Seizing Agency | 抵押机构 |
| Selling Expense (Cost) | 销售费用（成本） |
| Service | 服务 |
| Social Insurance Programs | 社会保险项目 |
| Space Exploration Equipment | 空间探索设备 |
| Special Fund | 特殊基金 |
| Specific Identification | 特殊识别 |
| Spending Authority From Offsetting Collections | 来自弥补征收的支付授权 |
| Standard Costing | 标准成本计算方法 |
| Standard Costs | 标准成本 |
| State and Local Governments | 州和地方政府 |
| Stewardship | 经管责任 |
| Stewardship Investments | 托管投资 |

| | |
|---|---|
| Stewardship Land | 托管土地 |
| Stewardship Responsibilities | 经管责任 |
| Subsidy Cost | 补贴成本 |
| Support Cost | 辅助成本 |
| Tax Expenditure | 税收支出 |
| Tax Gap | 税收缺口 |
| Terminal Dividends | 完全成本法 |
| Title | 主权 |
| Total Cost Method | 最终分红 |
| Traceability | 追溯 |
| Transaction | 交易 |
| Transfers Between Appropriation/Fund Account | 拨款账户之间的转移 |
| Treasury Warrant | 财政担保 |
| Trust Funds | 信托基金 |
| Trust Revolving Funds | 信托周转基金 |
| Uncontrollable Cost | 不可控成本 |
| Unit Cost | 单位成本 |
| Unobligated Balances | 未承担付款义务余额 |
| Useful Life | 使用寿命 |
| Valuation (or Accounting Valuation) | 估价（或会计估价） |
| Valuation Account (Allowance of Reserve) | 计价账户（备抵或储备） |
| Value-added Activity | 增值活动 |
| Variable Cost | 可变成本 |
| Variable Value Securities | 可变价值证券 |
| Variance | 方差 |
| Weapons | 武器 |
| weapons systems | 武器系统 |
| Weighted-average | 加权平均 |
| Whole Life Policies | 终身保险 |
| Write-off | 注销 |